守望者
The Catcher

阅读 你的生活

THE ENGLISH KINGDOM OF FRANCE IN THE HUNDRED YEARS WAR

[英]Juliet Barker
[英]朱丽叶·巴克 著

关蕊 译

被英格兰夺走的
法兰西王冠

百年战争

1337
CONQUEST
1453

中国人民大学出版社
·北京·

本书献给逝世于 2009 年 5 月 23 日的朱迪丝·贝特森（Judith Bateson）。她不仅是我挚爱的母亲，还是我写作每本书时的"克拉珀姆公共马车上的人"①。没有她，我心中仿佛缺失了一块。

---

① 即普通人、理性的人。意指作者的书经过母亲阅读指导后，语言更通俗易懂，平易近人。——译者注。本书脚注均为译者注，尾注为原作者注，以下不再一一注明。

地　　图

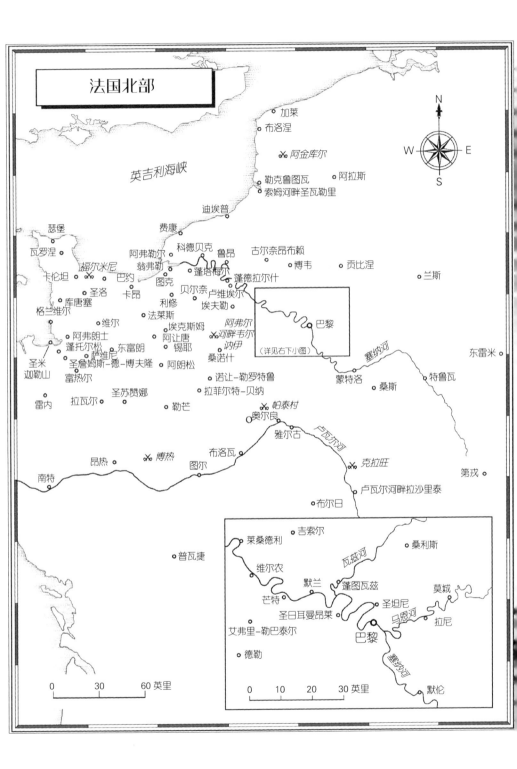

法国北部

英吉利海峡

加莱
布洛涅
阿金库尔
勒克鲁图瓦
索姆河畔圣瓦勒里
阿拉斯
迪埃普
费康
瑟堡
瓦罗涅
阿弗勒尔
科德贝克
鲁昂
古尔奈昂布赖
博韦
贡比涅
兰斯
福尔米尼
翁弗勒尔
蓬塔梅尔
蓬德拉尔什
卡伦坦
巴约
图克
贝尔奈
卢维埃尔
圣洛
卡昂
利修
埃夫勒
库唐塞
格兰维尔
维尔
法莱斯
埃克斯姆
阿弗尔
河畔韦尔
帕伊
巴黎
东雷米
阿弗朗士
阿让唐
蓬托尔松
萨维尼
东富朗
锡耶
桑诺什
（详见右下小图）
塞纳河
圣米
迦勒山
圣詹姆斯-德-博夫隆
阿朗松
富热尔
诺让-勒罗特鲁
蒙特洛
桑斯
特鲁瓦
雷内
圣苏赞娜
拉菲尔特-贝纳
拉瓦尔
勒芒
帕泰村
奥尔良
第戎
昂热
博热
雅尔古
卢瓦尔河
克拉旺
南特
图尔
布洛瓦
卢瓦尔河畔拉沙里泰
布尔日

吉索尔
莱桑德利
瓦兹河
桑利斯
普瓦捷
维尔农
默兰
蓬图瓦兹
莫城
芒特
圣坦尼
马恩河
拉尼
圣日耳曼昂莱
巴黎
艾弗里-勒巴泰尔
塞纳河
德勒
默伦

N
W   E
S

0   30   60 英里

0 10 20 30 英里

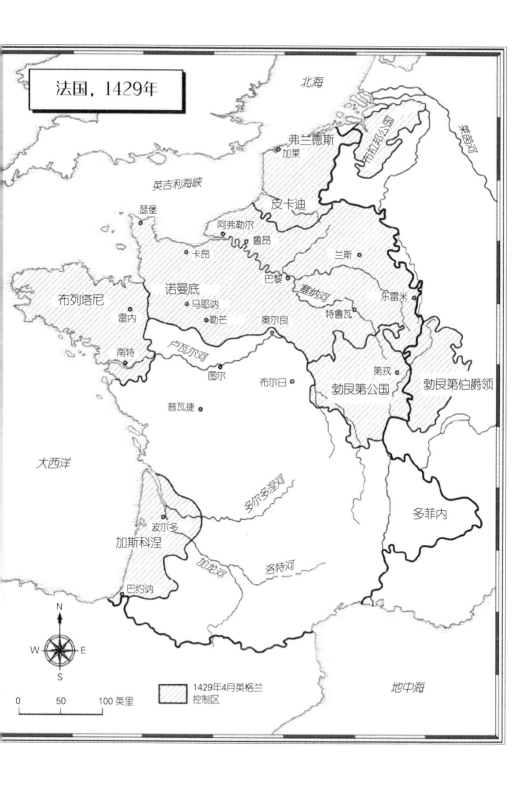

法国，1429年

北海

弗兰德斯
加莱

英吉利海峡

布拉班公国

莱茵河

皮卡迪

瑟堡

阿弗勒尔
鲁昂

卡昂

巴黎

兰斯

诺曼底

塞纳河

东雷米

布列塔尼

马耶讷
勒芒

特鲁瓦

雷内

奥尔良

卢瓦尔河

南特

图尔

布尔日

第戎

勃艮第伯爵领

普瓦捷

勃艮第公国

大西洋

多尔多涅河

多菲内

波尔多

加斯科涅

加龙河

洛特河

巴约讷

N
W　　E
S

1429年4月英格兰
控制区

0　　50　　100 英里

地中海

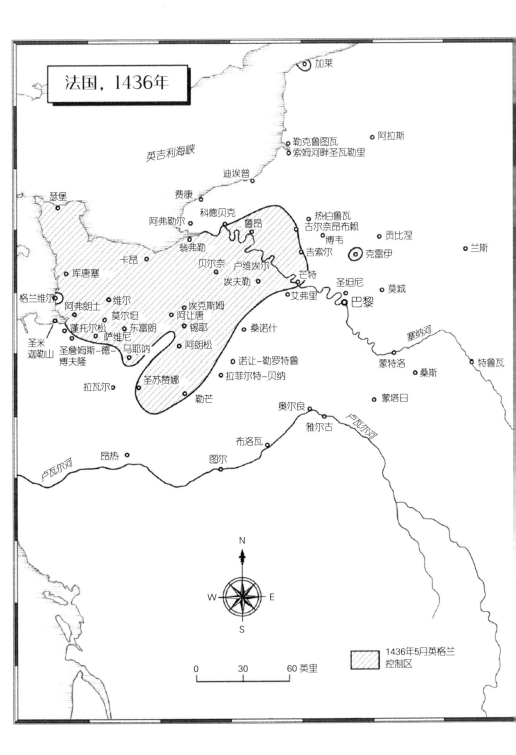

法国，1436年

加莱

英吉利海峡

阿拉斯

勒克鲁图瓦
索姆河畔圣瓦勒里

迪埃普

瑟堡

费康

热伯鲁瓦
古尔奈昂布赖

贡比涅

科德贝克

阿弗勒尔

鲁昂

兰斯

翁弗勒

吉索尔

克雷伊

博韦

卡昂

贝尔奈

卢维埃尔

库唐塞

埃夫勒

芒特

圣坦尼

莫城

维尔

埃克斯姆

艾弗里

巴黎

格兰维尔

阿弗朗士

莫尔坦

阿让唐

桑诺什

蓬托尔松

东富朗

锡耶

塞纳河

圣米
迦勒山

萨维尼

马耶讷

阿朗松

诺让-勒罗特鲁

蒙特洛

桑斯

特鲁瓦

圣詹姆斯-德-
博夫隆

拉瓦尔

圣苏赞娜

拉菲尔特-贝纳

勒芒

蒙塔日

奥尔良

卢瓦尔河

昂热

布洛瓦

雅尔古

图尔

卢瓦尔河

N

W   E

S

1436年5月英格兰
控制区

0   30   60 英里

目 录

序　言

　　百年战争在大众想象中，是以几场伟大战争来定义的。英格兰对法兰西的节节胜利，是文学庆典和英国人民族自豪感的重要来源，即便是那些对时代和背景一无所知的人，也至少会记得最著名的"战争三部曲"——克雷西战役、普瓦捷战役、阿金库尔战役。但令人好奇的是，更伟大的成就其实从英国人的记忆中被抹去了。今天很少有人知道，法兰西领土之上曾有个英格兰王国，存续了30余年。与由阿基坦的埃莉诺（Eleanor of Aquitaine）和亨利二世（Henry Ⅱ）在1152年的婚姻而继承来的加斯科涅不同，这个英格兰王国是征服得来的，由亨利五世（Henry Ⅴ）缔造。

　　当1417年8月初，亨利五世带领大军在诺曼底海滩登陆时，他开启了百年战争的全新篇章。不曾有英格兰君主怀有如此雄心勃勃的计划入侵法兰西——彻底、永久征服诺曼底。不过，当他仅用短短两年的时间完成这项伟业之后，更好的机遇落到了他头上，他拿到了连最显赫的先祖爱德华三世（Edward Ⅲ）也要艳羡几分的奖赏——法兰西王冠。1420 年 5 月 21 日，法兰西的查理六世（Charles Ⅵ）正式将女儿嫁与英格兰的亨利五世，承认他为法兰西的继承人和摄政。这样一来，查理六世就剥夺了自己儿子的继承权，让两国陷入数十年的战火。

然而，命运残酷地掉了头，亨利比他的岳父早 7 周去世，因此不是这位阿金库尔战役的胜利者，而是他 9 个月大的儿子——人微言轻的另一位亨利——成为法兰西首位也是最后一位英格兰国王。在他亲政前，守卫法兰西王国的重任落到了他先父的众位股肱之臣的肩上。其中最重要的是亨利五世的弟弟贝德福德公爵约翰（John，duke of Bedford），他是殚精竭虑的"法国文化爱好者"，已在法兰西安家，13 年如一日为侄子摄政。他超越政治派系，坚定不移地公正待人，最要紧的是用稳健和缓的扩张手段保卫王国，这意味着，巅峰时期英格兰王国在法兰西的疆界从诺曼底海岸一直延伸到卢瓦尔河谷：西边止于布列塔尼公国，东边到勃艮第统治区，两者至少名义上都效忠于少年国王。

贝德福德于 1424 年在韦尔讷伊取得的胜利，似乎确保了王国未来无虞——直到那位从洛林沼泽地来的不识字的乡村少女不期而至，她坚信自己奉上帝之命，要解救奥尔良之围，要让失掉继承权的查理王太子加冕为真正的法兰西国王，要将英国人赶走。

圣女贞德（Jehanne d'Arc）——今天通常以英文名 Joan of Arc 流传于世——也许是百年战争中最经久不衰的名人了。不论争议如何，她在短暂生命中完成了三项大业中的两项，成为标志性人物；而她在鲁昂被英国当局执行火刑的牺牲方式，让她成为殉道者，加入罗马天主教的圣人之列。糟糕的讽刺是，贞德的成就令人目眩，却几乎没什么长期影响：10 岁的亨利六世（Henry Ⅵ）在贞德死后 6 个月也加冕为法兰西国王，英属法兰西王国又存续了 20 年。

对英属法兰西王国的繁荣，威胁更大的是当年携手缔造这一切的盟友的背叛。1435 年，在贝德福德死后数日，勃艮第公爵腓力（Philippe，duke of Burgundy）就与查理七世（Charles Ⅶ）议和。《阿拉斯条约》（Treaty of Arras）签订前夕，包括首都巴黎在内的大部分英格兰领地，都被团结而重整旗鼓的法军横扫，但这次收复行动止于诺曼底的顽强抵抗，有"英格兰的阿喀琉斯"之誉的约翰·塔伯特（John Talbot）展现了他杰出的军事才华。有差不多10 年光景，不过是两大宿敌之间的消耗战，收益都用来弥补别处的损失，没有关键行动打破力量平衡。

尽管如此，连年战争也是有其代价的，让英格兰和诺曼底的财政不堪重负，榨干了两地有价值的资源，索尔兹伯里伯爵（earl of Salisbury）、阿伦德尔伯爵（earl of Arundel）等将才战死沙场，法兰西北部经济和乡村严重受损。对和平的诉求日渐急切，不绝于耳，然而要到亨利六世亲政后，英格兰才有一言九鼎的人物，为达成协议而做出必要让步。

亨利六世用与"法兰西母狼"、安茹的玛格丽特（Margaret of

Anjou）的婚姻换来的《图尔条约》（Truce of Tours），后来证明是英国人的灾难。愚蠢的年轻国王，私下同意放弃他遗产中的一块重要领地：曼恩被无偿移交给法国人，没有为因守卫此地而献身的英国居民挣得一分补偿金。

更不妙的是，当英国人遵守和约解散军队、削减税收之时，查理七世却趁机重整军队，以便当他找到英格兰违背和约的借口时，已准备就绪，以压倒性的军力席卷英军。曾克服万难、存续了 30 余年的英属法兰西王国，12 个月之内就崩溃了。

这段迷人的历史如此被忽视，真令人感到不可思议。法国历史学家这样做的原因自不必说，除了称颂圣女贞德，他们一般不会涉及别的话题，最多是偶尔把一些诺曼土匪美化成中世纪版的法国抵抗组织。在更为基础的层面，比如大多数法国市镇，即便是在当时事件中起到关键作用的市镇，也无人提及，形成历史研究中的大段空白。

甚至，连英国历史学家对此也十分缄默。虽然关于百年战争有不少出色的学术著作，但它那最后 30 年却少有人问津。人们或许曾期待伟大的维多利亚时代的古文物研究者被这精彩的话题吸引，然而并没有，或许是因为英属法兰西王国的这段历史最终以失败告终。

近年来，尤其是 20 世纪 80 年代以来，学者们对这段历史兴趣大增，以克里斯托弗·阿芒德（Christopher Allmand）和安妮·居里（Anne Curry）为首的诸位教授，仔细搜寻了英格兰当局的金融、军事和法律文书，对这段政权的许多侧面进行了丰富的研究。

倘若没有他们在学术上费心爬梳，塑造了这段历史的宏观框架，本书就不会写成。我非常得益于他们，以及同时期在此领域前沿问题上潜心钻研的历史学者们。虽然我会在注释中标明何处引用了他们的劳动成果，但也可能妄用了他们的学术标准，比如把"兰开斯特统治时期"（Lancastrian Occupation）称作"英属法兰西王国"（English Kingdom of France）。前者或许政治上更为正确，但我认为后者更接近于同时代人（查理七世的忠诚拥护者除外）怎样看待时局。

　　我对本书有两个期待：第一，愿它为更多读者介绍这段不同寻常的历史，那些社会各界的杰出人物，以及深深塑造他们生活的两国交锋的重大事件，应当被铭记；第二，愿它提供清晰有力、值得信赖的记述，这一点可能碍于当时互相矛盾的一手资料很难做到，但对任何想了解百年战争的人来说都非常需要。我个人作为这段历史的爱好者，愿读者既获得新知，也得到愉悦。

关于本书的说明

一、货 币

凡是涉及金钱数额，都以原始货币计量，并在后面备注了按目前购买力换算后的数额，例如 7 333 英镑 6 先令 8 便士（385 万英镑）。这只是大略估计，并非精确数字，因为汇率会随金银价浮动，变化很大，尤其是在战争期间的法兰西。货币数额为百万级时，数字精确到小数点后两位，最后一位是"0"则省略。英格兰的标准货币单位是英镑（£），1 英镑等于 20 先令（s.）或 240 便士（d.）；1 马克（mark）相当于 13 先令 4 便士，1 诺布尔（noble）相当于 6 先令 8 便士，1 克朗（crown）相当于 5 先令。

法国标准货币单位是图尔里弗尔（l. t.），1 图尔里弗尔等于 20 苏（s. t）或 240 德涅尔（d. t）；巴黎里弗尔（l. p.），币值是图尔里弗尔的 1.25 倍。我在注释中提到的里弗尔都指的是图尔里弗尔。
不过读者请注意，英镑、图尔里弗尔和巴黎里弗尔都不是实体硬
币，只是对一堆特定重量的更小硬币的便捷称呼。

当代作家伍斯特的威廉（William of Worcester）计算过，1 英
镑相当于 9 图尔里弗尔。我就简单利用了这个公式，虽然英镑币值
当时略有浮动，15 世纪 20 年代 1 英镑约等于 6.6 图尔里弗尔，通
货膨胀最严重的 1436 年到 1437 年约等于 11.3 图尔里弗尔。当时
广泛使用的其他法国货币还有法郎（franc），1 法郎与 1 图尔里弗
尔大致相当；萨鲁特金币（salut d'or），1 萨鲁特金币相当于 1.375
图尔里弗尔；埃居（écu），1 埃居相当于 25 苏。

以零售价格指数为参照系，1410 年至 1460 年期间每英镑币值，
相当于 2009 年 1 月时的 525 倍。

二、姓　名

为避免把同名或是地位多次变化的人物弄混淆了，我始终用同
一个姓名称呼，尽管这有时会犯年代错误，或者无法体现其地位的
提升。例如，"萨默斯特"（Somerset）只指代约翰·博福特（John
Beaufort），他于 1418 年成为萨默斯特伯爵（earl of Somerset），
1443 年成为萨默斯特公爵（duke of Somerset）。他的弟弟埃德蒙
德·博福特（Edmund Beaufort，1406—1455），我只用本名称呼，
尽管他于 1427 年晋升为莫尔坦伯爵（count of Mortain），1442 年

成为多赛特伯爵（earl of Dorset），1443年成为多赛特侯爵（marquess of Dorset），1444年成为萨默斯特伯爵，1448年成为萨默斯特公爵。约翰·塔伯特（John Talbot）也始终用这个朴素的本名指代，而不用他后来的什鲁斯伯里伯爵（earl of Shrewsbury）、韦克斯福德伯爵和沃特福德伯爵（earl of Wexford and Waterford）这些头衔。"奥尔良的私生子"（the Bastard of Orléans）则使用了当时人们惯用的这一称呼，而没有用瓦尔博奈勋爵（lord of Valbonnais）、佩里格伯爵（count of Périgord）、迪努瓦伯爵（count of Dunois）、朗格维尔伯爵（count of Longueville）等。唯一的例外是查理·瓦卢瓦（Charles Valois），我在他1429年加冕为查理七世前都称他为"王太子"。

虽然我在本书中把这些法国人的头衔名称都英国化了，但 sire de（"爵爷"）等头衔，英文中没有对应的术语，那么我就沿用原文。

三、距　离

凡是两地之间的距离，都是根据谷歌地图上的"步行"模式计算的。

四、年　表

参见后附"大事年表"。

第一部

建立王国

第一章

入 侵

　　1417 年 2 月 10 日，英王亨利五世下令在英格兰 20 个县境内，从每只鹅的翅膀上拔下六根羽毛，送往伦敦塔。数月前，他曾通过议会，禁止采用近来引进的用桦木做木屐和套鞋的新办法，而要改用传统的柳树和赤杨木。[1] 这两条法令看上去毫无关联——甚至过于琐碎——但连起来看，这意味着非常重要的装备升级。羽毛和桦木要分别用来制作箭尾和箭杆，此时此刻还有成千上万的缺口，因为，距亨利首次带兵出战法兰西还不到两年，他就要发动第二次征服战争。这一次，他打算留在英吉利海峡那边。

　　1415 年的战争取得了一次胜利。它始于占领阿弗勒尔，这是位于塞纳河河口的一座强大而具有战略意义的城市，不仅威胁着英格兰海岸、英吉利海峡船运的安全，也控制了进入法兰西内陆的通道。阿弗勒尔如今是第二个加莱，有 1 200 名英格兰守军，由国王的亲叔叔、埃塞克特公爵托马斯·博福特（Thomas Beaufort）亲自统领。[2] 尽管这已是英军的重大胜利，但和战争巅峰时期的伟大胜利相比，还是黯然失色。1415 年 10 月 25 日，英王亲率一支小部队，在阿金库尔与颇具优势的法兰西重兵对垒，将其彻底击败。数千名法国人被杀，包括三名王室公爵、八名伯爵和四名高级将领；奥尔良公爵（duke of Orléans）和波旁公爵（duke of Bourbon）、里什蒙伯爵（count of Richemont）、厄城伯爵（count of Eu）和旺多姆伯爵（count of Vendôme）以及伟大的骑士英雄布西考元帅（Marshal Boucicaut）被俘。相比之下，英格兰只损失了两名贵族——约克公爵爱德华（Edward，duke of York）和萨福克伯爵迈克尔（Michael，earl of Suffolk），一小拨重装骑兵，以及大约 100 名弓箭手。[3]

阿金库尔战役带来的震动在欧洲回荡。亨利五世和当时许多人都认为，如此程度的胜利必然是上帝偏袒所致。于是他顺理成章地将这次战争视作上帝的授意和鼓励，起因是法国人拒绝将王国内他的"正当权利和遗产"归还于他。然而，所谓的"正当权利和遗产"究竟是什么，是个动态概念，会随着国王的野心和政治力量而变化。保守来说，至少包括加斯科涅公国，它从 1152 年亨利二世迎娶阿基坦的埃莉诺开始就归英王管辖，不过多年以来，它的边界因法兰西邻居们的逐年蚕食而回撤。这是较为晚近的损失，但诺曼底公国，这块亨利五世声称"继承"自"征服者威廉"（William the Conqueror）的领土，自从 1204 年被腓力·奥古斯特（Philippe

Auguste）吞并后，已握在法国人手中两百余年。

亨利更为大胆的诉求是，法兰西王位也该交接给他。他表示这也是出于继承权：他的曾祖父爱德华三世，是法王腓力四世（Phil-ippe Ⅳ）唯一外孙和直系继承人。然而 1328 年，年轻的爱德华三世被剥夺继承权，王位被他的法国表舅夺去，瓦卢瓦王朝就此建立。[4]

如今这个王朝的代理人是查理六世。1380 年，他继位时只有 11 岁。在他 1388 年亲政之前，国事都由叔叔们监管，不过对他来说，亲自治国理政，实在是不堪重负。不到四年，他就开始出现间歇性疯狂的病症，坚信自己是玻璃做的，不敢落座，怕自己粉身碎骨。每次发病时，他连最亲近的人都不认得，否认自己结过婚，也否认自己有孩子，只能翻翻图画书。[5]

这导致法国权力中枢出现真空，自然吸引了那些醉心于权力的人，国王的叔叔们为控制国王而争执不断，随着摄政的出现，诞生了两个激烈对抗的党派：以勃艮第公爵为首的勃艮第派（Burgun-dians）和以奥尔良公爵为首的阿马尼亚克派（Armagnacs）。雪上加霜的是，勃艮第公爵"无畏的约翰"（John the Fearless）1407 年将他的对手路易·德·奥尔良（Louis d'Orléans）暗杀。自此两派矛盾不可调和，法国被内战撕裂。

这种局面为亨利五世提供了绝佳战机，让他得以利用这两派的争端达成自己的目的。相比宿敌英国人，他们更憎恨彼此。亨利同时与两派斡旋，向愿意花更大代价为确保他"正当权利和遗产"的一方提供军事援助。当他无法达到目的时，就以开战来争取。

阿金库尔战役已说明，即使面临入侵和阿弗勒尔失守这样的局面，勃艮第派和阿马尼亚克派也无法团结起来对抗共同敌人。阿马尼亚克派猜测得不错，"无畏的约翰"与亨利五世立下了互不干涉的秘密协定，他为入侵者留下安全距离，自己也没有上战场。惨败之后的第十天，他才终于动员了早已集结起来准备抵抗英国人的军队，但只不过是象征性地朝着阿马尼亚克派控制的巴黎城前进。巴黎市民是勃艮第公爵的狂热支持者，据说听到阿金库尔战败的消息欣喜不已，因为他们认为这是阿马尼亚克派的失败，而不是法兰西的失败。[6]

然而，阿马尼亚克派并未被击垮。他们损失了不少举足轻重的军事将领，奥尔良公爵查理也在其中。他在 21 岁生日当天颜面尽失，与阿弗勒尔和阿金库尔的战俘一起，被拖到伦敦街上游行示众。更多人在战争中丧了命。阿马尼亚克派的狂热支持者、法国王太子吉耶讷公爵路易（Louis de Guienne），本应接替他那神志不清的父亲，但也在 1415 年 12 月去世了。他 17 岁的弟弟让·德·图兰（Jean de Touraine）是王位第二继承人，当时住在埃诺，成长于勃艮第公爵妹妹的宫中，后来迎娶了她的女儿。

但阿马尼亚克派的事业也不算完全崩溃。他们仍然控制着政府所在地巴黎。他们也许掌控不了新任王太子，但有国王在手，能以他的名义统治。他们也为在阿金库尔战役中丧命的法兰西最高元帅阿尔伯雷（Constable d'Albret）找到了继任——阿马尼亚克伯爵贝尔纳（Bernard，count of Armagnac），他是奥尔良公爵查理的岳父，一位曾在加斯科涅多次对抗英军的老兵。他是能干而冷酷的军人，但不算外交好手，在他的领导之下，法兰西将会像英格兰入侵以前那样继续四分五裂。

亨利五世是个彻头彻尾的现实主义者，他从未想到阿金库尔战役的胜利会迫使法国人做出他想要的让步。进一步军事行动是有必要的，唯一的问题是何时动手。离开法国前，他于 1415 年 11 月在加莱举行会议，商议是否"应该继续围攻附近的市镇和城堡"[7]。趁法国人混乱之时再次袭击，也许是有利的，但亨利的谋划更为远大，不仅仅是兼并几个据点。他全神贯注于征服诺曼底公国全境，在接下来的 18 个月里一丝不苟地投入战略筹划和战事准备中。

他的首要任务是保护阿弗勒尔的安全。由于英军在围城期间猛烈轰炸此城，它的防御工事和大片地区都岌岌可危，一旦遭受攻击，几乎无法抵挡。虽然修补工程立即动工了，但直到 1417 年下令填掉城墙下的英军地道时，城门和城墙还在修缮。[8] 更要紧的是，阿弗勒尔与加莱不同，它附近没有被占领土地作为抵御法军进攻的缓冲，也无法为居民提供粮食和柴火。驻军每次都冒着生命危险外出寻找补给，他们最惨痛的一次经历，是在阿弗勒尔 20 英里外的瓦蒙特被阿马尼亚克公爵贝尔纳伏击，人员损失惨重。统领这次远征的博福特，不得已向海岸边逃去，一直等到夜幕降临，才与幸存者一同沿着沙滩返回。[9]

到 1416 年暮春，驻军形势更加严峻，因为阿马尼亚克派加紧了陆上包围，并在 20 艘热那亚雇佣船的帮助下，实行海上封锁，拦截英军补给船（有艘运粮船挂上法国旗帜才顺利通过封锁）。就在法国人以为阿弗勒尔即将投降的关头，国王的弟弟贝德福德公爵约翰率领一艘英国舰船赶来，解了燃眉之急。8 月 15 日，贝德福德向封锁区发动进攻，经过五六个小时的近距离交战，他成功击散了敌人舰船，捕获众多，又将其余的击沉。这是他在法兰西漫长而杰出的军事生涯中的首秀。他随即凯旋，驶向阿弗勒尔，为此城送来物资。[10]

贝德福德赢得一次关键性的胜利，他的王兄也在当天告捷，虽然性质不同。1416 年 8 月 15 日，亨利五世与神圣罗马帝国皇帝西吉斯蒙德（Sigismund）签署了《坎特伯雷条约》（Treaty of Canterbury），承诺他们世代坚守永恒友谊、相互支持，共同争取他们在法国的"正当权利"。这一条约的重要性在于，此前六个月里，西吉斯蒙德一直致力于维系英法之间的和平。他对自己的失败感到沮丧，坚信这要怪法国人口是心非，如今这种想法终于公之于众了。没有什么比这更清楚而公开地替亨利背书了：法国人不值得信任，他们和亨利不同，并不真心实意地渴望和平。[11]

10 月，《坎特伯雷条约》正式在威斯敏斯特举行的议会上通过。国王的叔叔温切斯特主教亨利·博福特（Henry Beaufort, bishop of Winchester）作为上议院议长，发表了激动人心的开幕演说。他说，亨利曾慷慨地尝试与他的对手达成和平协议，但是法国人"过于傲慢"，并"坚决拒绝"达成和解：

> 正因如此，我们至高无上的陛下，为了达到和平、终结争斗的正义目的，不得不再次求助于利剑，这样才能践行智者的教诲，即"我们要征战，方可得和平，因为战争结束就是和平"。[12]

　　中世纪的英格兰议会只有在国王召集时才会举行。亨利是个宣传好手，把这次议会设在阿金库尔战役一周年的当天，威斯敏斯特的王室教堂里回荡着《感恩赞》(Te Deum)① 的庆祝之声。作为响应，下议院准许征收爱国性的双倍补助——商品交易税提高十五分之二、城市人头税提高十分之二。人们开始认真地储备武器和物资，招募重装骑兵、弓箭手、火炮手、挖掘工、木匠和外科医生，并雇佣舰船送他们横渡英吉利海峡。[13]

　　到 1417 年 7 月底，一切准备就绪。贝德福德公爵再次担当阿金库尔战役中的领导角色，被任命为国王在英格兰的代理人［贝德福德的兄长克拉伦斯公爵托马斯（Thomas，duke of Clarence）、幼弟格洛斯特公爵汉弗莱（Humphrey，duke of Gloucester），随国王前往法国］。大约有 1 500 艘船被雇佣或强制征调，甚至包括不少经验丰富的商船，他们的抗议没能起作用。不过，相比法兰西盟友，热那亚人把商业规则看得更重，他们接受了 1 667 英镑（875 175 英镑）的报价，提供了 6 艘运输船。一支约有 1 万人的部队签署了一年合约，其中四分之三是弓箭手，他们在南安普顿集结检阅，等待启程。[14]

　　他们安全启程的唯一障碍已经解除了。年仅 22 岁的亨廷顿伯爵约翰（John，earl of Huntingdon）是阿金库尔战役老兵，他奉命摧毁从阿弗勒尔封锁中逃离的 9 艘热那亚舰船。6 月 29 日，他在埃夫海角赢得关键性海上战斗，俘获了 4 艘船以及他们的法军指挥官

---

　　① 《感恩赞》是罗马天主教的传统圣歌之一，主要用于教堂晨祷、感恩集会和特殊庆典。

（波旁公爵的私生兄弟）和大量财富。一位威尼斯编年史家记录道：
"现在我们确信，是上帝的愤怒让法国人吃了败仗，因为他们傲慢
自大。"[15]这些用词说明，亨利五世对事件的解读已在欧洲被广泛
接受。

　　1417 年 7 月 30 日，庞大的入侵舰队启程驶向法兰西。除了英
王本人及其一小拨最亲密的顾问，没人知道目标是哪里，甚至连国
王自己也改变了想法。2 月，他派两名心腹骑士约翰·波帕姆
（John Popham）和约翰·佩勒姆（John Pelham）带兵到阿弗勒尔，
命令他们驻守在此等他到来。[16]也许他意识到这个目的地选择太明显
了。法国人当然会料到他将在那登陆，于是任命特派专员"用物资
和弹药，修复并补充翁弗勒、蒙蒂维尔和诺曼底的其他市镇、城堡
与要塞，使它们能够抵抗英国人的进攻"[17]。下面这两个提到的城市
很有战略意义：翁弗勒与阿弗勒尔隔塞纳河相望，控制翁弗勒便可
以切断到鲁昂的水运生命线；蒙蒂维尔距离阿弗勒尔只有 6 英里，
因此用以后会频繁提到的话来说，可以"在前线对抗英国人"。

　　尽管百般尝试，法国人还是和 1415 年一样，押错了宝。8 月 1
日，亨利在图克河河口登陆，距离上次入侵刚好两年整。图克河位
于诺曼底的卡尔瓦多地区，如今将多维尔和特鲁维尔这两个度假胜
地一分为二。选定这个地方，原因有二。它那漫长而平坦的沙质海
滩，能让哪怕是亨利那么大的舰船，也能在一天之内顺利卸下人
员、马匹、弹药和补给，从而匀出一些舰船立刻返回英格兰接运因
为容量不够而暂时落下的人员。[18]

　　选择图克的第二个原因是，它离翁弗勒不到 10 英里——近得

可以让法国人相信翁弗勒就是亨利的目标。然而，收集了几天情报后，邻近城堡大多不战而降，英王势如破竹，带领军队反向而行，朝西南方向的卡昂进发。

离开图克前，亨利向法国人下了最后通牒，以上帝的名义呼吁查理六世"遵从上帝赋予的王权"，将法兰西王位、领地以及他长期被不公正剥夺的继承权"实实在在交还于他"[19]。这可不是虚张声势，战争法则要求有这么一道正式的流程：在战争真正开始之前，必须再给对手一次机会，以免基督徒血溅沙场。由于法国人没能做出回应，后果就完全归罪于他们。

亨利曾索求法兰西王位，但他的野心暂时收敛到更小的事业上。可这也绝非一桩易事。诺曼底公国欣欣向荣，有许多市镇和"好城市"（bonnes villes）①，后者是当地贸易、金融、司法和军事行政中心。周围开阔的乡村地区则为当地城镇提供食物、葡萄酒和燃料，也是城市征兵体系下重要的税收和劳动力来源。

要征服诺曼底并守住，亨利不仅要控制城堡和要塞等传统上的首要防线，也要控制能辐射更广阔行政地区的市镇。然而，法国人从1346年爱德华三世的入侵中吸取了教训，当时那些不战而降、任人摆布的城市，后来都在市中心修建了高墙，供附近村民和城市居民紧急避难。

诺曼底最重要的两个城市是鲁昂和卡昂。鲁昂是地方政府所在，在阿弗勒尔上游约40英里，攻下它意味着要承受所有城堡和

① 法国旧制度卜，"好城市"是法兰西国王授予的拥有特权和受保护的城市，同时有义务提供一支武装力量来为王室做贡献。

设防城镇的夹击，有被困在敌人腹地的危险。卡昂是下诺曼底的首府，距离登陆地点不到 25 英里，更要紧的是，它离英吉利海峡只有 9 英里，市中心有条河可以通航过去。因此英国舰船可以定期输送食物和武器，不必劫掠周围村庄，引起民众反感。特别必要时，它也能让军队轻松且安全地撤回英格兰。

1417 年 8 月 18 日，亨利包围卡昂这座"有市集和王室城堡的坚固城市"[20]，这也是后续很多战役以及占领时期的通常做法。卡昂的城墙有 7 英尺厚，有 32 个塔楼和 12 座设防城门防守，外有护城河和注满水的沟渠。这座城堡有一个巨大的方形石质塔楼，是"征服者威廉"建造的。他也建造了两座恢宏的修道院分别作为自己与妻子的长眠之地，即圣埃蒂安修道院和三一修道院。如同法兰西其他许多修道院一样，两处戒备森严，能够像城堡一样经受住围攻。不幸的是，和别处一样，这两个修道院都位于城外。修女和教士已经逃走了，城堡内为数不多的驻军唯恐分散兵力，在亨利迫近时不得不放弃抵抗。

中世纪城镇面临围城时的惯例，是摧毁城墙外的一切建筑，不为敌人提供庇护所。但这两座修道院没有被摧毁，可能是因为虔诚而不愿亵渎神灵，更有可能的是，在短时间内拆除两座巨大的石头建筑是完全不可能的。不过，在接下来的岁月中将不断上演的剧情是，对拆除的恐惧会导致背叛。夜深人静时，一个教士爬进英格兰大营，找到亨利的兄弟克拉伦斯公爵，主动要求带路。一位英格兰编年史家记录道，他说："您来拯救我们的修道院，再合适不过了，因为您是发现、建造并资助这座修道院的国王的直系后代。"在教士的帮助下，克拉伦斯公爵的人员从圣埃蒂安修道院一道未经保护的缺口翻过，于是控制住了修道院，英王能从这里鸟瞰整座城市，还能在修道院的屋顶和塔楼上操练加农炮。卡昂城另一边的三一修道院也被攻占，英军将炮兵部署在那里。[21]

在充分劝说该城投降（这是合法发起进攻要履行的重要程序）但被拒绝之后，亨利下令轰炸。在持续两周、日夜轮番的炮击后，城墙破损明显，足以发动全面进攻。这在中世纪战争中是相对罕见的，虽然卡昂此前在 1346 年被爱德华三世攻占时，也有相似命运。根据战争法则，如果一座城市拒绝投降，那么该城居民及其财产均为进攻者所有。几乎没人会报以怜悯。

英王和克拉伦斯公爵同时从城市两端发起进攻。亨利军队被顽强的防守牵制住了：有位骑士从攀爬梯上掉下来，"被那些不人道的法国人渣"活活烧死。但克拉伦斯公爵的队伍从缺口突破进去，穿过街道向国王方向行进，高喊着："以克拉伦斯的名义，以克拉伦斯的名义，圣乔治！"他们杀死沿途所有人，大人和孩子都不放过。一旦胜利稳固了，这座城市就交给士兵肆意洗劫，只有教堂在国王的坚持下幸免。[22]

对卡昂城的残酷劫掠，是《圣经》允许的惩戒性惩罚[23]，也符合国王心中的战争原则，他认为自己只是在执行上帝的旨意。他想给"他的"诺曼底公国臣民展示"背叛"——用他的话来说就是任何抵抗行为——的后果。诺曼人的确吸取了教训。卡昂陷落五天后，城堡的驻军达成了协议：如果查理六世、法国王太子或阿马尼亚克伯爵在 9 月 19 日前没有前来援助，他们就于当天投降，附近地区包括巴约城和城堡在内的 14 座市镇与村庄也一并投降。[24]

没有援兵到来。因为就在英国入侵前数日，勃艮第公爵发动了针对阿马尼亚克派的军事行动，旨在保护自己对巴黎的控制权。他从勃艮第以及弗兰德斯、皮卡迪的领地两路并进，控制了瓦兹河和下塞纳河谷地沿线市镇，切断了来自诺曼底和皮卡迪的补给线，逐渐包围了巴黎。当他迫近巴黎时，阿马尼亚克伯爵陷入两难选择：是抵抗远在诺曼底的英格兰侵略者，还是保卫自己的权力？他自然选择了后者，还把他的重装骑兵从诺曼底公国前线召回，保卫巴黎。勃艮第编年史家蒙斯特雷（Monstrelet）写道："英格兰国王……在他的征服之战中有更大优势，畅通无阻，毫无危险。"现在，征服诺曼底心脏地区的道路已经向亨利敞开了。[25]

第二章

征　服

洗劫卡昂城，说明亨利为追求目标下了狠心，但他若想赢得长久，即便没有赢得当地人的支持，也要争取他们的顺从。于是他发布通告，任何打算顺服和宣誓效忠于他的人，都会得到他的王权庇佑，有权自由支配财产，并继续经商。那些不愿效忠的人也可以离开，但要上缴全部财产。[1]

据英格兰治下诺曼底的行政文书记载，卡昂城有 1 000 名居民拒绝宣誓。他们凭借有效期为三天的安全通行证，能够抵达南边约22 英里处的安全区域法莱斯。给巴约城的条件更为慷慨，因为此城不战而降。当地居民获准带走全部动产，货物装满整整 250 辆马车，这批行李获得了有效期为 15 天的安全通行证。[2]

至于没收的房屋和腾空的经营场所，英王得偿所愿，尽入囊中。卡昂城陷落后不久，很多英国人受邀定居于此，尽管他们不出意料地摆出一副不愿背井离乡的样子，直到征服局面更加稳固了，才好一些。唯一的例外是约翰·康维尔（John Convers），他在城破后十天就娶了"我们卡昂城的"理查·考奈（Richard Caunet）之女，于是被赐予他岳父在城内外的全部财产。在诺曼底，胜利者与失败者之间通婚，或许还没有先例，但绝非后无来者。[3]

亨利在先祖的城堡住下，还故意把原来的市民议事厅改成军火库。他在10月初启程继续征服事业之前，任命了几位可靠的英国人到关键位置上：塔伯特勋爵吉尔伯特（Gilbert, lord Talbot）为卡昂地区总督，吉尔伯特·乌姆弗拉维尔（Gilbert Umfraville）爵士为卡昂城长官，约翰·阿仕顿（John Assheton）爵士为巴约城总管，理查·怀德维尔（Richard Wydeville）为利修长官。[4] 随着法国投降的人口越来越多，英国势力逐渐强盛，亨利可以离开卡昂了，他对这座城市的征服正式完成。

如今他要决定，接下来攻打哪里。他在战前签署的外交和约，是时候体现价值了。勃艮第公爵和布列塔尼公爵（duke of Brittany）曾分别与亨利进行过一次面对面会谈。会谈是秘密进行的，但观察时局便不言自明，双方一致同意不干涉亨利作战。[5] 勃艮第公爵积极追求个人目标，在东面的巴黎与阿马尼亚克派对垒；布列塔尼公爵则紧张地盯着西面。于是亨利得以自如地插进下诺曼底的核心地区。离开卡昂15天后，他到达阿朗松城下，此时已占领沿途65英里的每一座市镇和城堡，包括埃克斯姆、锡耶和阿让唐等要塞。这些城市一丁点儿抵抗也没有。[6]

这简直易如反掌，更别说诺曼底人缺乏领导了。阿朗松公爵（duke of Alençon）的领地是 1414 年在诺曼底境内划分出来的。阿朗松公爵在阿金库尔战役中身亡，其子约翰二世（Jean Ⅱ），年仅 8 岁。约翰二世与亨利五世算是亲戚，因为前者的祖母布列塔尼的琼（Joan of Brittany），也是亨利的继母。在中世纪的政治世界中，根本没有家族情感的存在空间。尽管阿朗松城已做好围城准备，但身边无人可用，再加上近日卡昂城的先例，于是也迅速投降了。亨利到此才两星期，就把小公爵的其余土地握在手中，从而打通了一道英格兰走廊，从诺曼底的北部海岸一直延伸到其南部边界。[7]

这次胜利后布列塔尼公爵约翰六世（Jean Ⅵ，duke of Brittany）赶往阿朗松，与亨利再次私下会面。但他此行不是替他丧失封地的侄子小阿朗松公爵发声，而是要保护自身利益。1417 年 11 月 16 日，他签署了为期一年的停战协议，承诺自己的属民将不会卷入任何反对英格兰的战事当中，作为交换，亨利也承诺不再进攻他的领地。同时他为安茹公爵遗孀阿拉贡的约兰达（Yolande of Aragon）争取了一份类似协定。约兰达 14 岁的儿子已与他女儿定亲。[8]

确保西面和南面无虞，亨利现在可以着手扩大征服版图了。塞纳河从地理、历史和行政区划上，将诺曼底公国一分为二。东面是上诺曼底相对平缓、肥沃却平淡无奇的白垩土平原，从巴黎北部一直延伸到皮卡迪；西面则是下诺曼底相对隔绝的奇景，竖立着花岗岩断崖和高原，有山谷和古老林地环绕四周。亨利的首要目标是控制下诺曼底地区。他凭借先发优势将此地一分为二，通过驻守征服之地控制了中部地区，接着计划同时向东西两面的要塞调兵，系统性地向外扩张。

军事行动到了冬天通常会停滞下来，因为补给困难，军需和马匹的饲料更是如此，但亨利明白保持征服节奏十分重要。12月1日，他在弟弟克拉伦斯公爵和格洛斯特公爵的陪同下围攻法莱斯，此处是"征服者威廉"的出生地。由于此城固若金汤，他起初想避免交锋。但事到如今，既然他想继续前进，深入下诺曼底地区，就不能让如此重要的据点落在敌人手中。此城最初拒绝投降，但仅仅三周后就在英国人的炮击中屈服了。它那恢宏的白色城堡，高耸于城市上方的坚固岩石壁上，又坚守了一个月，但没有援兵解围，便于1418年2月16日也投降了。为了惩罚这种冥顽不灵的行为，当地守军及其长官奉命修缮被炮火损害的城墙，直到国王满意才能离开。[9]

投降书的一项特殊条款也说明，国王对那些不肯宣誓效忠自己的人，态度更强硬了。那些不是从法莱斯而来，而是在诺曼底别处对抗过亨利的人，得到了他的宽恕。毫无疑问，这主要是指那些几个月前领了安全通行证从卡昂城过来的人。亨利决心，既然救过一次他们的性命，就不能再让他们拿起武器对抗自己，免得侮辱了这份慷慨。[10]

在接下来的数月里，亨利的将领们不断拓展他的征服版图。在西南部，一连串边境市镇和城堡被攻取，包括阿弗朗士、蓬托尔松和圣詹姆斯-德-博夫隆，从而让英格兰势力一直延伸到布列塔尼。与此同时，格洛斯特公爵和亨廷顿伯爵进入科唐坦半岛，一路攻下圣洛、库唐塞、卡伦坦和瓦罗涅，接着在最后的要塞瑟堡城下驻扎，围困此城持续 5 个月之久，这是"世界上最坚固的城堡之一……位于无法被包围也无法战斗的地方"。[11]

　　亨利则同克拉伦斯公爵以及他们的叔叔托马斯·博福特并肩作战，后者从英格兰带来 500 名重装骑兵和 1 500 名弓箭手的强援，他们沿着塞纳河和鲁昂缓慢行进，于 5 月 20 日攻下埃夫勒，6 月 23 日攻下卢维埃尔。当 1418 年 7 月 20 日蓬德拉尔什也陷落时，亨利以不到一年的惊人时间，实际已完成对下诺曼底地区的征服。[12] 只有两处逃脱了他的控制：瑟堡，到 9 月底才屈服；圣米迦勒山，则坚持抵抗到底。

　　这是至关重要的成就，但不足以匹配亨利的野心，只有拿下整个诺曼底才行。夺取蓬德拉尔什是他实现蓝图的关键节点，能让他首次控制塞纳河上的桥，从而带兵过河，进入上诺曼底地区。他面前只剩一个障碍了。蓬德拉尔什以北 12 英里，是富饶强盛的鲁昂城。这是诺曼底公国的古老首都，人口比当时伦敦之外的任何英国城市都要稠密。亨利自己也承认，鲁昂是"巴黎之外，法国最显赫的城市"，必须在征服上诺曼底地区之前占领它。[13]

　　当亨利向诺曼底公国的首都进发时，法兰西首都巴黎发生了一场戏剧性政变，改变了法国的政治形势。巴黎一直在阿马尼亚克派手中，但大多数普迪市民和穷人在情感上坚决支持勃艮第派。1413 年民众的流血起义没有成功，勃艮第公爵的几次军事行动也以失败告终。1418 年 5 月 29 日凌晨时分，一位守夜人的儿子从父亲那里偷走了圣日耳曼大门的钥匙，暗中将利勒-亚当（L'Isle-Adam）爵爷和一众勃艮第党人放入巴黎城内。他们的呐喊声吵醒了巴黎游击队员，于是这些队员抄起手边的各种武器，迅速加入他们的阵营，巴黎城陷入了暴力旋涡。士兵们占据政府要职，逮捕了阿马尼亚克派显要，暴民们横冲直撞，洗劫了阿马尼亚克派同情者的住所，将他们从床上拖出来，毫无顾忌地当街杀害。许多人浑身上下被洗劫一空，只剩下内衣，遗体堆在泥里，"就像一片片培根"。

几天后，暴民们又开始发泄情绪。他们或许被复仇的呼声鼓动，想要报复已被废黜的阿马尼亚克领袖，于是冲进城市监狱，不分青红皂白地屠杀囚犯，那些人死时赤身裸体，脸部被划得难以辨识。以这种残忍方式丧命的不乏显要，比如阿马尼亚克伯爵及三位诺曼主教，他们原本从英格兰征服战争中逃出来了。勃艮第派大获全胜，勃艮第公爵于 7 月 14 日抵达巴黎，享受人群的欢呼。他现在控制了法兰西国王和政府。只有两件事让这胜利显得没那么完美。查理六世唯一在世的儿子、第十五子、16 岁的新任王太子查理，挣脱了他的掌控，逃往他那阿马尼亚克朋友的避风港去了。[14]

更重要的是，勃艮第派既然已经掌权，就代表了法兰西，那么便有义务抵抗她的敌人。勃艮第公爵正式进入巴黎的第二天，接待了两名从蓬德拉尔什来的使者。第一位带来守备军司令的口信，如果 7 月 20 日前没有援军到达，该城将会投降；第二位是亨利五世的信使，他想确认勃艮第公爵是否会遵守与英国人的协定。给两人唯一可能的回复是——起码官方消息如此——英格兰与勃艮第正式宣战了。[15]

然而，蓬德拉尔什没有等来援军，9 天后，它向兵临鲁昂城下的英军投降了。亨利征服诺曼底全境的伟大计划，由此进入下一阶段。鲁昂市民明白，鲁昂一旦陷落，上诺曼底地区也会随之崩溃，他们竭尽全力保护自己，保护城市。城墙外可能被敌人利用的一切建筑，都被无情地毁掉，包括几座教堂以及著名的王室造船厂。人们搬来石头，加固并修复鲁昂城 5 英里的城墙。60 座塔楼和 5 座城门的侧翼，都配有火炮。城内增调约 4 000 名援兵驻守，鲁昂城及城堡都交给著名的勃艮第长官盖伊·勒·布提耶（Guy le Bouteiller）指挥。市民们甚至洗劫了大教堂的金库，只为寻找一些能典当的物品，以保证士兵能领到工资。他们自己也武装起来，大约16 000 人已做好准备，打算对抗英国人。鲁昂城中每个人，无论地位如何，都按照规定备足了围城 6 个月的物资，如果负担不了，就得离开城市。虽然走了一些人，但几千名刚逃出英军先头部队攻击的难民没有离开。围城在这一季丰收前就开始了。[16]

　　亨利在城市周围设置了四处营地，用战壕相连，顶上布满荆棘灌木，以备突袭或伏击。他的士兵既从城墙上瞭望不到，也在炮手射程之外。他们把大量木桩敲进塞纳河河床，三排铁链分别悬在半空、水底和水面上，拦截任何前来援助的船只。与此同时，一支满载食物和弹药的英国舰队为亨利军队提供后勤保障，有些是从英格兰经由阿弗勒尔而来的。蓬德拉尔什附近塞纳河上唯一的一座桥守备森严，而且远在鲁昂城中心，于是亨利又建了一座桥，以加强部队在塞纳河两岸的交流。这个临时构件是用兽皮套在木框上，由国王的首席木匠在英格兰搭建，后来拆成零件，以便储存并运输到现场使用的。亨利也带来了"大量的攻城机和大炮"，对着城墙和城门训练，为轰炸做准备。亨利的整支军队都聚集在鲁昂城下，因为他要集中全部兵力于此，让这座强大的城市屈服。[17]

不过，亨利的计划不是强攻下鲁昂，而是用围城使之屈服。到10月初，粮食逐渐消耗殆尽，日渐绝望的市民开始吃狗、猫和老鼠，还要花大价钱买这些。当英国人在城市上游的雷纳尔河上筑坝之后，连水也供应不足了。死亡人数在上升，无法战斗的人被赶了出来，比如老幼病残和妇女。若是他们寄希望于亨利存有一丝怜悯，那就大错特错了。亨利不会让他们越过城墙和英军之间的壕沟，这些妇孺在城内外的注视下，慢慢饿死。一位英格兰目击者约翰·佩奇（John Page）描述了他们的困境："有些人睁不开眼睛，没法呼吸；有些人屈膝蜷缩，像树枝一样枯瘦；有位妇女……用胸膛温暖着自己死去的孩子；有个孩子……正吸吮着他已死去母亲的胸脯。"亨利仍旧不为所动。有人替他们求情，他只是回答："可不是我把他们赶出来的。"[18]

夏去秋来，秋藏冬至。英军继续无情而残酷地围困着这座城市：无一人一物可以进出。城内每次试图出击都被击退，损失惨重。持续轰炸让不幸的被围者倍感压力。市民们更加绝望，向阿马尼亚克派和勃艮第派双方求援，但没人回应。到11月底，勃艮第公爵终于顶不住压力，集结起一支军队，开拔到蓬图瓦兹，在那逗留了5周，但他不敢冒第二个阿金库尔的风险，担心阿马尼亚克派趁他不在偷袭巴黎，于是没等和英军交锋就撤退了。最后的希望也破灭了，鲁昂投降。1419年1月19日，在围城约6个月后，亨利正式接受投降。第二天，他穿过尸首遍地的破败街道，到圣母大教堂去为这次胜利致谢。[19]

这次围城消耗了亨利大量精力，牺牲了数员大将，包括塔伯特勋爵吉尔伯特和爱尔兰克瞒汉姆医院骑士团副院长托马斯·巴特勒（Thomas Butler）。巴特勒最近才到，带来 1 500 名爱尔兰步兵，他们的独特装束和野蛮行径让英法双方都惊愕不已。[20] 与其他诺曼城镇相比，这次的引渡条件不算苛刻，只是规模不同。亨利要求支付 30 万埃居（2 188 万英镑）的赎金，并以 80 名人质作为担保；释放所有英格兰俘虏；守军中的诺曼底人必须留下为囚，但其他地方的人只要发誓一年内不再与他为敌便可离开；鲁昂城古老的特权得以保留，市民只要宣誓效忠，他们的财产也得到承认。[21]

盖伊·勒·布提耶也在其中，他的宣誓效忠获得回报，被任命为鲁昂新市长格洛斯特公爵的副将。法国人把他的倒戈看作叛国，于是讽刺的是，有些人的背叛是对英国人有利的，却成了少数被处决的对象。上一年 8 月，尼古拉·德·热内（Nicolas de Gennes）接受贿赂，拿到一份到鲁昂的安全通行证，便把瑟堡交给了英国人。至此，整个诺曼底西部地区，只剩圣米迦勒山还在法国人手中。亨利没有对德·热内表示感激，反而逮捕了他，以叛国罪处决。在现代人看来，这似乎不太公平，但当时人对这反常举动大为赞叹，因为这说明亨利一丝不苟地遵守战争法则。他的名望再次提升了。[22]

鲁昂的陷落是征服诺曼底的一个转折点。鲁昂的投降导致附近 14 个城镇和城堡随之投降。2 个月之后，科城地区也全部落入英国人之手，包括科德贝克、利勒博讷、坦卡维尔和翁弗勒等重镇，以及塞纳河及海峡沿岸的迪埃普和费康。亨利的军官们把东部边界推进至古尔奈、维尔农和芒特，大多数地区都不战而降。前线城市艾弗里，虽然抵抗过一阵，但迅速被攻占。城堡守军又坚持了 6 周，但等不到援军，只好被迫投降。诺曼人越来越清楚，他们已经被勃艮第派和阿马尼亚克派两边都抛弃了。[23]

战事持续胶着，也让英国人开始品尝苦果。他们已经在法兰西土地上奋战快两年了，这是百年战争中最长的一次军事行动，虽然整个诺曼底都在他们手中，但这次征服已经榨干了英格兰的财力和人力。每一寸占领的据点都要派驻守军，同时要在战区维持作战部队，特别是亨利强调部下要自负开销，不得劫掠土地。他也开始察觉到，在英格兰招募士兵变得艰难了。1419 年 5 月，枢密院（the Privy Council）报告，贵族阶层已经找不到志愿参军的人了，所有"合适人员"已经到诺曼底和国王并肩作战了。有些身在诺曼底的人现在渴望回家。"到目前为止，还没有和平的希望，"埃夫勒的约翰·菲尔德（John Feelde）写道，"我恳求你为我们祈祷，早日回家，告别这军旅生涯，回到英格兰。"[24]

外交手段是获得永久和平、解决这些困难的最好希望，但亨利连战告捷，于是更坚定地追求这两桩心事：征服更多土地，与查理六世的女儿凯瑟琳成婚。他在 1418 年和 1419 年继续采取周旋于两派之间的政策，成功加剧了双方的对峙和猜忌，但没有得到想要的领土让步。英国人一如既往地责备起法国人来：他们"反复无常"。菲尔德抱怨法国王太子没有在埃夫勒峰会上露面："换言之，用英格兰土话讲，他们两面三刀，虚伪得很。"[25]

　　勃艮第人至少信守承诺，他们于 1419 年初夏参与了在英格兰控制区芒特与勃艮第领地蓬图瓦兹之间的中立地带举行的会面。这不是大使与外交官之间的常规会议，而是最高级别峰会，双方都期望达成共识。与会者有亨利五世本人，他的弟弟克拉伦斯公爵和格洛斯特公爵，勃艮第公爵、伊莎贝女王（Queen Isabeau）和凯瑟琳公主（Princess Katherine，亨利在阿金库尔战役前就一直想向她求婚），说明事情基本成了：若按拖延战术的惯例，不停请示，就不可能办到。只有一位大人物缺席，那就是查理六世，他原本答应好的。勃艮第人说他不方便从蓬图瓦兹那么远赶来，这是个很合适的安全策略，既然缺席，那就有借口无法达成最终协定。

　　然而，他们很可能确实接受了亨利的条件。伊莎贝女王后来写信给亨利，说他们"对我们来说很不错"，但要是接受他们，"所有的贵族、骑士、市镇和好城市都会抛弃我们，转投我们的……儿子。到那时会燃起更大的战火"[26]。在他们最后一次会面中，亨利的沮丧溢于言表，他对公爵说：

> 好表亲，我们希望你明白，我们将要拥有国王陛下之女和一切随身之物，否则我们将把他和你从这王国中驱逐出去。

勃艮第公爵回复道：

> 先生，尽管去吧。但是在把我们赶走之前，你将会精疲力竭，这点毫无疑问。[27]

亨利有所不知，勃艮第派与阿马尼亚克派即将签署《普伊条约》（Treaty of Pouilly），承诺结束彼此间的战争，团结起来抵抗英国人，重新收复诺曼底。亨利知道这消息的反应可想而知，但他的应对果断而犀利。与勃艮第协定失效的次日，他派亨廷顿伯爵和加斯科涅人卡普托·德·布赫（Captal de Buch）到蓬图瓦兹去，勃艮第公爵和王室刚刚撤离到那里。夜幕之下，卡普托及其人马越过城墙，出其不意地夺下城池；出逃的市民被亨廷顿拦截并屠杀。侥幸逃脱的人来到巴黎，那里正在举行的公众和平庆典在一片震惊中夭折了。[28]

蓬图瓦兹距离巴黎只有 17 英里，它的陷落意味着首都与"残忍、血腥的英国人"之间无险可守。巴黎人陷入莫名恐慌，当勃艮第公爵携国王和王室一起逃到特鲁瓦，而英国人兵临城下时，这种情绪加剧了。为回应他们的绝望恳求，勃艮第公爵和王太子同意召开二次会议，让协议生效。如果他们曾有把两党分歧抛在脑后、携手迎敌挽救法兰西的时候，那就是此刻了。无须言语，只欠行动。行胜于言，行动确实有了，虽然不是法兰西王国在困境时最需要的那种。因为彼此互不信任，他们花了几周时间筹备安全措施，直到 1419 年 9 月 10 日才在中立之地约纳河畔蒙特洛的一座桥上会面。当勃艮第公爵在王太子面前下跪，手握剑鞘之时，曾在 1418 年夏天勃艮第派政变中救过王太子的巴黎前任司令官唐纳盖伊·杜·夏特尔（Tanneguy du Chastel）大喊一声"是时候了"，便用斧子砸向公爵面部。王太子侍从一拥而上，向濒死的公爵身上掷剑，并挡住了那些前来营救的人。[29]

不论这次刺杀是否如勃艮第派所称，是王太子参与其中的预谋，还是如王太子查理自述，是对勃艮第公爵擒拿自己的反击，它都改变了历史进程。阿马尼亚克派与勃艮第派之间合作的希望在那一刻破灭了：他们如今都恨不得对方彻底毁灭，哪怕与法兰西死敌结盟也在所不惜。正如第戎的加尔西都会隐修院院长后来所说，当勃艮第公爵弗朗索瓦一世（François Ⅰ）的头骨在世人面前展示的时候，英国人正是从那洞中穿过进入法兰西的。[30]

谋杀案发生后 10 天，王太子母亲（据说曾是勃艮第公爵的情人）写信给亨利，催促他为此复仇，希望重启和平谈判。9 月底前，亨利也收到了巴黎城和新任勃艮第公爵的提议。[31]

由于是勃艮第人需要亨利的援助，而非相反，他提高了和平的价码。就在几个月前，他还愿意放弃对法兰西王位的诉求，以换取对诺曼底和加斯科涅的全权控制以及与法兰西的凯瑟琳（Kathevine of France）的婚事。现在，他看到了获取王位的机会。接下来的谈判过程漫长而痛苦，因为任何协议都要让尽可能多的人接受并遵循合法程序，但亨利也施加了军事压力，调兵进入法兰西岛，拿下默伦、普瓦西和圣日耳曼昂莱，加紧对巴黎的经济管控，造成粮食和燃料价格飞升。人们担心亨利占领巴黎，这恐惧足以说服勃艮第的腓力和巴黎人相信，与英国人结盟比被他们征服要好。[32]

1419 年圣诞节——在这精挑细选、和平之王诞生的周年纪念日——亨利五世与勃艮第公爵签署了协议草稿。"正当权利和遗产"的旧诉求，被悄悄抹去了，代以完全不同的表述。这将是英法之间的"永久和平"，根基是亨利与凯瑟琳的婚事以及他正式成为岳父的继承人。在查理六世的有生之年，法国政府将继续以他的名义运转，但亨利充当摄政，头衔是"吾至爱之子亨利，英格兰国王，法兰西继承人";亨利征服的诺曼底公国内外领土,仍然完全为他所有。查理六世死后,王位将传给亨利及他的继承人与后代,而诺曼底公国以及其余"被占领土"(pays-de-conquête),再次成为法兰西王国的一部分。

此次安排的核心,是双王合一的理念。在查理百年之后,它会体现在国王亨利的身上。但是,为缓解英法双方的不安,特别约定两个王国互不相属:英法两国分开管理,保留各自的制度、法律和习俗。[33]

这一条约成为英属法兰西王国的基石。兹事体大,条约很可能出现争议,必须尽一切可能让它在法律上无懈可击,并且具有道德约束力。一旦最终形式达成一致,双方负责人就前往法兰西王室住所香槟省的特鲁瓦会面(鉴于近期事件,亨利对他的新盟友相当信任,愿意长途跋涉来到勃艮第公爵领地,原本首选是到巴黎)。

1420 年 5 月 21 日,《特鲁瓦条约》(Treaty of Troyes)正式签订,随后封存于大教堂的圣坛之上。存放在这最神圣的场所,是要强调此条约的神圣性。仪式之后,亨利和凯瑟琳就在这圣坛前订婚。全部与会者,包括伊莎贝女王、勃艮第公爵腓力、亨利和他的继承人克拉伦斯公爵,都宣誓遵守条约。次日,由巴黎最高法院(parlement),即法国最高上诉法院的首任院长腓力·德·莫维利埃(Philippe de Morvilliers)领衔,1 500 名法兰西显要宣誓维护条约。为进一步巩固其法律地位,条约也要由英国议会和法国对等机构(全国三级会议)正式通过。[34]

查理六世的全部臣民都必须宣誓遵守所谓的"永久和平"。很多人打算这么做，觉得有个来自英格兰的法兰西国王，总比国家被内战和入侵搞得四分五裂要好。毕竟，亨利以维护正义和秩序出名，连对手也要敬他三分。长远来看，如果凯瑟琳诞下儿子，至少王位会传给有一半瓦卢瓦王朝血统的人。不过，就连有些勃艮第人也对这"不自然的"联盟持保留观点，勃艮第公爵不得不亲自造访勃艮第公国首府第戎，说服大家遵守。[35]

"房中的大象"是法国王太子。年初曾有一份公告以他父亲的名义昭告天下，指控他杀害"无畏的约翰"，不宜继承大统。条约有效地剥夺了他的继承权，尽管并没有明文直叙。实际上他只被提到两次。其中一项条款禁止任何一方单独与"自称为王太子的查理"协商，因为他犯下了"滔天罪行"。另一条约定"吾子（亨利）"要尽其所能，重新夺回"王太子或阿马尼亚克派"控制下的领土和人民。[36]

这是条约中的致命瑕疵。因为《特鲁瓦条约》并非真正的"永久和平"，而是对战争延续的承诺。王太子已经在普瓦捷建好了敌对朝廷和政府，卢瓦尔河以南、加斯科涅与勃艮第之间的法兰西领土都绝对忠于他，塞纳河上游谷地和巴黎以东地区也基本如此。亨利若要实现目标，恐怕只有用剑了。

1420年6月2日，圣三一星期日[①]，桑斯大主教（archbishop of Sens）在特鲁瓦教堂为英格兰的亨利和法兰西的凯瑟琳主婚。国王年近34岁，而他的新娘年仅18岁。凯瑟琳并没对她丈夫的品性

①　圣灵节后第一个星期日。

有几分幻想，但她以为皇家婚礼总该有些常规仪式。没想到，就在第二天两派骑士提议举办联谊赛之时，亨利下令："明早我们就全体准备启程，围攻桑斯，我们国王的敌人在那里。在那里，我们可以倾身比武，证明自己的胆略和勇气，因为世上没有比惩罚恶人而让穷人活下来更有勇气的行为了。"[37]

第三章

法兰西继承人

亨利作为法兰西摄政王首战的主要目标，是清除巴黎南部的阿马尼亚克派据点。他婚后第九天，桑斯就屈服了，亨利可以对大主教说："你给予我新娘，我现在给了你应得的。"他把下一份大礼送给了勃艮第公爵腓力。1420 年 6 月 24 日，联军袭击了约纳河畔的蒙特洛，"无畏的约翰"的尸体也被挖了出来，他原本葬在教区教堂，如今被带回勃艮第，重新安葬在第戎的卡尔特修道院。[1]

7 月 13 日，英格兰-勃艮第联军包围巴黎上游 27 英里处塞纳河畔的默伦。他们与亨利四弟贝德福德公爵汇合于此，迎接他从英格兰带来的 2 000 名强援；他的妹夫巴伐利亚的"红公爵"路易（Louis，the "Red Duke" of Bavaria），也带来 700 名德国兵。这批部队均由亨利付薪。英国人和法国人不同，一般不用外国雇佣兵，但亨利急于在诺曼底以外给王太子致命一击，实在用兵短缺。

默伦指挥官巴尔巴赞爵爷阿诺·纪尧姆（Arnaud Guillaume）"是军事奇才，天赋异禀，闻名于世"。无论是围城军队的规模，还是来自英格兰和勃艮第重炮的猛烈轰击，都没把他吓倒，他成功地将他们困在海湾18个星期。他加固了受损的防御工事，亲自带兵定期出击，造成破坏和人员伤亡：英国人通常的做法是加固营房，用沟渠和木墙包围起来，从而在城市四周形成一连串临时堡垒。他们也在塞纳河上建了另一座临时桥梁，以保持围城军队间的交流。[2]

当亨利下令在城墙下挖掘巨大的地道时，巴尔巴赞爵爷开始用反地道技术来拦截。这是个艰难而危险的工程壮举。矿工们的优势是知道自己要朝哪里动工，由于地道要足够大得能陷下一堵城墙，他们得雇佣驮马来运送矿坑工具，再运走泥土和碎石。一旦他们进入地下，就只能通过听挖掘的声音来判断位置和方向。反制矿工们通常会在找到正确地点前挖几个试井，即便如此，在疯狂的试探下，地道也可能会扭曲或塌陷。反制矿工们争分夺秒地赶工，映着蜡烛和火炬的微光，在狭窄而通风不良的环境下工作，挖掘只能容下一人身高的地道。他们一旦进入地道，就只有两种选择：要么是烧毁矿柱，让地道坍塌；要么是派一队重骑兵袭击矿工。[3]

若出现后一种情况，当两队矿工相遇时，通常会即兴列队作战，让双方重装骑兵较量一番，比试勇气和技能。这和马背比武、锦标赛等其他骑士间的战斗一样，并不是要决一死战，只是一次在险中求胜的锻炼机会。不过，由于参与者冒着生命危险，地道战在骑士传说中有着特殊地位。举行这一活动是为了在对手之间建立手足情谊。他们在战斗中血液相融，因此，尽管两国处于战争状态，但他们都负有服务、协助、建议和保护彼此的个人义务。

最著名的一次比拼，发生在默伦之围。当时矿工们挖出了一条特别巨大的地道，足以举办一次地下马背比武。其中一次决斗在双方指挥官亨利和巴尔巴赞爵爷之间进行，虽然细节已湮没不存，但这次碰面非同寻常，后来拯救了这位法国人的性命。默伦陷落后，巴尔巴赞爵爷作为王太子的首席咨议大臣之一被亨利判处死刑。对于国王的判决，一般没有上诉的先例，但这次巴尔巴赞爵爷申请由传令官特别审判。他说，按照战争法则，人不可杀任他摆布的战友。他曾与亨利在默伦的地道下并肩作战，"那场战斗是由军队传令官主持的，如同他在比武场上与国王并肩作战"。亨利行使审判权时总是一丝不苟，但他也一丝不苟地行使自己的王权。面对行使权威时的两面冲突，他选择遵从普适的骑士原则。他接受了巴尔巴赞爵爷的观点，将他从死刑改为终身监禁。[4]

"井下战斗"虽然决定了巴尔巴赞爵爷的命运，但不过是个分散注意力的手段，让他们不能专心于默伦的战斗。围城还在继续，亨利日渐失去耐心。他已经把妻子接来，将她安置在自己营帐旁新建的小屋里。为了让她平静下来，他请音乐家每日晨昏各演奏一小时，这几乎是他有史以来最浪漫的举动了。英国音乐家以"轻快的和谐与天使般的甜蜜"著称，亨利作为狂热的音乐爱好者，甚至带了竖琴过来，自娱自乐。[5]

更为重要的是，亨利在这次围城中拉上了其他两位国王：可怜而疯癫的查理六世和25岁的苏格兰国王詹姆士一世（James Ⅰ），后者从 1406 年起就被囚禁在英格兰。亨利想让他们发出号召，劝降默伦的守军。按照战争法则，如果国王属民拒绝执行落到自己头上的命令，那就是背叛者，可以因此被处决。阿马尼亚克派就算认为亨利无权要求他们臣服，也不能忽视查理六世的命令。

　　亨利觉得有必要带上詹姆士一世，是因为法国的苏格兰雇佣兵越来越有威胁了。苏格兰与法兰西之间的"旧日同盟"，始于 1295 年的《巴黎条约》（Treaty of Paris，虽然两国坚称要追溯到查理曼时代），当时一位法国诗人描述道，两国关系"不是写在羊皮纸上的一章，而是印在皮肉之间……不是用墨水写就，而是融入流动的血液中"[6]。

　　王太子显然不信任他的同胞，他在 1418 年雇佣了一批苏格兰弓箭手，在达恩利的约翰·斯图尔特（John Stewart）统领下担当他的私人侍从。同年，他派遣征兵机构到苏格兰，以他父亲的名义募集军队，抵抗英格兰对诺曼底的入侵。没有政府的官方支持，此事是办不到的——詹姆士被囚期间的苏格兰摄政阿尔巴尼公爵（duke of Albany）与英格兰的条约，恐怕也在破裂的边缘了。但这次征召来的还有他儿子布尚伯爵约翰（John, earl of Buchan）、威格顿伯爵阿奇巴尔德（Archibald, earl of Wigtown），以及苏格兰事务另一大巨头和推动者——道格拉斯伯爵阿奇巴尔德（Archibald, earl of Douglas）的儿子和继承人。他们带来六七千人参战，不仅说明"旧日同盟"依然坚固，而且说明到法兰西参战比待在苏格兰保持自由身更有前途。[7]

　　1419 年 10 月，一支由 40 艘卡斯蒂利亚舰船组成的舰队，将这支军队送到拉罗什。之后他们被调往诺曼底南部前线，阻止英军向曼恩河前进。1420 年 3 月 3 日，一支苏格兰-法兰西混编部队从拉芒什出发，要解救弗雷斯奈，但半路被亨廷顿伯爵和约翰·康沃尔（John Cornewaille）爵士伏击歼灭。战利品中有威廉·道格拉斯（William Douglas）爵士的军旗，此物被送到鲁昂公开展示，更重要的是，获得了一笔苏格兰战争基金。这次胜利很快遭到反击。一支阿马尼亚克奇兵从德勒发动突袭，占领了克罗西城堡，释放了被俘近一年的著名司令官安布罗西·德·洛尔（Ambroise de Loré）；拉芒什的守军发动进攻，杀敌 63 人，俘虏 58 人。[8]

1420 年 11 月 18 日，被围攻达 4 个月之久的默伦，终于因弹尽粮绝而投降。守军中有 20 名苏格兰雇佣兵，原本不受投降条约的限制，但为断绝苏格兰人援助王太子的希望，亨利决心绞死这 20 人，以儆效尤，因为他们不服从自家国王的命令投降。默伦的阿马尼亚克抵抗者也受到更为严厉的处罚，因为他们违抗自己的国王和摄政。所有曾经武装反抗的人，连市民也算在内，都被囚禁起来，直到他们交付赎金并且保证再也不与国王为敌。数百名囚犯被转运到巴黎监狱，包括巴尔巴赞爵爷和那些被怀疑参与谋杀"无畏的约翰"的人。[9]

1420 年 12 月 1 日，亨利首次正式进入巴黎，由查理六世陪伴着骑马入城，勃艮第公爵、克拉伦斯公爵和贝德福德公爵陪同在旁。他更像摄政王，而不是征服者，于是人群向他欢呼"圣诞"，仿佛是基督受难的现世附体。"没有王子受到过这般满心愉悦的欢迎，"在这艰难时期，有位市民在日记中写道，"每条街上都有身穿

长袍和白色法袍的教士夹道相迎，捧着圣物匣，唱着《感恩颂》
（*Te Deum laudamus*）和《赞美诗》（*Benedictus qui venit*）等。"[10]

　　亨利到巴黎来不是享受追捧，而是来办事的。为增加对抗王太
子的筹码，两项正式法律程序必须走完：《特鲁瓦条约》要获得三
级会议批准；要审判谋杀"无畏的约翰"的罪犯。由于王太子一方
无人出席，条约顺利获得批准，无人抗议。12 天之后，召开了一
次特别法庭，聆听勃艮第公爵腓力的申诉：两位国王均出席，法兰
西首席大臣腓力·德·莫维利埃、最高法院其他代表和三级会议代
表也同时在场。王太子被传唤必须出庭回应指控，最终他没能出席
王室法庭，议会因此将他驱逐出境，宣告他不能继承王位。[11]剥夺他
继承权的法律程序就此完成。

　　亨利没有在巴黎逗留，因为他有更重要的事要到鲁昂去，在那
里他首次召集举行诺曼底公国与被征服之地之间的三级会议。他们
同样批准了《特鲁瓦条约》，并在具体条款如何施行上迈出更为关
键的一步。1421 年 1 月，鲁昂议会许可亨利对世俗民众征收"炉
捐"①，约合 40 万图尔里弗尔（2 333 万英镑），首期从 3 月 1 日开
始支付。教士也要上缴"什二税"，价值大略相当，虽然这一慷慨
行为没能阻止亨利追回此前拖欠的"什一税"。讽刺的是，这是他
们从前上缴给查理六世以抵抗英国入侵的。[12]

　　最后还有一件事要办。亨利也要说服英国议会批准《特鲁瓦条
约》。自从发动征服战役，他有三年半没回去了，议会和国家都倍

_____

① 中世纪欧洲传统税种。以壁炉或烟囱为税收单元，约等于按家庭（户）征收。

感焦虑。为了保护那些远征的人，法律程序从 1417 年 8 月开始一直悬置；战争导致的沉重税负，造成贵金属短缺，假币盛行。此前于 1420 年 12 月召开的议会，已经明显看出他们不愿再资助所谓的"最终和平"了。[13] 国王是时候返程了。

　　1421 年 2 月 1 日，亨利与他的新婚法兰西王后在多佛登陆，受到热烈欢迎，五港同盟（the Cinque Ports）① 的男爵们冲向海上，把他们高举过肩带回上岸。7 天后亨利赶回伦敦处理政务，留下妻子慢慢行进。2 月 23 日，星期日，凯瑟琳由坎特伯雷大主教亨利·齐契利（Henry Chichele）在威斯敏斯特大教堂加冕，仪式后在威斯敏斯特议事厅设宴。[14]

　　三天后，亨利签发令状，将于 5 月 2 日召集议会，之后他和凯瑟琳周游全国，途经布里斯托、莱斯特和诺丁汉等主要市镇，约克、林肯、诺里奇等大教堂城市②、凯尼尔沃思、庞蒂弗拉克特王室城堡，以及布里德灵顿、贝弗利和沃尔辛厄姆等大众圣地。这不是迟来的蜜月，虽然表面目的是把新王后介绍给臣民。这么做，部分是以虔诚著称的国王向英格兰伟大圣地的一次朝觐，部分是彰显他法兰西野心的一次宣传任务，因此也是筹款活动。他告诉人民，自己已经完成了伟大事业，但王太子还控制着大部分法兰西领土，打败他需要财力和人力。[15]

---

　　① 五港同盟，中世纪英格兰东南部英吉利海峡沿岸诸港的同盟，约创始于"忏悔者爱德华"时期（1001—1066），专为王室提供战船和水手。最初为黑斯廷斯、新罗姆尼、海斯、多佛和桑威奇五港，后续不断有城镇加入。

　　② 大教堂城市，指拥有大教堂的城市。中世纪的城市兼有宗教管理中心的性质，每个主教管区以其大教堂所在的城市为中心。

这番话对一个疲于连年战争的国家来说，没什么吸引力。它低估了让大家相信《特鲁瓦条约》是"最终和平"的难度。亨利面对的困难更大了。他刚为贝弗利的圣约翰神龛捐款，这座墓在阿金库尔战役时刚神奇地渗出了圣油，就收到了灾难性消息。1421 年 3 月 22 日，他的弟弟兼继承人克拉伦斯公爵，作为当时亨利在法兰西的全权军事指挥官，在安茹的博热意外遭遇 4 000 名新到的苏格兰雇佣兵。克拉伦斯急于证明自己的实力不输兄长，结果却恰恰相反，只证明自己不行。他没有听从自己军官的建议，不等英格兰和威尔士弓箭手队列到达，就发起快速反击。他身先士卒，突袭并击退了遭遇的第一批军队，随后便看到了由布尚伯爵集结的主力部队。在一片苏格兰箭雨和河边沼泽地的阻碍下，他遭遇了百年战争中英格兰的首次惨败。

伤亡实在惨重。克拉伦斯公爵战死，亨利的两员大将吉尔伯特·乌姆弗拉维尔爵士和约翰·格雷（John Grey）爵士也被杀。被俘的有亨廷顿伯爵"能干的约翰"和克拉伦斯的两位表亲——17 岁的萨默斯特伯爵约翰、15 岁的托马斯·博福特（Thomas Beaufort）。亨廷顿幸运地在 1425 年被释放了，筹码是 1415 年阿金库尔战役中被俘的拉乌·德·高库尔（Raoul de Gaucourt）、让·德·埃斯图特维尔（Jean d'Estouteville）和一大笔赎金。托马斯·博福特也在 1430 年以 7 000 马克（245 万英镑）的赎金被释放了，但他的兄长终身被英国人在法兰西的命运左右，还要再等 17 年才获自由。[16]

这次灾难中唯一的安慰，来自索尔兹伯里伯爵托马斯。他是一个经验丰富、头脑清醒的战士，集结了克拉伦斯公爵留下的军队，避开了途中士气正盛的苏格兰人，有序撤回诺曼底安全驻地。他统筹全局，禁止任何人未经许可离开诺曼底公国，下令所有英格兰人和士兵立即向军事上级报信。[17]

布尚伯爵和威格顿伯爵在战后数小时内立即从博热寄信，告知王太子胜利的消息，寄去收缴的克拉伦斯公爵军旗，敦促他立刻发兵诺曼底，"因为，上帝保佑，一切都会是你的"。教皇也承认此次胜利的重要性，"苏格兰人真是英格兰人的解药"。英格兰-勃艮第派的法兰西土地都被恐惧笼罩，他们担心王太子胜利之后，紧接着会入侵诺曼底或是攻打巴黎。[18]

如此危机之下，亨利显露了他的胆略。当时一位法兰西编年史家钦佩地写道："无论面对困境，还是胜利，他都无比镇静。……如果战局反转，他会反复对士兵说：'你们知道，战场瞬息万变，但如果你们想要运气好，就应该保持勇气不变。'"[19]

亨利已经承诺，他会在仲夏时分带领援军返回法兰西。他现在要筹集人员和资金。他的财务状况非常糟糕。国库长这时给他的报告显示，王国日常收入为 56 743 英镑 10 先令 10.25 便士（2 979 万英镑），但除去法兰西战争每年 52 235 英镑 16 先令 10.5 便士（2 742 万英镑）的军费，他只剩 4 507 英镑 13 先令 11.75 便士（237 万英镑）供他支付个人开销，其中还奇怪地要负担伦敦塔里寄存的大炮、使者和狮子的费用。[20]

1421 年 5 月，议会在威斯敏斯特召开。在这种情形下，议会批准征税是必要的，但确保《特鲁瓦条约》的顺利通过更为重要。然而，其中一项条款显示，英格兰人民不必为亨利以法兰西摄政和继承人身份发动的战争而付款。亨利掌控了局面，条约获得批准，但征税提议推迟到下一届议会。他只好筹借 36 000 英镑（1 890 万英镑）以弥补短期资金缺口，其中半数来自他的叔叔温切斯特主教亨利·博福特。[21]

议会结束不到三周，亨利就回到法兰西，带来四五千名合同期为 6 个月的短期雇佣兵。索尔兹伯里伯爵控制住了诺曼底的局势。6 月 21 日，他愉快地从阿让唐写信给亨利，告诉他诺曼底公国内"秩序井然，从没有现在这样好"。为抵消克拉伦斯对安茹的灾难性突袭，索尔兹伯里挥兵昂热，带回了"如他们所说，他们所见过的……最上好、最丰盛的猎物。说真的，我们到过几处地方，无论何时你前去围攻，或者叫别人去围攻，上帝保佑，他们都不能抵抗"[22]。

知道诺曼底安全了，亨利迅速到巴黎去，那里正处于混乱中。事实证明，当年 1 月被任命为巴黎长官的埃塞克特公爵托马斯·博福特是个灾难。人们指责他在博热之战后自我封闭在城堡里等待亨利到来，但实际上他是在 6 月被迫撤退到那去的，当时他怀疑勃艮第人利勒-亚当爵爷密谋背叛巴黎倒向王太子，便将他逮捕，引发骚乱。利勒-亚当爵爷直到 1423 年 11 月才洗脱罪名，恢复职位，但亨利考虑到巴黎人不太会欢迎英国人担任这么敏感的职位，立即将博福特免职，巧妙地换了一个勃艮第人上位。[23]

亨利现在可以把注意力转向王太子了。查理任命布尚为法兰西元帅，以奖赏他在博热的功绩，但他忽略了苏格兰军官们对他发兵诺曼底的建议。相反，他发动了从拉芒什到沙特尔的战役，后者在巴黎西南不到 60 英里处，或许这也佐证了利勒-亚当爵爷背叛的传闻。重要据点如诺让勒鲁瓦、加利亚东已经陷落，沙特尔也被围。更为严重的是，他有了 2 000 人的布列塔尼军队：克拉伦斯的博热之败，吓得举棋不定的布列塔尼公爵放弃了英格兰盟友，加入了王太子阵营。[24]

亨利比起其弟来，显然是更令人惧怕的对手。当亨利在塞纳河畔集结军队解救沙特尔时，王太子撤销包围，渡过卢瓦尔河撤退到旺多姆，让他自由收复失地，并夺下偏僻但强大而棘手的德勒要塞。接着，他向卢瓦尔河方向进军，想把王太子拖入战斗，甚至在奥尔良郊外发动了突袭，但没什么效果。双方军队都发现，经过一个漫长难挨的冬天，紧接着一个贫瘠的夏天，要找到足够的给养维持战事太艰难了。巴黎一位市民在日记中观察到，连狼群都饥饿难耐，夜晚渡河来到城里扫荡，吃掉那些悬挂在城门上的背叛者残肢，挖出郊外新葬的尸首。这有几分夸张的叙述很容易被忽视，但 1421 年 12 月 14 日的一项条令提供了佐证。条令要求在诺曼底任命捕狼人，因为狼群数量激增，时常攻击动物和人类。[25]

饥荒和痢疾是对中世纪军队的两大折磨，也让这次战役提前结束。但亨利决心在士兵合同到期前，人尽其用。巴黎人一直在恳求他拿下东边 30 英里的莫城，那里的阿马尼亚克驻军经常袭击城门，攻击旅行者，扰乱贸易，损毁补给。这座城依曼恩河而建，有城墙和沟渠保护；中心是集市——一座守备森严的岛上要塞，由以残忍著称的"瓦鲁斯的私生子"（Bastard of Vaurus）带领 1 000 名驻军守卫。据说他曾处决了一个年轻人，那人的妻子怀有身孕而无法支付要求的赎金，就被绑在树上，她生产时的叫喊声吸引了狼群，母子二人都被咬死了。[26]

1421 年 10 月 6 日，亨利围攻莫城，在城的四周扎营，部署火炮，并在河上搭建临时桥。尽管轰炸程度前所未有，莫城还是坚守了 5 个月，直到奥弗蒙勋爵居伊·德·内斯莱（Guy de Nesle, Lord of Offémont）试图带精编部队来援助之际才陷落。他们成功偷袭了英格兰营地，但当他们翻越城墙时，掉下一块木板，奥弗蒙随即掉入沟渠。他身着重盔甲，发出的噪音因此惊动了英格兰哨兵，一阵扭打之后，奥弗蒙面部受重伤，耻辱地被亨利的一名御厨俘虏了。

这次失败令"瓦鲁斯的私生子"倍感惊慌，他决心烧毁城市，撤回集市中去。亨利从一位市民口中听到这个消息，抓住时机，下令立即进攻，不费吹灰之力就拿下了全城。亨利赦免了在教堂避难的市民，开始进攻集市，但直到两个月后守军才屈服。他们自知不可能获得宽恕，没人露面。包括"瓦鲁斯的私生子"在内的四位领袖被审判并处决。围城期间公开挑衅亨利的一名号手也一并被处以死刑，据说还处死了一些炮手，因为他们杀死了几位英格兰的重要人物。

几百名囚犯被发往诺曼底、英格兰和威尔士的城堡，开始漫长的监禁。不寻常的是，当中有教士——莫城主教，他被托付给坎特伯雷大主教监管，以及圣法洛修道院院长菲利普·德·加玛什（Philippe de Gamaches）——圣法洛是亨利围城时期的指挥部。加玛什是个非同寻常的人物：不仅是修道院院长，还是个战士，他和其他两名僧侣在莫城防卫战中承担积极角色。他被带到巴黎审判，威胁要把他装进袋子扔进塞纳河淹死。对报复心重的英国人来说，这不算是个出格的惩罚；这也是法国人对待叛国教士的习惯做法。三名多明我修士被指控密谋将蒙托邦献给英国人，同样在 1433 年至 1434 年间被溺死在图卢兹。加玛什逃过一劫，因为他的兄弟纪尧姆（Guillaume）是贡比涅的阿马尼亚克派长官，他答应只要饶过加玛什性命，就献城给英国人。[27]

　　1422 年 5 月 10 日莫城的陷落，为巴黎提供了更多保障及丰富的战利品，但代价惨痛。英格兰失去了众多人员，伍斯特伯爵理查（Richard，earl of Worcester）、克利福德勋爵约翰（John，lord Clifford）和约翰·康沃尔的 17 岁继承人死在炮火之下。康沃尔自己也为炮火所伤，他是一名嘉德骑士（Knight of the Garter），也是亨利最信任的干将之一，据说因为深陷丧子之痛，他发誓再也不同基督徒作战。的确，他提前离开围城战场，又待在法兰西服役六年，但在 1436 年危机之前再没有拿起武器。[28]

　　占领莫城的全部代价没有立刻显现。5 月 12 日，贝德福德从英格兰起航，带来一千名新招募的士兵，为下一季战役做准备。他的嫂子凯瑟琳陪同在旁，从阿弗勒尔巡视到鲁昂，再到巴黎。如今她的地位极大提升了，因为她不仅是英格兰王后，也是英法王位继承人的母亲。1421 年 12 月 6 日，她在温莎城堡诞下一名男婴，也取名为亨利。[29]当时人们相信，查理曼和亚瑟王的血液融于他一身，如此吉利的血统要求他的出生地也和那位圆桌创者一样。可惜，那时没人记得亚瑟王的最终命运：他身中致命伤，和至亲作战，王国被内战撕得四分五裂。

凯瑟琳远行法国之时，将孩子交给奶妈照料。因为母乳喂养某种程度上是避孕，中世纪贵族妇女大多不会亲自哺乳，以便尽快恢复生育（出于相反原因，农妇会尽量母乳喂养到 3 岁）。[30] 婴儿死亡率很高：1150 年至 1500 年间，英格兰国王的孩子，有三分之一活不过周岁。因此，凯瑟琳尽快再怀一个很重要。她有 11 个月没见到丈夫了，她这时回到法兰西，对保障王位继承很有现实必要性。

但她没有再怀孕。亨利与凯瑟琳在文森森林相见，随后一起到巴黎去。巴黎市民为庆祝他们的到来，谄媚地表演圣乔治的激情神秘剧。这年六七月，天气异常炎热干燥，水果和粮食丰收，但也引发了天花病的爆发。也许是为了躲避炎热和传染病，亨利和凯瑟琳及其父母一起把宫廷搬到巴黎北部 30 英里的桑利。可惜对亨利来说，已经太迟了。

国王一直身体强健，虽然他掌政严厉，又屡屡面对残酷战事。2 月，在围攻莫城期间，他感觉不太舒服，便派一名英格兰医生过来治疗。到 7 月，他病情严重，又从英格兰请了一位医生。当他试图带领救援部队去援助科斯尼时，不得不用担架抬上马背，因为他已无法骑上马去。意志力让他一直坚持到科贝伊，但到那里他明白自己走不下去了，传令回到文森森林。[31]

亨利以往常的高效和冷静，为死亡做准备。他从未见过自己八个月大的儿子，但他最关心的是如何保护他和他的继承权。8 月 26 日，他在遗嘱中增加附录：他的幼弟格洛斯特公爵汉弗莱，将拥有

"我们至亲的儿子的监护权"；国王的叔叔埃塞克特公爵托马斯·博福特，将负责"政府和管理"，为他选择私人侍从；亨利特别指定两名亲信——亨利·菲茨休（Henry Fitzhugh）和瓦尔特·亨格福德（Walter Hungerford）——至少有一人要和他的儿子始终待在一起。遗嘱将凯瑟琳交给贝德福德公爵约翰和坎特伯雷大主教亨利·齐契利保护，但最新附录命令她与儿子同住。[32]

亨利为他襁褓中的儿子所做的有关英法未来政府的安排，将成为争斗之源，因为这些都是口头吩咐。问题在于，《特鲁瓦条约》没有预见到亨利会死在查理六世前面，由一个婴儿继承两边的王位。极有可能的是，他在查理六世在位期间创造了三位摄政王：贝德福德负责诺曼底，勃艮第公爵腓力负责法兰西王国，格洛斯特负责英格兰。一旦查理去世，诺曼底和"被占领土"将回到法兰西王位之下，亨利也许设想，贝德福德将会成为他侄子全部法兰西领地的摄政。[33]

1422 年 8 月 31 日凌晨时分，亨利五世在文森森林去世。他还有 16 天才满 36 岁，作为英王在位九年半。他确切的死亡原因不得而知，当时有人猜测是天花、麻风病或痢疾。最有可能是痢疾，因为莫城围城期间他的部队多受此病折磨。弥留之际，他和在世时一样虔诚，口中念着祈祷词，王室教堂的忏悔者和教士纷纷来到床前。[34]

他的遗嘱指明要葬在威斯敏斯特教堂，尤其是葬礼仪式应该恰好符合王室地位，但不要过度铺张。他的内脏被移除，身体经防腐处理，入殓在铅制棺内，上方是他的肖像，身穿王室长袍，戴着王冠，手持地球仪和权杖。随后灵柩开始两个月的漫长征程，从法兰西北部回到英格兰。从圣坦尼、鲁昂、加莱到坎特伯雷，每到一处都停下来奏追思弥撒曲，人群向他致以敬意。甚至连他的敌人也不得不加以赞赏，有人这样描述："他是正义之君。""他不因偏爱支持任何人，也不因亲属关系而免于惩罚。"[35]

亨利一生的莫大讽刺是，他曾离最终目标那么近。查理六世死于 1422 年 10 月 21 日，就在亨利死后七周。将英格兰和法兰西双重王冠集于一身的，不是亨利五世，而是亨利六世。

第四章

英属法兰西王国

"一切形式的圆满，都蕴含于数字 6 当中，"坎特伯雷大主教为新任国王的首届英国议会致辞道，"并且，上帝在 6 天之内完成全部工作，因此可以得知，父亲的全部善行要由其子成就，蒙上帝恩典，那就是亨利六世。"齐契利当然对未来充满乐观，但对新国王的多数臣民来说，《圣经》中那句经文"邦国啊，你的王若是孩童，你就有祸了"，似乎是对现状更恰当的评价。[1]

前途当然很不明朗，假设亨利六世能活到成年，他接受摄政的时间是英格兰历史上最长的。更为棘手的是，有两个王国要治理，各有其制度、法律、习俗和风土人情。怎么处理这件事，是两国谈判的焦点。在英格兰，格洛斯特公爵试图确立自己作为摄政王的权力，依据是其王兄曾任命他为亨利六世的"首席监护人"。议会完全不同意这一点：遗嘱附录只涉及小国王本人，不涉及王国。任何情况下，未经议会同意，国王无权改变先例和法律。根据宪法，统治英格兰的权力应该属于下一顺位继承人，即格洛斯特的兄长贝德福德，但他还在法兰西，很可能继续待在那里。于是大家达成了共识。1422 年 12 月 5 日，贝德福德被任命为英格兰的保护者、守卫者和首席咨议大臣，但他只有在英格兰本土时才能行使权力：如若不在，则由格洛斯特代理。这一安排确保了《特鲁瓦条约》中两个王位彼此分离的设想，避免贝德福德在法兰西统治英格兰。行政班底的权力也受到限制，没有使用"摄政"这一更具权势和争议性的术语，而是委任由主教、贵族和骑士组成的十六人委员会来协助治理国家。

虽然贝德福德乐于接受这个安排，相信它最大限度上遵从了先王意志和国家需要，但格洛斯特心怀不满，他认为自己代理侄子在英格兰行使王权的天然权利被否认了，两兄弟间产生了嫌隙。更为严重的是，这导致他们与叔叔、最资深的咨议大臣兼温切斯特大主教亨利·博福特发生私人冲突，让国家滑入内战边缘。博福特本人过于膨胀的野心，原本被先王牢牢按住。事到如今，尽管亨利遗嘱中没有任命他正式职务，但作为政坛元老，他决心在混乱的政局中图谋发展。他带头反对格洛斯特公爵摄政，为此后者永远没有原谅他。关于如何最好地保存亨利五世的遗产，他也与好战的格洛斯特不同。博福特与贝德福德一样，极其相信英格兰-勃艮第联盟的重要性。格洛斯特则怀疑勃艮第的忠诚和动机，讨厌任何妥协的念头，只相信军事力量。他自私地追逐个人领土野心，冲动易怒，与博福特结下深仇大怨，还满怀嫉妒地认为自己比贝德福德在法兰西做得更好，这加速了英格兰议事会（the English council）的分裂，损害了贝德福德在国内外的权威，甚至加剧了两个王国的利益冲突。正因如此，虽然他失去了英格兰的摄政之位，但在接下来的几年仍是英格兰及其海外领地的关键人物。[2]

在法兰西，情况有所不同，也更加明朗：由于国王精神不健全，摄政机构早已存在。虽然摄政一般要听取顾问班子（实际上是国王自己）的建议，但最终行使最高权力和权威的还是他自己。王太子于1418年12月单方面宣布摄政，在三个城市（图卢兹、普瓦提和布尔日）另立朝廷、最高法院和财政机构，被蔑称为"布尔日王国"（the kingdom of Bourges）。他的父母从未承认他这一头衔合法，反而通过《特鲁瓦条约》将它让渡给了亨利五世。[3]

在亨利与查理两人去世之间的短暂间隙，勃艮第公爵腓力很有可能行使过摄政权力。勃艮第的编年史家急于解释为何他们的公爵不能继续履职，后来宣称亨利曾设想在查理死后首先由勃艮第公爵腓力摄政，只有在他拒绝后，才会让渡给贝德福德。[4]勃艮第公爵也许有充分理由拒绝。为神志不清的正统国王担任摄政是一回事，为襁褓之中的英国人担任摄政、遵循外国入侵者强加的条约，又是另一回事。要是接受这个重任，勃艮第公爵恐怕会背上叛国的罪名，而当初他和英格兰结盟时都没这么严重。

然而，亨利根本不曾想过让勃艮第继续摄政。《特鲁瓦条约》规定，诺曼底在查理死后将回到法兰西王位之下，亨利可不会把来之不易的征服成果让给盟友，而不给自己的手足。[5]因此在查理六世的葬礼后，社稷之剑象征性地悬在贝德福德面前，在巴黎人的注目

下，他成为名正言顺的法兰西摄政。几天之后，即 1422 年 11 月 19
日，经过巴黎最高法院的完整程序，他正式获得摄政的头衔，宣誓
维护和平和公正，宣布他要将诺曼底公国团结于法兰西王位之下。
随后，所有在场者重申对《特鲁瓦条约》的誓言，把他们的手放在
法兰西首席大臣的双手之间。[6]

亨利与查理的两次葬礼，勃艮第公爵明显都没有出席，但没有
迹象显示他对贝德福德的上任感到不快。他于 11 月 7 日重新宣誓
遵守《特鲁瓦条约》，12 月 12 日，他的妹妹安妮与贝德福德正式订
婚。这是两派之间，甚至关系到法兰西未来的关键一步：贝德福德
是他侄子、襁褓之中的小国王的继承人，安妮也是她兄长的共同继
承人，因为勃艮第公爵在 1430 年前并没有合法子嗣。[7]

贝德福德与勃艮第的安妮的婚姻，成为英格兰-勃艮第联盟的
基石。1423 年 6 月 14 日在特鲁瓦（三年前亨利五世和法兰西的凯
瑟琳也在此地成婚）成婚时，贝德福德 34 岁，新娘 19 岁。这么大
的年龄差距，在中世纪王国联姻中，并不少见。但他们之间似乎有
着兄妹般的真挚感情。安妮本人很受欢迎，尤其是在鲁昂和巴黎，
这让她丈夫和英格兰盟友受益匪浅。

贝德福德从方方面面来讲，都是法兰西摄政的最佳人选。他或
许缺少其王兄的人格魅力，但极其忠实于亨利的目标，为侄子的利
益殚精竭虑，是颇为能干的军人和行政官：正是由于他出手果断，
到巴黎去宣布代表侄子摄政，才说服最高法院的摇摆派支持亨利六
世，而他们原本是待在那里等王太子宣称王权的。贝德福德也是热
烈的"法国文化爱好者"，对教堂和修道院出手慷慨，资助法兰西

艺术家、作家和手工艺人，在法兰西北部、巴黎和鲁昂的宫殿里拥有大量土地，而且他坚持要葬在法兰西，这一点在英国人中极为罕见。他与兄弟格洛斯特大为不同，而是和亨利一样，能超越派系争端，获得人们的普遍尊敬。[8]

贝德福德将要摄政的王国，理论上是统一的，但实际上分为英格兰征服区和勃艮第影响区（当然不包括布尔日的阿马尼亚克王国，它于 1422 年在法兰西中部地区扩展，从南部海岸一直延伸到卢瓦尔河谷北部，包括安茹和曼恩部分地区）。

诺曼底有从法兰西分离出来的强烈传统，这一点铭刻于它 13 世纪的习惯法汇编及 14 世纪关于自由和公民权的宪章之中。在巴黎大学，诺曼人甚至有自己的"民族"或者说族群的称呼；当时人一般也会把他们和法兰西人区分开，就像对待布列塔尼人和加斯科涅人那样。[9]亨利五世有意强化了这种分离情绪：他通过征服，不断宣传和引导，根据继承权诺曼底是他的，并于 1419 年春天在鲁昂召集诺曼贵族会议。会面时，他打扮得像个诺曼底公爵，而没有扮成英格兰国王。[10]

亨利也无意在诺曼底公国内安插任何英格兰式机构，而更愿意接管现有政府，让它独立于法兰西君主制度之外。每当有新的市镇或城堡纳入版图，甚至尚未攻下之时，他为了刺激属下的征服欲，都会任命一名英格兰长官，并派驻守军。与此同时，他也会任命新官员处理内政事务。其中最重要的是邑长（bailli）[①]，其职能大致

———

①　法国中世纪代表国王负责行政、司法的执行官。

等同于英格兰的行政司法长官（sheriff）。诺曼底公国内共有 7 名邑长，每位负责各自政区内的行政公平，执行王室法令，召集并管理当地民兵。当每个邑长区被征服时，也有必要任命官员，但每次新任邑长都是英格兰人。[11]

　　然而他们的下属基本都是诺曼人，这些人利用投来的橄榄枝改换效忠对象，继续待在任上。最重要的是财政官员：有财务秘书（vicomte）[①]，负责管理每一邑长区内来自王室和诸侯的日常收支；有税务官（receiver），教区官员将三级会议批准的税捐上缴给他；有盐官（grênetier），负责建造盐仓，统计盐税收入，这是一大笔收入来源，当时盐腌是保存肉类特别是鱼类最有效的方式，每逢周五和大斋节期间所有守善的基督徒都要吃鱼。其他的税收，比如销售税，一般都被分配给出价最高的竞标者，这些竞标者一次性支付一笔折扣，然后就可以保留他勤奋赚到的钱。[12]

　　亨利在征服初期的最早动作，是在卡昂设立了审计法庭（chambre-des-comptes）[②]，此城是 1204 年法兰西征服前诺曼底公国的金融中心。审计法庭类似于英格兰的财政部，负责批准付款、审计账目，但全部交易使用法兰西货币（图尔里弗尔），用法文记录。同样，最重要的官员——诺曼底公国的财务总管——永远是英格兰人，

---

　　① 在诺曼底，vicomte 是一个历史悠久的官衔，至少 11 世纪初就有此官职。他是公爵的第一助手，除负责财政收支外，还兼管地方行政和司法。英格兰征服时期，其职能被邑长取代，vicomte 的职责范围缩小为财务秘书。

　　② 审计法庭，是指在法国占老政体下，在 1320 年从王室法院中分离出来的一个最高终审法庭，负责国家诸多财政方面的事务，且拥有行政和立法职能。1807 年由审计法院（Cour des Comptes）所取代。

但他的办事员有英格兰人、诺曼人，后来也有法兰西人。[13]

这些安排源于一项精心筹划的政策，旨在让当地居民适应亨利想要达到的永久征服局面。他不曾想过驱逐土著居民，让英国人取而代之。英格兰没有足够的人口支撑这么大规模的移民，而无论如何，亨利都希望自己被诺曼人接受，从而证明他的主张是合法的。正如我们所看到的，他自始至终都为宣誓效忠于他的人民提供庇护，认可了他们截至 1417 年 8 月 1 日拥有的全部土地、房屋和办公建筑。这是英格兰远征的日期，也是新纪元的开始。[14]

起初，他乐于允许那些拒绝宣誓的人离开，但大规模流民很快成为一大困扰：其中大约有 1 000 人来自卡昂，1 700 人来自阿让唐，1 500 人来自锡耶和埃克斯姆，2 500 人来自阿朗松。这种人口流失不可持续，特别是当中有很多手工艺人和商人，对诺曼底经济至关重要。[15]为了把他们拉回来，亨利要设法解决是什么促使他们离开，因为大多数人不是要忠于法兰西王室，而只是恐惧——害怕被外国政权压制或迫害，担心如果战争持续下去，会有暴力和不稳定状况发生。

其中一位难民的故事，颇有代表性。主角是编年史作者托马斯·巴赞（Thomas Basin）。他父亲是富裕的食品杂货商和香料商人，家住鲁昂城西北 21 英里的科德贝克。在 1415 年或 1416 年，那时巴赞 3 岁，他们全家搬去鲁昂，以逃避法兰西驻军在科德贝克的"侮辱、愤怒和暴力"，这些部队原本是为保护该城不受阿弗勒尔英军侵袭的。鲁昂城的难民太多了，食物短缺，瘟疫流行，于是巴赞一家搬到凡尔登住了几个月，等疫情结束才返回。1417 年，他们担心亨利会在登陆阿弗勒尔之后径直奔向鲁昂，于是收拾细软，逃亡至安全地带法莱斯。当亨利转而在图克登陆，他们又奔向布列塔尼边境，在圣詹姆斯-德-博夫隆住下，直到英军再次发动进攻，又把他们逼入布列塔尼。他们在雷内住了将近一年，但英军在边界沿途劫掠，因此他们撤退到更为安全的区域南特。直到一年多以后，即 1419 年鲁昂陷落之际，诺曼底全境似乎"稍微太平了"，巴赞一家才终于回到科德贝克，愿意宣誓效忠亨利，不想终身被放逐。[16]

巴赞一家决定回来的关键因素是，亨利提出对所有归来的诺曼难民实行大赦。自 1418 年 2 月法莱斯沦陷以来，他们就不定期地提供这些条件，并威胁说，那些不返回的人将被视为"叛军和强盗"，他们的土地和动产将被没收。鲁昂投降后，惩罚性元素更加明显了。1419 年 3 月 12 日，邑长奉命记录那些还没宣誓效忠的人的姓名，以及他们土地的价值和范围；3 个月之后，这些资产交到国王手中，准备重新分配给忠诚的属民。1419 年 9 月 29 日发布最后公告，敦促所有未登记的人在 11 月 1 日之前回到"国王治下"，并提供通用的安全通行证，来保护那些选择这样做的人。[17]

大部分地主就这样被劝服，接受了英格兰征服。例如，在卡伦坦邑长区，四分之三的封地没有易手，说明他们的所有者宣誓效忠了。但关键是，这些都是小领主，确实令人烦恼，正如亨利对英格兰枢密院所说，"实际上，没有富豪对国王表示顺从……绅士就更少了。此事让人们心中不安，也就不奇怪了"[18]。

拿下鲁昂城之后，亨利决心对桀骜不驯的贵族采取更强硬的措施。如果他们不能被说服，那么就要被放逐。因此被正式没收土地的人，有年轻的阿朗松公爵（以及他的元帅、阿金库尔故将安布罗西·德·洛尔），唐卡维尔伯爵雅克·德·阿库尔（Jacques d'Harcourt）及其表亲让·德·阿库尔（Jean d'Harcourt），欧玛勒伯爵路易·德·埃斯图特维尔（Louis d'Estouteville）、库朗斯勋爵让·德·拉·海耶（Jean de la Haye）。

从"叛乱者"那里没收的土地和财产，无论原主人地位如何，都将流入亨利的私人钱袋，资助他奖赏自己的支持者，建设英格兰在诺曼底的永久影响力。亨利分配这些土地的动作十分缓慢，这是他精心谋划的：现在还不是享受战利品的时候，而要万分谨慎，以确保诺曼底公国的长远未来。在 1417 年 9 月到 1422 年 6 月间，有 358 次土地授予记录，其中三分之二发生在 1419 年，即鲁昂投降后的休养生息之年。[19]

分配政策如亨利所习惯的那样，执行得很细致。每次授予土地都记录在案。依照宣誓效忠的登记名单，核对原始所有者的姓名，确保财产是依法罚没，价值则按照土地年收入计算。花费这么大功夫，是为了确保受赠者和所在区域相关、奖赏的大小和地位相关。例如，1419 年，理查·怀德维尔被任命为吉索尔邑长，被授予邻近地区但古的爵位；布料经销商尼古拉·布拉德科克（Nicholas Bradkyrk），在阿弗勒和卡昂港口获得房屋；卡昂审计法庭教士罗杰·沃特汉姆（Roger Waltham），也在当地获得一座房屋。[20]

这种谨慎的拨款计划有助于创造一个英格兰阶层，他们在维持特定地区征服方面有着根深蒂固的利益，但又不会因无力履行而负担过重。无论是在民政还是在军政中，财产所有权都与公职密切相关，但也需要担负一定义务。吉尔伯特·乌姆弗拉维尔爵士被重新授予在伊顿河畔安抚拉威尔的家族土地，这是从让·德·埃斯图特维尔和皮埃尔·安抚拉威尔（Pierre Amfreville）那里罚没的，但他要为城堡提供驻军，为军队提供 12 名武装士兵和 24 名弓箭手。罗杰·沃特汉姆在卡昂的房子每年要支付 40 苏（117 英镑）租金，还要分担一个夜晚城市守卫的开销。[21]

为确保这些条件得以满足，亨利五世几乎把每一笔土地或财产的授予都附加了限定继承条件，这意味着只有直系继承人才能继承，从而防止所有权流失到家族之外。如果没有子嗣，则财产所有权自动归还王室。例如，当无子的乌姆弗拉维尔在博热被杀之后，他的法兰西领地再度回到国王手中，随即被重新授予罗伯特·布鲁斯（Robert Brewes）爵士，尽管他还有在世的英格兰继承人，即叔叔罗伯特·乌姆弗拉维尔（Robert Umfraville）。英格兰人可以购买或获得其他法兰西土地，但来自国王的封地禁止出售，除非经过国王同意卖给英格兰人。由王室授权引起的争端由鲁昂议会裁决，无须上诉至巴黎最高法院，确保亨利之手稳稳把控局面。[22]

土地方案的核心理念，是被占领的土地必须要提供自卫的人员。如果无法担负起军事义务，财产就会被没收，正如詹姆斯·林德（James Linde）和沃尔特·哈斯克拉特（Walter Hasclat）所发现的，他们一旦不能满足"几次战役、包围战和对抗敌军"的召唤，土地就会被夺走，转交给更让人放心的理查·怀德维尔。[23]

教堂拥有的土地不必承担军事义务，虽然它们一般要为诺曼底公国内的军队提供马匹、马车和补给。不过，当征服逐渐深入，这些也被纳入国王手中，直到相关主教、修道院院长和其他教会权威机构正式表示顺从。王室账目显示，诺曼底每位主教以及 66 个修道院（占总数的三分之二）的财产，都以此方式流转到亨利手中。[24]

亨利自始至终都很幸运，教堂守卫者的名声让他走得更远。他管理军队纪律严明，他明确下令守护教堂人员及财产，这在当时颇不寻常，为他赢得了许多友谊。的确，据说有些诺曼人断发，伪装成教士，以享受国王的保护。而且很明显，在亨利登陆图克后不到 8 周，便有 483 名教士向他投降，说明投降是以当地教士为首的，而不是世俗行政官员。[25]

和世俗贵族一样，教会中的高层要更为抵触。只有锡耶主教早早投降[26]，他的宝座在 1417 年 10 月落入英格兰人手中；亨利指明要他在 1418 年卡昂举办圣乔治日仪式之时亲自宣誓效忠。鲁昂大主教路易·德·阿库尔（Louis d'Harcourt）以及地区内其他 5 名主教，都随着英格兰人迫近而四散逃奔了。阿弗朗士主教让·德·圣阿维（Jean de Saint-Avit）在 1420 年回来宣誓效忠，不过他的忠诚度一直被怀疑，后来涉嫌密谋将鲁昂献给法兰西而入狱。[27]

剩下的人再也没回来。对亨利来说幸运的是，利修、埃夫勒和库唐塞主教在 1418 年勃艮第政变后的巴黎大屠杀中遇难，给他留下三块空白区域，在继任者上任前可以合法控制，这既给了他不错的收入，又让他能影响到教士任命。幸运再次眷顾，通过勃艮第盟友他能稳定接触到一群巴黎大学毕业生，他们渴望获得僧侣之俸，而这是阿马尼亚克派一直拒绝提供的。

两者之间的关系是互惠互利的。教士一直是世俗政府的后盾——clerk（"教士"）这个词源于国家政府中就职的"教会人员（clerical status）"。毕业生总是教士，虽然不是所有人都会被授为牧师（priest）。个人利益让这些人热切接受并推动英格兰征服，而亨利需要识文断字、会计算的有识之士，为他的政府服务。[28]

亨利也能在新主教任命上施加影响力。新任教皇马丁五世（Martin V）处境艰难。他于 1417 年 11 月 11 日在康斯坦茨会议上当选，结束了 30 年的西方教会分裂，但他的地位相当不稳固。他不愿在英法冲突中选边站，因为谁也得罪不起。亨利需要教会支持，让他的远征具有合法性，但坚持要求不能让法国人递补诺曼底的教职空缺。最后他们特别达成的妥协是，巴黎遇难的三位主教都由意大利人接替：红衣主教布兰达·达·卡斯提里奥内（Cardinal Branda da Castiglione）派往利修，保罗·达·卡普拉尼卡（Paolo da Capranica）派往埃夫勒，潘多夫·迪·马拉特斯塔（Pandolfo di Malatesta）派往库唐塞。要是在英格兰，亨利决不会允许这种情况发生，但这能取悦教皇，也能让亨利继续在主教区施展权威，因为他们的主教当然不会居住于此。[29]

面对那些不服从的主教时，亨利的幸运还在继续。巴约主教职位在 1419 年 7 月空缺出来，让·朗各雷（Jean Langret）当时在康斯坦茨教会，他没有回家，死于自我放逐途中。接替他的尼古拉·阿巴特（Nicholas Habart）不是意大利人，但此人立即宣誓效忠亨利，回报是在正式就职前就能提前享受教区收益。[30]

最为资深的诺曼教士、大主教路易·德·阿库尔，在鲁昂围城前就离开了。尽管亨利千方百计引诱他回来，他仍旧不为所动，故意住在普瓦捷王太子的宫廷里。亨利于 1419 年 2 月 9 日拿下鲁昂后的第一个举动，就是下令将所有拒绝宣誓服从他的世俗或教会领主的土地没收。这让他控制了放逐在外的大主教的土地。两年后，他命令所有尚未归来的教会人士，要是不回来宣誓效忠的话，就要面临教会剥夺教职的处罚。大主教拒绝遵从，于是在 1421 年 7 月 4日被夺职了。一周之后，代理的教区牧师剥夺了 26 名居住在"敌对地区"的教区牧师的权利，包括大教堂的会吏总（archdeacon）、领诵牧师（cantor）、副领诵牧师以及 10 名教士。[31]

亨利能做到这些，是因为他和大教堂理事会建立了友好关系，当大主教和主教不在时，由这一机构进行精神领导。理事会教士和主教之间经常进行权力斗争，所以亨利通过承认其宪章、尊重其权利和特权，赢得理事会的支持。例如 1419 年 8 月 19 日，有英格兰士兵侵犯圣所的避难特权，入内逮捕并囚禁了一位出逃神父，后者一直在鲁昂大教堂唱诗班避难。教士们立即停止了当天的演唱，派使团去见埃塞克特公爵的副将，要求释放他。他们的要求很快获得满足，于是又恢复了演唱。如此迅速而果断的支持行动，可以解释为何当路易·德·阿库尔在 1419 年 11 月 19 日死于普瓦捷时，鲁昂大教堂理事会选举了亲英的让·德·拉·罗什塔耶（Jean de la Rochetaillée）接任。[32]

关键是，唯一给亨利添麻烦的大教堂理事会是最快顺从英格兰征服的。始建于 12 世纪的锡耶大教堂，在阿朗松北部 15 英里，也充当此城的堡垒。1420 年年底，教士们想出一个巧妙的计划，打算把这座城市出卖给王太子。他们秘密接近当地阿马尼亚克派长官路易·德·特罗马贡（Louis de Tromagon），暗示他们可以通过毗邻大教堂的金库进入要塞。特罗马贡从锡耶-拉沙贝尔找了几个佃户，教士们放他们进入金库，他们开始秘密地在墙上挖洞。佃户们发誓要保密，但法国人即将进入要塞的计划当晚就泄露了。教士们雇佣的一位理发师在值夜时撞见了一个拿着斧头的人。他质问他为何闯进来，一名教士听到骚动，从楼上窗口探出身子，命他立即上楼，然后强行把他关了整整一夜（按理发师的说法）。政变成功了，虽然锡耶只在法国人手里待了八个星期。[33]

亨利的诺曼底教会政策最令人惊讶的是克制。把每个职位都塞满英国人是很容易的，但真正这样任命的很少，只有在某些英格兰飞地才如此：鲁昂大教堂理事会接纳了几位英格兰教士，一名加斯科涅血统的王室教士让·德·波尔丢（Jean de Bordiu）被调往阿弗勒尔教区教堂。然而，大多数情况下，亨利尽可能创造机会让教士回归。有些人要花费很多年来说服。托马斯·德·圣洛（Thomas de Saint-Lô）是科唐坦地区布兰奇兰德修道院院长，在英军刚登陆图克时就带着他修道院的全部宝藏，包括圣物盒、圣杯和特许状逃往布列塔尼。13 年后，即 1430 年，他宣誓效忠并获得赦免，于是重返他的修道院。[34]

更惊人的归降是罗伯特·乔利维（Robert Jolivet），他从 1411 年起就是圣米迦勒山修道院院长。其教堂位于一块裸露在地面、半英里宽的坚硬花岗岩顶上，海拔 240 英尺，数百年来一直充当要塞和避难所。每天只有两次，当潮水退去、露出狭窄的堤道时，才能到达这片变幻莫测的沙地。岛上拥有天然的防御设施，修道院陡峭的花岗岩墙壁与悬崖斜面平行，还有一座 14 世纪的桥头堡，加固了这些屏障。当英格兰入侵时，乔利维已着手修复防御工事，在这座山麓之城的四周建起城墙，为围城储备好物资，还托人在坚固的岩石上凿出一个贮水池。在 1418 年以及 1419 年 11 月，王太子两次回应了他的资金求助，批准他在当地征税，以支付工程费用及圣米迦勒山守军的薪水。[35]

　　1420 年春，乔利维终于屈从亨利，改换了阵营。促成此事的是欧玛勒伯爵让·德·阿库尔的到来，王太子曾任命他为圣米迦勒山长官。欧玛勒的首个行动是洗劫修道院财产，不少当地教堂和富人都把财物储存在那里。他本意是想把这些财产带给王太子，但正如库唐塞长官约翰·阿仕顿 1420 年 6 月 15 日汇报给国王的那样，当他离开这座岛时，想"把财物给他们分掉，但发生很大争议，斗得不可开交"，因为很多守军想把金银财宝融化成钱，用来支付岛上的防御费用。"它们用来储水的贮水池坏了，"阿仕顿补充道，"由于缺少水和木柴，他们无法停留。"这些信息无疑是乔利维自述的，因为阿仕顿在这封信中也提到修道院院长向国王请求安全通行证。[36]

　　这些事件，加之《特鲁瓦条约》的签订，显然让乔利维明白他是输家。作为最资深的诺曼教士，他的归顺是震撼英格兰政坛的大事，于是他迅速进入权力中心，成为诺曼底议会和法兰西议会的双重顾问，为国王咨政，并分别监督诺曼底公国和法兰西王国的行政管理。没有比这件事更强有力地撕裂法兰西了：圣米迦勒山修道院院长成为英国当局的支柱，但他的修道院抵抗到了最后，成为诺曼底唯一没有被英格兰征服和占领的土地。

第五章

抵　抗

亨利五世之死给王太子及其支持者带去希望。安布洛伊斯·德·洛尔（Ambroise de Loré）和库朗塞爵爷约翰（Jean，sire de Coulances），对下诺曼底地区发动突袭，攻打并劫掠了贝尔奈城，该城守军闻风弃城而逃，又掉头重创了追击的法军。[1] 1422 年 10 月 30 日，查理王太子在他父亲死后，在耶弗河畔默恩自立为查理七世，着手与苏格兰人、卡斯蒂利亚人商议组建一支八千人联军，计划在新年之际从苏格兰开拔，将英格兰人逐出法兰西。[2]

在巴黎，计划献城给王太子的密谋暴露了。一位神父清晨在城外自家花园中散步，注意到王室军械士的妻子在和几名士兵秘密交谈。他向城门守卫报告了这件蹊跷的事，女人被捕了，被搜到身上带着王太子给巴黎城中内应的书信，于是她和同伙们一起被投河而亡。没过多久，默兰就被出卖给了阿马尼亚克派，他们在那座桥边的要塞派驻了强大守军，破坏了通往巴黎的补给线，并以此为据点四处奔袭。[3]

面对这些挑战，贝德福德始终保持警惕。他命令所有士兵立即回到驻地，并让诺曼底属民在东富朗武装集结。禁止以朝圣的名义到圣米迦勒山去，这通常是与当地敌军非法交易的借口。巴黎城中受到怀疑的阿马尼亚克派被囚禁在一处，城里每个人，包括"市民、房东、车夫、牧羊人、牧童、修道院的养猪人、女仆以及僧侣"都被要求宣誓效忠于摄政的贝德福德。默兰被围困了，经过两个月的坚守，于 1423 年 3 月 1 日投降。[4]

贝德福德现在决心对敌人发动战争。诺曼议会和教士应罗伯特·乔利维的强烈要求，批准 5 万图尔里弗尔（292 万英镑）征税额度，用于保卫诺曼底公国以及圣米迦勒山、艾弗里和其他场所的修复。5 月，伯爵元帅约翰·莫布雷（John Mowbray）带来英军第一支分遣队，共有 380 名士兵和 1 140 名弓箭手，他们被征召来此服役 6 个月。有了这些额外资源可供调遣，贝德福德得以多线作战。[5]

索尔兹伯里伯爵被任命为香槟省和布里省行政长官，并始对巴黎和沙特尔之间的阿马尼亚克派要塞进行系统性清扫。在皮卡迪，萨福克伯爵、诺曼底海军上将、科城邑长拉尔夫·布提耶（Ralph Bouteiller）爵士从海陆两边共同对勒克鲁图瓦进行封锁。这些宏大的堡垒，守卫着通向索姆河湾区北岸的门户，是布列塔尼海盗和驻军的避风港，由雅克·德·阿库尔统领，经常入侵诺曼底和勃艮第派控制的低地国家，抢劫、掠夺和扣押人质索要赎金。一场大战就在眼前，勒克鲁图瓦满城备好火器和物资，但英国人的首要目标是拿下它。贝德福德已订购了三门鲁昂铸造的大型新式火炮，从诺曼底全境抽调 1 500 名驻军服务于围城战。

德·阿库尔指挥勒克鲁图瓦城坚守了将近 4 个月，于 10 月 1 日同意在 1424 年 3 月 3 日举城投降，但条件是贝德福德本人要在 3 月的前三天每天与他进行一场私人决斗。最终拿下那块场地的人，无论凭借自己胜利，还是对方失手，都将会赢得勒克鲁图瓦。如此挑衅在骑士阶层不少见，奖赏越有价值，参与者的荣耀就越耀眼，但一座要塞的命运倚仗于此确实不常见。或许这只是骑士精神的泛滥，因为德·阿库尔在约定时间之前很早就离开勒克鲁图瓦了，那么决斗也就不需要了。[6]

贝德福德在 1423 年开辟的第三条战线，是诺曼底西南部，圣米迦勒山孤单地守卫着它的门户。2 月，英格兰人开始加固通贝莱，这座修道院横在圣米迦勒山和诺曼海岸中间，高 459 英尺，位于一座岩石小岛上。上一年夏天，"由于战事不定"，修道院副院长把 3 000 余磅铅运往圣米迦勒山保管。讽刺的是，那里的僧人悉数抢过去自用了。通贝莱拥有 30 名重装骑兵和 90 名重装弓箭手，如今成为英格兰最重要的堡垒之一，守在对抗圣米迦勒山的前线，密切监视着驻军的突袭活动。[7]

1423 年 7 月 30 日，贝德福德命令附近阿弗朗士的长官约翰·德·拉·波尔（John de la Pole）爵士，请他"竭尽所能……用武力、神力或其他各种方式"收复圣米迦勒山。波尔获准可在采邑内收税，召集了卡昂和科唐坦守军，但就在兴致勃勃开始围攻之时，他的注意力却转移到表面上更容易得手的别处。王太子军队在法兰西元帅布尚伯爵的统领下，围攻了巴黎东南 115 英里处的勃艮第城镇克拉旺。一支约 400 人规模的盎格鲁-勃艮第联军，已前去解围，于 7 月 31 日赢下关键性胜利。前线作战的苏格兰人，伤亡惨重，一只眼睛失明的布尚本人被俘，法兰西的苏格兰军队总督约翰·斯图尔特（John Stewart）也被俘。王太子对这次失利摆出一副冷酷又不在意的态度，他写道："我国贵族没什么人在那里……只有苏格兰人、西班牙人和其他外国士兵，他们习惯于生活在国外，所以损害不算大。"[8]

或许是为抢占上风，当敌人在遥远的法兰西另一边集结时，约翰·德·拉·波尔爵士决定率领围攻圣米迦勒山的这支部队，突袭安茹。他重蹈了克拉伦斯的覆辙，长途奔袭昂热，却在凯旋时遭遇伏击。1423 年 9 月 26 日，安布罗西·德·洛尔、库朗塞爵爷约翰和路易·德·特罗马贡带领一小撮武装士兵在拉瓦尔附近将他拦截，引诱他到拉伯西涅，欧玛勒伯爵让·德·阿库尔带领陆军主力部队正守在那里。

英军被夹在两支法国部队之间，没有火炮，又被赶回诺曼底的成千上万头牛拦住去路，惨遭屠杀。只有一小拨人逃出，波尔也侥幸逃脱，但是被俘了。他的鲁莽暴露了英格兰军事管理的弱点，曾是他军队中坚力量的诺曼守军，现在虚弱乏力，不堪一击。欧玛勒乘胜追击，包围了阿弗朗士，大胆攻击诺曼底的心脏地带，在圣洛教区洗劫数日。当听说英格兰援兵前来时，他才从阿弗朗士撤退。[9]

早在 6 月 4 日，贝德福德就向乔利维抱怨，战争已经把他的金库掏空了，他无力负担诺曼守军的工资。7 月，议会在凡尔登召开，批准了 6 万图尔里弗尔（350 万英镑）的征税动议，但他需要再召开一次议会——也就是当年的第三次——才能筹足资金。最后一次议会将于 12 月在卡昂召开，由于种种原因，十分关键。会议批准了 20 万图尔里弗尔的征税金额，再加上对教士征收的什一税，但为了含蓄地谴责波尔把资金和人员挪作他用，这笔钱是专款，仅用于支付诺曼驻军的工资，圣米迦勒山、艾弗里、德勒、加永、诺让-勒罗特鲁、瑟农什、波蒙-勒-维孔特等地围城战的开支，以及根除土匪的费用。[10]

土匪的问题错综复杂，又困难重重。这是自英格兰入侵以来首次把它提上议程，是否说明最近情况恶化？还是说明战争告一段落，诺曼底公国以治安为重，此事的优先级才有所提升？土匪只是单纯的罪犯，趁时局混乱追求个人利益，抢劫、偷盗、劫持人质吗？[11]还是如某些法国历史学家所认为的，这是中世纪版的法兰西抵抗运动，这伙人蓄意破坏是为了颠覆英格兰政权？

那个时代的人也感到费解。卡昂的三级会议，提到如何处理被捕匪徒的问题，议会决定将他们全部交给司法机构审查，以判定他们到底是该受法律惩罚的作乱分子，还是可以被赎回的战俘。[12]

要做出这个区分，并不总是很容易。诺曼文献中很少记录一名"土匪"被处决的事例，而更倾向于使用覆盖面较广的词语，例如"叛徒、土匪、国王的敌人和对手"，有时也加上"小偷、劫匪或杀人犯"。在官方描述中，一般用"国王的敌人和对手"形容所有携带武器对抗亨利五世或亨利六世的人，包括阿马尼亚克派支持者和战争俘虏，也包括字面意思的法外之徒，他们犯下死罪却逃到不受国王法律管辖的地方，比如土匪。然而，"叛徒"这个表述通常用于法律语境，指某人曾发誓效忠英格兰，最后却又食言。

　　没有宣誓效忠过的土匪犯了罪，一般会像普通盗贼那样被绞死。发过誓的人，面临的命运更残酷：他们作为背叛者，被套进围栏带到行刑现场，随后被砍头、肢解，残肢被公开示众。[13]要是有妇女曾帮助和支持土匪，等待她们的命运更让人不快：人们觉得展示女性裸露的尸首，实在有伤风化，于是惯例是在绞刑架下将她活埋了。英格兰统治期间，至少有三个记录在册的案例：1424 年卡昂的托马思·拉乌（Thomasse Raoul）、1435 年法莱斯的热娜·拉·阿迪（Jehanne la Hardie）以及 1447 年库唐塞的塔辛娜·德·富隆（Thassine de Foullon）。法莱斯的刽子手为处决阿迪共收到 28 苏 4 德涅尔（82.64 英镑）的报酬，包括送上绞刑架 5 苏、挖坑费 10 苏、埋葬费 10 苏，以及两双手套费用 3 苏 4 德涅尔。[14]

　　鲁昂陷落后，亨利五世把重建诺曼底的秩序作为重中之重。为鼓励逮捕土匪，他于 1419 年 5 月引进一套奖赏体系。无论何人，凡是送交土匪给司法机构，并完成审判、定罪和行刑过程的，每送交一人将得到 6 图尔里弗尔（350 英镑）的奖励，这相当于英格兰士兵 13 天的工资或弓箭手 27 天的工资（如果土匪被赦免或只是监禁，即使定了罪，也不发奖金）。举报人也获准留下罪犯的全部财物，但不包括衣服，按照惯例这是留给行刑者的。因此捕猎战利品是一门利润丰厚的生意：1424 年卡伦坦长官和他的一名士兵抓捕了一个土匪，此人怀揣着 113 图尔里弗尔 12 苏 6 德涅尔（6 628 英镑）的现金和 7 只银杯，最后被两人瓜分了。

这个案例不太寻常，但外出巡逻的士兵带回土匪就能极大提升薪水：来自圣洛的元帅及其属下抓捕了 12 名土匪，分享了 72 图尔里弗尔奖金，其中 11 人作为背叛者被砍头，第 12 人是个从未宣誓的布列塔尼人，于是被判处绞刑。[15]

许多以土匪名义被捕的人，都是敌军驻地士兵，或者曾经是。例如，亨利叶·潘乐维兰（Henriet Pellevillain）于 1423 年 2 月离开诺让-勒罗特鲁的阿马尼亚克派驻军，和其他 4 名战友一起，到布鲁东纳森林中住下，此地位于蓬塔梅尔和科德贝克之间的塞纳河谷地。这片森林早就是盗贼云集之地：早在 1408 年，骑兵部队就曾到此根除匪帮。潘乐维兰的同伙盯着从水陆两路到鲁昂去的商人，劫持他们并讨要赎金。他们的垮台源于一次太过大胆的抢劫，当时他们带着号手去科德贝克，在光天化日之下捉住一大群人，带着这些人质逃回森林。[16]

这些现实生活中的罗宾汉，到底是游击队，还是强盗？没有证据显示，他们的行动除了自己，还能让谁受益，他们的活动范围也远离大本营诺让-勒罗特鲁。但有号兵参与其中，说明背后恐怕有合法军队支持，而且潘乐维兰从未宣誓效忠于英格兰，他从 20 岁开始就为王太子服务。这些信息可以解释，为何允许他上诉寻求宽恕，而不是潦草地以劫匪身份被绞死。

诺让-勒罗特鲁在 1424 年 10 月被索尔兹伯里伯爵攻下后，此地驻军中的另一伙人也到布鲁东纳森林兴风作浪。他们的领袖纪尧姆·德·哈雷（Guillaume de Hallé）曾在驻军服役三年。后来在一次突袭中，他在约 40 英里以外的英格兰据点拉-斐尔特-弗拉内尔附近被俘。他父亲还住在蓬塔梅尔附近，为他支付赎金，祈求他被释放后不要再加入敌军。哈雷宣誓效忠，被释放了，但随后成为匪帮首领，他们的行为被记录在 1426 年春发放的特赦令内。[17]

　　这伙人几乎都由十几岁到二十几岁的年轻人组成，许多人来自蓬塔梅尔地区，以从事皮革业为生。鞋匠休伊·德·凯努瓦（Huet de Quesnoy）是当地长官的征兵代理人、中介和执行者：若有人不答应哈雷关于武器、食物、饮品和避难所的请求，他就威胁杀人并烧毁房屋。[18]纪尧姆·布歇（Guillaume Bouchier）声称，这种威胁不仅迫使他们承担匪徒的物资，也让他们被迫参与绑架活动。[19] 18 岁的让·博杜因（Jeannin Beaudouyn）找了个借口，说自己爱上了纪尧姆的土匪兄弟让·德·哈雷（Jean de Hallé）的姘妇优莱特（Yolette）：她把他带去见长官，强迫他结婚并加入团伙。17 岁的科林·杜·科曼（Colin du Quemin）加入团伙是为了自保，他说因为博杜因发现优莱特与他偷情，想要杀掉他。[20]罗兰·休伊（Laurens Hue）的理由更有说服力，他是个贫困的鞋匠学徒，妻子患有癫痫病，他坦言自己被当强盗的前途打动了，因为可以比原来多挣一半的钱。[21]

　　哈雷团伙通常要对绑架、勒索、谋杀和纵火等强盗行径负责，甚至远至阿弗勒尔的袭击也与他们相关。没有人能幸免。一名妇女拒绝透露自己丈夫所在，承受了有史以来最早的水刑：哈雷亲自"在长椅上折磨她，强迫她不停喝水，让她受到严重伤害和痛苦"。[22]

还有一次，7 人被派往普里奥修道院执行秘密夜间任务。领头的是哈雷的塔克修士（Friar Tuck）①，以及修道院的变节修士耶汉·德·吉尔维尔（Jehan de Guilleville），此人摇身一变，已是一名土匪老手了。他借助从附近小木屋偷来的梯子，越过修道院围墙，接着破门而入，让大家进去。纪尧姆告诉里面被吓坏了的 7 名僧侣，要把他们扣为人质，用来交换他被囚在蓬塔梅尔的一位兄弟。不过，这次强盗有些不自量力。他们把人质带到附近树林里藏住，但警报已经响了，几小时之内他们就被包围，除了两人逃脱，其余人都被送去监狱。[23]

很容易把哈雷团伙当作凶神恶煞的普通犯罪团伙而忽视了。有一点值得留心思考：每位申请入伙的人在被接纳前都要经过正式流程。正如罗兰·休伊描述的，他必须发誓忠于哈雷，"要竭尽全力挫伤英国人及其属民"。如此承诺后，他拿到一套全新服装，包括帽子和鞋（可能是制服?），一把佩剑、一张弓和一筒箭。凡是参与者，都可以将挣来的战利品的一半据为己有。[24]

虽然仍有可疑之处，但结论似乎很明显了，哈雷的行为和当时大多数匪帮一样，对英格兰统治没什么威胁：尽管这伙人曾发过誓言，但对英格兰的居民、官吏及其赖以统治的基础设施没什么实质性攻击。受害者都是诺曼市民，和他自己一样是社会底层（哈雷是

---

① 原指罗宾汉传说中的人物，是罗宾汉队伍中的助手。

贫穷劳工的儿子），很多人曾是他的邻居，他却闯入别人家中行凶。当哈雷再次被捕时，他不能再赎回自己了，因为他已经违背了誓言，于是他以叛徒的身份被处决，而没有被当作游击队战士。[25]

在诺曼法院，偶尔有英格兰人被匪徒杀死的记录，但多数凶手是普通村民，他们在英格兰入侵的头两年，攻击、杀害形单影只的英格兰士兵。凶手自然要寻找正当理由以求赦免，于是他们声称不过是在自卫，或是看到士兵对邻居施暴愤而攻击。[26]这些理由并不总是真的，但确有案例，有英格兰士兵凭借其身份去抢劫、偷盗和强奸，尽管上面屡次阻止和惩罚这些会引起当地民愤的行为。[27]

法院文书记录最令人称奇的一点是，多数罪行不关心民族身份或政治立场。种族歧视的术语比比皆是。英格兰人通常被称作"该死的"（Goddons），这来源于他们惯用的骂人话 God-damns。他们起誓时总是说"圣乔治保佑"，爱喝淡啤酒：1432 年勒克鲁图瓦发生暴乱，布列塔尼水手侮辱来自迪埃普的人，称呼他们为"反复无常的英格兰狗，喝啤酒的该死鬼"。不过，种族冲突很少是犯罪的唯一起因。住在鲁昂的一位英格兰商人在争吵中被刺死，争论点是他收到的货物账单；一位锱铢必较的税吏也被人怒杀（他的征税账单被扔进海里），凶手觉得自己早已交了足额的税；坦克维尔邑长的诺曼副将是在一个小酒馆的争吵中被杀的，当时他与一名曾因殴打别人而被捕的男子一起喝酒。[28]这并不是怀有政治动机的自由战士，而是日常生活中无意造成的后果，在今日法庭中仍然是主流。

真正的抵抗要去别处寻找，他们冒着生命危险为王太子收复失地，要么作为平民版"第五纵队"①密谋夺取被英国人占领的城镇和城堡，要么在圣米迦勒山等前线守军中服役，要么在阿库尔、安布罗西·德·洛尔或者波东·德·赞特拉耶（Poton de Xaintrailles）麾下作战。

　　要是有人觉得难以区分阿马尼亚克军事行为与单纯的土匪活动，也很正常。例如，1423 年欧玛勒伯爵之于圣洛、1431 年安布罗西·德·洛尔之于卡昂，都造成大片恐慌，他们搞突然袭击，而且深入诺曼底腹地，但这次进攻其实是投机主义的，目标是获取战利品和俘虏。[29]（当然，英格兰入侵敌方领地也是为了这个。）对田间劳作的农民来说，三五成群劫掠乡里的士兵与土匪也没太大区别，只是前者会打着长官的旗帜，佩戴着法兰西徽章而不是诺曼人一般会戴的红十字。不过最重要的区别在于，这些被视作战士的是法律意义上的敌人，必须遵守战争法，也受其保护。[30]

　　法兰西在战时征收"军事捐"（appâtis），这一做法不亚于合法抢劫。"军事捐"是一种保护费，由周围乡村居民支付给当地守军。这些费用补贴甚至代替了士兵工资，作为回报，士兵们也不会再私自抢劫百姓钱财。教区支付"军事捐"也许是期望获得军事保护，避免来自其他驻军的侵袭，但因为这笔费用理论上是自愿的，也就自然被认为是顺从了当地驻军，给敌人以攻击他们的借口。对在前

---

　　①　第五纵队，意为内奸，指为所在国家或组织的敌人秘密工作的一群人。来自 1936 年西班牙内战时期指挥官埃米利奥·莫拉（Emilio Mola）创造的一个词。他在一次记者采访时说，他的四路纵队已经接近马德里，在马德里城内还潜伏着他的第五纵队，他将很快攻陷马德里。随后该词广泛流传，但词义逐渐贬义化。

线做生意、种地或种植葡萄园勉强糊口的普通村民来说，不过是两害相权取其轻：要么被驻军抽走一定金额的收入，要么被劫匪抢走或全部毁掉。[31]

　　莱格勒居民的困境是个典型例子。他们从 1417 年 10 月 13 日投降起，就是忠诚的英格兰居民，但城市没有城墙，时常被诺让-勒罗特鲁、艾弗里、桑诺什等地的三支阿马尼亚克派守军骚扰，这些地方离他们都不到 40 英里。想到未来不得不放弃家园和农场，他们向最近的桑诺什长官奉上"军事捐"，但只能保证 3 个月不受攻击，即便如此还要花费不少于 80 埃居（5 833 英镑）的现金和 36 件战争长矛。付这笔钱已经足够糟糕了，给敌人提供武器更是致命的侮辱。负责谈判这笔交易的教区神父被告发到英格兰当局去，被迫支付一笔可观的赔偿金。而他的教区子民，并没有得到哪怕一刻的安全。[32]

　　对那些不能花钱摆脱困扰的人来说，唯一的选择是帮助敌人，甚至加入他们的团伙。一名来自前线的诺曼绅士，向我们展示了其中的惊心动魄。吉列·德·洛特兰（Gilet de Lointren）从英格兰征服之始，就作为重装骑兵在阿马尼亚克驻军服役。1422 年，他被当维尔守军捉住，囚禁几个月，直到筹到一笔 81 埃居（5 906 英镑）的赎金。他一出狱，就投奔了桑诺什，在那里待了六个月，后来加入五人团伙，他们"像重装骑兵日常所做的那样，在诺曼底土地上冒险"。

　　当他在韦尔讷伊再次被英格兰人捉住时，洛特兰要支付的赎金还是 81 埃居，但他上次在当维尔已经把钱袋掏了个精光。6 个月囚禁之后，他发现自己确实筹不出钱，恐怕会死在监狱里，于是答应宣誓效忠，服从于有权决定他赎金的四人之一。8 天之后，洛特兰在诺让-勒罗特鲁又被阿马尼亚克人捉住，由于他在韦尔讷伊的主人不能为他支付赎金，他又再次效忠回到桑诺什。但他又被捉住了，这次是在博梅尼勒被英格兰人擒住，他获得一张去桑诺什讨 40 埃居赎金的安全通行证，却在拿着钱回程路上第五次成了阶下囚。抓捕他的人来自韦尔讷伊，将他认出并带到邑长面前，判处死刑。行刑前，出现一连串异象。来自韦尔讷伊的一位年仅 15 岁、"名声很好的处女"，想拜访驻防部队长官斯卡乐勋爵托马斯（Thomas, lord Scales），主动提出要嫁给洛特兰，说是已经过家人同意。斯卡乐准许了这一请求，把洛特兰送回监狱，直到他被赦免。婚姻能为命运带来转折的观念，看上去特别法式：1430 年，一名"非常英俊"的 24 岁土匪正架在巴黎的绞刑台上，有位年轻女孩"大胆上前，向他求婚"。她也如愿嫁给了他，并救了他性命。[33]

洛特兰故事引人入胜之处，是他被俘的次数和童话般的结局，不过其他方面没什么不寻常。对那些居住在阿马尼亚克要塞附近或是前线的人来说，战争的命运意味着城堡频繁易手，与敌人某种程度上的共处是必要的。对他们大多数人来说，恐惧、贫穷和对平静生活的单纯渴望，远比政治信念更能决定要效忠于谁，这种效忠既实用又短暂。

贝德福德明白，要维持兄长的遗产、让英格兰人长久统治的最大筹码，就是为所有人提供安全和公正。1423 年 12 月，当时在卡昂举行的议会抱怨道，因为军人每日的"奢侈、辱骂、罪行和错误"，诺曼底市民无法"安全地生活、贸易、工作或者守卫自己的财物"，贝德福德立即做出回应，颁布一系列改革条令，并着重宣读特殊条款，对英格兰士兵的行为予以强烈谴责。

这些条令汇编成一部文件，几乎所有规章都是历年来为管束士兵们的不自律积累而成的。最关键的创新是，长官们不得直接或间接地干预司法事务：他们的审判范围仅限于纯粹的军务，分配战争所得，管理驻军内部纪律。他们及其他所有士兵，都要严格遵从司法官员，特别是邑长，这是由贝德福德直接管辖的"首席司法长官"。

为回应很多人对队长征收"军事捐"的抱怨，贝德福德重申英格兰进入之初的规矩：不得无偿取用物品，取缔各项通行费，比如旅行者进入城市或者城堡的通行费、穿越桥梁的通行费、用车船马载货的通行费等。若有人以抓捕"阿马尼亚克派或土匪"的名义囚禁市民，也会受到刑事处罚。鉴于有些士兵在驻地之外烧杀抢夺，所有人必须在 15 天之内向上级报到，不得留宿在外。所有的骑士和随从要全副武装，为同土匪、叛徒和敌人作战而准备。

有项条款十分醒目，因为它与军务不太相关，而是反映了真实的顾虑。贝德福德宣称，我们理解有些属民"不论是英格兰人、诺曼人还是其他地方的人"，当说到"我们的敌人、反抗者、叛徒和对手"，或者"自立为王太子的那个人"时，指的是"法国人"或"国王"。从现在开始，无论是口头还是书面，禁止这样讲，如有人违背，将受重罚，贵族首次犯错要支付 10 图尔里弗尔（583 英镑）的罚金，平民则支付 100 苏（292 英镑）的罚金。如果无法支付，二次犯错者会被"刺穿舌头或者在前额刺青"，第三次犯罪将会被刑事起诉、罚没所有财物。

"一听到号角声"，这些法令就会按流程公布，所有队长、邑长以及他们的副官都要宣誓遵守。终于，贝德福德决心解决部下纪律不严的问题，他当着议会全体成员的面，公开在法令上盖章。[34]

这些举措不是一纸空文，而是由新上任的官员执行。斯卡乐勋爵托马斯，成为摄政王副将兼塞纳河沿岸城镇及阿朗松总督：他拥有 20 名重装骑兵和 6 名弓箭手，可以在鲁昂和巴黎的塞纳河河段开展巡逻，阻挡阿马尼亚克派和匪徒入侵。约翰·法斯托夫（John Fastolf）被任命为塞纳河南部三角区域——蓬德拉尔什、卡昂和阿朗松之间——的行政长官，有权体察民情，惩罚罪犯，执行王室命令，抵抗敌人，镇压土匪。1424 年 4 月，"谨慎而有权势的骑士"被派往一些邑长区，他们"全副武装骑在马上……以驱逐并清除敌人、土匪和劫掠者，维持国王属民的和平与宁静"[35]。重新整顿好内部纪律和秩序，贝德福德现在可以集中精力，投身于王国的防御。

第六章

第二个阿金库尔

　　1424 年暮春，新一季的战争拉开帷幕，双方都在为一场大战做准备。王太子拥有布尔日王国议会批准的 100 万图尔里弗尔（5 833 万英镑）军费预算，有道格拉斯伯爵及其长子统率的苏格兰军队的支持，其中包括"2 000 名骑士和预备骑士、6 000 名神弓箭手、2 000 名苏格兰斧头兵"。王太子放话要一路打回兰斯，延续几个世纪以来法兰西国王的传统，在兰斯大教堂加冕。[1]

　　贝德福德的计划也同样野心勃勃：他要清除诺曼底边境残存的阿马尼亚克驻军，向南扩张到安茹、曼恩及德勒区域，以保障边境安全。1424 年 3 月 3 日，勒克鲁图瓦按照前一年达成的协议，向英军投降。[2]12 天后，贡比涅同意投降。此城是在数月前，由阿马尼亚克长官艾蒂安·德·维尼奥勒（Étienne de Vignolles）大胆突袭得手的。此人绰号"拉伊尔"(La Hire)①，他趁浓雾遮掩、夜间守卫不足，从勃艮第人手中出其不意地攻下了城池。收复此城的包围战僵持了很久，连贝德福德都失去了耐性。于是他捉拿了附近帕西-瓦卢瓦的长官纪尧姆·雷蒙（Guillaume Remon），此人曾与城内许多守军并肩作战，随后将他带到贡比涅城前示众，威胁如若不投降，就绞死雷蒙，反之则将他释放。

虽然达成所愿，但约翰·法斯托夫损失了一大笔钱，因为雷蒙是他的人质，现在不仅拿不到赎金，那群被雷蒙逮捕、从埃诺和布拉邦来贩卖货物到巴黎去的商人的赎金也落空了。法斯托夫可不是个让自己白白蒙受损失的人。他在巴黎最高法院起诉了这群商人，但徒劳无功，于是在随后 9 年时间里不停向贝德福德抱怨，直到贝德福德终于松口，赏赐他一些土地作为补偿。³

贡比涅守军获准带着武器撤退——可惜这是个错误判断，因为士兵们旋即复仇，占领了 80 英里外诺曼底境内的加永城堡。为夺回城堡，他们花费两个月的工夫，投入 800 名士兵。这次他们毫不留情：阿马尼亚克人纷纷死于剑下，城堡也被拆除，以防被夺回。⁴

当斯卡乐围攻加永城堡时，萨福克伯爵被派去重夺艾弗里，这座要塞兴建于 10 世纪，位于俯瞰着厄尔谷地的一座山的山顶。1423 年 8 月，吉奥·德·拉·帕里叶（Géraud de la Pallière）翻过城墙，出其不意地将它攻占，并安排了 400 名阿马尼亚克驻军，他们四处打劫，肆无忌惮地劫掠乡里。艾弗里长官皮埃尔·格雷

---

① La Hire，法语原义为"愤怒"。这个绰号来自他张扬、易怒的个性。

（Pierre Glé）是诺曼人，当地最富有的贵族之一，他逃了出来，没有因城堡失守而被控告，但他所有的物品、土地和财产都上缴给了国王。他最终同意接受贝德福德的怜悯，于 1424 年 3 月被赦免，理由是他只是玩忽职守，没有参与出卖城堡的叛国行为，也毫不知情。[5]

仅仅围困了三周，帕里叶就宣布，如果 1424 年 8 月 15 日之前没有王太子的援兵前来，就于当日投降。如我们所见，这是投降的标准流程：正式投降交接之前，通常要停止敌对行动一阵子。但这次不同。王太子在图尔征召了一支劲旅：来自安茹和曼恩的法军，名义上由 15 岁的阿朗松公爵统率，实际上由经验丰富的欧玛勒伯爵让·德·阿库尔指挥，他兼任圣米迦勒山长官和诺曼底总督。布尚伯爵和道格拉斯伯爵麾下，至少有 1 万苏格兰人；王太子还从米兰新雇佣了两千名重装骑兵，米兰盔甲战士的水平享誉欧洲。若有什么能抵挡住英格兰的弓箭，那就是米兰的钢铁了。据贝德福德估计，王太子的军队总计约有 14 000 人。[6]

贝德福德最近也获得强援，沃里克伯爵威洛比（Willoughby, earl of Warwick）和威廉·欧德霍尔（William Oldhall）爵士，四五月间从英格兰带来 1 600 名服役 6 个月的雇佣兵。他在诺曼底发出全面战争的动员，召集所有从王室领受土地和持有武器的人，不论民族，请于 7 月 3 日到维尔农与他会面。他也从诺曼底驻军中征调了大约两千人，这场检阅显示，许多有胆略的士兵刚从英格兰过来，原本工资已经领到 11 月了，但也离开上级，报名参加守备军，目的是"浑水摸鱼，拿双倍工资"。贝德福德立即着手整顿，但他的兵力比预想中与王太子军对垒的规模要少很多。尽管后来利勒-亚当爵爷又带来一支勃艮第小队，根据曾在军中服役的编年史家耶汉·华林（Jehan Waurin）估计，贝德福德手下只有 1 800 名重装骑兵和 8 000 名弓箭手。[7]

贝德福德亲率部队赶赴艾弗里，于 8 月 14 日到达，恰好是城堡约定投降的前一日。他部署属下做好战斗准备，但阿马尼亚克军队没有来。他们在韦尔讷伊西南部 30 英里外，第二天即 8 月 15 日就用妙计占领了这座城。英国人一直在等待艾弗里的战果，于是他们找来一些会讲英语的苏格兰人，捆绑起来，用鞭子抽打出血，再差遣他们骑马回去，好比坐牢了一样。当这些人行至韦尔讷伊城下，便用英语大声呼喊，哀叹自己的命运，哭诉"他们的"军队在艾弗里全军覆没了。接着派托尔西（Torcy）爵爷过去，故伎重演。魂飞魄散的市民看到托尔西也是如此，相信一切都完了。但他们有所不知，托尔西刚刚背弃了英格兰合约，向王太子称臣了。市民们确信坚守下去没有意义，于是打开城门，任由王太子控制城市。[8]

听说艾弗里城已降，贝德福德立即启程前往韦尔讷伊。他于 1424 年 8 月 17 日到达，发现大批王太子军队在城市北部的旷野中等着他。选择此处作战，是为了最大限度发挥米兰骑兵的优势，他们身披厚重盔甲，能在英格兰弓箭手射出致命的箭雨之前冲上前。双方军队都按照传统形式排兵布阵。无论阶层，人人都下马徒步作战，只有法兰西侧翼的米兰人除外。英格兰弓箭手排列在米兰人对面，重复了阿金库尔战役时的反骑兵策略，每人面前都有一根插在土里的木桩做保护，木桩尖端指向敌人。所有的英格兰战马都被绑在一起，以免它们逃跑，并和马车一起排列在军队后部，形成一道屏障，保护军队不受攻击。

战斗大约在下午 4 点打响，米兰人开始了毁灭性打击，横扫了面前的弓箭手，径直穿过军队，接着他们没有从背后再次集结突袭，而是劫掠了马车里的行李。英格兰人贯彻了此前享有盛誉的严明纪律，集结起来，开始对前进的士兵进行反击。当时的记录者没有提到英格兰人用了长弓，但从在场弓箭手的数量以及他们每分钟最少射出 10 支箭的能力来看[9]，不太可能没用上这么有效的工具。

然而，如同在阿金库尔一样，弓箭手一旦把箭用尽，愿意贴身肉搏，就迎来了战斗的转折点。贝德福德下令不得发怜悯之心，他以身作则，身旁的索尔兹伯里伯爵和萨福克伯爵也是如此，英格兰人受到鼓舞，顽强地持续战斗，把法军防线逼回身后的苏格兰人处，并在沿途歼灭所有法军。王太子没有陪他的军队上战场，现在只收到了失败的报信。

这次胜利可与阿金库尔战役比肩。贝德福德以少敌众，逆转战局，彻底击溃了王太子军队。有 7 262 名法兰西和苏格兰士兵战死沙场，当中有王太子的得力战将欧玛勒伯爵、道格拉斯伯爵和布尚伯爵。年轻的阿朗松公爵，刚与阿金库尔战役中地位最高的战俘查理·德·奥尔良（Charles d'Orléans）之女成婚，也成了阶下囚，与他一同被捕的还有阿朗松的私生子皮埃尔（Pierre）和陆军元帅拉法耶（Marshal Lafayette）。据贝德福德讲，英国人只损失了两名重装骑兵和"非常少的"弓箭手。[10]

韦尔讷伊的胜利，保住了贝德福德的名声以及英格兰的征服成果。王太子深深倚重的苏格兰军队几乎全军覆没，后继乏力。苏格兰国王自 1406 年被囚，终于在 1424 年 4 月得到释放，迎娶了博福特家族女子，和英格兰签署了 7 年停战协议。这样一来，他再也无法为王太子大规模征兵了。[11]

王太子没法像克拉旺那次一样，对这次失利释怀。他放弃了兰斯加冕计划，从各种迹象来看，也放弃了恢复王国的计划，在布尔日王国过起懒散奢靡的生活，让那些仍然忠于他事业的人，失掉了目标和希望。贝德福德则回到巴黎，受到英雄般欢迎，"人们穿着红色衣服，当他经过时大声呼喊'圣诞'，当他要到圣母大教堂致谢时，'受到上帝一般的款待……总之，在凯旋仪式上，他和妻子受到的尊敬是前所未有的'"。[12]

贝德福德的将领们从沮丧的阿马尼亚克人手中夺回军事主动权，充分发挥了优势。到 10 月，索尔兹伯里和萨福克伯爵重夺桑诺什、诺让-勒罗特鲁和东南部其他边境要塞，拉伊尔也答应在春天时撤出现存据点。吉斯是阿马尼亚克派在北方的最后一个据点，经过 5 个月的围攻，也落入托马斯·雷明顿（Thomas Rempston）爵士和让·德·卢森堡（Jehan de Luxembourg）手中。在西南部，索尔兹伯里伯爵联合法斯托夫和斯卡乐勋爵，扩大了英格兰在曼恩和安茹地区的控制，此次为期一年的战争计划，旨在保障诺曼底边境安全，又希望能回报那些错过第一波征服利益的人。[13]

韦尔讷伊后的首次失败，还在圣米迦勒山。这年年初，阿弗朗士长官托马斯·布尔（Thomas Burgh）试图在守军内部煽动谋反。6 月 24 日，汝朗主教若望（Jean, bishop of Julin）以教区事务为借口到修道院去了一趟，他曾受英国人派遣代理阿弗朗士主教，但忠诚性存疑。这很明显是一次间谍任务，仅仅两个月之后，曾在驻军中服役三年的诺曼候补骑士亨利·莫德拉克（Henry Meudrac），就签署协定，把圣米迦勒山交给布尔。为此他收到 1 750 图尔里弗尔（102 083 英镑）的报酬。这笔钱相当可观，要经贝德福德和鲁昂议会的双重批准。两天后，即 7 月 10 日，莫德拉克收到钱款，并交出他的侄子罗兰（Raoulin）作为人质，这是谈判的一部分。莫德拉克要么改变了主意，要么劝降失败了，因为圣米迦勒山没有向英国人投降，而他的侄子 11 年后还在阿弗朗士充当重骑兵，为英格兰服役。[14]

当布尔等待他的计划开花结果之时，贝德福德采取了更为传统的手段。8 月 26 日，科唐坦邑长尼古拉·伯代（Nicholas Burdet）奉命再次围攻圣米迦勒山，贝德福德曾在韦尔讷伊授予他骑士头衔。圣米迦勒山修道院院长罗伯特·乔利维为他出谋划策，萨福克伯爵的副将伯特兰·恩特斯维尔（Bertrand Entwhistle）为诺曼底的海军上将，负责海上封锁。

伯代首先建造了一座全新的木制堡垒，有吊桥相连，距离阿德翁的南部海岸只有 2.5 英里。阿德翁原本计划只在围城期间使用，但后来在极其简陋和不舒适的条件下坚持了 10 年，容纳多达 40 名重骑兵和 120 名弓箭手的驻军。[15]

尽管付出百般努力，这次围城仍像往常一样没有结果，在拖延 10 个月之后，终于在 1425 年 6 月放弃。虽然守军在韦尔讷伊损失了长官欧玛勒，却成功发动了两次政变，俘获了伯代本人，在海上取得突破，让守军重获补给，促使英国人做出撤退的决定。[16]

　　韦尔讷伊胜利的后果之一是，许多此前不愿接受英格兰占领和《特鲁瓦条约》的人，现在认为抵抗是徒劳的。战争后的几周乃至数月内，无数人前来寻求特赦。例如，尼古拉·勒·让德勒（Nicolas le Jendre）从 1419 年 5 月就顺从了英国人，但当艾弗里城被阿马尼亚克派占领时，又搬到那里生活，很明显是因为他的小修道院位于城墙之外，朝圣者的施舍日渐枯竭了。他一回到艾弗里城内，就当选为圣日耳曼德拉图特修道院院长，并被教区主教及时召到埃夫勒主持献祭仪式。当让德勒得知自己也要宣誓效忠时，他拒绝了，担心被艾弗里守军报复。尽管如此，他还是回到艾弗里，一直待到英军即将围城之际。随后他彻底逃离了英格兰统治区，等战争结束才回来寻求特赦，姗姗来迟地宣誓效忠于英王。[17]

　　艾弗里城的其他许多居民都被推定无罪，他们曾为阿马尼亚克派提供物资，甚至为他们打仗，都被宽恕了。[18]韦尔讷伊居民也因打开城门而获得特赦，这是贝德福德在战役次日"在韦尔讷伊军中"签署的。[19]

　　特赦档案也透露了编年史家没有记载的许多事。当米兰人对着英军横冲直撞时，许多"恶棍、侍从和胆小鬼"纷纷逃跑，还到处散布战败的消息。这些谣言，说明阿马尼亚克派的确为夺取韦尔讷伊策划了许多诡计，企图在诺曼底掀动一场起义。叛乱分子发现错误后很快就投降了，但在此之前他们抢劫并杀害了一些战场逃兵。[20]

　　比这些投机的暴力行为更严重的是，在韦尔讷伊战役三年后，一天夜里曾有人密谋把鲁昂献给王太子。一名方济会修士艾蒂安·

夏洛（Étienne Charlot）得知王太子决定在兰斯加冕并征服诺曼底，因为有忠诚的鲁昂市民"乔装打扮"前来拜见他。为首者是富商理查·米特（Richard Mites），他于 1419 年在鲁昂签署投降协定，成为英格兰政府的供应商和城市收入的打理人，从此次征服中受益。

米特向鲁昂邑长区内务大臣让·萨尔瓦（Jehan Salvart）和市镇事务大臣亚历桑德拉·德·贝尔纳瓦（Alexandre de Berneval）咨询，如何最恰当地使城堡保持中立，如果鲁昂城本身"突然被占领，将不得不宣誓改忠"。萨尔瓦和贝尔纳瓦当时在城堡工作。他们商量一番，萨尔瓦指出哪段城墙下可以挖地道、哪些地方适合架设破坏桥梁和城门的大炮，从而可以阻止英军离开城堡。

密谋为何没有实施，我们不得而知，但似乎贝德福德出乎意料地赢下韦尔讷伊的同时，这个计划就流产了。米特逃到布尔日王国，作为背叛者他的财产充公，萨尔瓦和贝尔纳瓦也成为阶下囚。萨尔瓦接受审判，作为背叛者被处以极刑，但行刑在最后一刻被暂缓了。他和贝尔纳瓦在监禁一阵后被赦免，令人惊奇的是，一年之内他们都官复原职。[21]

米特本来获得了石匠师傅的配合，因为他劝说道，王太子和勃艮第公爵已经议和，计划一起进攻鲁昂。在韦尔讷伊的狂热氛围之下，这是可信的，更不必说勃艮第公爵腓力与格洛斯特公爵汉弗莱之间有巨大争执。1423 年春，格洛斯特迎娶了腓力的表妹巴伐利亚的杰奎琳（Jacqueline of Bavaria），她是埃诺、荷兰及泽兰伯爵夫人。杰奎琳此前结过婚，初婚嫁给王太子让·德·图兰，后者

1417 年去世，再婚嫁给表亲布拉邦的约翰（John of Brabant）。第二次婚姻很不幸，于是她逃到英格兰，凭借个人魅力和丰厚遗产，让格洛斯特公爵神魂颠倒，决心与她结婚。正统派教皇不肯批准她离婚，他们就从阿维尼翁的分裂派教皇那里讨得了许可。

格洛斯特的行为，给英格兰-勃艮第联盟施加了巨大压力，因为勃艮第人对杰奎琳的领地颇有想法，站在她的表亲布拉邦的约翰一边。贝德福德在法兰西打拼下来的一切，如今被兄弟的鲁莽、愚蠢和贪婪毁于一旦。1424 年 10 月，格洛斯特公爵与他的新娘在英军簇拥下在加莱登陆，向杰奎琳的领地宣示主权。他们在蒙斯设立政府，但这座城市次年 3 月在勃艮第和布拉邦人的围攻下很快投降了。格洛斯特的短暂冒险不光彩地结束了，他抛弃了妻子，回到英格兰，没再做任何努力，只收到勃艮第公爵的挑战，要以私人决斗的方式解决两人的矛盾。[22]

决斗是件极为严肃的事，是以战争形式进行的审判，必然会导致其中一方死亡。勃艮第公爵开始严格训练，斥巨资武装自己，但教皇出面干涉了，贝德福德在巴黎举行骑士法庭，宣布不必进行决斗就能保存荣誉。[23]

格洛斯特公爵在低地国家指手画脚，令人不快，等于将勃艮第公爵往王太子阵营推了一下。1424 年 9 月，他们签署首个互不为战条约。尽管只覆盖法兰西中西部，主要是诺曼底公国和勃艮第县域以及波旁、马孔和弗雷地区，但它至关重要，原因有二：条约会定期更新，让双方有持续对话的机会；勃艮第首次在官方文书中称呼王太子为"法兰西国王"。[24]

与此同时，勃艮第也与阿马尼亚克派建立了个人联系。1423年4月，贝德福德通过《亚眠条约》（Treaty of Amiens）获得重大外交胜利，这是英格兰、勃艮第和布列塔尼的三方盟约，三位公爵彼此承诺保持"真正的兄弟之谊"，而且"私下及公开地"维护彼此的荣誉。这份盟约也被两桩婚事加固了：贝德福德公爵与勃艮第的安妮成婚，布列塔尼公爵的兄弟亚瑟·德·里什蒙（Arthur de Richemont）与安妮的姐妹玛格丽特成婚。[25]

亚瑟·德·里什蒙和他兄长一样，忠诚与否取决于肉眼可见的个人利益。他最初是虔诚的阿马尼亚克派，曾在阿金库尔战役中被俘，被英格兰人囚禁了7年。当他宣誓效忠于亨利五世之后，他获得安全通行证并被释放，为萨福克伯爵服务，对抗他在法兰西的旧日盟友，并被授予艾弗里的爵位作为奖赏。[26]然而，当布尚伯爵在韦尔讷伊战死后，王太子邀请里什蒙担任法兰西元帅。里什蒙咨询了内兄勃艮第公爵，后者被格洛斯特入侵埃诺的事情激怒，建议他接受此职。里什蒙第二次改换阵营，成为勃艮第公爵在王太子宫廷里消息灵通的联络人，这层关系也被两桩婚事加固了：勃艮第公爵与他叔叔的遗孀、纳韦尔伯爵夫人阿尔托瓦的邦妮（Bonne of Artois）结婚，他的妹妹艾格尼丝（Agnès）嫁给了邦妮的异母兄弟、克莱蒙伯爵查理·德·波旁（Charles de Bourbon）——一位坚定的阿马尼亚克派，父亲从阿金库尔战役后成为英格兰的阶下囚。[27]领土野心在这些婚姻中是关键要素，但显然都对英格兰联盟不利。更严重的是，里什蒙叛变之后，他兄长布列塔尼公爵紧随其后，于1425年10月和王太子签署《索米尔条约》（Treaty of Saumur），从而掌握了布尔日王国的财政大权，并确立"驱逐英国人"的战争方向。[28]

贝德福德在这次他兄弟引发的危机中，一直明确支持勃艮第。但格洛斯特公爵制造麻烦的嗜好，并不局限于欧洲大陆。他一回到英格兰，就和叔叔温切斯特大主教亨利·博福特大吵一架，后者前一年被任命为大法官，利用格洛斯特的缺席巩固自己在御前会议的权力，对小国王施加个人影响。格洛斯特指控博福特意图发动政变控制亨利，1425 年 10 月双方支持者在伦敦街头发生了武装对峙。由于事情越发不可收拾，博福特召唤贝德福德回国：

> 既然你挂念吾主国王的福祉、英格兰与法兰西王国的福祉、个人和我们大家的福祉，请务必快来。我发誓，如果你耽搁了，这片土地将陷入战争。你有这样的兄弟在此。上帝保佑让他做个好人吧。智慧如你，必定明白，法兰西的前途取决于英格兰的安宁。[29]

贝德福德无法忽视这样的恳求。11 月 26 日，他任命索尔兹伯里伯爵、萨福克伯爵和沃里克伯爵代理军务。同日，他针对民怨沸腾的守夜制度，颁布一系列改革条例。其中包括：长官不得过度征税，不得挪用指定区域外的居民收入或强迫当地人出力修建堡垒。他们设定了罚金上限，以免对那些不守夜班规矩的人罚款太过随意，或任意殴打。最后，还规定了当时军务中的一个有趣细节，司令官们必须保证夜间值班暗号是法语，以便值班人员能够理解且容易记住。[30]

安顿好这些内务，贝德福德离开巴黎到加莱去。他在途中遭遇意外，预示着他这时离开法兰西是不明智之举。他被一伙臭名昭著的土匪的首领索瓦奇·德·弗雷曼维尔（Sauvage de Frémainville）袭击，但幸存下来，这家伙后来在利勒-亚当城堡被抓住，送往巴黎，处以酷刑。他在绞刑架前被殴打，不得做忏悔。由于刽子手第一次把绞刑搞砸了，他摔了下来，背和腿断了，被迫第二次上了断头台。[31]1425 年 12 月 20 日，贝德福德与妻子在桑威奇登陆。他一定无法想象，再回到法兰西将是 15 个月以后了。[32]

　　除了 4 岁的英王，贝德福德是唯一比格洛斯特和博福特更有威望的人了，也正因如此，他有充分权威为他们的争斗裁决。格洛斯特表现得挑衅强硬，拒绝和他叔叔见面，不肯参加会议讨论这一问题，还要求博福特辞任大法官。贝德福德只好命令他参加在莱斯特举行的议会，在远离格洛斯特公爵的伦敦影响圈的此地，组建上议院委员会为双方调停。为了让双方公开和解，贝德福德最终撮合的协议是，博福特辞任大法官一职，表面上是为了继续到罗马朝圣，实则这样他就能接受红衣主教之位——他曾于 1418 年应亨利五世的要求忍痛拒绝了。如此一来，博福特失去了英格兰政府中最重要的职位，但坐上英格兰教会中最有权势的位置，其权威甚至盛于坎特伯雷大主教。[33]

　　格洛斯特似乎是赢了，但在贝德福德回到法兰西之前，出台了一系列新法令，规定议事会必须参与决策，并强调要避免巨头间的争执。贝德福德无论私下还是公开场合都坚守原则，在国王未亲政时"不单独决断，而是由诸位贵族一起商议"。格洛斯特起初愤愤不平，"等贝德福德回到法兰西，我就趁机统治一切"，但随后他不情愿地放弃了。[34]

1427 年 3 月 25 日，贝德福德在加莱的圣玛丽教堂，亲手为他叔叔奉上红衣主教之帽，此时他刚回到法兰西一周。[35]他不在时，许多军事行动都针对布列塔尼。作为对《索米尔条约》的反击，英格兰于 1426 年正式对布列塔尼宣战。萨福克伯爵的副将托马斯·兰普斯顿（Thomas Rempston）爵士向布列塔尼大举进攻，一直席卷到雷内，随后撤退，驻扎在边境要塞圣詹姆斯-德-博夫隆。亚瑟·德·里什蒙试图围攻此地，在两周后放弃了，但 1427 年 1 月，布列塔尼人占据了附近的要塞蓬托尔松。沃里克伯爵带着 600 名重骑兵和 1 800 名弓箭手，经过 10 周的围攻之后于 5 月 8 日再度占据它：圣詹姆斯-德-博夫隆那时已被毁坏，守备军和火器都被转移到蓬托尔松。

对雷内发动全面攻击的威胁，现在足以给布列塔尼公爵带来慰藉。他此前承认的停战协议，后来于 1427 年 9 月 8 日成为全方位的盟约：公爵再次背弃王太子，接受《特鲁瓦条约》，宣布自己是亨利六世的附庸。[36]

这次关键的外交成果，被三天前的突发新闻遮蔽了。9 月 5 日，英格兰人遭遇了两次重大军事失利。奥尔良公爵的私生子和拉伊尔对萨福克伯爵和沃里克伯爵麾下的英军实施突袭，后者已围攻蒙塔日两月有余了，这是距离巴黎南部 70 英里的阿马尼亚克派要塞。数百名将士和平民被杀，贵族们不得不丢下武器和行李仓皇撤退。[37]

同一天，安布罗西·德·洛尔在昂布里埃埋伏，击溃英军主力部队，这座村庄距离圣苏赞娜只有两英里，是安茹和曼恩省行政长官约翰·法斯托夫爵士的大本营。法斯托夫的侄子被俘，他的多数人马不是被杀，就是四散奔逃。这次胜利让阿马尼亚克人士气高昂，不久之后，拉格拉维尔城堡同意，若无援军及时到来，就向法斯托夫投降；守军按其承诺返回，却拒绝投降。贝德福德被激怒了，他亲自下令处决了那些为承诺投降而扣押的不幸人质。不久之后，他解除了法斯托夫的职务。[38]

紧随昂布里埃其后，曼恩地区的其他几座要塞也落入阿马尼亚克人之手，包括诺让-勒罗特鲁、诺让-勒鲁瓦和拉菲尔特-贝纳。不同寻常的是，关于拉菲尔特-贝纳是如何陷落的，描述非常详尽，留存在非编年史资料中。这座小型而关键的要塞在拉芒什东北方向28英里处，其长官罗伯特·斯塔福德（Robert Stafford）是位候补骑士，因为在诺曼底尽忠职守，1419年被亨利五世授予土地。1428年2月，为惩罚他疏忽大意，丢了拉菲尔特-贝纳，他的土地全被没收了。安茹和曼恩的新行政长官塔伯特勋爵声称，斯塔福德曾收到警告，有叛徒正密谋献城，并给出了一列名单。但他没有逮捕或先发制人，只是撤退到"坚不可摧的"城堡，紧接着投降了，既没有遭遇攻击，也没有遭遇炸弹。根据战争法则，由于他没有进行一丁点儿抵抗，他的土地自然要被罚没。

对于这一指控，斯塔福德的回应是，他任命了可靠的市民和守军看守城门，派出侦察兵监控敌人行踪。之后他才退守城堡，但当夜有本地官员为敌人打开城门，并放火烧掉城堡桥梁和大门。他说自己没法守卫城堡，因为唯一的火枪手不在，仅有的火炮需要修缮，军火商店只剩一架十字弩，也没有弓弦。军备实在窘迫，守军出现哗变，强迫他投降。斯塔福德说自己已经竭尽所能，做尽了可做之事，拉菲尔特-贝纳的陷落是"出于偶然和不走运，而不是他的失误"。

斯塔福德决心除掉自己的污名。他向这片土地的最高法院——巴黎最高法院提请上诉。他的荣誉受到了质疑，他觉得自己近十年忠诚地、持续地为法兰西王室服役而挣得的财产被不公平地剥夺了。雪上加霜的是，当他哀怨地准备上庭申诉，送衣服到巴黎的途中，被敌人捉住了。虽然手持安全通行证，他还是不得不支付 800 萨鲁特（64 167 英镑）的赎金。令人惊讶的是，虽然城堡内武器短缺是他管理不善的直接证据，但斯塔福德除掉了罪名，没收的财产也获准归还于他。不过，他花了 6 年时间才得到执行，这次胜诉很可能只是程序上的，即未经听证或上诉而没收他的土地是不公正的。[39]

收复拉菲尔特-贝纳和曼恩地区其他阿马尼亚克派据点的任务，落到了约翰·塔伯特头上。此人在法兰西寂寂无闻，但即将成为守卫英格兰王国的关键人物。他是出了名的暴脾气，不乐意应对蠢人，但他作为士兵和将领的勇敢与胆识总能激励同伴，作战时的勇武让法军胆寒。塔伯特作为嘉德骑士，迎娶了英格兰最富有的人之一沃里克伯爵托马斯（Thomas）的长女。如今他 40 岁出头，半生都在军旅中度过，曾在镇压威尔士和爱尔兰叛乱中担任关键角色，并在那里学到"兵贵神速"和"出其不意"的战略艺术，足以使对手胆寒。他此前只在法兰西服役过一次，那是亨利五世在世的最后两年，后来于 1427 年 3 月和贝德福德一起返回。当时只签了 6 个月合约，谁知他最后把一生都奉献在这里。

塔伯特在 1428 年春天发动战役，突袭曼恩西部，占领了拉瓦尔，这座城市此前从未落入英军之手。他把这一切都牢牢握在手中，然后开始清除此地东部的所有抵抗势力。不过，在 5 月 25 日，首府拉芒什被一些市民出卖给拉伊尔了，后者占领此城，开始包围英军退守的城堡。塔伯特那时离阿朗松有 32 英里，但在 5 月 28 日凌晨他率领三百士兵到来，以迅雷不及掩耳之势重夺拉芒什。拉伊尔的人马被困在援军和守备军之间，守备军一听到塔伯特在街巷的呐喊，就朝这些围攻者扔石头，接着冲出去加入厮杀。由于俘虏的数量太多了，于是建立了一个特殊的骑士法庭，由斯卡乐勋爵主持，来裁决俘虏者之间的纠纷。有一桩特别复杂的案件，涉及塔伯特本人、约翰·波帕姆（John Popham）、威廉·欧德霍尔、托马斯·兰普斯顿和威廉·格拉斯戴尔（William Glasdale），最后上诉到巴黎高等法庭。[40]

塔伯特迅速重夺拉芒什，并对那些曾献城给敌人的背叛者施以残酷报复，为他赢得"英格兰的阿喀琉斯"的名声，是英军长官中最令人胆寒的一位。贝德福德也认可他的才能，奖赏他丰厚的土地，传召他到巴黎参加议事会。[41]塔伯特在即将到来的夏日重大战役计划中赢得一席之地，成为英国高级指挥官之一。

第二部 圣女贞德

第七章

纯洁少女

贝德福德如今已坐在法兰西摄政的位置上五年半了。这段时间里，他成功地贯彻了渐进政策，扩张并巩固他侄子的王国，为了这一目标，他竭尽所能与勃艮第公爵腓力处好关系，双方的结盟巩固了英国人在法兰西的一切成就。1428年，这一切摇摇欲坠。催化剂又一次是格洛斯特公爵汉弗莱。

1428年1月9日，教皇裁决他与埃诺的杰奎琳的婚姻无效，后者在法律上仍与布拉邦的约翰具有婚姻关系。杰奎琳被迫结束了与勃艮第的三年战争，接受了侮辱性的条款，承认他为继承人，与他分享三个县的收入。[1]

格洛斯特试图谋求在英格兰的更大权力，为他欧陆野心的失败做些补偿。趁贝德福德和博福特主教双双不在国内之际，他要求议

会重新定义他的角色，否则拒绝出席会议。他再次遭到断然拒绝，
"我们奉劝并要求你……满足于当前权力，这也是你的兄长贝德福
德勋爵、英王最年长的叔父所乐于见到的。不要奢求更多权力"。[2]

　　然而，格洛斯特找到了索尔兹伯里伯爵托马斯这个几乎不太可
能的新盟友，此人或许是在法服役年限最长也最有经验的英军指挥
官了。索尔兹伯里回到英格兰征召一支新军队，并于 1428 年 3 月
24 日签下 600 名重骑兵和 1 800 名重装弓箭手，"在法兰西、诺曼
底和其他战场及前线"服役 6 个月。这次合约有几个不寻常之处。
它让索尔兹伯里得以自行决定用重骑兵替代弓箭手，并在队伍中增
加 4 名加农炮手、10 名挖掘工，补足弓箭手名额。它也特别指出要
花费 1 000 马克（35 万英镑）购置"加农炮、加农石质炮弹、四轮
马车、两轮马车、铁钳、圣所和其他火炮要件"。更为关键也略有
不祥的是，这次合约给予索尔兹伯里前所未有的独立于法兰西的摄
政贝德福德的权威。[3]

　　为负担这次远征，议会在亨利六世统治期间首次批准他直接征
税：针对教堂和骑士征收的税目，筹集到 12 291 英镑（645 万英
镑），比正常补贴要少，但仍然是一大笔钱，对英格兰来说，自从
《特鲁瓦条约》后，原本没有义务再为发生在法兰西的战争支付费
用了。[4]

　　如何部署索尔兹伯里伯爵的军队要仰仗贝德福德，5 月，他主
持了一场在巴黎举行的理事会，决定要发兵占领安茹首府昂热。次
月，三级会议投票同意为此支付 6 万图尔里弗尔（350 万英镑），包
括购买足够支持 4 个月围城的军需物资。然而，当索尔兹伯里 7 月

在登陆法兰西时，他没有去昂热，而是径直到东边 130 英里外的奥尔良去。贝德福德后来抱怨"天知道他听了谁的建议"，但怀疑之心指向格洛斯特，他和索尔兹伯里一样倾向于对王太子速战速决，而非贝德福德那样缓慢而稳健地征服。[5]

选择奥尔良作为目标，是一种挑衅，严格来说，也是非法的：奥尔良公爵查理，是英格兰的阶下囚，他的土地不该成为战场，因为其收入是赎金来源。围攻奥尔良也违背了勃艮第公爵腓力的利益和意愿，这原本困扰着贝德福德，但也许为格洛斯特和索尔兹伯里创造了动机，他们出于不同原因，都与公爵为敌。[6]

索尔兹伯里伯爵此战伊始就势如破竹，到 9 月 5 日，他已经可以写信给格洛斯特在伦敦的忠诚支持者，告知自己占领了 38 座要塞。一个月之后，他占领了奥尔良西边、默恩和博让西之间的卢瓦尔河交叉口，以及东边的雅尔古。[7]奥尔良位于卢瓦尔河北岸的平原上，在河流拐弯处顶部，是距离巴黎最近的据点，仅 8 英里之遥。它是法兰西最大、人口最为稠密的城市之一，有古代城墙、8 座守备森严的城门和超过 30 座塔楼环绕。在河流南岸，由吊桥相隔的是图雷城堡，这座小堡垒守卫着兴建于 12 世纪、横跨卢瓦尔河的 19 孔石桥，如同一个河中小岛。[8]

命运神奇地调转了方向，守城的是拉乌·德·高库尔，奥尔良公爵查理的忠实仆人，一位可敬的对手。1415 年，他激怒了亨利五世，在他眼皮底下为阿弗勒尔送去援兵，在遭受重度炮击、饥饿和疾病之下，坚守了 5 周才投降。由于他曾顽强抵抗，亨利不愿让他被赎回，临死前禁止在亨利六世亲政前将他释放。高库尔在英格兰被监禁 10 年，直到 1425 年才重获自由，当时是为了交换囚禁在博热的亨廷顿伯爵约翰。[9] 法国人中没有比他更有动力、更有资质防守奥尔良抵抗英格兰的了。

1428 年 10 月 12 日，索尔兹伯里从南部围攻该城，集中全力攻取这座桥。高库尔为了预防，拆除了奥古斯丁修士的女修道院，它位于图雷城堡正对面，会成为轰炸城堡的有力据点。他也在城门前建造了巨大工事——或者说"防护墙"，以缓和加农炮火和直接袭击。尽管如此，英国人还是把枪口对准了防御工事，并开始在工事下面开挖地道。10 月 21 日，他们试图突袭城堡，但被沸水、燃烧的木炭和油料击退了，这是奥尔良妇女为守卫者准备的浇在攻城者身上的。三天后法军从桥上撤回城里，让索尔兹伯里占据了图雷城堡。

这是一次有名无实的胜利。当英军攻击防护墙和城堡时，奥尔良的工匠正暗中挖毁石桥，只等守备军撤退就拆掉最后两个桥墩。[10] 索尔兹伯里此刻正在卢瓦尔河南岸搁浅，深而湍急的水流让他离目标仍有 380 码之遥。他的位置很危险，因为冬天日益临近，他不仅不便接收来自北岸的补给，而且很可能遭遇王太子腹地的袭击：布尔日和图尔都仅有 70 英里之遥。

索尔兹伯里没有撤退，决心掘壕固守，为长期围城做准备。他在图雷城堡设立指挥部和炮台，在城墙上训练炮手，开始重修并扩建防护墙，最终建成 65.5 英尺长、85 英尺宽的巨大防御工事，四周有 26 英尺深的壕沟。1428 年 10 月 27 日，当索尔兹伯里从城堡上方的窗户巡视全城时，被奥尔良的加农炮石弹碎片击中，弹片在窗框上撞得粉碎，他的下半张脸也被扯掉了好几处。他遭遇了致命伤，被送往默恩，一周后在那里去世，殁年 40 岁。[11] 虽然人们会质疑他从昂热调兵到奥尔良的动机和判断力，但不可否认，他的逝去让英国人折损了一员大将，这是"英格兰所有贵族和军事长官中最机敏、最专业和最幸运的一位"。[12]

索尔兹伯里之死，让贝德福德陷入令人不快的两难之选，要么放弃这次他不太认可的包围战，要么投入更多资源确保它最终胜利。10 天之后，他任命萨福克伯爵威廉（William）代替索尔兹伯里，下令继续围城，召集更多军队以加强封锁。萨福克也是一位身经百战的战士：虽然年仅 32 岁，但从 1417 年起一直在法兰西，并参与阿金库尔战役和韦尔讷伊战役。他是一名能干的指挥官，但谈不上出色，他即将迈过命运之坎，这次经历将会永久改变他的人生轨迹和职业生涯。

在 12 月底援军到来之前，围城陷于停滞，高库尔抓住时机加强守卫。位于桥和最东端的塔之间的 12 座水磨坊，此前被索尔兹伯里的大炮瞄准并摧毁，如今用城墙内的马拉磨坊替代：它们在英军射程之外，能够维持做面包的面粉供应。脆弱的城门和塔楼被封锁了，郊外都被烧毁并清除，至少有 23 座大小教堂被拆除，许多属于奥尔良人的上好的房屋和建筑物也被毁掉了。市民们接受训练，准备守卫防御工事，武器、盔甲、大炮和食物也从邻近城镇征集并囤积起来，以备围城之需。终于，就在斯卡乐和塔伯特勋爵携援兵到来之前，高库尔得以迎接一股 1 200 到 1 400 名士兵的强援，加入守备军。这是一支精锐部队，由阿马尼亚克派长官中最有能力的将领统领，有"奥尔良的私生子"、拉伊尔和波东·德·赞特拉耶。"奥尔良的私生子"作为王太子的副将，如今负责他异母兄弟主管城市的防御。[13]

斯卡乐和塔伯特统领了大约 2 500 名士兵，当中许多人只为了替换索尔兹伯里的人马，这批人为期 6 个月的合同到 12 月底就将结束。虽然又抽调了 1 500 名勃艮第人，但兵力并没有得到明显改善，仍旧不能将奥尔良城彻底围住。相反，接下来数月间，他们在四个方向修建了一系列城堡或小型堡垒，各自把守着一座主要城门。在南部和西部，修建了五道防护墙（其中一道在卢瓦尔河中小岛上），以阻挡布洛瓦的阿马尼亚克派通过河道增援。城市的东北角没有封锁，也许是因为那里没有城门可供敌人出入。[14]

围城战持续了整整一个冬天，只有几次出击和小冲突，编年史家蒙斯特雷感慨地形容它"太长太无聊"，没法详细描述。[15]战争意图显然是让奥尔良人因弹尽粮绝而主动投降，不想用武力占领，但从巴黎到此的补给线太长了，围城者也饱受补给短缺之苦。

1429 年 2 月 12 日，由数百辆马车组成的护卫队满载着面粉、鲱鱼和其他供大斋节使用的食物从巴黎驶向奥尔良，途中在鲁弗雷遭遇伏击。约翰·法斯托夫和巴黎市长西蒙·莫里耶（Simon Morhier）收到敌人在前的预警，两人带着军事护卫队，很快将马车团团围住，把他们的反骑兵木桩钉在两个入口上，巴黎弓箭手和长弓手列队一侧，英格兰弓箭手列于另一侧。大约有 1 000 名平民和马群一起被关在包围圈的另一边。

进攻军队由克莱蒙伯爵统领，身后是从布洛瓦来的援军，以及从奥尔良来的一支庞大的分遣队，他们成功突破了英军防线。后一股力量包括"奥尔良的私生子"、拉伊尔、赞特拉耶和达恩利的约翰·斯图尔特统领的，从克拉旺和韦尔讷伊战役幸存的苏格兰人。他们的兵力加起来，是英军的两倍。

　　阿马尼亚克长官们在如何前进的问题上无法达成一致。苏格兰人想要徒步作战，法兰西人想要骑马作战，于是最终他们各自以喜欢的方式进行。英格兰和巴黎弓箭手在马车和木桩的保护下，可以自由射击，一枪接一枪，不怕回击。在随后的混乱中，骑兵的战马被密密麻麻的箭雨弄得发狂，突然掉头，向本军先头部队冲去，也有战马继续向前，被弓箭手的木桩砍得血肉横飞。苏格兰军队阵脚大乱，随后被从马车圈内冲出的英格兰重骑兵击溃。这是英军由弓箭手主导、重骑兵配合的一次教科书般的胜利。包括达恩利及其子在内的 400 余名阿马尼亚克人战死，另有 100 多人被俘。英军只损失 4 人，其中包括西蒙·莫里耶的侄子。拉法耶元帅为预祝胜利，曾在战前授予几人骑士头衔，包括克莱蒙伯爵。英格兰人为庆祝胜利，常为战争中表现出色的人封爵。[16]

　　此役被称为"鲱鱼之战"——鲱鱼是指那些马车，这是阿马尼亚克派有苏格兰人担任关键角色的最后一次战斗。王太子热切地重修"旧日盟友"情谊，提出要让自己的儿子兼继承人迎娶詹姆士一世刚出生的女儿，并授予詹姆士法国的一个县，以换得 6 000 名苏格兰士兵。1428 年 4 月，达恩利被派往苏格兰协调这次谈判。盟约于 10 月在希农确认，12 月正式缔结，詹姆士的全权公使帕特里克·奥格威（Patrick Ogilvy）代表苏格兰的玛格丽特（Margaret of Scotland）站在一旁。次年，新娘被送往法兰西，承诺的军队也一并到来。当达恩利在"鲱鱼之战"中丧命后，王太子为奥格威提供驻法苏格兰军队总管的职位，他此前在奥尔良之围中志愿待在那里。詹姆士一世不仅反对这次任命，而且断然命令奥格威回到苏格兰，他在回程途中淹死在海里。

詹姆士似乎在脚踏两只船，因为他已把女儿许配给法兰西的路易（Louis of France），还和妻子的叔叔博福特主教协商，想把另一个女儿嫁给英格兰的亨利六世。苏格兰军队也从未现身，尽管王太子极力要求他们解救奥尔良。[17]

援兵会有的，但以完全出乎意料的形式出现。1429 年 2 月底，就在"鲱鱼之战"两周后，一位 17 岁的乡村女孩到达希农，那是王太子宫廷冬日的居所。她跋涉 300 英里从家乡东雷米而来。那是法兰西东部边陲的一个小村庄，位于巴尔和洛林公爵领地边境。她的名字是贞德。

"圣女贞德"的故事如此闻名，以至于有时容易令人忘却它是多么不同凡响。她的年龄、她的性别、她的背景，原本这一切都妨碍她成为后来她所成为的角色：贵族的伙伴，鼓舞人心的军事领袖，国家和信仰的殉道者。她短暂而迷人的一生被事无巨细地记录下来，特别是通过 1431 年的审判记录，以及熟悉她的人在 1456 年对其进行无罪审判的取证程序中的转述，留下了以她为第一人称的对话。不过，由于她成为并始终是这样的标志性人物，任何关于她生平的讨论，都不可避免地陷入争议。她听到的声音是真实的，还是一场虚幻？她是确实受上帝之托，还是他人的政治工具？她是法兰西的拯救者，还是英格兰的敌人？有些问题无法回答，那取决于个人宗教信仰，或者爱国主义本能。

不过，客观描述她是如何做到的、为什么这么做及其行为的影响，是有可能的。例如，毫无疑问，她绝对相信自己，相信她是通过圣米迦勒、凯瑟琳和玛格丽特等圣人之口，接受上帝召唤，要帮助王太子重夺法兰西王位。事情的真假，倒是无关紧要，最重要的是，她的确相信如此。同样，亨利五世坚信上帝站在他这边，因此会给予他在法兰西的"正当权利和遗产"，这种信仰比这些要求的合法性或公平性本身，更有力地决定了他的行为。

圣女贞德生平记录中更为复杂的因素是，到处充斥着异于寻常的偏见。不仅由于她不识字，要依靠他人将口语转述成文字，还因为记录她的言语和行为完全是出于党派原因：1431 年判定她为异教徒和女巫，1456 年当英军刚被逐出法兰西，又重审她为可恶英格兰人的无辜受害者。双方都有充分理由，出于各自的政治和爱国目的扭曲证据。

贞德自己不怎么关心这些细节。她后来告诉审讯者，她 13 岁时才开始听到那些声音，但起初只是叫她做个好人。所以她定期去教堂，承诺保持童贞，行为端正。只有两次惹恼了她父母，第一次是她拒绝嫁给一个图勒的男人，因为违背诺言不得不出庭质证；第二次是受到召唤声音的指引，她离开东雷米到"法兰西去"[18]。

虽然贞德自己不记得，但她人生的决定性时刻，是 1428 年一伙勃艮第人袭击她的村庄，那时她和家人被迫逃到附近有城墙的城市——讷沙托，回来时发现教堂和村庄毁于战火，田地也遭到破坏。[19]这个经历让贞德对勃艮第人始终怀有恨意，也直接迁怒于英格兰人。这似乎促使她第一次公开行动，到东雷米北边 12 英里处的沃库勒尔，拜访驻扎在当地的阿马尼亚克长官罗伯特·德·鲍德里古（Robert de Baudricourt），并要求他提供一队援兵"到法兰西去"，这样她就能"对奥尔良发动围攻"。[20]

不出意料，鲍德里古对她这样指手画脚没有什么友好回应，他告诉贞德的叔叔应该把她带回家揍一顿。但在东雷米和沃库勒尔，她的使命感打动了许多人。"你没听过这样的预言吗？"她问道，"法兰西将会被一个女人毁掉，但会被来自洛林边境的童贞女孩拯救。"[21]这个预言后来在无罪审判上，由一位证人确认了，一位来自阿维农的女隐士玛丽·罗宾（Marie Robine），她的故事和贞德很相似。1398 年，玛丽遇见幻象，有声音告诉她去见法兰西国王，并告诉她该如何结束教会分裂。在查理六世的宫廷里，她在后来成为神学教授的让·艾奥（Jean Érault）的见证下，描述了那幻象中法兰西王国将要承受的荒芜和灾难：

> 尤其是，她看见面前有许多盔甲。为此她恐惧异常，担心自己不得不接下这些盔甲。接着，有声音告诉她不要害怕，她不必承受这些装备。在她之后，有一位纯洁少女将会接管这些，带领法兰西王国驱逐敌人。[22]

艾奥后来相信，贞德就是那位"纯洁少女"或者说"童贞女孩"，玛丽·罗宾曾预言过她的到来。

女性幻象和女预言家的现象，出现于女性在教会系统中没有正式角色的时代。阿维农教会和大分裂，让这种现象呈指数级上升，因为许多虔诚的女性对教会核心圈的混乱腐败深感沮丧，渴望直接联系上帝，并寻求改革。当中最著名的有瑞典的布里奇特（Bridget of Sweden，1303—1373）、锡耶纳的凯瑟琳（Catherine of Sienna，1347—1380），她们分别于 1391 年和 1461 年封圣。但也有不那么出名的人物，如来自帕尔马的"单纯女孩"厄苏拉·维内里（Ursuline Venerii），她到阿维农私下会见克莱蒙七世（Clement Ⅶ），敦促他退位让给罗马对手。玛丽·罗宾和热娜-玛丽·德·迈耶（Jeanne-Marie de Maillé）也把她们接收到的神圣启示直接带给法王，威胁他如果不出面结束教会分离，末日将会来临。[23]

　　因此贞德的故事和这些女性有很多相似之处，在玛丽·罗宾和热娜-玛丽·德·迈耶的故事中，女主角也与安茹宫廷有直接联系。热娜-玛丽曾是路易一世之子安茹公爵及其妻子的教母，也是安茹公爵路易二世之妻阿拉贡的约兰达的私密好友。约兰达的丈夫曾于 1395 年引荐热娜-玛丽去见法国国王，国王向这位女预言家当面咨询了很久。约兰达后来也在 1414 年热娜-玛丽的封圣仪式上证实了这一点。她的婆婆玛丽公爵夫人，也认识玛丽·罗宾，后者 1398 年再次遇到幻象时她也在场。[24]

　　安茹家族在宗教预言上的利益关系在于贞德的家乡东雷米，这座村庄位于巴尔公爵领地，属于约兰达的小儿子雷内·德·安茹（René d'Anjou），是他与洛林公爵查理（Charles, duke of Lorraine）之女伊莎贝拉（Isabella）结婚所得。罗伯特·德·鲍德里古作为沃库勒尔长官，代表雷内·德·安茹行事，他不仅是一位战士，也是他的咨议大臣、内廷总管和文书见证人。而正是洛林公爵查理听闻了关于贞德的传言后，命令将她带到南希会面，向她询问自己糟糕的健康问题。她以一贯的直率对公爵坦言相告，自己在这方面一窍不通，但她诉说了自己的使命，表示如果他能让雷内护送她去法兰西，她将会为他祈祷。[25]

洛林公爵拒绝了，但发给她安全通行证和一些钱，这两样都相当提升了贞德的名声。越来越难以忽视她了，或许就在此时，可能是公爵，或者更可能是鲍德里古，决定联系王太子，向他告知贞德自述的使命。科莱·德·维恩（Colet de Vienne）是从多菲内来的王室使者，他出现在鲍德里古最终指派给贞德的小型军事护卫队中，倒是令人费解。王太子核心圈子中一定有人派科莱到沃库勒尔去，命他将贞德带回希农进行私人面谈。那么，有谁比阿拉贡的约兰达更合适呢？这位女幻想家的朋友和资助人、王太子的岳母、王室宫廷最有权势的人之一，她是鲍德里古写信告知贞德一事最合适的对象。[26]

沃库勒尔居民聚集在贞德周围，要给她提供些男性衣服，这是为她定制的，这样她在去希农途中经过勃艮第人的领土时更舒适，也更安全些。教会认为穿着异性装束是有罪的，但圣托马斯·阿奎那裁定也有例外："在某些必要时刻这么做无罪，比如面对敌人时隐藏自己，或者除此之外别无衣服。"贞德这么做，此前在埃诺的杰奎琳身上也有先例，1425 年她穿着男装躲避勃艮第公爵要在根特软禁她的搜查。[27]

贞德离开时，鲍德里古给她一把剑、一匹马，让同伴发誓守护她平安，但他告别时的话语听上去不太鼓舞人："去吧，出发，让该发生的发生。"这支小队只有 7 人，通常在夜间行动，以免路上遇到勃艮第或英军士兵，他们在 11 天后到达希农。这趟旅程应该是平安无事的，但令人惊奇的是，消息甚至传到被围困在城内的奥尔良公爵的私生子耳边了，说是"有个被称为'童贞少女'的年轻女孩，刚经过日安城，声称要去见尊贵的王太子，以解奥尔良之围，并带他到兰斯加冕"。[28]

贞德到达希农，这让王太子处境微妙。如果她的确是上帝派来的，回绝她就是亵渎圣意。但反过来，如果她虚言诳语——或者更糟，是个分裂分子、女巫或者异端——那么他就要冒有污点的风险了。御前顾问们还在讨论会见贞德是否明智，但她坚持只为王太子一人带口信。几天后她被带到希农城堡议事厅，里面站满了廷臣和士兵，她从人群中认出了王太子。拉乌·德·高库尔后来证实他见证了这次重要会面："他看到她在国王面前极度谦卑和朴实地介绍自己，如同一个可怜的牧羊人。他听到她接着说道：'最显赫的王太子殿下，我到此地来，是上帝派来协助您和法兰西王国的。'"[29]

王太子是否真的需要援助，有待商榷。1429 年春，他的处境并不像贞德支持者所说的那样困难：法兰西南部的大片地区仍在他手中；与勃艮第公爵关于领土的谈判仍在继续，还有和平的希望。贞德提到的目标在他的议程中的优先级不高：奥尔良落入英军之手是个打击，但算不上灾难；至于到兰斯加冕，虽然他渴望如此，但并非必要。尽管如此，他本性上仍会被那些能预测未来的人吸引。高级教士曾斥责他太依赖占星学，几年前他也接见了约翰·德·根特（Jehan de Gand），后者预测了继承人的诞生，以及英格兰人会被驱逐出去。[30]

王太子不是傻瓜，他非常清楚贞德很有可能带来帮助，但也可能相反，让他的事业蒙羞。他对她进行了考验。她的童贞至关重要，这让她和圣人平起平坐，赋予她一种道德权威，这是夏娃后代中出嫁的女儿所没有的。为引起关注，她有意地自称为"童贞少女"——即处女——或许主要是因为这个称呼明显把她当作处女预言家了，虽然也暗示了她那男性衣袍下的女性本质。阿拉贡的约兰达及其侍女们对贞德进行了身体检查，证明她确实是处女；无罪审判时一名目击证人声称，贞德从没有来过月经。[31]

更难证明的是贞德的正统性，尤其是她的男性装束和她对富有争议的耶稣姓名仪式的推崇：有些人相信不停地祷告基督的名字就会有奇迹降临，这种仪式也被伪教皇支持。[32]接下来几周内，贞德被询问了许多次，在希农被国王御前顾问中的教会人士审问，在普瓦捷被巴黎大学毕业生和神学教师询问——这批师生是 1418 年勃艮第政变后逃到那里的。没有任何正式的神学审问记录留存下来，但两派"神学家"都有充分的政治原因支持贞德。出于宣传目的，王太子授意一份据说写有结论的文书广为流传，但他的支持十分谨慎。没人提到贞德的声音。人们确信"在她身上没有发现邪恶，只有善良、谦卑、贞洁、虔诚、真诚和质朴"，而且建议"鉴于她坚持不懈地要实现目标，坚持要求到奥尔良去，在那里展现神意的协助"，应该遂了她的心意。换言之，如果她成功地攻占了奥尔良，那么她的使命显然是受到神意帮助的；如果这份文件是在事后拟定的（似乎很有可能），那么结论显而易见。[33]

贞德来到希农，对以阿拉贡的约兰达及其两子为首的宫廷派来说再合适不过了，他们坚决反对与勃艮第公爵的任何妥协，希望采取果断的军事行动。那些热衷于与勃艮第人议和的一派——为首的是乔治·德·拉·特雷默耶（Georges de la Trémoïlle）和兰斯大主教雷诺·德·沙特尔（Regnault de Chartres）——处于上风，刚开始筹划离间勃艮第公爵及其英格兰盟友的活动。波东·德·赞特拉耶带领一队人（包括奥尔良城的代表）去见公爵，他们提议，如果得以围城，他们将把城市交给他，并允许他任命行政长官。因此，有效控制权将归于他，但城市收入将会在奥尔良公爵查理和亨利六世之间平分。由于想要获得更多土地，勃艮第公爵接受了，但贝德福德拒绝这份礼物，他坚持认为《特鲁瓦条约》已规定一切征服所得均属于王室土地。勃艮第公爵作为回敬，从围城中撤军了。[34]

谨慎至上，王太子等候消息，得知这些谈判失败了，勃艮第决定撤军之后，才放贞德到奥尔良去。[35]

第八章

奥尔良之围

　　1429 年 4 月最后一周，贞德从布洛瓦启程，身后有数千人的护卫队，押送满载物资的马车，以解救奥尔良。场面相当壮观，意在激励她自己的军队，给英格兰人带来恐惧。队列前面是一群教士，举着一幅印有基督受难像的旗帜，这是贞德特别指示他们制作的。他们边走边唱着 9 世纪伟大的圣灵祷告词"求造物主圣神降临"（*Veni creator spiritus*），这首赞美诗通常用于教皇和国王加冕。近年来只有亨利五世赋予教士在军事战役中如此显赫的角色，他也相信上帝站在他这边。[1]

　　他们身后是骑在军马上的童贞少女。她身材纤细但明显具有女性气质，头发剪成了当时绅士们中最流行的那种不太讨喜的过耳布丁碗发型。她按照王太子的命令，穿着图尔人为她制作的金属盔甲，这足足花费了 100 图尔里弗尔（5 833 英镑）。她按照听到的声音所吩咐的，手中拿着白色大旗，这旗上描绘的是审判中的基督：一只手捧着世界，另一只手向法兰西百合花祈福，这花是由身旁两侧的天使送上的，上面刻着神圣的名字"耶稣玛利亚"。[2]

她腰间系着查理曼祖父的宝剑，是她听到的声音告诉她在圣凯瑟琳·德·斐耶布瓦教堂的祭坛背后发现的。那座教堂由查理·马特（Charles Martel）建造，以感谢他 732 年在图尔之战中大败穆斯林入侵者，如今是朝圣胜地，尤其是对受伤的士兵而言。贞德对圣凯瑟琳教堂非常虔敬，1429 年 2 月在去希农途中专程拜访，参加弥撒，并住在医院和 1400 年布西考元帅为朝圣者建造的济贫院里。布西考在阿金库尔战役中被俘，于 1421 年死在英格兰。她那时没有开口要那把剑，但收到王太子准许她的印章后，她托人带口信给教堂教士，告诉他们剑在何处，并拿给她。

我们不清楚这些僧侣是否知道，查理·马特也捐赠了一把剑，而且确实失踪了。但接下来发生的事，加上贞德特意选择骑兵作为信使，主动描述这把剑的样子（上面刻有五个十字架），以便大家认得出，这一切都说明，这一奇迹般的发现更多是凡人所为，而非神迹。把剑与命中注定的主人神奇般地联结起来，是中世纪骑士文学的常见手法。查理·马特的剑不是亚瑟王神剑，但它预示着基督徒对穆斯林的胜利，因此是法兰西另一位拯救者扫除不敬的入侵者的绝佳武器。这一发现恰逢其时，因为这把所谓的查理曼大帝之剑更加引人注目，它从 1270 年开始就在兰斯的法兰西加冕仪式上使用，如今在巴黎附近的圣坦尼修道院，已落入英格兰人之手。[3]

不论故事真相如何，它迅速流传开了，让贞德作为女预言家的名声更盛。传言她的到来早有预言，这一点也被阿马尼亚克派宣传家添油加醋，甚至把梅林一位记载模糊的预言家的事迹也改了改安在贞德身上。[4] 王太子命她穿上首席盔甲工匠锻造的盔甲，也说明他有意把贞德打扮成玛丽·罗宾预言中的穿戴盔甲的童贞少女——穿盔甲而非简单男性衣服的行为，似乎不是贞德自己的主意。[5]

贞德在创造自己的传奇故事中也起了积极作用。3月22日，一个"圣周[①]的星期二"，她口述了一封信给英格兰人。开头是她标志性的祷告，接着说道：

> 英格兰国王和你，自称为法兰西王国摄政的贝德福德公爵；你，萨福克伯爵，威廉·德·拉·波尔（William de la Pole）；你，约翰·塔伯特勋爵；和你，托马斯·斯卡乐勋爵，贝德福德公爵的副将，服侍于天国之主。向童贞少女投降吧，她应上帝之命来此，你在法兰西占领和侵扰的一切好城镇的关键——弓箭手、伙伴、绅士和奥尔良城下的其他人，回到你的祖国去，奉上帝之命。如果你不这么做，那么等候童贞少女的消息吧，她很快就来，带来致命伤害。英格兰国王，若你不这样做，我是战争的指挥官，无论在法兰西何处遇上你的人马，无论他们是否愿意，我都将会令他们离开。如果他们不愿听从，我将悉数歼灭。我奉上帝之命来此，将你们逐出法兰西。如果他们愿意顺从，我将怜悯他们。[6]

---

① 圣周，即复活节前一周。

贞德始终坚称这封信和其他全部信件都是她一人口述，虽然寄出之前给"同党中有些人"看过。它传播了很远，在法兰西、勃艮第和日耳曼编年史中都有记述（虽然英格兰没有），贞德在鲁昂审判时的法官也复印了一份。[7]

显然，王太子发动了全部宣传力量支持童贞少女。这有效吗？当然有效，而且最重要的是它似乎让她带到奥尔良的那些人相信了，还不止这些。当她在布洛瓦为远行做准备时，她无拘无束地和部队混在一起，毫不犹豫地谴责士兵们的罪行，"因为有这些罪恶，上帝将会让战争失败"。同亨利五世一样，她试图把妓女从军队里赶走，有次甚至拔出剑来赶人，但剑恰好断了。当她听到士兵们咒骂并"激烈地训斥他们"时，她也"非常恼火"，不论他们级别如何。她甚至制服了"经常"亵渎神明的阿朗松公爵，更令人称奇的还有拉伊尔，"他经常发誓，徒劳无功地使用上帝的名讳"。阿朗松公爵承认，被训斥后，他在她面前彻底管住了舌头，而拉伊尔虽然还是不能住口，但改用下属的名义发誓了。[8]

在贞德的监督下，拉伊尔似乎经历了一些转变。到目前为止，加斯科涅最著名的祈祷词是"上帝，我祈祷你今日为'拉伊尔'做的，正如你希望'拉伊尔'为你做的一样，假使他是上帝，而你是'拉伊尔'"。现在，在童贞少女的"恩惠和劝告下"，他被说服去做忏悔，也鼓励同伴这样做。这或许并不奇怪，正如一位目击者后来宣称的，普通士兵"把她当作圣人。因为她在军队中言行极好，遵从上帝，所以没有人责备她"[9]。

阿马尼亚克派很快发现，按照圣人指示去做与跟她并肩作战，是两件完全不同的事。贞德一到达奥尔良，就希望立即攻打塔伯特大军，而"奥尔良的私生子"、高库尔、拉伊尔和洛尔已决定，高库尔等人兵力太少，无法与英军较量，因此要选择"更好更安全"的时机。高库尔等人沿卢瓦尔河南岸行进，到奥尔良 6 英里外的谢西与"奥尔良的私生子"会师，他的船只正停靠在那里等待运送物资进城。位于奥尔良这一侧的，只有圣卢城堡这一座英格兰要塞，但城内预先计划的出击转移了对它的注意。不过，贞德怒火冲天。"你以为能欺骗我吗？"她对"奥尔良的私生子"大发雷霆，"你自己才是被骗的那个，因为我给你的帮助，比给任何战士或城市的都要好，它是天国之主的帮助。""奥尔良的私生子"后来回忆，她的话音刚落，风向便神奇地变了，满载补给的船只畅通无阻地驶入了奥尔良城。[10]

　　这些还不足以让经验丰富的军事领袖们放手听任贞德指挥。当她要求带着她那些"坦白、耐心而又正直的"士兵进城时，长官们一致同意让她留在奥尔良，然后回到布洛瓦。在那里他们可以召集援兵，渡过卢瓦尔河，回到北岸迎战英军，并发起围攻。贞德显然不明白，如果运送物资的队伍进城，也要消耗这些物资，那么物资的益处就所剩无几了。她也不明白，自己不过是护送了一支物资运送队，而并非为奥尔良带来援兵。[11]王太子的御前顾问已经敲定，在援军到来之前她是凝聚人心的傀儡。

　　无论贞德是否支持这个决定，她别无选择，只得像"奥尔良的私生子"催促的那样，进入奥尔良城。1429 年 4 月 29 日夜晚，在一小队人马的陪伴下，她渡过卢瓦尔河，骑着白马入城，全副武装，白色大旗高高飘扬。"奥尔良的私生子"本人和拉伊尔也在其中。她的名声远播，人群激动发狂，"喜悦得如同亲眼看到上帝降临一般"。他们相信拯救者已经到来，摩肩接踵地上前触摸她，甚至她的马，仿佛触摸圣物一般。在拥挤的人群中，一位手持火炬的人意外点燃了信号旗，这给了贞德展示马术的机会，她纵身向前扑灭了它，"好像她有精湛的军事技艺，重骑兵认为这是个伟大的奇迹"[12]。

　　第二天，因为急于行动，贞德去见"奥尔良的私生子"，但大失所望，得知他"已决定当天不会发动进攻"。当她得知拉伊尔已带头出击，短暂占领了"巴黎"防护墙，后来被英军增援部队赶走时，她更加恼火了。贞德只好与英军打起了口水仗，威胁要赶走他们，但只得到"牧牛人""女巫""妓女"这样的咒骂。[13]

　　这样难以置信的辱骂至少表明，他们知道她是谁，但不至于像法国人后来声称的那样，她的到来立刻让英军陷入恐慌、四散奔逃。4 月 15 日，英格兰议事会收到贝德福德来信，敦促他们招募200 名重装骑兵和 1 200 名弓箭手，递补为索尔兹伯里伯爵的随行人员，后者已撤出了奥尔良之围。[14]这或许可以被看作大规模逃兵的证据，但应该强调，对远征法兰西来说这是正常的招兵季。伯爵随行人员的合同只到 1428 年 12 月，他们没有义务在合约到期后继续待下去。虽然也有人这样做，但这个迹象表明，在冬天围城的规模像往常一样缩小了。他们"弃城"不太可能是被童贞少女吓退的。

　　贝德福德需要来自英格兰的援军，因为他无法从诺曼底调兵过来。他那里的兵力全部投入了圣米迦勒山的封锁，这是三级会议和教会都批准并资助了重税的。科唐坦邑长约翰·哈珀里（John Harpeley），整个冬天都在热奈修建一座新的堡垒，正对着海湾北部的一座岛，此时有 20 名重装骑兵和 100 名重装弓箭手驻守。同一天，英格兰议事会收到贝德福德来信，摄政授权法兰西国库拨钱给英格兰，招募封锁圣米迦勒山所需的人员和船只。[15]

虽然贝德福德的长远计划在于削弱圣米迦勒山，但他没有对奥尔良的问题视而不见。他一开始比较担忧，但还是以私人名义支付了 11.7 万图尔里弗尔（683 万英镑）军费以确保战局顺利。然而，没有援兵他就无法重重包围。[16]英格兰人手短缺，特别是在勃艮第人离开后，已经让"奥尔良的私生子"数次溜进城，又跑出去，还把贞德接了进来。1429 年 5 月 4 日，第二批援军到达奥尔良。前一天晚上，城内钟楼上的守夜人就观察到了他们的行踪，所以拥有侦察兵和守卫的英军也一定知道他们就要过来。但他们允许这队人马顺利通过，给城内带去更多物资。法兰西文献把这归功于贞德的神意保佑，但实际上说明围攻者兵力过于紧张，无法分兵进攻。[17]

当天晚些时候，受这次成功鼓舞，奥尔良军队外出偷袭了圣卢城堡，这座以教堂为核心的堡垒孤悬于城市东面。又一次，贞德对此一无所知，直到她被市民的叫喊声惊醒，哭诉着他们失败了。贞德全副武装，拿起大旗，从街上侍者处牵了一匹马，骑马出了勃艮第门，正好来得及重新集结这支大败而归、死伤惨重的军队。她在这危急关头出现，给这次突袭注入了新鲜力量，堡垒被击溃了，大约 150 名驻军战死或者被俘。毫无疑问，贞德在奥尔良战役的第一次胜利中功不可没，虽然另外一次组织严密、时机恰当的拦截塔伯特增援的出击，也同样重要。[18]

第二天，由于是耶稣升天节（Feast of the Ascension）①，双方暂时停止了敌对行动。私生子、高库尔、拉伊尔、赞特拉耶、洛尔和其他长官召开会议，探讨下一步行动，贞德又给英格兰人去信：

> 你们这些英格兰人，在法兰西王国没有任何权利。天国之主通过我，圣女贞德，来命令你们，放弃要塞，回到你们的祖国去。如若不然，我将发出永远铭记的战号。我第三次写信给你们，也是最后一次。我不会再写任何东西了。
>
> 耶稣·玛利亚
> 圣女贞德

信没法通过信使送过去，她的信使吉耶讷（Guienne）在送上一封信时被英军扣留了，贞德把它绑在箭上，由弓箭手射入英军营地。[19]

拿下了圣卢城堡，城市东部安全无虞，合乎逻辑的下一步就是清除卢瓦尔河南岸的威胁，重夺那座桥。英军在卢瓦尔河这一侧有两座城堡：守备森严的奥古斯丁教堂，重建在图雷城堡正对面，以及在它东边半英里处的圣让-勒-布朗城堡。5 月 6 日清晨，奥尔良人登上卢瓦尔河中一座江心岛，把两艘船绑在一起，架起了通往南岸的浮桥，这样一来，他们就能向圣让-勒-布朗城堡进军。但他们发现英军已经将它废弃，撤退到了更安全的奥古斯丁教堂。

长官们没有冒风险攻击这座牢固得多的城堡，而是让高库尔及

---

① 耶稣升天节：复活节 40 天后的第一个星期四，基督教堂在此日庆祝耶稣升天。

其人马守在圣让-勒-布朗，其余兵力退回奥尔良。高库尔奉命维持了撤退秩序，拦截了来自英军的一次偷袭。当他把守城门时，贞德前来对他慷慨陈词一番，告诉他军队都想继续攻击奥古斯丁教堂，他要是阻止就是个"坏人"，"无论你是否希望如此，重装骑兵们都会前来，他们将会像以往一样赢得胜利"。随后，贞德和拉伊尔（他这个人也很冲动）手持长矛拍马冲向英军，这些英军刚从奥古斯丁城堡探出身子，想要攻击撤退的奥尔良人。他们身先士卒，激励了部队其余士兵跟随上来，英军被击退，奥古斯丁城堡被夺下了。[20]

胜利的军队就在那里扎营过夜，第二天清早开始攻打图雷城堡前的防护墙。贞德在审判时说，她是第一个在城墙下搭梯子的人，这个行为加上她撑着大旗，让她成为英军弓箭手的显眼目标。一支箭射在她脖颈与肩膀之间，完全从她身体穿过，因此致命的箭头没有留在她身上。[21]据她的忏悔神父让·帕斯卡尔（Jean Pasquerel）说，有些士兵想在她伤口上念咒，但她拒绝了，说自己宁愿死也不会这样忤逆上帝。帕斯卡尔在无罪审判时也是一个立场鲜明的目击者：从个人利益出发，他需要确保贞德的使命确实是上帝赋予的，推翻贞德是异端和女巫的定罪，这严重影响了他的精神指导。

尽管如此，正统派与异端之间存在模糊的界限，中世纪士兵经常用"祛魅"的方法在战争中保护自己。许多人在铠甲的薄弱处刻上"拿撒勒的耶稣"或者花押字"IHS"[①]，尤其是在头盔上，以躲

---

①　IHS 是耶稣的希腊文写法（ΙΗΣΟΥΣ）的前三个字母，拉丁文 Iesus Hominum Salvator（耶稣救世主）的花押缩写。

避致命攻击。查理曼祷文，即反复用十字架作为对抗突然死亡的符咒，在士兵中也非常流行，塔伯特也是如此，他在个人祈祷书中也加入了这一条。鉴于贞德自己经常使用神圣名讳，她不太可能会拒绝忏悔神父所谓的"咒语"[22]。

不论是否有此协助，贞德在战斗正酣时迅速回来了，为夺取防护墙的激烈肉搏战中的士兵鼓劲，战斗一直持续到傍晚。"奥尔良的私生子"后来承认，他本来要下令撤退，但贞德祈求他等等，她祈祷了几分钟，接着回到战场上，把她的旗子竖立在战壕边缘。奥尔良人被这最后一搏鼓舞，发起最后冲锋，于是获胜。英军被逼退回图雷城堡，但撤退时吊桥断了，士兵们困于沉重的铠甲，淹死在卢瓦尔河中。其中战死的有守备军长官威廉·格拉斯戴尔爵士，他是阿朗松邑长、克拉旺和韦尔讷伊战役的老兵。这让贞德的支持者们十分振奋，因为他曾"对童贞少女口出狂言、毫无尊重、语带讥讽"[23]。

失去了图雷城堡，以及对卢瓦尔河那座桥的控制，是压倒英格兰人的最后一根稻草。他们已经损失了 600 到 800 人，筋疲力尽的剩余兵力不足以维持围攻。第二天早上，即 1429 年 5 月 8 日，萨福克、塔伯特和斯卡乐集结剩余兵力，撤退到卢瓦尔河沿岸的其他堡垒，留下了笨重的加农炮和火器。[24]

贞德成功地完成了她第一阶段的使命，但当王太子写信给主要城市，告知他们士兵们的"善行和奇迹"时，只提到她一次，只说她"在达成这些成就时，始终与我们在一起"。几天后，他准许她进行两人会面，她"坚决且频繁地"敦促他去兰斯加冕。

查理送她一套上好的套装作为感谢，但他不会冲动做决定。兰斯在东北方向 150 英里，位于英格兰-勃艮第控制的香槟地区的腹地。至少在一开始，利用奥尔良的解围来收复卢瓦尔河更有战略意义。[25]

有大约一个月之久，贞德不得不停下来等待，人员、装备和物资都在为新一季的战争做准备。由于王太子拒绝亲征，他把总指挥权交给 20 岁的阿朗松公爵。这是个奇怪的选择。虽然阿朗松作为第一公爵，能说得出就职的正当性，但他没有参与奥尔良解围，也没什么军事经验，自韦尔讷伊战役后就被囚禁于英格兰。不过，他是占星家的资助人、业余的占卜术爱好者，也是圣女贞德的狂热支持者。她可以随意指挥他（但指挥不动"奥尔良的私生子"或者拉乌·德·高库尔）。

1429 年 6 月 11 日，阿朗松在贞德陪伴下，率领数千人军队，围攻雅尔古，这是卢瓦尔河畔一座有桥梁和城墙的小城，在奥尔良以东 11 英里处。他们轻而易举地占领了郊外地区，架起火炮，次日开始轰炸，很快便攻下最大的塔楼。萨福克伯爵刚从奥尔良撤退到雅尔古，此刻提出条件，如果 15 天之内没有援兵就投降。萨福克一定知道，法斯托夫率领的英军正从巴黎赶来，希望及时前来拯救他。然而，他的条件遭到了拒绝。很明显，这是因为他是和拉伊尔谈判，而不是和阿朗松本人，但如此干脆的回绝违背了骑士传统和战争惯例。萨福克第二次提出投降条件，也被忽略了，阿朗松后来不可思议地解释道，因为他"没听见"。[26]

拒绝接受投降，也许是圣女贞德的主意。显然，她想要战斗。

和专业士兵不同，她不受骑士精神的阻碍，有了神意的道德权威，她似乎能够说服公爵做任何事。这次攻击后对俘虏的屠杀，也不符合战争原则，因为这些人对胜利者毫无威胁，这可能也出于贞德对于彻底毁灭敌人的狂热。数百名英军战死，包括雅尔古长官亨利·比才（Henry Biset）爵士和萨福克伯爵的兄弟亚历山大。萨福克及其另一名兄弟约翰·德·拉·波尔被俘。伯爵投降前，坚持要给抓捕他的人封爵，免得遭到羞辱，效忠于比他等级低的人［行事如此周全，倒是没妨碍他让一位法兰西修女玛莲·德·凯（Malyne de Cay）在投降前夜诞下他的女儿］。[27]

占领雅尔古之后，阿马尼亚克军队此时向奥尔良以西行进，要夺下卢瓦尔河畔博让西。途中他们经过英军要塞默恩，占领了桥梁，但绕过塔伯特和斯卡乐充当指挥部的大型要塞。1429 年 6 月 15 日，他们围攻博让西，塔伯特的副将马修·高夫（Matthew Gough）负责指挥。高夫在法兰西的战功让他既享有盛誉，又令人畏惧。他是威尔士法警的儿子，曾在克拉旺和韦尔讷伊作战，擒拿了萨瓦人雇佣兵"鲍姆的私生子"（Bastard of Baume）；1427 年他在重夺拉芒什之战中表现出众，当时他很酷地从战斗中休息片刻，食用面包和红酒作为补给。和他并肩作战的是理查·戈廷（Richard Gethin）爵士，也上过克拉旺和韦尔讷伊战场，和高夫一样是威尔士人，后来在法兰西成为职业兵。[28]

围城次日，亚瑟·德·里什蒙不期而至，带来一支大约 1 200 人的部队。两年前，他由于王太子宫廷的派系争斗而被放逐了。那次的放逐令还没被撤回，里什蒙自愿从布列塔尼赶来，等于是违抗了命令。他和圣女贞德同受阿拉贡的约兰达的庇护，说明公爵夫人可能有意把两位坚定的抗英派联合起来，但他的到来让博让西长官们惊慌失措，他们不确定是否要冒着惹恼王太子的风险，接受他的援兵。正在此时，拉伊尔的侦察兵恰好宣布，一支 4 000 名规模的英格兰军队在默恩附近出现，正逼近博让西，这无疑是他们接纳援兵的好理由。[29]

高夫不知援军近在咫尺，里什蒙部队的到来使他确信，继续抵抗是无用的。为报答他让自己安全遣散人员，高夫同意于 6 月 18 日投降，接下来 10 天不再投入战斗。守备军刚出博让西一个小时，消息传到阿马尼亚克派营地，说是英军已从默恩撤退，向北到巴黎去。阿朗松或许曾犹豫不决，但里什蒙、拉伊尔、赞特拉耶和洛尔不需要贞德鼓励，就已决定乘胜追击。

他们的目标出奇一致，与令英军烦恼的各派纷争，形成鲜明对比。法斯托夫是名义上的总指挥，贝德福德从巴黎调他来此，带领三千士兵平定卢瓦尔河沿岸城镇，但他加入了塔伯特围攻奥尔良时的残余部队。法斯托夫生性谨慎，不愿冒险与人数众多的精兵硬碰硬；塔伯特则更为冲动，他是靠大胆主动而积累战功的，想要全力出击解救博让西。"要是他只有自己那些人，以及那些愿意跟随的，就好了，"他声称，"他会在上帝和圣乔治的帮助下，上前与敌人战斗。"直到博让西被占领的消息传来，塔伯特才不情愿地同意法斯托夫的请求，有序撤退。

在 1429 年 6 月 18 日投降的那天，英国人刚到达奥尔良西北 15 英里处的帕泰村，就得知阿马尼亚克军队正紧追不舍。他们别无选择，只好奋起迎战。法斯托夫组织兵力在山脊上布好防线，而塔伯特从侧翼安排了弓箭手伏击，但显然对这选择不满意，又把他的士兵撤回了。弓箭手还没来得及装上防御木桩，拉伊尔和全副武装的先锋骑兵已经向他们扑来。他们措手不及，没来得及排成防御阵形，就一败涂地，惨遭屠杀。骑兵们畅通无阻地冲到山脊上，把挡在途中的人都击退了，乘胜追击那些在溃败中逃跑的人。2 000 余人被杀，除了法斯托夫本人，所有英格兰高级军官都被俘。法斯托夫骑在马上，因此在部下惨遭屠杀时逃过一劫。他们逃到 15 英里外英军最近的驻防地让维尔，却发现市民早已推翻了英格兰长官的统治，大门紧闭。午夜之后，筋疲力尽的幸存者才在埃唐普找到栖身地，离战场大约 40 英里，其中包括勃艮第编年史家让·沃林（Jehan Waurin）。[30]

帕泰村的战败是一场灾难，影响比博热以来英格兰的其他任何一场失败，都要深远得多。法斯托夫暂时被剥夺嘉德骑士勋章，接受调查。虽然他后来恢复了爵位，说明洗刷了罪名，但他永远无法完全摆脱"逃亡骑士"和胆小鬼的指控，这是"对一名骑士最糟糕的指控"。[31]

对英属法兰西王国的命运影响更为严重的，是最能干的一批守卫将领如今成了法国人的阶下囚。斯卡乐似乎很快就被释放了，但塔伯特直到 1433 年春天才获释，当时付了一大笔赎金，并用他交换了 1431 年被俘的赞特拉耶。托马斯·兰普斯顿爵士，一位声名显赫的长官，也是诺丁汉最穷的骑士，他在"艰苦的监狱"中度过了 7 年，因为没钱付 1.8 万埃居（131 万英镑）的赎金。[32]

瓦尔特·亨格福德爵士死于 1433 年 2 月，那时他的家人刚好付完最后一笔赎金。关于赎金归属，还打了一场官司，1432 年最高法院在普瓦捷听审，我们从中惊奇地得知抓他的人是菲利普·高夫（Philip Gough），也就是马修·高夫的亲戚。1427 年，他曾是圣苏赞娜英格兰守军的一队三十人弓箭手的领队，曾震慑了阿马尼亚克城堡圣罗兰·德莫提耶，俘虏了其长官。但仅仅两年之后，他就作为阿朗松手下在帕泰村作战，因为抓住 5 名英军战俘而赚了一大笔钱，其中包括亨格福德。他这次改变效忠，单纯是唯利是图，还是因为曾经被俘，支付不起赎金才投靠了敌人，始终是个谜。[33]

毫无疑问，英格兰在帕泰村的失败是个关键事件。英军消灭殆尽，关键将领被俘，贞德想要让王太子在兰斯加冕的第二阶段目标，现在畅通无阻了。而英军没能占领奥尔良，倒是相对不那么重要，正如几次攻下圣米迦勒山的尝试都失败了一样，这种失望司空见惯，也没带来灾难。

但奥尔良之围进入了大众神话，帕泰村的胜利却没有，原因很简单，圣女贞德没参与那场战争。帕泰村是拉伊尔的胜利，而不是贞德的。不过，对被围困于奥尔良城中的居民来说，贞德是拯救他们的英雄，不仅是把他们从英军手中，而且是从王太子的冷漠无情之中拯救了。她为他们的立场而战，他们也将如此报答。事情才过去 6 年，就有一出关于围城的"神秘剧"或者说戏剧上演：这部剧部分由曾和贞德并肩作战的法兰西元帅吉尔·德·莱斯（Gilles de Rais）创作[34]，并给予资金支持，为庆祝她的贡献，每年都上演一次，以纪念城市的解放。市民们还托人做了一份记录这次围攻的日志，以庆祝对贞德的无罪审判，并为她成为圣徒而不懈努力。正是他们的努力，确保了圣女贞德的名字永远和他们的城市联系在一起，奥尔良的解围也成为法兰西历史上永被铭记的标志性时刻。[35]

第九章

法兰西新王

帕泰村战斗失败的那天，英格兰议事会批准博福特主教新招募500 名重骑兵和 2 500 名弓箭手。咨议大臣们实在不了解法兰西事件的进展，这不是对贝德福德求援的迟复，而是让主教招募军队，发动对波希米亚胡斯派的十字军行动。[1]

因此当帕泰村消息传来，部队已在南部港口集结，博福特陷入令人震惊的两难境地，要么背叛教皇委托，要么背叛家人和祖国。对王国的忠诚之心更强，他同意调转部队到法兰西，这就驳了教皇面子，多年奋斗所得可能毁于一旦。议会同意接管军队的财务重担，这次调兵十分迅速，仅仅帕泰村事件 5 周后，军队在 1429 年 7月 25 日就行进到巴黎，为首的是红衣主教博福特。[2]

受到军队胜利的鼓舞，也被贞德鼓动，王太子终于动心要亲征了。虽然不少顾问建议他攻打诺曼底，但贞德力排众议，坚决要进入兰斯。王太子照例号召所有贵族和主要城镇参加他的加冕仪式，即使"付出身体和财产的代价"，圣女贞德则命令全部"善良忠诚的法兰西人……请准备到兰斯参加温和的查理国王的神圣仪式，就在不远的将来。你们听到我们靠近了，就上前来"3。

　　到兰斯的旅程，几乎变成了胜利游行。勃艮第城镇看不到援军的希望，害怕遭到阿马尼亚克派报复，又被圣女贞德的名声迷惑，几乎是不战而降。只有特鲁瓦——1420 年在此签下作为英格兰-勃艮第联盟基石的《特鲁瓦条约》，犹豫不决地做着抵抗。正当敌人靠近，市民们派了一位方济会修士去见贞德，"他们问她是不是上帝派来的"。理查（Richard）修士刚被巴黎大学神学院开除，因为他宣扬反基督已经诞生，世界末日即将来临，1430 年这一年"将见证有史以来最伟大的奇迹"。他在巴黎每天五六个小时的布道吸引六千多人围观，激起了一场哭泣和悔恨的狂潮，但是他们潜在的破坏性使他被市政当局驱逐。现在，当他走近贞德，他画了十字，洒了圣水，担心她是魔鬼的化身。很快，他就被她说服了，在接下来的几个月里，一直跟随着她。4

　　1429 年 7 月 16 日，王太子被簇拥着进入兰斯。勃艮第守军撤退了，市民打开城门，人群列队两边，大呼"圣诞！"来欢迎他。次日他来到圣母大教堂，在那里他被阿朗松公爵封爵，由兰斯大主教兼法兰西首席大臣雷诺·德·沙特尔加冕为法兰西国王查理七世。他无法佩戴传统的加冕徽章以及王冠，因为这些都在巴黎附近的圣坦尼修道院，由英国人控制着。不过，他被涂了圣油，相传一位化身鸽子的天使到圣雷米为克洛维（Clovis）施洗，那盛有橄榄油的小瓶，就保存在兰斯的圣雷米修道院。涂油的重要性在于，它是教会的圣礼，使国王成为上帝的受膏者，赋予他治疗瘰疬的能力。仅仅几天后，查理就公开宣扬了他的新身份，他按惯例去圣马库-德-科贝尼朝圣，触摸患有瘰疬的病人，当时这种病通俗叫法是"国王之疾"（the king's evil）①。[5]

　　贞德和她那宝贵的军旗，被安放在大教堂祭坛上的荣耀之位，在见证加冕礼的教会及世俗贵族、王室队长、咨议大臣和官员们面前展示。当她在审判时被问到为何她的旗帜比其他军官的更受欢迎时，她回答道："它承受重任，自然蒙受荣耀。"并非所有应该出席仪式的 12 位教会及世俗贵族都来了。勃艮第公爵明显没到；亚瑟·德·里什蒙也没来，他身为法兰西元帅理应在仪式上担当重任，但尽管在帕泰村立下功劳，他的驱逐令还没被撤销，新国王命令将他排除在外。有两个人倒是从未想过自己能够出席这位"最具基督徒精神的国王"的加冕仪式。兰斯书记簿记载，贞德的父母也来了，他们由市政府出资住在一家小旅馆里。至于他们如何看待女儿的胜利，只能猜测了。[6]

　　这场加冕仪式对那些奋斗十年、要推翻《特鲁瓦条约》的人来说，是个激动人心的时刻：被剥夺继承权的继承人重拾了天生权利，这给那些怀有二心、不愿承认他是合法国王的人增加了压力。对贞德的追随者来说，这证明了她的使命是神启的：她完成了不可

---

① 旧时认为这种疾病经国王触摸即可痊愈。

能之事，实现了第二项使命。此时此刻，万众期待她实现第三项任务：将英国人赶出法兰西。

在加冕仪式当日，贞德朗读了写给勃艮第公爵的一封信，谴责他没有回应参加仪式的邀请，敦促他和查理七世达成"坚定和永久和平"。

> 勃艮第之主，我祈祷、请求并谦卑地要求而非命令你，不要再在神圣的法兰西王国上发动战争，尽快把你的人马从各处堡垒中撤回吧……我要让你知道……面对忠诚的法国人你不会赢得任何战争，向法兰西王国宣战，就是向我的领主国王、天国之主以及全世界宣战。[7]

这和以往贞德信中好战的口吻大为不同，它反映了这样的事实，查理及顾问们决定利用加冕礼再次离间勃艮第公爵与英格兰的盟友关系，而不是利用贞德创造的时机发动进攻。无论是同时代的人还是历史学家，几乎一致批评了这一点，他们谴责道，谈判说明查理一派不果断且脆弱，背叛了乔治·德·拉·特雷默耶（他兄长是公爵的内廷总管和咨议大臣），最终也背叛了圣女贞德。然而客观来看，令人不快的事实是，除非勃艮第公爵改换阵营，否则永久和平根本无法实现。加冕仪式以及随后在卢瓦尔河谷取得的军事胜利，成为向勃艮第伸出橄榄枝的绝佳时机。

没有人比贝德福德更清楚这一点。1429 年 7 月 10 日，星期日，在一场精心策划的预示团结的仪式中，勃艮第公爵腓力被正式迎入巴黎城，并在巴黎圣母院参加仪式和布道。之后，他被护送到宫里，大批市民和王室官员守候在那里，听人朗读一篇"宪章或书信"，里面详细记述了勃艮第公爵的父亲如何"渴望王国的和平"，谦卑地到蒙特洛去，"跪在王太子面前，却被出卖，当众刺杀"。这次朗读起了作用，"人群一片哗然，有些曾是阿马尼亚克派亲密盟友的人开始憎恶他们"。圣女贞德四周聚集了一片超自然的歇斯底里之声，非常及时地为世俗背景的英格兰-勃艮第联盟敲响了警钟。这个朗读环节，无论是勃艮第公爵主动参与设计的，还是贝德福德强行塞给他的，他都别无选择，只得支持这些内容。同样，当两位公爵要求所有忠于他们的人举手表决时，结果也可想而知。[8]

贝德福德不单是依靠宣传来巩固地位，他还立即命令勃艮第公爵从诺曼底的收入中拨出 2 万图尔里弗尔（117 万英镑），用于在勃艮第、皮卡迪和弗兰德斯等地征兵。（诺曼底公国国库审计人员照章办事，而不是审时度势，他们起初拒绝批准这笔款项，理由是勃艮第军队无法接受审查，以证明这些钱花得合理。贝德福德不得不强行推进，并典当自己的珠宝作为担保。）[9]

贝德福德自己也做了大量军事准备。在诺曼底，围攻圣米迦勒山的行动暂停了，士兵们得以回到驻地。被俘的斯卡乐勋爵曾任长官的蓬托尔松被毁了，守卫部队搬去了阿弗朗士和通贝莱。财政方案也筹划得当，用以支付士兵薪水，为城堡及阿弗勒尔港口提供额外安全保障。在下诺曼底，邑长奉命为每一个驻地招募援军，根据国王在当地的御前会议的建议，确定重骑兵和弓箭手的具体人数及配比。[10]

巴黎开始严格执行 24 小时守夜制度，城墙得到加固，清走了外圈壕沟内淤积的垃圾。城市内外竖起了木质屏障，巴士底狱内的武器都被搜刮一空。城墙上架设了许多加农炮和其他火器，仅一个供应商就为城门上供应了 1 176 枚炮弹。城市防卫交给了利勒-亚当爵爷，自 1418 年领导勃艮第政变以来，他在巴黎颇有民众基础。贝德福德和勃艮第公爵共同任命他为巴黎长官，以示团结。[11]

最让贝德福德沮丧的是，他从圣女贞德一登场就意识到了威胁，尤其是她鼓动王太子到兰斯举行加冕仪式，这让他想到，自己 7 岁的侄子也还没有加冕，因此还不受上帝的庇佑。当贝德福德于 1429 年 4 月写信给英格兰议事会要求增援时，他也催促到，应该为亨利举行加冕仪式，尽快将他送到法兰西：这样兰斯将要举行第二场加冕仪式，法兰西贵族不得不亲自向新国王致敬、效忠，与英格兰政权更紧密地捆绑在一起。[12]

7 月 16 日，王太子进入兰斯的那一天，贝德福德派嘉德骑士团前往伦敦，专程提醒议事会王太子已亲征，有几处城池不战而降，王太子当天就会抵达兰斯，当地居民打开城门，迎接他加冕。贝德福德判断，王太子加冕后，会突袭巴黎。他再次恳请，为侄子举行加冕仪式，"尽快"带着援兵回到法兰西。[13]

苏瓦松、拉昂、桑利斯、贡比涅和博韦，一座又一座城池倒向查理七世，阿马尼亚克派逐渐在巴黎东部形成了半包围之势，让巴黎城陷入恐慌。是贝德福德的果断行动，救了场。8 月 25 日，他集结部队从诺曼底回到巴黎，同行的还有红衣主教博福特、从胡斯十字军撤回的 2 500 名英军士兵、利勒-亚当爵爷，以及勃艮第用英国人的经费招募来的 700 名皮卡迪士兵。[14]

几天后，贝德福德回到战场，把自己的军队挡在前进的阿马尼亚克派和城市之间，以保护巴黎城。8月7日，他在约纳河畔蒙特洛，抓住时机向"从前自称为维也纳太子、如今无端自立为国王的'瓦卢瓦的查理'"发动挑战。由于这不仅是一场私人决斗，也是一次公开的宣传演练，他计划重新占领道德高地。毕竟，有贞德背书的查理，最为擅长操纵民意。

贝德福德告诉查理，谋杀勃艮第公爵约翰是"由于你的过失和纵容"，"由于阁下破坏、侵犯和背叛了和平"，所有法国人的"忠诚和誓言不再可信了，正如阁下的信中所体现的，这些都由阁下亲笔签署，上面盖着阁下的印章"。查理的背叛和表里不一，在目前的战争中是不言自明的：

> ……让单纯的民众相信，你将给他们和平和安全，而这并非事实，也不能通过你追求的手段达到。你引诱、辱骂无知民众，你受迷信、邪恶之人辅佐，比如这个生活无序、声名狼藉的女人，穿着男士衣袍，不守妇道，以及那个反复无常、煽动行乞的修士。凡此种种，根据经文解读，都是亵渎上帝。[15]

尽管贝德福德在战斗中诉诸上帝的审判，但他并不打算毕其功于一役。外围部队之间曾发生过几次小冲突，但最为激烈的是在8月15日，两军在桑利斯以东5英里的蒙特皮罗相遇。贝德福德看到阿马尼亚克军队逼近，便将他的士兵安排在阿马尼亚克军队与桑利斯之间的一座坚固堡垒，背靠着河流。双方预计次日交战，但英军连夜凿墙而入，用木桩和沟渠将敌人的营地包围，把马车架在最前线。阿朗松摆开阵仗，贞德举着大旗坐在车里，试图刺激英军加入战斗，甚至暂时后退避让，等待他们出击。英军抵挡住了诱惑，由于他们防守稳固无法攻下，战争陷入僵局。僵持了一整日后，双方都撤退了，只有一些零星的交战迹象。[16]

桑利斯和博韦向查理七世投降后，贞德和主战派御前顾问要求进攻巴黎。不过查理犹豫了，可能因为他担心手伸得太远，至少部分原因是他仍然期待说服勃艮第公爵加入。蒙特皮罗事件后次日，雷诺·德·沙特尔和拉乌·德·高库尔被传唤到阿拉斯，指控他们要为老勃艮第公爵之死提供精神赔偿、经济赔偿和领土让步，以及承诺勃艮第公爵不需要为他在法兰西拥有领地而向查理七世效忠。

这是一个慷慨的和平协定，特别是目前战役中被攻占的城市大都是勃艮第的，不过胡萝卜和大棒都不能劝服公爵改换阵营。勃艮第公爵腓力仍然要求，查理要正式为这次谋杀致歉，移交凶手，而这两个条件对方都不答应。尽管如此，这次谈判确实推进了重要一步：为期 4 个月的停战协议，覆盖塞纳河以北从翁弗勒到巴黎东部的塞纳河畔诺让之间的全部领土。虽然它不涉及塞纳河沿线的全部城镇，特别是巴黎，但还是避免诺曼底遭受攻击，为进一步妥敲开了大门。[17]

诺曼底虽不是主战场，但也陷入一片混乱，需要贝德福德公爵立即回来主持局面。一支阿马尼亚克军队围攻了埃夫勒，迫使该城同意，若 8 月 27 日没有援军到来就于当天投降。贝德福德立刻集结身边兵力，征调了塞纳河上的海军，然后把巴黎交给利勒-亚当掌管，横穿全国来到埃夫勒，在约定投降当日到达了城下。这一赫拉克勒斯般的努力拯救了城市，让贝德福德得以撤退到巴黎和鲁昂半路的维尔农。从这里，他能很方便地回到巴黎，也能处理诺曼底公国的事务。[18]

　　科唐坦半岛是土匪高发地，森林中有数不尽的匪帮。此前一年，通过清理树丛和灌木，已极大改善了旅行者的安全——从卡伦坦到圣洛这段路，土匪通常躲在道路两侧的树丛中。但路上还是太危险了，1429 年 8 月时，若需要往返于两城之间，必须派出一对信使，因为没人愿意独自上路。[19]

　　平坦而繁茂的地理条件，也便于圣米迦勒山士兵秘密行动。近来他们活动更频繁了，因为英军无力再次围城，把注意力集中转向了别处。守备军的一支分遣队袭击了科唐坦腹地。圣洛曾被攻击过几次，由于该城长官萨福克伯爵还在敌人狱中，贝德福德任命诺曼勋爵拉乌·特松（Raoul Tesson）接任，带来 40 名弓箭手及长弓手，加强防守。[20]

　　更为凶险的是 1429 年一次精心筹划的突袭，两队阿马尼亚克士兵在夜间联手突袭卡伦坦。他们放火烧了门卫住处，杀死若干守卫，带着大量战利品逃走了。这不是简单的投机行为，就在当月，卡伦坦的诺曼财务秘书让·博内（Jean Burnel）才被赦免，因为他曾与圣米迦勒山驻军通信。博内接受了守军司令颁发的安全通行证，但害怕被英格兰人发现，于是想将它暂存在圣米迦勒山后再取，信中还用密码指代。虽然这次赦免没有提及通信内容，但可以推断博内挣得的这份安全通行证，也许就是背叛卡伦坦而来。邑长就是这么解读的，他逮捕并囚禁了博内和他在圣洛的副将，没收其全部土地和财物。[21]

　　这段时间，密谋献城给阿马尼亚克派的事例变多了，毫无疑问是受到贞德胜利和查理七世加冕仪式的激励。靠近圣米迦勒山也是个影响因素。那年，攻占维尔的尝试失败了，虽然一个来自东富朗的人建议他们趁夜晚进入。这人曾把该城及城堡出卖给敌人，最终被逮捕并处决。堪称中世纪浪漫的最佳演绎是，吟游诗人腓力珀·勒卡（Phélippot le Cat）受当时流传的圣女贞德歌谣的启发，密谋把瑟堡献给圣米迦勒山守军，后来在查理七世加冕仪式当天被砍头。在上诺曼底，几次成功的密谋，让埃特雷帕尼和托尔西落入阿马尼亚克人手中。[22]

8 月似乎是关键月份，因为安布罗西·德·洛尔那时显然还在接触鲁昂城中的内应，虽然占领此城的计谋落空了。与此同时，卢维埃尔一群富人计谋败露，正要逃离。他们活命了，但财物都被没收，瓜分给忠诚人士。这个故事的神奇转折是，卢维埃尔长官吉洛唐·德·朗萨克（Guillotin de Lansac）和他的部分人马正在鲁昂领取拖欠已久的工资，这时有"某些消息"传来，说敌人打算"用背叛、进攻等方式"攻占卢维埃尔。朗萨克拒绝在领到薪水前离开，国库长在账目中急切地记录下他搜刮了 80 图尔里弗尔（4 667 英镑）的预付款，"因为他有必要立刻归还"。月底，专门为朗萨克签订了一项协议，提出用没收的谋反者的收入，支付他卢维埃尔增援部队的工资。尽管这次密谋失败了，但卢维埃尔只在英国人手里待到 1429 年 12 月，最终被拉伊尔攻占。[23]

然而，最大的威胁指向英国人控制的法兰西王国首都巴黎。8 月 26 日，阿朗松和贞德不费吹灰之力，攻取了巴黎城北的圣坦尼，以致后来市民们因不抵抗而被重罚。他们以圣坦尼为大本营，可以直抵巴黎城门，虽然查理七世还在思考与勃艮第公爵结盟的可能，有意疏远他们的行动。[24]

面对危机，贝德福德立即动员全军，呼吁他们为巴黎解围，甚至给将领们附上一封私人请求信。信是用英文写的，这很不寻常：

> 我们恳求各位，也命令各位，立即前来……别让我们落空了，因为你们爱这片土地，你们会在需要时回应我的领主和我们的请求。请相信，自从我们摄政法兰西以来，权力就从来没有紧握在自己手中，就像现在一样，我们把贵族、土地和其他东西都拿来犒赏给大家。我们承诺，将会对此刻赶来的人竭尽慷慨。[25]

贞德赶在英军集结前，发动了对巴黎的进攻。日期选定在 9 月 8 日，教会在这一天庆祝圣玛丽的诞生。她找来吉尔·德·莱斯和拉乌·德·高库尔协助，联手向圣奥诺雷城门进攻。

贞德像往常一样，走在队伍的前面。一位巴黎市民（或许是个教士）在日记中描述了她的外形，"身形是女人，他们称她为圣女"，她手持大旗站在壕沟上。贞德对巴黎人喊道："速速向我们投降，以上帝的名义！""若你们不在日落前投降，我们将发动强攻，将你们全部歼灭。""会吗？你这该死的妓女！"一位长弓手回应道，并向她腿部放箭。另一位长弓手射中了她旗手的脚部。当旗手抬起面甲想把箭拔出时，双眼之间又中了一箭，应声而亡。[26]

从巴黎城墙持续发射的炮火，非常有效地把进攻者隔离在射程之外，期望的城内反叛并未发生。直到夜里 10 点到 11 点，进攻才停止。高库尔明白时机已失，在夜色掩映下把贞德从困守数个小时的战壕里救出来，但她士气还在，仍在催促士兵们前进。高库尔不顾她抗议，把她带回了安全营地。次日，虽然她和阿朗松公爵都极力想再次进攻，但没能如愿，只好奉命回到圣坦尼陪伴国王。一天后，他们拿到安全通行证，到战场清点遗体，传令官向巴黎长官报告至少 1 500 人负伤，其中约 500 人伤势严重。

没能攻下巴黎，意味着查理七世的加冕之战就此结束。他很可能意识到这样尝试是徒劳的，也不想破坏与勃艮第公爵的脆弱关系。于是他撤回了布尔日，于 1429 年 9 月 21 日，下令遣散军队。更为重要的是，巴黎之战的失败让贞德的支持者们开始产生一丝怀疑，损害了她作为拯救法兰西的弥赛亚女英雄的地位。她实现了目标，但也会犯错，无法预测未来并把控局面：她未来的角色已经受到质疑。[27]

阿朗松或许希望她在收复安茹公国时陪在身旁，但查理的咨议大臣们担心他受到影响，极力要把他们分开。他们想要控制住贞德，但具体做法受到与勃艮第的合约限制。不过，在尼维有几个王室飞地，由一个雇佣兵上尉佩里内·格雷萨（Perrinet Gressart）控制，他开心地领着勃艮第和贝德福德的双份工资。由于贝德福德付钱更快也更多，格雷萨听命于英国人的时候更多，不过时机合适，他也会从中挑拨离间。对他来说，只需要坚守两个原则：一是憎恨阿马尼亚克派；二则更为重要，守住卢瓦尔河畔拉沙里泰，这是他在 1423 年圣诞节意外得到的，他视为自己的私人封地。拉沙里泰的主要建筑是 1059 年克拉尼亚克修建的一座石头修道院，四周有守备坚固的城墙，距离布尔日只有 30 英里，控制着卢瓦尔河上的一座主要桥梁。

格雷萨一直以来都是插入阿马尼亚克派的一根刺，他深入腹地劫掠、征收军饷，忽视停战协定，只为个人利益发动战争，不受任何政治条款束缚。他甚至大胆地把查理七世封锁在布尔日，还囚禁一位阿马尼亚克大使，他曾威胁要把他交给英格兰人，这样就能获得 1.4 万埃居（102 万英镑）这么大数额的赎金。[28]

由于格雷萨的城堡被当作英格兰阵营，没有纳入阿马尼亚克与勃艮第的协定之中，自然是合法的攻击目标。查理·德·阿尔伯特（Charles d'Albret）——特雷默耶的异父兄弟，被任命为此次战役的总指挥官，贞德奉命前去协助他。他们开场十分顺利，先将圣皮埃尔-勒-穆提耶团团围住，接着全力出击，一举攻占。此城位于拉沙里泰以南 30 英里处，由格雷萨的内侄弗朗索瓦·德·苏里恩纳（François de Surienne）把守。

1429 年 11 月底，他们围攻了拉沙里泰。虽然贞德像以往一样在场，他们还是发现此地很难攻下。他们尝试发动袭击，但被击退了。他们在严冬中苦苦挣扎，不得不向邻近的城镇乞求火药、硝石、硫黄、箭、重弩和其他军事物资。他们耗尽了金钱和食物，也只能维持围城一个月。就在圣诞节前夕，他们撤退了，"可耻地"抛弃了巨大的加农炮，足智多谋的格雷萨很快被捕了。至于为何丢下它们，从格雷萨向勃艮第公爵汇报时能得知一二，他提到当中有一门从奥尔良运来、以贞德命名的射石炮"牧羊女"，已经碎成两半。即便如此，也要用 7 匹马拖运其中的一半，再用 21 匹马拉另一半，沿途桥梁和道路都要加固。围城时不可能满足这样的运输要求。[29]

　　雇佣兵成功送走了贞德，她的名声因这次失败而更加灰暗了。国王对她之前的成就仍然心怀感激。例如，1429 年 12 月，他将她擢升为贵族，并且为了向她的性别特殊性致敬，这一头衔可由她的男性或女性直系后裔继承。尽管如此，接下来几个月里，她还待在查理的宫廷，但见不到御前顾问甚至国王本人了。没了职务，越来越边缘化，她为自己不能实现使命而恼火。既然国王不让她抗击英国人，她就想要带兵去消灭波希米亚的胡斯派分子。1430 年 3 月23 日，她写信道："和撒拉逊人一样，你们令真正的宗教和信仰凋零了。"

　　　　是什么愤怒或疯狂地在吞噬你？老实讲，要不是为英格兰战争所困，我早就来见你们了。不过，若不是我得知你们已改过自新，我也许离开英格兰人，挥兵到你这里，如果别无办法，我就要用武力消灭你们这疯狂可憎的迷信，除掉你们的异端，要么就是你们的性命。[30]

这不过是高谈阔论。她不再有实践这番言论的手段和道德权威了，她的使命到了尽头。

第十章

抓　捕

　　贝德福德在夫人和红衣主教博福特的协助下，竭尽全力确保勃艮第公爵与查理七世的暗通款曲最终不能达成两方联盟。他邀请勃艮第公爵到巴黎会面，经过大学成员和最高法院的漫长质询，勃艮第于 1429 年 10 月 13 日被任命为亨利六世在法兰西的副手，有权治理巴黎及其东部和南部县域。实际上这只是对现状的认可，但从正式头衔来看，这是对勃艮第公爵对于联盟的重要性以及英属法兰西王国的公开认可。某种意义上，他承认了没接受奥尔良的投降要约是个错误。贝德福德为个人骄傲和野心做出让步，同时也公开地把自己与诺曼底紧密联系起来。[1]

　　在诺曼底公国内部，贝德福德不断施压，确保每座城堡和城池都守卫得当，并警惕内部的不满迹象。1428—1429 财年的账目显示，花在鲁昂议会往来信使上的钱增加了三倍，这是军事危机的直接体现。例如，一位信使在 10 月被派往阿让唐，警告当地长官城中有内应正密谋献城给阿朗松公爵，命他准备好安全措施。路途上的不安全意味着信使有时要被送到巴黎避难、结伴或者分开上路，以便信件能够顺利送达。一般是雇佣妇女做这一差事，虽然她们的性别也未必能够保证得到保护：阿格内·拉·罗纳（Agnès la Royne），经常被英格兰人雇佣，但 1429 年在一次任务中被一帮土匪攻击、鞭打，还被偷了信件。[2]

这一危机也给诺曼底公国内的军事资源施加了不少压力。8月，贝德福德不得不下令禁止任何英格兰人、威尔士人或重装骑士到国外去，因为他要调用手上的全部兵力。鉴于背叛城池的事件太多了，他必须要任用信得过的人。因此，10 月守军长官的合同内新增一项条款，禁止他们雇佣曾服役于阿马尼亚克阵营或者刚效忠于国王的人。[3]

埃夫勒负责每日点名的纪律官，记录了长官要维持驻军规模有多么困难。1430 年 1 月和 2 月，不到两个月时间，就有 18 名士兵未经请假离开，再也没有回来；一天之内，4 名"叛兵"加入敌军，13 人被俘。被俘者的工资要照常支付，因为他们是在服役中被俘的，但理查·安斯沃斯（Richard Aynsworth）被罚了月薪，因为他和同胞发生口角被长官关了两天，未出席检阅。[4]

不仅要保持守军人员充足，还要时刻保持警惕，这点非常关键，在 1430 年 2 月 24 日表现得淋漓尽致。加利亚城堡是法国最强大的城堡之一。它在埃夫勒西北 20 英里处的莱桑德利附近，由英王"狮心王"理查一世建造，矗立在一座悬崖上，俯首伸向塞纳河。这座城堡只能从陆上到达，要穿过一块狭长区域，那里有环绕着壕沟的 5 座塔楼守卫。城墙超过 16 英尺厚，被两组外墙和壕沟保护；内圈城墙建成了独特的扇贝形式，有 19 个半圆形的突起，以抵消炮石攻击，阻止对手使用攀登梯。即使攻城者成功越过外墙，由于内圈的唯一入口正对着河，他们也要绕城堡奔跑一圈才能找到入口。

加利亚城堡的英格兰长官是备受尊敬、资历深厚的威廉·比肖顿（William Bishopton）爵士。他与手下部队赢得了当地主官非一般的赞誉，因为守备很"细致"，而且"像淳朴的乡亲一样每日购买补给，从不向人民索取任何东西"。唯一的争议发生在大约 8 年前，他们抓捕并迅速处决了一名士兵，此人外出巡捕土匪时，卷入了谋杀长官的案件中。[5]

加利亚城堡的自然条件和人为守卫如此强大，这支小型守军原本 5 名重装骑士（3 名骑兵、2 名步兵）加 15 名弓箭手的配置在 1429 年又获得了 21 名援兵，阿马尼亚克人尝试过利用间谍来攻取城堡。一名守军被囚禁并罚没财产，因为他看到同伴收到敌人的来信却没有上报。[6]

拉伊尔几周前刚突袭拿下了卢维埃尔——虽然还不清楚，他到底是通过叛变者还是突袭攻取的——如今也负责攻占加利亚城堡。有两人后来被处决了，因为城堡是"因他们的错误、罪恶和守卫不当"被占领的：科林·勒·弗朗索瓦（Colin le Franchois），当夜值守；一名英格兰人托马斯·苏里奇（Thomas Surych），他与弗朗索瓦家是姻亲，当晚未经请假就缺席。[7]

威廉·比肖顿逃过一劫，但他为"玩忽职守、粗心放纵和抵抗无力"付出了沉重代价。贝德福德把他囚禁在鲁昂 32 个星期，最后出于同情才放了他，当时他逐渐失去了视力。为获取赦免，比肖顿自掏腰包支付了自己守军的三个月工资和一笔 2 000 图尔里弗尔（116 667 英镑）的罚金，讽刺的是，这笔钱直接转交给勒克鲁图瓦长官支付当地守军 6 个月工资。另外，比肖顿还要向拉伊尔支付一大笔赎金，因为他的儿子被当作人质。[8]

比肖顿所受的惩罚如此严厉，因为他不仅丢失了一座要塞，也丢了摄政王最重要的囚犯巴尔巴赞爵爷。此人从 1420 年默伦投降时就被亨利五世扣下。拉伊尔释放了他，但当比肖顿和守备军向城堡外行进时，巴尔巴赞爵爷叫住他，请他正式赦免自己，这样他就能再度拿起武器。收效很好，查理七世任命他为香槟省总长官，不久之后，在一名僧侣帮助下，他穿过暗门，从佩里内·格雷萨手中夺下新城勒鲁瓦，此人跳出墙外，逃回拉沙里泰去了。[9]

释放巴尔巴赞爵爷的最大问题就是放手太早了。英格兰人刚刚同意用他换回塔伯特，后者 1429 年 6 月 18 日在帕泰村之战被俘。如今这桩交易已不再可能，因此英格兰最有能力的将领又要休战三年。[10]

在英格兰，贝德福德的请求终于得到迟来的回应，亨利六世在 1429 年 11 月 6 日加冕为英格兰国王。仪式在威斯敏斯特教堂由博福特主教主持，从此终结了格洛斯特作为保护人的角色。他仍然是英格兰的首席咨议大臣，但权力中枢如今名义上过渡给了他侄子。

实际上，由于亨利不满 8 岁，议事会仍然在控制局面，人员和职责都没有发生变化。三名主要官员中，约克大主教约翰·肯普（John Kemp）和亨格福德勋爵瓦尔特，分别在 1426 年被任命为大法官和国库长，而诺里奇主教威廉·阿尼克（William Alnwick）在亨利五世死后不久担任掌玺大臣。他们和格洛斯特公爵、坎特伯雷大主教亨利·齐契利一起，构成了议事会核心，提供老练而高水平的管理。[11]

到 12 月，议会额外批准了一次额度极高的直接征税：分为两笔，一笔于 1430 年 1 月 14 日征收，通知缴税时间异常短暂；另一笔则于 1430 年 12 月 30 日前上缴。每一笔都依据动产价值计税，按惯例农村为十五分之一，城镇为十分之一。只有动产价值不足 10 苏者，才能免税。[12]

这次征税是为远征法兰西筹措资金，收复包括兰斯在内的奥尔良之围以来全部失地，这是英国七年来第一次为发动战争而征收军饷，也是为确保亨利六世加冕为法兰西国王的仪式，有其应有规格。1 月，一支 3 199 名士兵的先头部队，在克拉伦斯公爵私生子的统领下横渡海峡。2 月，又一批 4 792 名士兵加入援助国王。这是亨利六世统治时期派往法兰西的最大规模军队，在两个方面显得非同寻常：重装骑兵与弓箭手的比例特别高，达到 1 比 3，而英军以往只有 1 比 5；服役期限为 1 年，而惯例是 6 个月。两支部队加起来，代表英格兰自 1417 年以来，对法兰西远征的最大投入。

这些安排反映了眼前任务的重量级——向亨利的法兰西属民展示财富和权力的重要性，也为他提供合适的内府、王廷和行政管理。有 22 位贵族陪同前往，包括 18 岁的约克公爵——他首次到访这个王国，后来成为国王的总司令，以及巴斯及韦尔斯、诺里奇和伊利等处三位资深主教。超过半数的契约及服役合同，是由王室内府成员签署的，其中有高级官员、吟游诗人、牧师和外科医生。但国王的军械长约翰·汉普顿（John Hampton）也带着 89 人前往，并收到 2 222 英镑 17 先令 11 便士（117 万英镑）的军费补贴。他在加莱买了两门大型火炮，一门重 6 780 磅，另一门重 7 022 磅；为了向少年国王致敬，小的那门取名为"亨利"。[13]

英国人千方百计邀请勃艮第公爵到场参与加冕仪式，他对那些因为查理七世加冕而摇摆不定的人能起到关键的号召作用。1430年 1 月 7 日，勃艮第公爵腓力迎娶葡萄牙的伊莎贝拉，这是个重要决定，因为他前两任妻子都是阿马尼亚克派，分别是查理七世的姐姐法兰西的米歇尔（死于 1422 年）和阿尔托瓦的邦妮（死于 1425年），后者的前任丈夫在阿金库尔战役中牺牲。伊莎贝拉是红衣主教博福特的侄女、亨利六世的半个表妹，她在英格兰待了一整月，之后前往弗兰德斯结婚。婚礼伴随着布鲁日市集广场上的奢华宴会、盛大庆典和比武，同时也标志着一个新的骑士团——金羊毛骑士团的建立，这是更为永恒的纪念。它仿效英格兰嘉德骑士团，由24 名声誉卓著、具有高贵且合法血统的勃艮第人组成。[14]

2 月 12 日，跟随侄女来到弗兰德斯为公爵接下来的战役提供军事助益的红衣主教博福特，劝他签署一份合同，为年轻国王提供1 500 名士兵以换取 1.25 万马克（438 万英镑）的回报。一个月之后，香槟被割让给勃艮第及其男性继承人，刺激他从阿马尼亚克派手中夺回：金羊毛骑士团的一位新成员休伊·德·兰诺（Hue de Lannoy）与英格兰结盟的强烈倡导者，制定了一项有说服力的战略，并为此做好准备。执行则要等到 4 月份，届时勃艮第与查理七世的条约将到期。[15]

那些条约中的一项条款是，加冕仪式后一个月就投降查理七世的贡比涅，要回归勃艮第。尽管命令如此，该城居民却拒绝交接。相反，他们备足食物和武器，加强防守，为围城做好准备。他们的远见得到了回报，勃艮第公爵和约翰·德·卢森堡（Jehan de Lux-embourg），以及刚从英格兰调来的亨廷顿伯爵、阿伦德尔伯爵兵临城下。

贡比涅有城墙和塔楼保护，四周有护城河，水从瓦兹河引入。桥上横跨一座 50 英尺长的单桥，两侧都是房屋，和奥尔良很像。同奥尔良之围时的战术相似，围城者在城市沿岸建造一系列堡垒后发动猛烈炮击，也遭遇了城墙上炮火的回击。也如同奥尔良之围时一样，圣女贞德前来解围，清晨带着一小支 200 人的部队溜进城里。

然而，这次她没有得到查理七世和宫廷的祝福，也没有王室贵族护卫。贞德因查理拒绝送她上战场而深感愤怒、沮丧，未经许可私自离开了宫廷（这是个背叛行为），跑到贡比涅。有一位来自皮埃蒙特的富有战士巴托罗缪·巴拉塔（Bartolomeo Baretta）带领一队雇佣兵，随她前去。[16]

1430 年 5 月 23 日，就在当天傍晚时分，贞德决定出城出击。守备军长官纪尧姆·德·弗拉维（Guillaume de Flavy）下令将通往吊桥的城门打开，她飞奔出去，手持大旗，身后跟着几百名武装士兵。他们清掉了桥梁和入口处的防护墙，开始攻击约翰·德·卢森堡的部队。他们前后两次将勃艮第人击退回营地，但第三次攻击时，他们被英军拦截，切断退路。他们试图逃离战场，这时贞德被从马上拖下，团团围住，成了阶下囚。大约 400 人被杀或淹死，贞德的兄弟和族长也被俘了。兴高采烈的勃艮第人"除了贞德，从未惧怕过其他将领或战争"，在勃艮第公爵面前押着她列队游行，公爵专程到前排围观并与她交谈一阵，有位目击者蒙斯特雷（Monstrelet）后来谎称自己不记得有此事。然而，勃艮第公爵特意写信给重点城市，宣布就在当日"被称为圣女的那个人，被擒住了"。[17]

虽然贞德本人和目击者都认为这次被俘是遭遇两军夹击，寡不敌众，但几个世纪以来，她被内奸出卖的传闻不绝于耳。纪尧姆·德·弗拉维是雷诺·德·查特（Regnault de Chartres）的异父兄弟，他被指控有意关闭城门，把贞德拒之门外。只有一个同时代的人持这种说法，珀塞瓦·德·卡格尼（Perceval de Cagny）8 年后写文暗示弗拉维当时拉起了吊桥，关闭了城门。卡格尼不是目击者，但他是阿朗松公爵的内府总管。鉴于公爵是贞德最热烈的支持者，他自己的辩护者把贞德在贡比涅的失败归于叛徒而非兵力薄弱，也就不奇怪了。不过，即使是卡格尼，也没有责备弗拉维是出于恶意，而解释说他是为阻挡英格兰人和勃艮第人，他们当时正在桥上，意欲进城。[18]

贞德被托付给约翰·德·卢森堡监护，后者将她送往皮卡迪的博留方丹城堡，她试图逃跑，又被转送到博列沃的城堡塔楼里，卢森堡的妻子和姑妈都住在那里。即使有她们在场，也不能避免贞德被一名宫廷骑士冒犯，那人后来承认"多次试图触摸她的胸，把手放在她胸口上"，虽然她奋力反抗，不断尝试将他推开。冒犯的肯定不止他一人，贞德持续遭受性骚扰甚至强奸的恐惧，她那盛名在外的处女身份也让男性守卫们蠢蠢欲动。这就是审判时她提到的不穿女装的原因，即使是卢森堡家族的贵妇们强迫她穿也不行，当然她也强调那个声音告诉她还不到抛弃男装的时候。她那个声音也每天提醒她顺服于命运，不要试图逃跑，但在绝望之中，她还是从塔楼跳下，伤了臀部和后背。很快她又被抓住了，要在狱中待到 11月底。[19]

贞德在贡比涅被俘的消息，传得很快。仅在两天后，巴黎大学的神学家们就写信给勃艮第公爵腓力，请求将贞德转送给他们，"在神圣审判的检察官和我们面前"聆讯，"许多罪行，我们严重怀疑有异端色彩"。两个月过去，还没有回音，巴黎大学的神学家们"要求"勃艮第、卢森堡和贞德的投降对象旺多姆伯爵私生子，将她交给教会，如今她的罪名是施放咒语、崇拜偶像、召唤魔鬼。[20]

起诉贞德的主谋是皮埃尔·科雄（Pierre Cauchon），巴黎大学前校长，英格兰-勃艮第同盟的热切支持者。他是 1413 年巴黎支持勃艮第派的卡博什暴动领袖之一，最终造成对阿马尼亚克派的屠杀，因此被逐出该城。勃艮第公爵及其父亲赐予他大量教职，以回报他的忠诚，包括任命他为第戎公爵礼拜堂牧师，并于 1420 年任命他为博韦主教。他是《特鲁瓦条约》的协调人，被英国当局委任无数外交重任，是英王在法兰西御前会议的资深成员。[21]

科雄对贞德有着苦涩的亲身记忆，当贞德军队第一次开拔进兰斯时，住在此地的他闻风而逃，到了博韦，等于将自己逐出了自己的主教区。他来到鲁昂避难，英国人对他的损失给予了经济补偿，但他如今看中了终极奖赏——鲁昂大主教一职，这是由于让·德·拉·罗什塔耶被提拔为红衣主教和贝桑松主教而刚出现的空缺。科雄既是御前顾问，又是资深教会人士，他从英格兰政权中获取不少，索求更多。贞德是在他的教区被擒的，因此他可以要求在他管辖范围内进行审判，接下来四个月里，他持续不断地劝说勃艮第人将贞德移交给他。[22]

贞德从主战场谢幕了，贝德福德松了一口气，但收复她在战役中攻占的领土更为重要。1429 年 11 月，诺曼底三级会议批准他 14 万图尔里弗尔（817 万英镑）专门用于支付守备军工资，以围攻托尔西、欧玛勒、孔什和附近其他要塞，"而不是别处"——如此严厉地提醒他，不该再出现把昂热的资金挪用到奥尔良的情况。1430 年 3 月又批准 7 万图尔里弗尔（408 万英镑），可见这么多行动给诺曼底财政施加了很大压力。

1430 年 1 月，矿工和劳工们已在托尔西围城战场工作，此处恰好在博韦和迪埃普的中点。当地很快征税，为他们支付"合理且有竞争力"的薪水，以及重装骑士的开支，他们下个月将驻扎在城市周围的堡垒。收复加利亚城堡的围攻也在进行中，虽然到了 4 月，当地军队副司令约翰·伦贝里（John Lunberry）陷入了绝望，因为他付不起工匠工资了。他此前自掏腰包，付给他们一些生活费，但如今他们要是领不到足额薪水，就要离开了。在诺曼底公国其他各处，即使是利修这样相对安稳的地方，也提高了警惕，提防阿马尼亚克派卷土重来，允许当地征税用于"设防、修建围墙和守卫"。[23]

新的军事尝试是在为亨利六世到法兰西做准备。1430 年 4 月 23 日，他在加莱登陆，旅程经过精心设计，为了能吉利地选在圣乔治日这天到达，以在法兰西海岸向这位英格兰圣人致敬。目前的难题是他要往何处去。有人提议直接到兰斯加冕，但这不太可能：不仅是兰斯，巴黎东部和北部的许多地方还在敌人手中。他甚至不能到巴黎去，因为阿马尼亚克派控制着卢维埃尔，封锁了去路。他的咨议大臣们担心 8 岁国王误入险地，决心稳坐加莱，等待英格兰援军到达，为他清除内陆的障碍。直到 7 月底，大家才觉得可以安全地前往鲁昂，他在那里又待了 16 个月。[24]

英格兰议事会已裁决，亨利六世一到达法国，贝德福德的摄政使命就告一段落。从那时起，一切军事任命和礼仪往来，都不再经由他手，包括诺曼底公国的国库收支。在亨利回到英格兰之前，对法兰西的有效管理来自大议会（great council），这是由陪同亨利到法兰西的英格兰咨议大臣和法兰西议事会成员组成的集合。这只是暂时安排，等亨利六世离开，贝德福德要重新担负起摄政角色。与此同时，他要满意于自己"前摄政王"的头衔。虽然他也有"首席咨议大臣"的头衔，如同他弟弟在英格兰时那样，但几乎不参加大议会的会议，而把精力投入军事指挥中去。或许出于偶然，或许是有意为之，现在执掌政权的是红衣主教博福特，他是大议会的主席，经常出现在鲁昂。[25]

英格兰援军陆续抵达，贝德福德有了缓慢但稳定的进展：6

月，加利亚城堡因饥饿而投降；7 月又收复欧玛勒和埃特雷帕尼。他顽强地朝巴黎推进，调遣诺福克公爵（duke of Norfolk）和斯塔福德伯爵（earl of Stafford）在一个月之内连下 12 座城堡，到 7 月第二周，他们已抵达科尔贝。8 月，托尔西落入克拉伦斯公爵私生子之手，但卢维埃尔之围停滞了，尽管诺曼底三级会议又慷慨地批准了一大笔钱。另一个挫折是鲁斯（Roos）勋爵之死，他时年 24 岁，刚到巴黎就受到"伯爵以下的骑士从未有过的礼遇"，两天后在追击一支阿马尼亚克突袭队时，失足淹死在马恩河浅滩。他那些经验丰富的部下成功完成使命，擒拿了拉尼长官——此人一直是巴黎人的眼中钉，也收回了他们此前失去的俘虏和战利品。鲁斯的继任斯塔福德伯爵在 9 月初到达巴黎，被任命为法兰西元帅，成功收复了许多城镇及布里城堡。[26]

　　巴黎的市民日记作者对这一切没什么同情。他抱怨道："只要不是太烫或太重，无论哪一边的士兵，法兰西还是英格兰，阿马尼亚克、勃艮第还是皮卡迪，都搜刮得什么也不剩。"没有什么是神圣的，阿马尼亚克派占领并洗劫了圣莫尔-德福塞修道院，当英国人重新夺回时，又洗劫一遍，"指挥官也不能控制……他们洗劫得如此彻底，连盘中的勺子都不会留下"。市民们至少记得英军士兵过去纪律更好，他在日记中辛辣地记录道："300 个英军士兵比 500 个皮卡迪人拿得更多。"但他日益失望于勃艮第公爵没能拿下贡比涅，无法来解救巴黎。[27]

　　勃艮第公爵为他自己的问题所困扰。贡比涅之围拖延日久，他被迫撤回一些部队，重新部署到北方去，他的那慕尔县正与列日城交战。他与查理七世的停战协定将于 1430 年 5 月终止，这也让南部边境战火重燃：虽然大体上形势乐观，只是偶有冲突，但它耗尽了与英国人联合作战的人力和财力。1430 年 6 月 11 日，一支 1 200人的勃艮第军队在奥伦治亲王（Prince of Orange）指挥下入侵多菲内，在第戎以东 60 英里处的安东，遭到拉乌·德·高库尔和臭名昭著的卡斯蒂利亚雇佣兵罗德里戈·威兰德朗（Roderigo Villand-rando）的伏击。勃艮第人仓皇逃散，被切断了后路。有个士兵藏在中空的橡树里，不幸被盔甲困住，直到 1672 年这棵树被砍倒时，尸体才被发现。奥伦治亲王逃出了，但身受重伤，后来被逐出金羊毛骑士团，因为和帕泰村的法斯托夫一样，他高举旗帜又逃离战场。[28]

11 月初，赞特拉耶与一支阿马尼亚克军队配合佯攻，成功调开了贡比涅围城者，让城内充实补给。因此约翰·德·卢森堡和亨廷顿伯爵决定减少损失，加大围城力度。备受诽谤的纪尧姆·德·弗拉维，在封锁的五个多月里坚决拒绝投降，完成了贞德没能做到的事情，拯救了自己的城市。[29]

几周后，在皮卡迪的盖尔比尼，赞特拉耶又惊动了另一支勃艮第部队，他们愚蠢地没派出巡逻队做前哨，最后五六十人被杀、上百人被俘，包括被派去加入的英格兰人托马斯·凯瑞尔（Thomas Kyriell）爵士。这对勃艮第人来说是灾难性的一年，在塞纳河畔巴尔附近的一场激战中，勃艮第人最终败在巴尔巴赞爵爷手下，他们著名的大炮在这场战斗中损失惨重。[30]

勃艮第公爵腓力把军事失败归咎于英国人。他在部队离开贡比涅两天后，写信向亨利六世抗议，说自己已经"按你的要求和命令"承担了围城任务，"虽然这有悖于我顾问和我本人看法"。他原本收到承诺，每月支付他 1.95 万图尔里弗尔（114 万英镑）用于人员和武器开销，但账款拖欠了两个月，他只得私人筹款 4 万萨鲁特（321 万英镑）来采购武器。他已经失去了亨廷顿伯爵的辅佐，因为后者军队的工资还未付，他无力再让他们效力。勃艮第公爵抱怨道："我撑不下去了，除非你未来提供足够的物资保障……并支付应有的报酬。"[31]

英格兰当局有自己的财政难题。虽然士兵为这次加冕远征普遍签署了一年合同，但离开英格兰时只收到 6 个月工资。其余工资本应按月提前支付，但并未到账，大家纷纷想要提前回家。例如，威廉·波特（William Porter）爵士来时有 80 人，但到 10 月只有 15 人还在服役。由红衣主教博福特领导的大议会试图扭转局面，想要任命至少 23 名随军将领担任诺曼底驻守军长官，从而将费用转移给诺曼底公国国库。在这些战略要塞进行大规模人事变动，在军事上是有问题的，尤其是造成不少非常错误的任命，例如，红衣主教本人在 1430 年米迦勒节①成为翁弗勒长官。[32]

到了 12 月底，虽然投入了大量资源，但亨利六世在兰斯加冕的前景仍然未定，大议会决定派红衣主教和约翰·提托夫特（John Tiptoft）爵士到英格兰筹措资金和人马，继续新的战役。他们赶在 1431 年 1 月 12 日新一届议会在威斯敏斯特召开前到达，以便让博

---

① 米迦勒节，原为纪念天使圣米迦勒所设，是中世纪西欧最盛大的节日之一。设于每年的 9 月 29 日，恰逢秋收时节，人们在这一天大摆宴席，庆祝丰收。

福特致开幕演说。演说主题是"王国的王位将要确立",议会准予征收一笔十五分之一和十分之一的税款,于 11 月 11 日收缴,另外还会在 1432 年 4 月 20 日前征收第三笔全额军饷。[33]

　　红衣主教在招募士兵上也很成功,虽然部分源于他施加了家族压力:他的两个侄子托马斯·博福特和埃德蒙德·博福特,要带领 2 649 人参与远征,另有 2 000 人将于 3 月随他们来到法兰西。25 岁的托马斯已在法兰西生活多年,因为他 1421 年少年时就在博热被俘。他于 1430 年夏天被释放,接下来这一年就在战役中度过,12 月时和叔叔回到英格兰。他的弟弟埃德蒙德,未来的萨默斯特公爵,将成为英属法兰西王国历史上的重要人物。他 21 岁时,因为与亨利五世遗孀有过一段风流韵事,名誉严重受损,但从 1429 年 7 月率领红衣主教的十字军部队前往法兰西后,凭借战功挽救了名声。贝德福德任命他为军队元帅和几座要塞的长官,也把围攻爱特雷帕格尼和加利亚城堡的任务交给他。两人都在法兰西拥有大量土地,托马斯是佩什伯爵,埃德蒙德是莫尔坦伯爵,这样他们有强烈的个人动力守护英格兰在法兰西的利益。博福特另一个侄子理查德·内维尔(Richard Neville)继承了 1428 年死于奥尔良之围的岳父的索尔兹伯里伯爵爵位,将于 1431 年夏天带来 800 名援兵。这次远征总计花费高达 2.4 万英镑(1 260 万英镑),半数以上是红衣主教博福特的私人借款。没人会质疑博福特对于英属法兰西王国的投入,问题在于,这份投入最终是否符合王国利益。[34]

第十一章

审判与行刑

贝德福德整个冬天依旧活跃，但手头可供调遣的兵力有限。1431 年 1 月 30 日，他护送一支运输舰队进入巴黎，"至少"有 56 艘船和 12 艘驳船，全部满载着急需的食物。他的壮举在城内备受赞誉，因为他算是逆水行舟，当时狂风大作，连续三个星期的暴雨使塞纳河涨得面目全非。和从前几次护送不同，他避开了阿马尼亚克派从鲁昂沿途设置的每一处伏击。到 3 月，当天气转好，他的首批援军从英格兰抵达，他再次踏上战场，夺取了拉尼附近马恩河上几座要塞，但没能拿下拉尼城本身。[1]

尽管有贝德福德英雄般的努力，但阿马尼亚克派从巴黎周边的大本营不断出击，持续侵扰着补给线，让城内物价攀升、贫民外流，据说 4 月每天有 1 200 名成年人离开。局面如此不安定，意味着无法将年轻国王和他的大批随从送进法兰西首都，这将会引起不少行政麻烦，因为王国主要机构都在巴黎，但国王和大议会还在鲁昂。像首席大臣路易·德·卢森堡（Louis de Luxembourg）这样的官员，两边都要出席，不得不花费大量时间在路上，往返于鲁昂和巴黎之间。[2]

巴黎城内外不安定的另一个因素，是贞德的审判，巴黎大学曾想安排在首都，如今也要迁往鲁昂。勃艮第公爵手头窘迫，终于同意出卖圣女贞德，诺曼底三级会议从 1430 年 8 月批复的 12 万图尔里弗尔（700 万英镑）税款中拨出 1 万图尔里弗尔（583 333 英镑），用于"购买圣女贞德，一位统领王太子军队的'战争之徒'"。[3]

值得一想，要是勃艮第公爵没把圣女贞德交给英格兰人，等待她的结局会是什么？他会屈从于科雄和巴黎大学的要求，将她送上异端审判法庭吗？要是报酬足够丰厚，他是否会同意阿马尼亚克派将她赎回？他会把她作为讨价还价的工具，未来和查理七世谈判吗？他会放任她囚禁在博列沃，日渐枯萎吗？事实证明，他接受这笔钱，将问题转移给盟友的决定是明智的。

英格兰人也面临相同选择。他们明显不想收赎金，放她回战场做对手，但有什么理由不把她永久囚禁于英格兰呢？毕竟，15 年前在阿金库尔战役中被俘的波旁公爵和奥尔良公爵，还在英格兰狱中，没有假释的希望。由于贞德是战俘，从未宣誓效忠于亨利五世或亨利六世，也不必让她在内政法庭受审。

那么，为何允许她在教会法庭接受审判？在现代人看来，这似乎是让教会替国家挡枪的方法。事实上，在中世纪人们心中，异端和政治颠覆没什么区别，尤其是这个特殊时期，宗教激进主义和政治往往手牵着手。在英格兰，罗拉德派一直和谋反分子相联系；在波希米亚，胡斯派和他们的天主教皇帝在交战，后者在 1420 年到 1431 年间连续发动五次圣战。讽刺的是，正如我们所见，圣女贞德也想对胡斯派发动圣战，对他们宣读了那封信，敦促他们回归信仰正途，否则就要承受她的利剑。[4] 红衣主教博福特此前曾试图在 1429 年发动圣战，攻击异端分子损坏的"不仅是信仰，而是一切政治规则和政府，挑动人民反抗和不顺从自己的领主及行政官"。贞德异端审判并非孤立或不寻常的事件：这一时期，无论是在英格兰还是在勃艮第，教会都在积极迫害大量可疑的异端分子。单是诺里奇主教教区，1428 年就有 60 名男女受到审判，其中 3 人在火刑柱上被烧死；在里尔，20 名受怀疑的异端分子在 1429 年至 1430 年间被捕，当中至少 8 人最后被烧死。[5]

曾有人合理质疑科雄将贞德送上异端审判的动机，但他也遭遇了恶意诽谤。身为主教兼御前顾问，他有责任维护教会和国家权威。贞德公然违抗教会对女性衣着及行为的教诲，并坚称这是神的意旨，这就打破了教会是上帝和人类之间唯一纽带的传统。她救世主般唤起民众对抗并推翻英格兰-勃艮第联盟的能力，也显示她对世俗权威有一定威胁。对科雄和巴黎大学的神学家们来说，她确实实现了预言，但基督曾说："假先知，将要起来，显大神迹，大奇事，倘若能行，连选民也就迷惑了。"[6]

当然也存在风险，异端审判可能最终发现贞德是无辜的，这就是为何大议会以亨利六世名义写信授权科雄执行时，提醒他："如果发现她没有犯如下罪行，或不涉及危害信仰，我们就要收回她的处置权。"[7]

不过，考虑到贞德很有可能被定罪，他们值得冒这个风险。如果她被审判为异端，那么她所说由上帝派来的话就不可信，战场胜利也是魔鬼所为。更重要的是，她若是获罪，就会玷污查理七世的名声。她的一位审讯官对她说："我现在告诉你，你的国王是个异端分子和分裂分子。"[8]贞德的公开谴责将危及查理作为国王封圣的正义性，为亨利加冕铺平道路，附加教会祝福及权威。

贞德在英军的护送下，于1430年12月23日到达鲁昂，被送往鲁昂城堡，她被软禁于房间内，戴着镣铐，由三名英格兰绅士和六名士兵守卫。严格来说，由于她将被教会审判，本应该待在主教监狱里，或者被软禁在修道院由女性守卫。把她囚禁在鲁昂城堡，并不意味着此次审判像后世评论家所说的那样具有政治动机，而是在承认，她对任何一类监狱来说都太有价值了，无论教会监狱还是市政监狱。城堡是鲁昂最安全的地方，但也不是中立之地。这里也是诺曼底政府所在，以及亨利六世及其宫廷的驻地。因此，在公众观感层面，将她扣押并在城堡选区内审判是考虑不周的，因为这无疑会将她的审判与英国政权联系起来，让人觉得存在不公。

当时参与审判并在25年后为她无罪审判作证的目击者，花费大量力气为自己开脱，指责"英格兰人"在操纵审判。但涉及的131名法官、评估人和其他教士中，只有8人是英格兰人，当中又只有2人参加过15场审判中的3场以上。包括科雄在内的其余人员，都是勃艮第派，有三分之二是巴黎大学毕业生。[9]

异端审判的一切常规流程都齐备了。法兰西首席审讯官被另一个审判耽搁了，任命一位多明我修士约翰·勒·马斯特（Jehan le Maistre）代表他，让科雄担任第二审讯官。有调查官到东雷米审讯贞德的家人、朋友和邻居，他收集的证据成为后来审讯问题的基础，但和当时一般异端审判不同的是，没有人直接引用这些话去证实或证伪。审判全程有详细记录，包括审讯环节，于是检察官可以证明他们行事公正，是贞德自己亲口认罪了。没有支持者为她辩护，但这在当时并不奇怪，而且 3 月 27 日她也断然拒绝了主动提供的协助。当有人提议要对她动刑，法庭按照惯例咨询了 12 名评估人，最终以 9 比 3 的多数表示反对。[10]

从 1431 年 2 月 21 日到 3 月 3 日间，贞德在城堡教堂内接受 6 次"公开"审讯，听众都是神学家和教会法律师，以供咨询。3 月 10 日至 17 日间，她在囚室内又接受 9 次私下审讯，约 11 人在场，除了最后一次有守卫在场，其余都是审讯官或司法人员。公开审问和私下审讯，没有什么语气或内容上的明显区别，但我们也无从知晓，官方记录中是否遗漏了什么，因为它并不是逐字逐句记录的。

其中有一位司法人员纪尧姆·芒雄（Guillaume Manchon），留下了法语版的审判记录，后来又与人合作将它译成拉丁文。他在无罪审判时表示其他司法人员并没有如实记录贞德的全部回答，遗漏了那些表明她无罪的话；还表示，贞德是在科雄和沃里克伯爵的监视下才进行忏悔的，她的忏悔牧师把一切都告诉了审讯者。他的证言也许都是真的，但显然他也急于撇清自己在第一次审判中的罪责。他在 1456 年不得不"被迫"上交自己的司法记录,坚称是违背自己意愿、由于恐惧英格兰政权才参与的。他还言之凿凿:"要是自己属于英国人阵营,决不会如此对待贞德,也不会让她接受如此审判。"这话听着有些苍白。他甚至声称自掏腰包买了审判时的祈祷书,"以铭记她,为她向上帝祈祷"。[11]

　　尽管两次审判中都有诸多不利证据,但毫无争议的是,圣女贞德坚信自己担负着神圣使命,听到的声音也是真实的。这个不识字的 19 岁乡村少女朴实无华,固执到了无礼的程度,以一己之力对抗着全欧洲最显赫的神学教授和教会法,但在反对他们观点的同时,也让自己滑向违抗教会的深渊。在法律看来,她这么做就是异端和分裂分子。正如无数新教徒和天主教殉道者发现个人信仰与主流正统存在冲突时所面临的选择一样,她要么承认自己错了,要么就承受火刑的终极惩罚。

　　5 月 24 日,她被带到鲁昂的圣万修道院公墓,被公开送上断头台。选择这个地点,并非因为它与死亡有联系,而是因为这是个又大又开阔的空间,若到教堂内听布道,人们将会挤不下,尤其是还有特邀修士进行的布道。为贞德举行的布道开始了,告诫她要迷途知返,回到教会之中。她有三次发誓认罪的机会,但她都拒绝了,但当科雄开始宣读判决,她顿时失掉了勇气。在前来围观的民众面前,她跟着科雄复述了自己要摒弃的"罪恶与错误":

　　　　错误地假称接受了来自上帝、天使、圣凯瑟琳和圣玛格丽特的启示;引他人入歧途;信仰狂热又轻率;行迷信占卜之事;亵渎上帝和圣徒;违背神圣法律、经文和教会法;穿着放荡、可耻、不端庄，违背自然之道，剪成男性的发型，违背女性的端庄天性；放肆地携带武器；残忍地渴望杀人流血；声称自己做的这些事都奉上帝、天使和圣徒之命，声称自己行事妥当，没有犯错；蔑视上帝和他的圣礼，煽动叛乱，崇拜（adorating）[12]偶像，召唤恶灵。我也坦白，具有分裂倾向，在很多方面都偏离了信仰。[13]

让贞德本人公开否认她所坚信的一切、她说过及做过的事（也有没做过的），这次审判达到了目的，破坏了她与查理七世的信誉。她面临的惩罚是终身监禁，奉命换回女性装束。两天后，她改变了主意，认为他们没有信守承诺，让她回归大众，放她自由，那么她宁愿去死，也不要再承受监禁之苦。她承认那声音又对她发话了——"致命回答。"有人在空白处备注道——让她换上男性装束，说她的弃绝并不真诚，完全是害怕火刑。那声音告诉她，她为了苟且偷生，是在永久诅咒自己。[14]

无论对贞德自己，还是对英格兰人来说，这都是最差的结局。她的所谓公开认罪，列数了自己的"错误"并广而告之。既然她是个堕落的异端分子，那除了烧死她，别无选择。没有比这更引人注目的了：她相信自己的使命是正义的，愿意为它而死。1431 年 5 月30 日，她被带到鲁昂传统的行刑地——旧市场。科雄为她做临终布道，并宣读审判，然后将她交给世俗当局。王室行刑官杰弗里·特拉奇（Geoffroi Thérage）[15]将她拖到火刑柱上，给她戴上纹有"异端、反复、叛变、偶像崇拜"字样的僧帽，点燃了火把。一位同情她的英国人为她做了个小小的木十字架，让她戴在胸前；一位诺曼教士，在审判庭上充当门房，从圣索弗教堂取来教区十字架，放在高处，让她能从熊熊烈火中看到。有好几次，她大声呼喊着"基督"，最后一口气喊的还是这个名字。[16]

在她死后，特拉奇拨开火焰，露出她赤裸的身体，"以消除人们的疑虑"，她的确是女人。围观人群看过一阵，他又重燃火把，让她的躯体化为灰烬，随后洒向塞纳河，免得成为崇拜对象。从围观人群的反应中已经可以得知，他们相信"她是殉道者，是为了她真正的上帝"。即使是特拉奇，后来也声称"他很担心因为烧死了一个圣女而被诅咒"——但也没到让他放弃这可怕职业的程度。至少两名目击者在无罪审判时提到，特拉奇曾告诉他们自己无法烧毁贞德的心脏，它就像圣物一样，尽管他用油、硫和木炭去焚烧，依然完好如初。这一点特拉奇本人无法做证了，那时他已经去世多年。[17]

公开行刑没能阻止贞德从火里逃生的流言蜚语。1436 年一位自称"利斯的贞德"的女士出现在梅斯，被贞德的兄弟"认作"圣女贞德。她受到很多礼遇，启程前往科隆，1439 年又到奥尔良去，受到当地市民欢迎，给她送来很多钱，"报答她围城之战时的善意"。在巴黎大学和最高法院的命令下她被带到巴黎，结果发现她是克劳德·阿莫斯（Claude des Armoises），洛林一位骑士之妻。她和贞德的唯一相似之处就是她身着男装，曾在教会军中被雇佣为士兵。1440 年她从公众视野中消失了，但另一位冒名顶替者热娜·德·塞美兹（Jeanne de Sermaize）在索米尔被囚禁了三个月，直到 1457 年被雷内·德·安茹赦免。[18]

鲁昂当局努力消除的就是这类故事。6月28日，一封以亨利六世的名义书写的信件，被送往教皇、红衣主教、西吉斯蒙德皇帝以及法兰西以外的众国王、王子和公爵处，正式讲述了关于这位"迷途女巫"的职业、审判、认罪、翻供和宣判过程。这些信件说明，事无巨细的记录是必要的，因为民众让贞德事迹几乎流传到"全世界"，但毫无疑问大议会也利用这个机会巧妙地诋毁查理七世。当中没有提到贞德角色的政治背景，只模糊地描述她曾吹嘘自己是由上帝派来的，穿着男性服装，佩戴战争武器，投身于男性浴血牺牲的战斗中去。被不断强调的是，贞德的行为冒犯了基督徒信仰，她曾被正统教会审判并定罪。因此若有世俗权力想挑战这项宣判，就属于公然违抗教会。[19]

类似信件也散发到法兰西贵族的主要市镇中去，给法国主教的信中也请求把这些材料用在公众布道上，为"长期受这女人欺骗和侮辱"的民众谋福祉。其中一次布道是7月初在巴黎，法兰西大检察官让·格拉沃朗（Jean Graverent）也在场，他在贞德审判期间行使职权。和那封广为传播的信件的审慎口吻不同，这些指控非常情绪化，时而夹杂着恶毒的谎言，半真半假。他指责贞德从14岁起就打扮得"像个男性"，"自那之后，她父母本想杀死她，要是他们内心没有一丝愧疚的话……因此她在魔鬼的陪伴下离开家了，从此成为基督徒的杀手，沾满了血与火，直到最后被烧死"。他宣称，她的圣徒是魔鬼，引诱她走向死亡。[20]

格拉沃朗布道最有趣的一点是，他不仅谴责了贞德，还谴责了其他三名女性：布列塔尼的皮埃罗纳（Pieronne the Breton）和她那无名同伴，以及凯瑟琳·德·拉·罗歇尔（Catherine de la Rochelle）。格拉沃朗声称，这四人都受方济会修士理查操纵，此人用言行蛊惑并吸引了一大批民众，鼓动他们公开焚烧所谓的身外之物，后来于 1429 年 5 月被逐出巴黎。他说服了许多巴黎人戴上刻有耶稣名字的锡制奖章，以示悔改，只为了当他们得知自己早已加入贞德和阿马尼亚克阵营，而且正在劝降勃艮第派的城镇时，能再次摆脱罪名（并继续他们的赌注）。格拉沃朗把巴黎人的注意力引向理查修士是如何轻松欺骗他们的，有意提醒他们要相信教会的判断，别让假先知利用了他们的轻信。[21]

圣女贞德的故事对我们来说，如此特别又充满讽刺，我们差点忘记，她在当时有多么特别。正如格拉沃朗指出的，她只不过是与理查修士有关的四人之一。布列塔尼的皮埃罗纳和她那同伴，都是理查修士的追随者，她们曾与他、卢瓦尔河畔萨里的热娜同行，1430 年春天在科贝伊被捕。皮埃罗纳的同伴在审讯后被释放了，但她坚决捍卫热娜，认为"她的一切行为能顺利实现，是上帝的意旨"。她也遭遇了异端审判，和贞德一样，她一天内收到不止一次理查修士的讯息，这违背了教会法。更为重要的是，她坚称上帝多次在她面前显出人形，身披白色长袍、搭配红色束腰大衣，与她交谈，"就像朋友之间那样"。她拒绝认罪，于 1430 年 9 月 3 日在巴黎被当作异端分子烧死在火刑架上，就在贞德行刑之前数月。[22]

凯瑟琳·德·拉·罗歇尔于 1430 年 12 月在巴黎被捕，曾为贞德提供不利证词。她告诉审讯者，圣女贞德"如果不严加守卫，会在魔鬼的帮助下越狱"。这两人曾在理查修士的庇护下，在雅尔古和蒙福孔见面，不过很快就闹翻了。凯瑟琳和贞德一样，相信自己有神启的使命，是由一位穿着金色衣服的白皙女士带来的。这位女士告诉她，查理七世会送来使者和号手，伴随她途经法兰西的大小城镇，告诫若有人藏有金银珠宝要立刻献出，如若不从，仍然藏匿不报，凯瑟琳将会凭借上帝的启示发现。凯瑟琳说自己是用这种方式，为贞德的士兵筹钱的。

　　贞德审判的法官们也注意到了当中的讽刺：贞德从未想过要证明她自己的启示是真实的，她坚持要验证她那对手的说法，在她睡觉的时候花了两个晚上盯着她，但没有亲眼看到那个白皙女士。理查修士很想让凯瑟琳放手去做，但贞德对此不屑一顾，告诉他们两人以及查理七世，她那圣灵提醒过，凯瑟琳的幻象是"一无所有的"，"不过是疯癫"。她说凯瑟琳将回到丈夫身边，操持家务，照看子女，而这正是她在 1431 年 6 月被释放后所做的，那时贞德刚被行刑。[23]

　　还有个讽刺之处，理查修士在圣女贞德审判时也在狱中，但不在英属法兰西王国之内。尽管他在加冕战争时支持当时的王太子，也和王后玛丽·德·安茹（Marie d'Anjou）关系亲近，但 1431 年 3 月 23 日普瓦捷最高法院批准普瓦捷主教和检察官的请求，将他软禁在当地的圣方济会，禁止他在其管辖范围内任何地方传教。捕头奉命捉拿他，"哪怕他在圣地"，他在查理七世正式进入普瓦捷的那天被捕了。国王的隆重到来，显然吓坏了当局，于是赶紧动手除掉理查修士，担心他那煽动性的演说会以圣女贞德的名义泄露于世，更可怕的是，他或许会亲自向查理七世请愿营救她。当局绝不容许出现这样的尴尬局面。[24]

　　悲伤的事实是，圣女贞德已经完成了使命，阿马尼亚克派也撇清了与她的干系。教会权威是最先疏远她的。雷诺·德·沙特尔从未真正认可她，因为她相信"和平不会发生，除非用长矛换得"。他已经写信给主教，告知他们上帝允许贞德被捕，"因为她自我膨胀，因为她身着华服，因为她没有完成上帝命令她做的事，而是一意孤行"。[25]

　　查理七世没有找什么借口，但也没做什么事帮助他这位功臣。他本可以奉上一大笔赎金让她释放的，但他没这么做；他本可以命令兰斯大主教雷诺·德·沙特尔，行使超越皮埃尔·科雄的权力，让审判在阿马尼亚克派法庭进行，但他没这么做；他本可以贞德名义向新任教皇尤金四世（Eugenius Ⅳ）请愿，这位教皇于 1431 年3 月 3 日当选，就在马丁五世死后十一天，但他没这么做。查理七世一直明白，和贞德这样的非正统派有关联，是有风险的。他此刻不愿也不能帮助她，因为这么做将连累自己成为异端分子的庇护人和支持者，也会让人注意到，"最具基督徒风格的法兰西国王"没有将自己的加冕归功于上帝，而是一位被判有罪、与魔鬼有联系的女人。出于这些理由，他谨慎地与鲁昂审判保持距离，在圣女贞德被捕后 20 年内从未发话评论她的命运。[26]

　　正如雷诺·德·沙特尔在贞德首次被捕时的冷酷评论，不管怎样，阿马尼亚克派已经找到了她的接班人，一个来自奥弗涅的年轻牧羊男孩，"说话语气和当初贞德一样"。他被人记住的名字是纪尧姆·勒·伯格（Guillaume le Berger），他"令人崇拜"，因为他和圣弗朗西斯一样，手上、脚上和侧身有血红色圣痕，象征着基督背负十字架时的五种伤口。这让他像个圣人，他也说自己是上帝派来的。和贞德像男人一样骑马不同，这位牧羊男孩侧骑着马，像个女人，亲朋和仇敌都说，他要么疯了，要么是傻子。[27]

　　似乎毫无疑问的是，阿马尼亚克派有意开始"提升他的声望，正如此前为圣女贞德所做的那样"。因此，当他事业还没走上正轨时就抓捕了他，对英国人来说是个了不起的胜利。1431 年 8 月，来自博韦的一支阿马尼亚克军队被引诱出城，被沃里克伯爵和阿伦德尔伯爵联军伏击。纪尧姆·勒·伯格也在被俘之列，还有个更重量级的人物，波东·德·赞特拉耶。对沃里克伯爵来说，这真是太幸运了，因为他自己的女婿约翰·塔伯特是赞特拉耶的阶下囚，如此两人就能坐上谈判桌做个交换了。[28]

　　处死贞德似乎改变了英格兰人的命运，因为赞特拉耶不是这个夏天失去自由的唯一一名阿马尼亚克阵营的大将。就在贞德被实施火刑那一周，"最恶劣、最残忍、最无情"的拉伊尔被俘了，被送往卢瓦尔河畔拉沙里泰附近的杜尔东城堡。几周后，即 7 月 2 日，前一年刚从加利亚城堡由拉伊尔从长期监禁中赎回的巴尔巴赞爵爷，在比勒涅维尔与勃艮第军队对阵中战死，就在圣女贞德的故乡东雷米西南 20 英里处。查理七世的妹夫和密友雷内·德·安茹，也在此役中被俘，暂时结束了他为维护妻子带来的巴尔公爵权利而进行的斗争。[29]

　　拉伊尔被擒，让卢维埃尔失去了统帅，和 5 月底开始的围城也有关联。卢维埃尔是个守备森严的城镇，就在塞纳河南岸、鲁昂以南 18 英里处。从 1429 年 12 月起它就在阿马尼亚克派手中，正如我们所见，守备军一直在阻挠英格兰人运输，阻止物资运输舰往上游行驶进入巴黎。于是，围城战始于一次机巧的"引蛇出洞"，英军引诱阿马尼亚克派出城，以便伏击。两艘满载小麦的舰船从鲁昂驶出，没有军队护卫，也没有敌方安全通行证，但守备军没有中计，全面围城之战开始了。[30]

　　诺曼底三级会议于 1431 年 6 月召开，为支持重夺卢维埃尔，从 15 万图尔里弗尔（875 万英镑）的总税款中抽调了三分之一，又额外拨款 2 万图尔里弗尔（117 万英镑），用于支付 400 名重骑兵和 1 200 名弓箭手的工资。为了这场围攻，从诺曼底各地的守军中抽调了若干人员，包括翁弗勒的四分之一守军也来了。几个月前，拉伊尔在卢维埃尔发动了一场袭击，烧毁了城郊地区，他们决意为此复仇。[31]

　　投入围城的兵力太多，如何在附近喂养所有马匹成了首要难题。因此，一些弓箭手和随从受雇把马带到更远的地方去吃草。他们的长官后来抱怨道，财政官纠结于"参与围城"的字面含义而拒绝支付他们工资，尽管他们缺席围城的原因已经备注在花名册上了。[32]

　　要花费 5 个月的时间，才能迫使卢维埃尔投降，但英格兰长官托马斯·博福特在那之前三周就去世了。不过 1431 年 10 月 25 日，守军被准许以最高荣誉撤离，卢维埃尔再次落入英国人手中。这并不能阻止士兵洗劫城市，也不能免于通常用来惩罚市民背叛行为的做法——把城墙毁掉，以免它再次成为阿马尼亚克派堡垒，拉伊尔当初正是借此机会占领的。[33]

重夺卢维埃尔，打通了到巴黎之路，亨利六世终于可以首次造访他那法兰西王国的首都了。正如 19 个月前精心设计在圣乔治日登陆一样，他这次到访巴黎也想寻求最大反响。他在使节陪同下照例拜访了圣坦尼修道院，他母亲的祖先们就葬在那里，这天是 1431年 11 月 30 日，圣安德鲁日——为纪念勃艮第庇护圣人。两天后的周日，也是主显节的首日，他仪式性地进入巴黎。他在巴黎市长西蒙·莫里耶的护送下进城，一队市议员在他头顶举着蓝色华盖，上面缠绕着法兰西鸢尾花。政府官员全部前来问候，他们穿着彩色的红蓝袍服，为首的是最高法院首任主席腓力·德·莫维耶（Philippe de Morvilliers）。[34]

每次入城仪式，都伴有奢靡的露天历史剧，让国王记住臣民的忠诚，善待他们。通常，视觉展示背后有明显的政治意味，但有趣的是这次却没有。也许是为了尊重小国王的年龄，组织和承担这次仪式的市民，选择以娱乐而非政治宣传为主题。因此国王的队伍由九位知名人士带领[35]，他们是举世闻名最伟大的武士，而他们的女性亲属同行，"像盗贼"一样用绳子绑着，当晚就要被扔进塞纳河淹死，其中也包括不幸的纪尧姆·勒·伯格。一路上，国王多次受邀观看戏剧场景，当中有美人鱼、野人和猎鹿，还有巴黎市徽（一艘船运载着三人，分别象征着教会、大学和市民）、圣坦尼殉道以及经典《圣经》场景。

唯一明显的政治图画，摆在巴黎市长沙特莱（Châtelet）面前。这不是市政基金出钱资助的，很可能是西蒙·莫里耶的个人安排，也许是大议会授意如此，而他是其中的主要成员。画面是《特鲁瓦条约》的有形演绎：一个与亨利年纪相仿的男孩，身穿鸢尾花纹样的服装，头戴两只王冠，一边是勃艮第公爵和内维尔伯爵（count of Nevers），一边是贝德福德公爵、沃里克伯爵和索尔兹伯里伯爵，分别举着纹有法兰西和英格兰盾徽的盾牌。[36]

1431 年 12 月 16 日，基督降临节的第三个星期日，亨利六世十周岁生日刚过十天，他实现了父亲终生奋斗的野心：他被加冕为法兰西国王。[37]

第三部

消耗之战

第十二章

灾难的一年

亨利六世的加冕典礼，本应是英属法兰西王国的胜利时刻。此前从未有两个王冠集于一人之身，之后也不会再有。不过整个剧情有点简陋而匆忙，不尽如人意。就在六个月以前，英格兰议事会还期望，仪式将遵循传统在兰斯举行。不过，由于兰斯还在阿马尼亚克派手中，亨利改在巴黎加冕，甚至不是在圣坦尼修道院——754年"矮子丕平"（Pepin the Short）在未来查理曼的见证下，由教皇斯蒂芬二世（Stephen Ⅱ）在此加冕——而是在巴黎圣母院。

几乎在仪式的每一阶段，英国人都想要激怒法国臣民。巴黎主教愤愤不平，红衣主教博福特在他的教堂内越俎代庖，主动为国王加冕并吟唱弥撒；教士们恼怒，因为王室官员没能按照惯例给他们镀金杯子；市政官员、大学和最高法院感到冒犯，因为他们在加冕盛宴上没能得到应有的尊重。对法国人来说更糟糕的是，英国人会提前四天做好食物，真是"令人震惊"。传统的庆祝比武是一种小规模活动，并没有预备慷慨赠品。新国王也没有按惯例赦免犯人，减除税收。这些不过是小瑕疵，但反映了普遍的不满。正如编年史家蒙斯特雷记录的，加冕仪式的一切安排，"更遵循英格兰传统，而不是法兰西传统"。巴黎市民总结道："或许我们理解不了他们所说的，他们也不能理解我们。"但一定有很多人觉得，对法国人的需求缺乏敏感，反映了英格兰征服者的傲慢。[1]

加冕仪式的"英国性"在多数法兰西贵族缺席的映衬下，更加明显了。特别是勃艮第公爵腓力，此前几周，巴黎政府每天都宣称他就要到了，但"不过是安抚舆论"。[2] 勃艮第公爵的缺席让巴黎人很失望，英国人更是如此。他的联盟，成就了英属法兰西王国，因此他在加冕时刻的缺席，是无比重要且公开的政治声明。勃艮第始终态度开放。在亨利停留法兰西期间，他从未当面见过年轻的国王，因此免于向国王效忠。推举一位国王是一回事，宣誓效忠于他又是另一回事了。

但勃艮第的缺席还有更令人揪心的原因。就在加冕仪式三天前，他与查理七世达成了六年期的停战协议。他在签署协议前一天写信告知亨利，"有了这个，你不必再怀疑或想象我有什么罪恶了"，他声称自己是被迫接受协定的。他再一次归咎于英国人，说他们没给他维持战争和保护土地的资金与援兵。[3]

在这个节骨眼上，英国人的承诺既是出于政治考虑，也深受亨利的法兰西臣民的欢迎，但新国王一到达巴黎，就拂手回鲁昂了。

他只在巴黎城待了三周，让市民们除了花费 2 297 图尔里弗尔
（133 992 英镑）举办入城仪式，再无处献殷勤。他离开巴黎时那不
合时宜的仓促，在离开鲁昂时又重现了。他稍做停留，只为参与卡
昂一所新大学的奠基仪式（因此惹恼了巴黎大学），他于 1432 年 1
月 12 日离开鲁昂，14 天后到达加莱，2 月 9 日返程回到英格兰。
他只在法兰西王国待了 21 个月，之后再也没有踏上法兰西领地。[4]

十岁国王的加冕仪式，是对查理七世加冕的自然而必要的回
应。正如贝德福德所述，向一位神圣国王致敬并效忠，会将亨利的
法兰西臣民更紧密地捆绑在英格兰政权之下。问题是，他与别人都
没预料到，这也让英国人更拥护亨利如今对于法兰西王位的神圣权
利。在未来的某一天，没有加冕和未经神圣程序认可的国王，或许
为了在有利条件下争取和平，会放弃对王位的主张，但一位受膏的
国王，有神圣职责维护上帝赋予他的王位。通过外交而非军事方
案，解决英属法兰西王国未来的安全与生存问题，现在变得更难实
现了。[5] 加冕仪式以及国王首次造访法兰西首都是一个独特时机，能
够激发人们以往彻底抛诸脑后的对于英国政权的热情。

很难相信，贝德福德会表现得如此专横或者说麻木不仁，但国
王住在法兰西期间，他一直是靠边站的。一切实权都在大议会手
中，其主席红衣主教博福特，不仅管理政府，也用自己的贷款维系
其运转。错误就此种下。

军队工资拖欠如此严重，原因之一是财政部奉命要单独支付给
士兵个人，而不可通过他们的上级，这一政策在贝德福德公爵就任
摄政之后要扭转过来了，因为实在是不切实际。授予英国人的土地

和职位剧增，博福特要为此负责，许多人是这次加冕远征过来的支持者。这让长期服役的英格兰和诺曼将领感到不满，更严重的是，把军事基础设施交到不在法兰西定居的人手中，埋下了隐患。[6]

博福特也与贝德福德发生了私人争吵，后者于1431年10月12日，被迫接受未来他的摄政一职是由国王和大议会委任的，而不是与生俱来的权利，这个改变让他有可能被免职。博福特毫无疑问是背后支持设限的人，此前，格洛斯特作为英格兰保护者的角色，也须经教会授予。他在这个节骨眼上促成此事，原因可能是打算在亨利六世回到英格兰后，仍然待在幕后。自从1429年来到法兰西，他始终致力于为自己打造一个新权力大本营。作为法兰西大议会主席，他有效控制着行政和外交事务，将贝德福德的角色限于军事方面。因此他没什么动力回到英格兰的边缘职位。他若想保留自己在法兰西的权力，就必须限制国王离开后摄政复归贝德福德的权力，因此起草了正式委任状。尽管贝德福德被迫接受了——因为他需要叔父的钱巩固战事——但他没打算跟这分享他权力的手段妥协。国王离开法兰西后，贝德福德给自己的头衔做了小而重要的修改：从此他将是"行政长官兼摄政"，强调他此次上任的本质。[7]

博福特主导了加冕仪式，那么巴黎人觉得安排得很差劲，就容易理解了。国王突然结束法兰西行程，也许和他有关，因为他在英格兰的地位再次受到严重挑战。1431年11月，决心阻止叔叔回英格兰就职的格洛斯特，对他发起弹劾，原因是他成为红衣主教后没有辞去温切斯特教席：如果博福特不能在两个月内到场为自己辩护，他将因蔑视王权罪而被没收财产。和国王一同回来，显然会给他一些保护，这就是他为何要在加冕仪式之后迅速赶回英格兰。

不过，当他们到达加莱时，博福特的勇气顿时消失了。他曾恳求新任教皇，获准前往罗马，但反而待在加莱等待此前寄出的金银珠宝送到。他暗中安排此事，而这么做是违反贵金属出境条例的，因此当格洛斯特公爵发现此事时，他有充分理由尽数没收。由于博福特的财产是他贷款的担保，他现在不仅身无分文，而且无权无势。

格洛斯特无法抵制诱惑，想给叔叔最后一击，他遣散了英格兰政府中博福特的全部支持者，决定以叛国罪起诉叔父。这么做步子太大了，很多人担心格洛斯特有暴君倾向，于是议会再次出面提供解决方案。博福特被罚款 6 000 英镑（315 万英镑），如果六年内自证清白将会全数归还，并要再借出 6 000 英镑。作为回报，对他的全部指控将会撤销，财政得以保全。尽管如此，1429 年以来他对于国王和议事会积累的影响力，就此终结了。他在英格兰和法兰西都被排除出了政治圈，不得不退回教区事务，这对他来说无疑不同寻常且令人沮丧。[8]

当亨利回到伦敦，享受着盛大欢迎仪式和人群欢呼时，鲁昂正处于英格兰统治期间最危急的攻城关头。布萨克统帅在博韦集结了600 名重骑兵，埋伏在鲁昂附近的树林中。1432 年 2 月 3 日夜，其中 20 人在纪尧姆·德·立卡维尔（Guillaume de Ricarville）的命令下，动身前往城堡，由皮埃尔·奥德博夫（Pierre Audebeuf）暗中接纳入城，此人是守备军中的瑞士裔内应。睡梦中的英国人惊魂未定，尽数逃窜，鲁昂司令官阿伦德尔伯爵，被困在塔楼里，藏在篮子里从城墙上降下才惊险逃离。大多数城堡都握在手中了，立卡维尔回到布萨克带回剩余人马，却发现他们拒绝帮忙，于是启程返回博韦。

没有援兵就无法守卫整座城堡，立卡维尔的人马带着尽量多的物资，撤回大塔楼。英格兰人匆忙呼叫援兵和武器，包括来自维尔农的 100 枚炮石；他们包围塔楼，发动持续 13 天的炮击，塔楼被破坏难以支撑，迫使立卡维尔军队投降。若弗鲁瓦·特拉奇（Geoffroi Thérage）说一天之内处决了 105 名军人，也包括奥德博夫在内，此人作为叛徒被砍头分尸，他的四肢被挂在城门示众，头挂在长矛上。[9]

如此大胆的行为竟然发生，而且几乎成功了，还发生在加冕仪式后几周英格兰统治区的核心地带，这提醒人们，这场仪式所带来的团结与忠诚的良机早已丧失了，也提醒人们，阿马尼亚克派认为他们与勃艮第派的协定，是从盎格鲁-勃艮第联盟的薄弱之处渔利。勃艮第公爵一旦撤军，军事压力全都落到英格兰人头上，虽然不少勃艮第人，包括利勒-亚当和约翰·德·卢森堡在内，继续在英格兰人雇佣下服役。英格兰守备兵力接近极限了，增加了阿马尼亚克军队突袭要塞的概率。更有利的是，阿马尼亚克-勃艮第停战协定燃起了市民的希望，他们坚信全面和平即将到来。这种情形下，鲁昂叛变作为 1432 年十多个有记录的密谋事件的头一个，也就不奇怪了。

最惊奇也最成功的事件，发生在 1432 年 4 月 12 日清晨。来自沙特尔的两名商人带着满载桶装货物的一队马车从奥尔良回到故乡，而他们曾被阿马尼亚克派捉住，改换了阵营。城门打开了，因为他们很出名，手持安全通行证，自称带着当时的稀缺物品——盐。不过，一旦大部分马车顺利通过城门，马车夫就杀死了下一辆马车的辕杆下的马，封锁了吊桥，许多士兵从藏身的桶中钻了出来。他们杀死城门守卫，控制了门房。"奥尔良的私生子"、拉乌·德·高库尔和拉伊尔在不远处等候（拉伊尔刚从杜尔顿越狱回到战场），在约定信号下冲进城。他们没遇到什么抵抗，因为他们的合作者是一位多明我派修士（如果蒙斯特雷叙述可信，他是整件事的主策划），当时在城市尽头有一场布道，全部市民都聚集在那里。大多数市民还没意识到敌人进城，这座城就已经被占领了。沙特尔的勃艮第主教试图夺路而逃，在街上被杀，所有那些"为英格兰人统治"的人次日都被砍头。[10]

另一位多明我派修士，是将阿让唐献给邻近的敌方城市邦斯穆兰的始作俑者。一位不幸的商人纪尧姆·杜·瓦尔（Guillaume du Val）也被逮捕，因为他照常到邦斯穆兰去谈判赎金，为了释放被囚禁在那里的一位贸易伙伴。他的到访完全是合法的，因为他从亨利六世的副将那里获得了安全许可。尽管如此，他还是遭受了酷刑，失去了一条胳膊一条腿，杜·瓦尔透露，法国人无法劝服他帮他们攻占阿让唐。他也承认，他认出了一个邦斯穆兰守备士兵，此人正在多明我会的房子里乔装打扮吃饭。由于他与叛国贼的关系，以及没有向当局报告他的可疑遭遇，杜·瓦尔幸运地捡回一条命。当警报最终响起时，他已经到城墙上充当守卫了，这样他才最终获得赦免。[11]

修士经常充当间谍或者敌人的内应，因为他们的流动生活和宗教习惯让他们四处旅行，穿越政治边界，却不受怀疑。查理七世通常雇佣他们为信使或间谍。一位代号是"上周六"的人，多次被派往加莱及其他地方"调查英格兰人的企图"。他被俘7次，在英格兰人的监狱待了12年才成功逃出，最后成为法兰西王室抚恤金领取者，以褒奖他的付出。不过，1432年9月在巴黎，最不可思议的叛国者是圣安托万德尚女修道院院长和修女们，她们与院长侄子合谋杀死圣安托万门的守城者，献城给敌人，因而被囚。[12]

甚至连英格兰人也不总是可信。1432年6月初，几个英格兰人在蓬图瓦兹被处决，因为他们与市民合谋献城给阿马尼亚克派。年底，托马斯·基纳（Thomas Gernes）及其同伙在东富朗被守备军捉住。原因不明，但或许因为他们曾定居于此，或许曾被俘却交不起赎金，他们曾加入敌方在奥恩河畔贡捷城堡的守备军。在因"英格兰人、叛徒、盗贼、土匪、敌人和对手"等罪名被处死之前，他们承认也曾犯下"一桩叛国罪……事情很简单，要是他们没亲口承认，就永远不会被发现"。[13]

避免这些背叛的最可靠办法，是提供和平、安全和充足的生活物资。贝德福德一样礼物都没有，连气候也对他不利。1431年至1432年的冬天尤其漫长且艰难。1月，塞纳河冰冻达两英尺，从巴黎一直到科尔贝，城中的水车都不转了；从鲁昂到首都的船只无法越过芒特，因此他们急需的生鲜食物都腐败了。到了春天，持续的大雾、冰雹和严寒毁掉了果树的花蕾，秋收也没什么指望。7月暴雨加洪水，8 月酷暑，热坏了藤蔓，粮食作物歉收，造成面包短缺，而且这种紧缺状态要比预想的持续更久，因为来年的种子也存货不多了。饥荒和疾病总是相伴而来，但这次是年轻人和儿童成为席卷巴黎的流行病的受害者。[14]

贝德福德尽力做了能做的事，来缓解局势，把精力放在攻占阿马尼亚克派大本营上，以阻止他们突袭，因为这会侵扰贸易，毁坏乡村。在夺回卢维埃尔之后，他应诺曼底三级会议的要求，留下 300 名重骑兵和 900 名弓箭手，供威洛比勋爵指挥。他的具体任务是在诺曼边境以锡耶为半径、20 英里的范围内夺回若干要塞，包括邦斯穆兰和圣塞内里，有大笔资金支持他此次战役。[15]

瞄准这些要塞的原因是，他们的司令官是阿朗松公爵的元帅安布罗西·德·洛尔。1431 年 9 月 29 日，他率领 700 人从圣西涅里大胆突袭。他们在不被察觉的情况下飞驰 55 英里，穿越诺曼底心脏地带，最后 10 人在向导的帮助下穿过峡谷和树丛直达卡昂郊外。他们的目标是一年一度的米迦勒节集会，通常在卡昂城和圣埃蒂安修道院之间的空地上举行。

这场袭击来得突然。惊慌的商人和市民抛下了摊位与商品，逃向城内，人数太多了，以至于守卫在人流压力下无法开闭城门。守备军士兵试图出城援救他们，但迅速被击退，阿马尼亚克派几乎攻到城墙内了。不过，洛尔知道他没有足够的兵力攻下这座城，有了撤回部队的念头。他已实现自己想要的，向诺曼底核心地区散布了恐慌，获取了丰厚的商品、马匹和战俘。当中许多俘虏是富裕的商人和卡昂城市民，他们被带回邦斯穆兰扣押，直到上缴赎金：仅纪

尧姆·杜·瓦尔生意伙伴的私人要价就是 2 000 金币（salut，160 417
英镑）①、两块银布和其他小物件。[16]

当威洛比带着大量火器围攻圣塞内里的消息传到洛尔耳中，洛
尔得到阿朗松公爵的许可，施展营救，在 15 英里外萨特河两侧与
一座桥相连的村庄扎营。马修·高夫听到了风声，趁夜色从围城部
队中抽调一小支部队前来。清晨时分，他在维万遇上了，出其不意
地击败了他们。

被袭部队的呼救声吸引了驻扎在波蒙-勒-维孔特的部队，他们
看到英格兰旗帜已经飘扬在维万上空了。尽管少不敌众，洛尔还是
用手头不多的长弓手兵力发动反击，为河对岸士兵前来增援争取时
间。经过几小时的拉锯战，阿马尼亚克派不断有来自波蒙-勒-维孔
特的部队从桥对岸过来增援，他们最终获胜了。

英格兰人逃走了，只剩马修·高夫成为敌人的阶下囚。更令人
沮丧的是，他们实际上俘虏了洛尔本人，他当时伤势严重，只等天
亮前被救出来。更糟糕的是，他的人马被激怒了，误以为他已战
死，于是屠杀了全部英格兰俘虏以复仇，这破坏了战争原则。第二
天，威洛比放弃了圣塞内里之围，匆忙留下几枚火炮和围城工事，
避免进一步损失。[17]

与此同时，贝德福德也不太顺利。5 月初，他占领马恩河畔拉
尼，两年内第二次试图解放巴黎。尽管在马恩河上搭建许多临时浮
桥，四周壕沟内修建了比拉尼城还大的营地，但他的部队没什么进

①　salut，由亨利五世和亨利六世铸造的金币，只在英国所属的法国部分地区流通，
并不属于英国货币制度的一部分。此金币的 1/4 盾面上印有英国和法国的纹章。

展。他们要忍受洪水和强劲热浪，有些重骑兵因为穿戴盔甲中暑而亡，贝德福德自己据说也筋疲力尽。早已许诺从英格兰来的援兵，也没有到来。

8月初，"奥尔良的私生子"、拉乌·德·高库尔、吉尔·德·莱斯和罗德里戈·德·威兰德朗（Roderigo de Villandrando）多带来大批军队，解救拉尼之围。当其余部队摆开阵势，从各处发动攻击，转移火力时，高库尔带着援兵和急需物资，从另一边溜进拉尼城内。紧接着，其余的阿马尼亚克派军队向巴黎方向撤退，仍然保持战斗队形，迫使贝德福德选择是继续围城还是追击他们以防止他们对首都发动攻击。当贝德福德寄去战书，对方告知他"此次使命已完成"，不必交战了。没有刚从英格兰启程的 1 200 名援兵，贝德福德没有足够的兵力围城或保护巴黎。1432 年 8 月 20 日，他不情愿地撤了包围，回到首都。这令市民们很讨厌，因为他们担心阿马尼亚克派军队卷土重来，毁掉葡萄丰收，那么葡萄酒短缺就会让他们雪上加霜。[18]

拉尼守军仍然可以每周数次自由突袭到巴黎城门附近，干扰食物、燃料等基本物资运输，巴黎人在接下来几年内还要吞食贝德福德失败的苦果。流行病仍在肆虐，让情况更加复杂，11 月13 日，最重量级的受害者出现了。贝德福德公爵夫人安妮，时年28 岁。她在婚姻中没有子女，但她安静低调的外交手法巩固了两位公爵的私人关系，也相应地影响了他们的支持者。巴黎市民赞美道，"她善良且美丽"，"巴黎人喜爱她……"，她的葬礼彰显了法兰西与英格兰习俗的融合，这正是她和贝德福德公爵所倡导的。巴黎教士领头，戴着黑色披肩，手持蜡烛。接着，当她遗体下葬到墓室中，英格兰人接手，动人地吟唱道"以他们母国的礼仪"，无伴奏人声的复调旋律在王室教堂中还很时尚，很快流行于欧洲北部。[19]

这层关系的切断，导致了英格兰-勃艮第联盟中另一个微小却关键的裂痕。紧张情绪开始显露出来了。勃艮第公爵 1431 年宣布与查理七世的六年停战协议，唤起了大众对永久和平的希望和期待，尤其是人们得知新任教皇尤金四世决心消弭争端，派遣使者红衣主教阿伯盖蒂（Cardinal Albergati）到法兰西去调解协定。两派都没有需求，也不想要这样的干涉，但没人敢驳教会首领的面子，拒绝配合。双方都不愿以任何有益的方式参与和平进程，这次对话注定失败。

1432 年 11 月，阿伯盖蒂在欧塞尔主持一次三方会议，分别是英格兰人、勃艮第派和阿马尼亚克派。很快人们就发现，什么实质性的协议都无法达成。接下来几年里反复提及的各种观点都在这个场合被抛出过。英格兰人早在 1431 年 5 月就已决定，亨利六世未亲政时不能让他签署任何和平条约，但他们愿意接受停战协议。阿马尼亚克派坚持要求，自阿金库尔战役以来的因禁的法兰西人也是谈判的一部分：这不是无理要求，因为奥尔良公爵、波旁公爵和厄城伯爵都是阿马尼亚克派，除非他们和勃艮第派讲和，否则没和平可谈。然而，他们拒绝了，甚至想要亨利六世放弃对法兰西王位的索取，以换取和平，这是英格兰人不能接受的。

勃艮第公爵腓力乐于见到双方对立，只关心对他个人最有利的方案。他对阿马尼亚克派的要求，除了要对谋杀他父亲进行道歉和补偿，就是同意他占领香槟。最后，各方同意于 1433 年 3 月再次会面，阿金库尔战役囚犯也在议题之中。当专员回到巴黎，市民在日记中写道，他们"什么也没干成，只花了一大笔钱，浪费了时间"，这真是对各方不妥协的样子苦涩而精准的记录。[20]

对贝德福德和英属法兰西王国来说这悲惨的一年即将结束时，一个诺曼人的叛乱更是出乎意料，因为此人从征服之初就是英格兰政权的重要支持者。格里蓬爵爷拉乌·特松，很早投降于亨利五世，1422 年 4 月被授予他兄弟让所没收的全部土地和财产，此人离开诺曼底投奔阿马尼亚克派，再也没有回来。1429 年 8 月 21 日，在圣女贞德大获全胜的危机下，特松代替在雅尔古被俘的萨福克伯爵，被任命为圣洛的司令官。这是对他空前的信任，因为这座城市战略上非常重要，最近被无数来自圣米迦勒山的游击队侵扰。在亨利六世逗留鲁昂期间，特松亲自前来向小国王效忠；1432 年 6 月，他率领 21 名重骑兵和 63 名弓箭手的部队在拉尼之围中效力，这几乎是他能找到的一半军队了。[21]

然而 6 个月之后，特松成了"叛徒和不服从者"。阿伦德尔伯爵被迫从鲁昂调遣大部分兵力，驰援圣洛，"用战斗或其他手段"抵御阿朗松公爵的军队，后者在特松的帮助下已进入诺曼底攻占该城。或许是由于阿伦德尔伯爵尽心尽力，攻占圣洛的尝试失败了。特松携家眷撤退到圣米迦勒山，1433 年他们参与了一次对格兰维尔的海上突袭，即海湾最北部的岩石半岛，他们抓住几艘英格兰船只，回到了岛上。特松的丰厚财产被没收，其每年价值 875 图尔里

弗尔（51 042 英镑）的土地，1433 年 3 月被授予吉索尔的英格兰
长官理查·默伯里（Richard Merbury）。[22]

　　这又是一个漫长而艰难的冬天，复活节前几乎每天都是大雾，
塞纳河再次结冰，船运物资无法进入巴黎，这些都让人打不起精
神。市民抱怨道："巴黎没有面包吃，除非是给狗做的。即便是那
东西，也小得很，4 便士的一条面包只有男人的手那么大。"在加
莱，当英格兰政府再次无法支付工资时，守备军陷入绝境，发生兵
变。他们控制了属于斯塔普商人的羊毛，这家公司在出口英国羊毛
上享有专利，并强行驱逐贝德福德在镇上的副手威廉·欧德霍尔
爵士。[23]

　　对贝德福德来说，当他得知不能指望英格兰给什么援助时，这
些挫折显得更糟了，格洛斯特政府正在破产边缘挣扎。前一年只有
一支英格兰远征军进入法兰西，由卡莫伊斯（Camoys）勋爵和亨
格福德勋爵统领，只有 1 200 名士兵组成，延迟到 8 月才启程，因
为等到格洛斯特和博福特主教平息了争斗，才有钱为他们付工资，
再次开启向博福特借款的先例。这次还是太少了，也太迟了，于是
马恩河畔拉尼落入敌手。[24]

　　挨过冬天，情况仍未改善，贝德福德新的战争季又要开始了，
但他从英格兰和勃艮第那里都得不到实质支持。或许是这个缘故，
他决定和一个忠诚又能资助的家族走得更近些。特鲁安纳主教路
易·德·卢森堡是巴黎审计法庭前任主席、诺曼议会成员，从 1424
年起担任法兰西首席大臣；他的兄弟约翰·德·卢森堡，为吉斯和
拉尼伯爵，持续提供军事援助，在盎格鲁-勃艮第军队中定期服役。

他们的兄弟皮埃尔（Pierre）在阿尔图瓦，是圣保罗伯爵（count of Saint-Pol），路易·德·卢森堡建议将他女儿杰奎塔（Jacquetta）许配给贝德福德。

　　两人结婚意味着贝德福德能继续依靠卢森堡家族的军事支持，而且具有政治优势。它加强了与低地国家的纽带，英格兰在那里有实质的贸易和经济利益，也加强了与皇帝西吉斯蒙德的关系，他与杰奎塔是表亲。这也燃起了贝德福德个人对阿尔图瓦的领土野心，他一度因勃艮第的安妮之死以及他兄弟诞下合法子嗣而倍感挫败。[25]他的新娘不过 17 岁，"活泼、美丽且优雅"，有可能为 43 岁的贝德福德生下合法子嗣（他在与安妮结婚前已有两个私生子）。毕竟，勃艮第公爵腓力曾有两次无子婚姻，但他第三任妻子伊莎贝拉即将生下第二个儿子（据说腓力有 26 名私生子，但三名合法子嗣中只有一人活过婴儿期）。[26]

　　婚礼于 1433 年 4 月 20 日在阿尔图瓦举行，就在路易·德·卢森堡的特鲁安纳教席之上。无论贝德福德想借此获得何种政治利益，都被勃艮第公爵的应对打消了。再婚如此迅速，圣保罗伯爵也没征求他的意见，腓力感到冒犯。他本该知会一声的，因为勃艮第公爵是他的封建领主。婚礼在他自己的管辖区阿尔图瓦举行，尽管是在一个不受他管辖的王室飞地，但对勃艮第又是一次冒犯。[27]

　　红衣主教博福特与勃艮第公爵私人关系一向良好，他关心局势，看到英格兰-勃艮第盟友关系有分离的潜在可能，于 5 月底在圣奥马尔安排了两位公爵的特别会议。他的目标是寻求和解，但低估了里面个人骄傲和愤怒的成分有多深。两位公爵都到场了，但没人愿意先迈出一步，接受顺从的地位：贝德福德自称是摄政王；勃艮第则拒绝承认，因为圣奥马尔在他的地盘上。博福特劝他们搁置争议，但双方彼此没见面就离开了圣奥马尔。这和加冕仪式一样，又一次丧失良机，因为两人再也没有见面。[28]

第十三章

收　复

到 1433 年春天，局势已经十分明朗，英属法兰西王国面临严重威胁。勃艮第公爵腓力与查理七世签署停战协定，随后撤出主要军事阵地，直接后果是守卫重任落到了英格兰人肩上，让贝德福德的军力和财力捉襟见肘。摄政无力阻止阿马尼亚克派军队侵袭诺曼底腹地或巴黎近郊。向敌人出卖主要城镇和要塞的阴谋并不是什么稀罕事，需要时刻保持警惕。与勃艮第关系紧张，引发盟友间不可挽回的决裂，这只会加剧贝德福德的困境。没有来自英格兰的有效而定期的援助，摄政清醒地知道，他在法兰西的地位是不牢靠的。

1433 年春，贝德福德在加莱召开危机会议。与会者有格洛斯特公爵和博福特主教，以及英法两国议会的若干代表，其目的是达成一项战略，确保英属法兰西王国的前途。场地的选择至关重要，时间就在加莱守军哗变几周后，后来贝德福德承诺按当地风俗支付士兵额外工资才平息此事。不过，他进城后第一件事，就是撤回承诺，下令逮捕叛乱者，当中120人被逐出加莱。但当贝德福德婚后回到这座城，他亲自监督审判，4人判处死刑，另有110人被驱逐。虽然兵变不可容忍，他的举动也显得斗气而没必要，进一步恶化了他与加莱，以及与兄弟格洛斯特的关系，后者一直支持这座城市。[1]

两兄弟已经水火不容，都不赞同对方在自己管辖区内处理事务。贝德福德为英格兰糟糕的财政状态指责格洛斯特，因为他没有足够的人力、财力和信誉保卫英属法兰西王国；格洛斯特始终相信能比贝德福德更好地作战，指责他要为前一年的失败负责。

因此，当他们在加莱相见，无法达成共识也就不奇怪了，贝德福德希望从英格兰增援的恳求也没人听得进去。他只能确保从博福特那里又获得一笔1万马克（350万英镑）贷款，用以重新夺取圣瓦勒里，这座皮卡迪地区的勃艮第派要塞刚被阿马尼亚克派攻占。这笔贷款让红衣主教重新赢得了侄子们的好感，但肯定让贝德福德更担心，因为英国国库找不到可以偿还博福特的收入来源，他只能获得议事会中那些同情者提供的保证书。[2]

贝德福德十分焦虑，他决心亲自回到英格兰，为法兰西事务寻求支持，也调查英格兰真实财政状况。1433年5月24日，他下令于7月8日在威斯敏斯特召开议会，6月，他和新婚妻子启程到英格兰。[3] 他的到来意味着格洛斯特要让渡作为保护者的权力，让贝德福德在政府内迅速施行改革。

他在议会开场向国王、贵族和平民发表热情的演说，为他在法兰西的行为辩护：

> 他已从好几人那里听说，英格兰王国内广为流传着错误而保守的想法，即认为我们先王在法兰西王国和诺曼底公国内的损失源于公爵的忽视和粗心，这是他个人的丑闻，对他名誉、荣耀的极大玷污，也令他伤心至极。

贝德福德接着向大家发起挑战，无论身份如何，任何人若要指控他，请在议会期间在国王面前再次提出，他愿"按照武器法要求"用司法决斗的方式自证清白。虽然贝德福德无疑是说愿意与指控者搏命，但他明白没人会应战，他那动情的演说必定会激发公众支持。确实如此。国王、格洛斯特和御前会议顾问都否认这种传闻，11岁的国王向"他最真挚可靠的王侯和亲爱的舅父……因他在许多方面的善行、令人赞叹和卓有成效的付出"致以"最特别的敬意"。[4]

贝德福德获得王室背书，在议会树立权威后，开始掌管英格兰政府。很明显，对他来说，不把权力交给格洛斯特，两国才有最好利益，因为此人缺乏判断力，嫉妒心强，又生性好斗，常在贵族中引起矛盾和争端；也不能交给御前会议，它那独立而偏狭的利益与他侄子两个王国的远大志向有冲突。贝德福德首先获得了加莱城长官和加莱地区全部要塞的总司令的12年任期：只有吉讷除外，仍由格洛斯特担任长官，但在1436年格洛斯特任期结束后也将交给贝德福德。这意味着始终由英格兰直接管辖并资助的加莱，仍保持这一特殊地位，但其利益不再被单独考虑，贝德福德如今可以将它通盘并入英属法兰西王国的总体战略。作为回报，他同意部分撤销对加莱驻军兵变者的判决：议会获准恢复城镇居民的工资、土地和租金。[5]

随后，格洛斯特提名的官员都被免职，国库长由克伦威尔勋爵拉尔夫（Ralph，lord Cromwell）接任。很明显国库完全空了，未来两年的收入也要用来偿还王室贷款。克伦威尔上任两天之内，就启动改革和节约计划来解决这一问题，并着手审计，以便在议会下次会议时向国王汇报。结果显示："全部收入和利润，包括一般和特殊收入、确定及偶然收入都算在内，都不足以负担每年3.5万英镑（1 838万英镑）乃至更多的开销。"这还不包括法兰西战争的开支。[6]

这是谋求与查理七世议和的有力论辞，但由红衣主教阿伯盖蒂主导的谈判已经失败了。三方代表于1433年3月在科尔贝和芒特之间的废弃村庄塞纳-波特重新召开会议。英格兰人期望获得长久停战协议，为表示善意，提出把阿金库尔战俘带到多佛，若是会议重新安排在加莱，将为他们与阿马尼亚克派交流提供便利。波旁公爵和奥尔良公爵也移步多佛，迎接代表团的到来；贝德福德、格洛斯特、博福特和双方议会成员在加莱一直待到5月23日。他们的等待是徒劳的，因为阿马尼亚克派拒绝前来。

6月，在塞纳-波特，阿伯盖蒂成功将他们带回谈判桌，但他最多只能说服阿马尼亚克派提供4个月的停战期，连自己的大使都承认这收效甚微，说"要是他们的领主有10万埃居，他将无法执行这个方案，因为战争中服役的只有外国人，他把国家留给他们了，他们不会听从的"。英国人立即拒绝了这一方案，这不过是给阿马尼亚克派加固要塞、增加自己围城开销的机会。低于 12 个月的休战协定，他们将不予考虑。阿伯盖蒂放弃了，到巴塞尔向在那里召开的教廷大会报告这次失利。[7]

巴黎人把这次不满意的谈判结果，归咎于自己的首席大臣路易·德·卢森堡。据说他在两次和平会议期间待在诺曼底的科尔贝招兵买马，并于 7 月初带到巴黎。或许是由于阿马尼亚克派的宣传，那位写日记的市民作者相信，主要的阿马尼亚克派谈判人阿伯盖蒂和雷诺·德·沙特尔已经达成共识，签署了一份和平协定，只有路易·德·卢森堡——贝德福德缺席时作为代理的"血腥之人"——拒绝签署。因此人们憎恨他，"人们私下说——也经常公开说——要不是因为他，法兰西早就太平了。于是他和伙伴们比尼禄皇帝更受厌恶和诅咒"。[8]

这并不公平，巴黎人有所不知，阿马尼亚克派的政策发生了翻天覆地的变化。尽管亚瑟·德·里什蒙对圣女贞德事件进行了干预，但他再未被查理七世接见，他讨厌乔治·德·拉·特雷默耶也不是秘密，此人将他驱逐出境，自己作为朝廷宠臣统治着国家。得知此事，贝德福德提出将普瓦图"让"给里什蒙的兄长布列塔尼公爵以及拉·罗歇尔（La Rochelle）等许多贵族，将特雷默耶在普瓦图的财产留给里什蒙自己，期望他们支持英格兰-布列塔尼联盟。这个提议是空头支票，因为这些地方都不在英国人手中，只是在给里什蒙征服它们、向特雷默耶复仇的机会。

不过，里什蒙对不费吹灰之力地获取对手土地更感兴趣，曾与安茹派谋划推翻他们的共同敌人。1433 年 6 月，拉乌·德·高库尔在希农的副将，夜间秘密打开后门，放进一队武装同谋者，包括布列塔尼人普雷让·德·科埃蒂维（Prégent de Coëtivy）和皮埃尔·德·布雷泽（Pierre de Brézé）。他们用剑把特雷默耶按在床上，刺伤了他，当惊慌的查理七世前来问询，以为他们要弑君，他们告知国王这样做"是为了他和王国的利益"。

现在情况调转了。特雷默耶被指控经济不端，免除职务，放逐到他在萨里的城堡，王后的兄弟查理·德·安茹（Charles d'Anjou）成为王廷新宠，里什蒙胜利归来了。安茹-布列塔尼一派如今重回权力核心，继续贞德时代的好战政策。9

要确保持久和平，原本就十分遥远，如今彻底不可能了，阿马尼亚克派的好战行为做成了外交手段没做成的事：它让勃艮第人相信，和英格兰人联盟仍然是最符合其利益的。因为，尽管有 1430 年①达成的六年和平协议，勃艮第领土仍然四面受敌，从皮卡迪的圣瓦勒里到勃艮第公国的阿芒松河畔帕西。阿马尼亚克大使显然是对的，他们当时提到查理七世无法执行停战协议，因为外国雇佣兵依靠土地过活，一旦和平实现了，就什么都得不到。

1433 年夏天，腓力公爵派遣使者到英格兰去试探对方想法。亲英格兰的休伊·德·兰诺率队前往，但即便是他，也察觉到气氛冷淡，沃里克伯爵直白地解释道："我们英格兰人，说实话，对你的领主勃艮第公爵非常不满且失望，我们国王在法兰西期间，他既

---

① 原文如此，应为 1431 年。

没见面也不去拜访。"贝德福德则更加平静，想要弥合自己与勃艮第的私人裂痕："说实话，我向你保证，我内兄对我的评价这么差，真让我不快，因为我不憎恨他，他是世上众多王侯中我最敬爱的。我很明白，我们的行为对我的领主国王和公众利益是极为不利的。"[10]

兰诺在寄回家的快讯中，向勃艮第公爵保证，英国人并不像他所担心的那样，打算单独与阿马尼亚克人讲和，虽然他提到传闻"某些人"在推动亨利六世和查理七世幼女的婚姻。第一次有真正的迹象表明，年轻国王的咨议大臣中已经有人超越英国所宣称的休战目标，转而寻求更长久的解决方案。这并非有些历史学家所描述的那样，存在"和平派"与"战争派"的对立，这种简化的观点没有考虑以下事实：两派都致力于保存英属法兰西王国，但手段不同。虽然随着时间推移，人们的看法越来越根深蒂固，但谈不上有明显的党派界限。格洛斯特坚决反对对法兰西有任何让步，并且坚信军事手段是唯一出路，但在这一点上，他其实是孤独的。即使是红衣主教博福特和萨福克伯爵这样一般视为"和平派"的领袖，也只支持用有限的妥协换取持久和平，两人对战争的支持也比大多数人要多：博福特是主要的财政资助人，萨福克在法兰西持续服役13年，在1436年危机时再度回归军旅。除了格洛斯特，枢密院中每个有影响力的人都相信，持久和平不靠外交谈判是不可能的。唯一讨论的问题是，要为和平支付什么代价。[11]

1433年，萨福克伯爵已是寻求战争的长期和平解决方案的人之一了。他在雅尔古被俘，军事生涯顿时永远终结了。1430年他答应支付 2 万英镑（1 050 万英镑）巨额赎金给"奥尔良的私生子"，于是迅速被释放。更为重要的是，还保释了"奥尔良的私生子"的两位异母兄弟——查理·德·奥尔良和昂古莱姆（count of Angoulême）伯爵。这为他在谈判协议中带来了个人利益，1432 年夏天，他获得被俘公爵的监护权。他希望，他们能成为英格兰和阿马尼亚克派的媒介。

　　萨福克无疑是枢密院中乐于促成亨利六世和瓦卢瓦公主的婚姻的，他还在 1433 年夏天向休伊·德·兰诺坦露，从未像如今这样期望前所未有的和平。他允许兰诺在自己在场时会见查理·德·奥尔良，但场面不太舒服。查理告诉兰诺，他"身体健康，但大好年华都消磨在狱中，很不快乐"；他暗示自己有热情作为和平使者，但清楚表示，自己不敢吐露真言，也不允许给勃艮第公爵写私人信件。18 年监禁之后，奥尔良公爵太想获得自由了，所以一有机会，他几周后就同意承认亨利六世是法兰西真正的国王和他至高无上的领主，甚至连未被占领的圣米迦勒山也在内。波旁公爵 1429 年也做出相似让步，但两人都未重获自由。[12]

　　兰诺任务的官方目的是给亨利六世读信，敦促他议和或达成长期停战协议，或者另作安排，"让战争残酷糟糕，使敌人丧失谦卑，通过这种办法，也许被迫来讲和或寻求停战协议"。这当然是种礼貌的方式，表达勃艮第公爵想要更多钱和人手，捍卫自己的利益，迫使国王的咨议大臣们指出他们对于英属法兰西王国无比惊人的投入。英格兰目前为 9 700 名士兵支付了 4 个月薪水：1 600 人正在圣保罗伯爵的率领下围攻圣瓦勒里，500 人是勃艮第雇佣的；1 200

人在亨廷顿伯爵率领下固守下诺曼底沼泽地带；900 人在阿伦德尔伯爵带领下驻扎阿朗松和曼恩战场；还有"超过 6 000 人"服务于法兰西、诺曼底、安茹和曼恩等各地守备军。[13]

　　这些惊人的数字得到了其他独立证据的佐证。例如，阿伦德尔的服役合同，要求他必须招募 200 名重骑兵和 600 名弓箭手，但经常发生的是总人数超过了合同要求，特别是，如果招募足够重骑兵有困难，就会多招一些弓箭手以补足。一项对服役士兵的调查显示，从 1433 年米迦勒节到 1434 年米迦勒节，共有 488 名重骑兵、523 名步兵和 2 925 名弓箭手，总计 3 936 名士兵服役于诺曼底及阿朗松和曼恩地区。法兰西地区有额外 2 000 名士兵就不奇怪了。[14]

　　从迅速动员军队人数的角度出发，兰诺到英格兰的使命不算成功，但确实重续了两个盟友间的军事合作，双方都有意削弱阿马尼亚克派在法国南部加蒂内地区的掌控力。1433 年 6 月，佩里内·格雷萨和他的内侄弗朗索瓦·德·苏里恩纳得以占领蒙塔日，巴黎南部 70 英里处的一座要塞。他想娶的女人贿赂了城内一名理发师，告诉他们哪里可以越过城堡的城墙。他的背叛花费了格雷萨和苏里恩纳 2 000 埃居（145 833 英镑），但他们仍然利润不菲，贝德福德承诺给他们 1 万萨鲁特（802 083 英镑）。苏里恩纳始终佩戴着英格兰红十字，即使拿着勃艮第人的薪水战斗时也是如此，他成为蒙塔日的长官，这给了他退出勃艮第军队的绝佳借口，把蒙塔日变成第二个卢瓦尔河畔拉沙里泰。[15]

　　攻占蒙塔日，为勃艮第公爵腓力开辟了道路，能够在公国边境上开展战役，收复 1431 年丢失给阿马尼亚克派的地盘。从 7 月到

11月，腓力公爵亲率军队，自掏腰包，花费超过15万法郎（875万英镑）。塔伯特勋爵自帕泰村战役以来的四年监禁生涯刚刚结束，便从巴黎率领600人协助此次战役，重夺阿芒松河畔帕西和约纳河沿线许多勃艮第城镇。与此同时，威洛比勋爵和贝德福德岳父圣保罗伯爵在皮卡迪活动，经过长达三个月围攻，于1433年8月20日为勃艮第人收复了圣瓦勒里。11天后，圣保罗伯爵在为围攻朗布尔做准备时，突然身亡，于是战事就转交给他兄长约翰·德·卢森堡和继任圣保罗伯爵（恰好与他叔叔名字一样），继续作战。[16]

　　25岁的阿伦德尔伯爵，作为下诺曼底边境地区的副将，也径直赶赴曼恩。1433年3月10日，他赦免了锡耶的教士和居民，这座城自1418年以来五次易主，此时他刚从阿马尼马克派手里夺回。他也成功地袭击了附近属于安布罗西·德·洛尔的要塞，这些都是威洛比上次没能拿下的。邦斯穆兰很快投降，其防御工事被毁坏，以防敌人再次利用。圣塞内里更难啃下来，部分是因为洛尔的妻子儿女都在城堡内，守卫者决心不让他们落入敌手。他们坚守了三个月，但阿伦德尔的炮石成功在城墙上凿出了缺口，包括洛尔副将在内的多数阿马尼亚克派领袖都在防御战中阵亡。由于洛尔没有及时前来营救，剩余围城者别无选择，只得投降，被允许不带任何财物步行离开。1434年2月，诺曼底国库长约翰·斯坦劳（John Stanlawe）亲自被派去监督圣塞内里拆除工事，这体现了圣塞内里的战略重要性。[17]

　　阿伦德尔本人向西南方向移动了36英里，到阿朗松的另一边，围攻锡耶-勒-纪尧姆，如果6周之内援兵未到，该城同意投降。援军在最后期限前到达，与阿伦德尔军队摆好阵势，发生了一些小冲突，但双方都不准备投入战斗。尽管如此，阿马尼亚克派还是派使者到阿伦德尔处，要求交还人质，理由是根据投降条件，援兵确实按时抵达了。阿伦德尔同意这一点，交还了人质，摆出撤退架势。不过，阿马尼亚克派一分散开，他就回到锡耶-勒-纪尧姆，抓住尚未察觉的守军，突袭占领该城。[18]

尽管有这些军事胜利，市民仍旧没什么安全感，因为阿马尼亚克派在别处施加压力。9 月，拉伊尔从巴黎西北 45 英里处的博韦大本营发动突袭，奔袭 80 英里到阿尔托瓦腹地和坎布雷附近地区，围困农民以讨要赎金，掠夺并焚烧房屋、工厂、教堂和村庄，却不受惩罚。[19]

阿马尼亚克派在巴黎附近再度侵袭，加之阿伯盖蒂红衣主教和平谈判失败的沮丧情绪，导致首都发生两起谋反事件。两起案件显然各自独立，都计划于 9 月底发动。第一起涉及许多富裕市民，他们让几千名阿马尼亚克人驻扎在采石场，其余则藏身城外某些地点。借用 1429 年诱导韦尔讷伊投降的相似诡计，200 名苏格兰人戴着圣乔治十字架进入巴黎，假装是英格兰士兵押送 100 名"囚犯"，而事实上，那些是他们的同乡人。他们将在中午入城，当守门人还在享用午餐时，杀死他们，夺下城门和堡垒，接收等在门外的军队。

第二起密谋是从圣坦尼门和圣奥诺雷门之间，暗中把一队士兵用小船沿护城河送进城内，那里没有房屋能观察到他们。他们试图在圣坦尼宴会上发动进攻，那时巴黎人会放松警惕，沉浸在有关主保圣人的庆祝活动中，然后被屠杀。两起事件都泄露了消息，参与者被当作叛徒而砍头。[20]

11月，下诺曼底地区发生普遍恐慌，阿弗朗士守备军从圣米迦勒山六名被俘士兵处得知，阿朗松公爵前一天已带领大批部队进入公爵领地，计划攻占之前出卖给敌人的四个城镇之一。科唐坦邑长匆忙写信提醒卡昂、巴约、圣洛和讷伊，它们都面临背叛和攻击的高风险，提请它们日夜特别注意守望塔，发自内心地加上一句祈祷语"愿我主上帝保佑你们平安"。[21]

当时已有迹象表明，在新年伊始，鲁昂的圣图安修道院院长，获准在修道院教区内开庭申请林区案件，因为他找不到敢到森林中去的法官，他们都惧怕战争和被敌人、匪徒攻击。几周后，1434年1月13日，原蓬塔梅尔财务秘书获准不必出席在巴黎举行的审计法庭，"由于担心水陆两地的危险"。[22]

与此同时，诺曼底议会写信给卡昂邑长，告诉他传闻阿马尼亚克派已经集结好，欲夺取诺曼底某些城镇，要他在邑长区内做好宣传，任何来自乡村的人都不得携带武器（木质小物件也不行）或穿着盔甲进城。紧接着又来一封信，令他通知法莱斯、巴约和阿弗朗士长官加强警备，因为他们的城市已经被出卖给敌人。[23]

1月29日，拉伊尔攻击了一支运输队，运送着大约两千头猪、许多牛羊到巴黎去。拉伊尔的人马不满足于杀死随从、扣下牲畜和商人交换赎金，还回到伏击现场搜索，"他们割破每个说英语或戴英格兰纹章的人的喉咙，无论生死"。接下来一周，他们对巴黎城外几英里处的维特里发动夜袭，洗劫并放火烧了它，接着拉伊尔的兄弟阿玛多·德·维诺乐（Amado de Vignolles）在首都以北 20 英里处的瓦兹河畔波蒙的城堡建立大本营，那时城堡应该已经拆除了。巴黎人感到被抛弃了，这丝毫不令人奇怪。"这时没有摄政王的消息，"巴黎市民在日记中记录，并苦涩地补充道，"除了人们讨厌的特鲁安纳主教，无人统治。"[24]

贝德福德并未放弃英属法兰西王国，虽然他一定很想这么做。1433 年 11 月 24 日，下议院向国王提交一份长长的请求，当中盛赞贝德福德"用他伟大的智慧和勇气，长久的个人辛劳、冒险和危险"，在维护法兰西王国上"高贵地履行职责"：

> 只要事情需要，他就经常投身于战争险境，正如最贫穷的骑士或绅士服务于国王那样，承担许多伟大而高贵的事业，值得永久铭记，特别是韦尔讷伊战役，这是阿金库尔战役之外英格兰人当时最伟大的事迹……此外，据说大众认为我们贝德福德爵爷对这个王国颇有助益，王国的和平管理和统治因为他的高贵模范和以身作则，而不断进步……并且通过其智慧和审慎，为国王及统治当局提供建议。[25]

总而言之，他们恳请国王"同意、祈求并期待"贝德福德留在英格兰，众位勋爵都联名支持。这样的背书对贝德福德来说很悦耳，尤其是考虑到最初令他被赶回英格兰的原因，但他相信，承受兄长嘱托肩负统治法兰西的重任，才是他的神圣使命。

经过几周考虑，他向议会提交建议书，列明在何种情况下他会在英格兰待更久，直到侄子成年。包括他有权在任命英格兰枢密院成员、国家官员及主教，罢免世俗候选人时接受咨询；任何议会宣布召开前，他应该先行得知日期及地点，"无论身在何处，我都将为我领主国王服务"；应当有一本手册，记录为他祖父、父亲、兄弟服务的全部"老弱"侍者的名字，这样在有职位空缺时，他们能得到应有的职位和年金作为奖赏。他也要求为他支付 500 英镑（262 500 英镑）渡过海峡的花费，但只接受 1 000 英镑（52.5 万英镑）的年薪，根据他在英格兰停留时间按比例支付。这是对他兄弟格洛斯特的直接讽刺，后者不顾王国财政窘迫，将自己作为保护人的年薪提升至 8 000 马克（280 万英镑）。[26]

的确，年薪是在暗贬格洛斯特，他的职位现在降为御前会议资深顾问。这一新安排聪明地做到让贝德福德在国王年幼时成为两国最高权威，却没有损害《特鲁瓦条约》的分治原则。[27] 贝德福德不可能真在法兰西远程统治英格兰，但它现在镌刻于法律之中，英格兰最重要的决定只能在咨询他之后再做决定，即便他身在法兰西。贝德福德的愿景是，未来两国将在同一目标下相互协作。

为支持贝德福德承担更大职责，议会批准他一项十五分之一税、一项十分之一税，并扩大进出口应纳关税范围。意识到布料比羊毛更有出口价值，也需要新的收入来源作为贷款的抵押品，议会还对所有出口布料按价值征收每英镑 12 便士的新税。这些财政支持比贝德福德期望的要少，但已是王国能负担的极限了。[28]

同期召开的诺曼底三级会议，拨款 16 万图尔里弗尔（933 万英镑）专用于维持守备军。这些也不太够，另有许多直接征税的项目，包括：公国范围内 2 万图尔里弗尔（117 万英镑）的税，以资助圣米迦勒山围城；支持拆毁圣塞内里的地方税收；偿还贝德福德

亨利五世，英格兰国王、法兰西王位继承人与摄政，15世纪一位无名艺术家所作肖像（伦敦，国家肖像画廊/布里奇曼艺术图书馆）

LE TRESVETORIEVX ROY DE FRANCE

CHARLES · SEPTIESME · DE CE NOM

　　法国王太子，圣女贞德将他带到兰斯加冕为查理七世。1450年，他终于将英国人赶出法兰西北部，1453年又收复加斯科涅。这张与真人一样大小的肖像出自法国肖像画家和插画家让·福克（Jean Fouquet）之手，作于1445年至1450年间（吉劳顿/布里奇曼艺术图书馆）

香槟地区特鲁瓦的圣彼得及圣保罗大教堂内13世纪的唱诗班席位和恢宏中厅，镶嵌有13世纪或15世纪时的彩色玻璃。1420年5月21日，《特鲁瓦条约》在此祭坛上宣誓签订，亨利五世由此成为法王查理六世的继承人，并与法兰西的凯瑟琳正式订婚（吉劳顿／布里奇曼艺术图书馆）

勃艮第公爵"无畏的约翰"之墓。1419年他被王太子及其党羽谋杀的事件，促成了英格兰－勃艮第联盟，奠定了英属法兰西王国的基础。墓上有勃艮第公爵与夫人巴伐利亚的玛格丽特的雪花石膏雕像，这些精美繁复的雕像耗费几十年，从1443年开始动工，直到1470年还没安放在第戎查特豪斯教堂的唱诗班席位处（第戎美术馆／布里奇曼艺术图书馆）

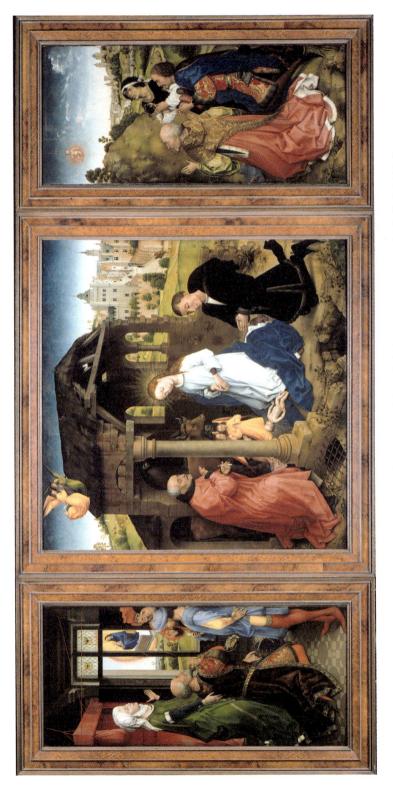

勃艮第公爵腓力在圣诞日跪下祈祷。罗吉尔·凡·德尔·维登（Roger van der Weyden）作于 1445 年至 1450 年间，弗兰芒市米德尔堡尔堡教堂内祭坛三联画的中间一幅（斯卡拉图片博物馆）

1429 年 5 月 18 日，星期三。巴黎最高法院登记簿记载了圣女贞德为奥尔良解围之事。牧师克莱蒙·德·福肯贝格（Clément de Fauquembergue）在页边空白处画下了贞德的剪影。这是目前所知她在世时的唯一画像，但此图纯属想象，因为福肯贝格从未见过贞德。注意，他默认她穿着女性衣服，留长头发（吉劳顿／布里奇曼艺术图书馆）

圣女贞德，15 世纪奥尔良公爵查理的一本诗集抄本上的插图。虽然是其死后所绘，但几乎是她最精确的肖像了。贞德全身披着铠甲，男性装束，举着她那面著名的旗帜（沙尔梅典藏／布里奇曼艺术图书馆）

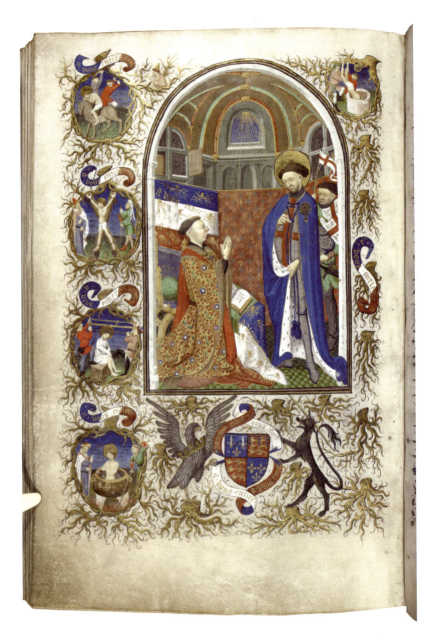

　　法兰西摄政王、贝德福德公爵约翰，跪在英格兰主保圣人圣乔治面前。他的斗篷上佩戴有嘉德骑士勋章。出自《贝德福德祈祷书》（*Bedford Missal*），法国艺术家为贝德福德及其妻勃艮第的安妮所作，公爵夫人在丈夫的许可下，于1430年圣诞夜将它献给在鲁昂的亨利六世（亨伯赛德郡，赫尔大学艺术藏品／布里奇曼艺术图书馆）

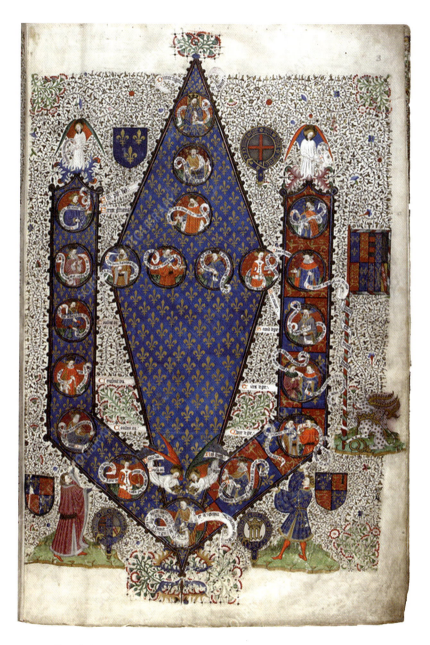

　　鸢尾花式样的谱系图，说明英法王室世系源自圣路易，融合于亨利六世。1423 年，贝德福德公爵下令将此图副本悬挂在巴黎圣母院，以示支持侄子的法兰西王位。此图出自一本法国骑士浪漫文学作品集，1444 年至1445 年作于鲁昂。约翰·塔伯特在安茹的玛格丽特与亨利六世的婚礼上将此书献给她（大英博物馆）

15世纪纸牌上的长弓手。他侧背箭筒，帽上插着备用箭矢，随时应战。长弓是铁质的，让他能够（折到合适的发射角度）瞄准。他腰带上系着一个能调节松紧的装置。长弓的最远射程为370码到380码，不过有效射程很可能只有220码（维也纳艺术史博物馆）

法国最坚固的要塞之一加利亚城堡，由英格兰的理查一世修建于1197年至1198年间，用以守卫诺曼底边境。它竖立在悬崖上，俯瞰着莱桑德利城外塞纳河的拐弯处，仿佛一道铜墙铁壁。当它1430年被拉伊尔攻陷时，羁押于此达十年之久的巴尔巴赞爵爷也重获自由，贝德福德公爵严惩了此城司令官威廉·比肖顿爵士（道朴图片社）

　　1431 年 12 月 16 日，亨利六世在巴黎圣母院加冕为法王。出自约翰·沃林（Jehan Waurin）《古代英格兰编年史》（ *Anchiennes Cronicques d'Engleterre* ）15 世纪的抄本（艺术与历史档案馆）

中世纪的鲁昂，诺曼底公国首府。画面描绘了塞纳河上的船只、城墙、城堡和大教堂（格兰杰藏品／道朴图片社）

鲁昂大主教拉乌·罗塞尔（Raoul Roussel）代表鲁昂市民向亨利六世的法兰西总督埃德蒙德·博福特恳求，希望他同意查理七世的条件，在1449年10月率城投降。出自15世纪抄本让·夏提耶（Jean Chartier）的《查理七世编年史》（Chronique du Charles VII）（法国国家图书馆）

《贝里公爵的豪华时祷书》（*Les Très Riches Heures du duc de Berry*）抄本中的 2 月风光。绘于 1438 年至 1442 年间，描绘了一个法国乡村家庭的冬日景象。注意看，这里有围墙可以阻挡野生动物，石质的高顶房屋远离家畜区域，能减少火灾风险。院子里有安居圈中的羊群、跑出笼外的鸽子，远处墙上还竖着四只蜂蜜储存罐。旷野上的小型农场和民居尤其脆弱，易受士兵和土匪掠夺（艺术与历史档案馆）

　　6月，巴黎郊外割晒牧草的景象。这是《贝里公爵的豪华时祷书》上的微型插画。劳动者们都赤着脚，男人们用大镰刀割草，妇女则把它们耙在一起，整理成堆。远处是塞纳河上有城墙护卫的西岱岛，由行政中枢王室宫廷控制，右侧是圣礼拜堂高耸的尖顶。在巴黎城外耕种十分必要，但敌军时常侵扰城门，风险很高（艺术与历史档案馆）

　　10 月，法国农民在塞纳河右岸犁地，种下冬小麦；身后的田里有个装扮成法兰西弓箭手的稻草人，头戴盆形帽，手持弓箭站岗。巴黎市民在城墙外散步，左岸是恢宏的卢浮宫主楼，有纤细的烟囱和塔楼。此画和左页图出自同一位艺术家之手，是为《贝里公爵的豪华时祷书》绘制的插图（艺术与历史档案馆）

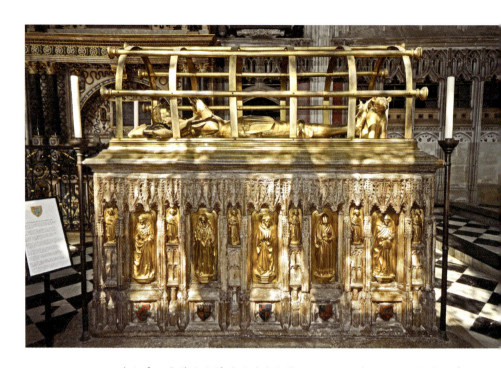

　　沃里克伯爵理查墓室上精美的鎏金铜像，位于沃里克郡圣玛丽教堂的博尚礼拜堂。沃里克伯爵1439年死于鲁昂，时任亨利六世的法兰西与诺曼底总督兼行政官。铜像上的他全身披挂米兰式铠甲，不蓄胡须，留着当时流行的布丁碗发型（道朴图片社）

　　1449年3月，弗朗索瓦·德·苏里恩纳和他的攻城队长托马森·都·盖斯内正翻越富热尔城墙，从布列塔尼公爵手中夺下此城。查理七世称这一事件是在破坏《特鲁瓦条约》，于是对英国人宣战，最终将他们逐出法兰西。出自15世纪马提尔·德·奥弗涅（Martial d'Auvergne）《查理七世守夜祈祷》（Vigiles de Charles VII）抄本（法国国家图书馆）

　　一度被视为红衣主教阿伯盖蒂的肖像，目前判定是红衣主教亨利·博福特。1430 年至 1435 年间，扬·凡·艾克（Jan van Eyck）所作（维也纳艺术史博物馆）

Henry VI presenting a Sword to John Talbot Earl of Shrew...

　　亨利六世授予约翰·塔伯特法兰西元帅职位（1436年5月9日）。或许，由图上国王的年龄推断，更可能是授予他为什鲁斯伯里伯爵时（1442年5月20日）的情景。出自1445年塔伯特赠给安茹的玛格丽特的《塔伯特祈祷书》（*Talbot Book of Hours*）（斯塔普勒顿藏品／布里奇曼艺术图书馆）

亨利六世未亲政时的英格兰守护者格洛斯特公爵汉弗莱与妻子埃莉诺·科巴姆，后者1441年因行巫术罪被强制与公爵离婚。这是圣阿尔班修道院登记簿内的一幅插图，格洛斯特公爵是这里的资助人（艺术与历史档案馆）

亨利六世与安茹的玛丽特的婚礼，1445年4月22日于蒂奇菲尔德举。这是15世纪法国手抄《查理七世守夜祈祷》上微型插画，原书作者马提·德·奥弗涅（法国国家书馆）

　　王太子路易向塔伯特建造的用以围攻迪埃普的英国堡垒发起进攻。堡垒四周沟渠上的浮桥正运送就位，也许用起重机降低了高度，以便攻城者翻越城墙，最远处浮桥的传送轮也清晰可见。1443 年 8 月 14 日，这座堡垒被突袭得手，塔伯特的私生子也成了阶下囚。此图出自 15 世纪抄本让·夏提耶的《查理七世编年史》（玛丽·埃文斯图片图书馆）

圣米迦勒山。岛上守备森严的修道院环绕于流沙之中，这是诺曼底唯一未向英国人投降的要塞（吉劳顿）

　　《塔伯特祈祷书》中的一页，为约翰·塔伯特勋爵作于鲁昂。这是一本私人英法双语祈祷文集，包括查理曼祷文，反复念诵着基督十字架的名字，祈求它显现，据说可以驱赶战争中突然死亡的阴影。这一页描绘了塔伯特与妻子玛格丽特跪在圣母与圣子面前。他们的主保圣人站在身后，玛格丽特身后有圣玛格丽特，但关键是，塔伯特身后是英格兰的圣乔治，而非他自己的同名圣人圣约翰。注意看画面下方的嘉德骑士勋章标志，塔伯特是嘉德骑士团成员，圣乔治是其主保圣人（剑桥大学菲茨威廉博物馆／布里奇曼艺术图书馆）

为阿伦德尔伯爵曼恩战役的借款。[29]

贝德福德本人将在英格兰待到 7 月，试图为即将到来的战争季筹集现金和借款，但 2 月时，塔伯特勋爵约翰只带 1 000 人去了法兰西。他们于 1434 年 3 月 11 日集结准备上船，首先到达鲁昂，接着到巴黎，攻取吉索尔和博韦之间的小要塞茹伊。塔伯特下令绞死全部守备军，他这标志性的无情，后来令全法兰西胆寒。[30]

在巴黎，咨询法兰西议会后，他和阿伦德尔伯爵、利勒-亚当爵爷会师，围攻瓦兹河畔波蒙。他们抵达后发现这座城已经被遗弃了：阿玛多·德·维诺乐得知他们迫近，已将人员和财物转移到上游 14 英里处更安全的堡垒克雷伊。塔伯特稍做停留，摧毁了维诺乐在波蒙的新堡垒，随后跟到克雷伊，将城围住。城内士兵起初积极抵抗，但维诺乐在冲突中被一箭射死，士气随之溃散。大约 6 周后，路易·德·卢森堡带着援兵到来，守城人已达成协议：1434年 6 月 20 日，他们获准带上个人财物离开。[31]

克雷伊被攻占的当天，贝德福德在威斯敏斯特举行英国议会的最后一次会议，敦促御前会议要遵守他在 12 月谈下的协定条款。他没把握他们一定照做，因为格洛斯特不等他回到法兰西就开始着手消解他的权威了。这次他不只是煽动流言。4 月 20 日，格洛斯特向议事会提交了一份正式备忘录，对最近的战争管理不善进行严厉批评。接着他主动请缨，想要亲自统领大军到法兰西，打赢一场关键战役，这样就再也不用从英格兰征税来支持战争了。

贝德福德十分气愤，但无法忽略这些提议，因为无论多么不切实际，他们已经获得广泛的群众支持，提高了备受压力的纳税人的期望值。他精心准备了一份谨慎措辞的回应，来阻止公众的"窃窃私语和牢骚"："格洛斯特公爵的提议……蒙上帝恩典，将会很有效用……如果它有可能执行的话。"这样规模的远征将会花费 4.8 万英镑到 5 万英镑（2 520 万英镑到 2 625 万英镑），并且正如国库长告知的，近期经验表明，连一半的钱也凑不出。[32]

贝德福德替代他哥哥宏伟计划的现实方案是，他可以自费提供 200 名重骑兵和 600 名弓箭手，若是国王的兰开斯特领地能资助类似规模的军队而且加莱守备军能任凭他调遣，来保卫整个英属法兰西王国。这并不够，但他已尽力而为了。他心情沉重地告诉国王，他在法兰西的臣民，尤其是巴黎人，没有更多援兵就已坚持不住了。他请上帝为他作证，"要是失掉了你父亲以及其他许多王侯、贵族、骑士和绅士终生为之奋斗的王国，有多遗憾"。之后他回到法兰西，将剩余岁月投入对国王和国家的服务之中。[33]

第十四章

失序与溃败

尽管英格兰充满了消极情绪，法兰西战事仍进入更为成功的阶段。1434 年 6 月 20 日塔伯特攻取克雷伊，并在当地派驻英格兰守军，之后行进 8 英里到瓦兹河谷地，到蓬圣马克桑克围攻赞特拉耶的侄子吉永·德·费里埃（Guillon de Ferrières）。费里埃只象征性地抵抗了一下，几天后就投降了，于是塔伯特继续清扫附近残余的阿马尼亚克派要塞，包括突袭而得的瓦卢瓦地区克雷皮，以及拉伊尔家族另一位成员、维诺乐的私生子所在地克莱蒙。塔伯特用辉煌的结尾结束了战役，到博韦城墙下炫耀军力，但尚未围攻这座阿马尼亚克派要塞就鲁莽地撤退了。塔伯特的行动清除了巴黎以北的阿马尼亚克守备军，贝德福德为表彰其战功，于 8 月 24 日授予他克莱蒙伯爵。[1]

阿伦德尔伯爵那年夏天也上了战场，夺取了巴黎西部及西南方向芒特及沙特尔之间的几座要塞，同时威洛比勋爵及大约 500 名英格兰士兵正在皮卡迪地区协助约翰·德·卢森堡，第二次重夺圣瓦勒里，此前这座要塞因为夜间守备不足落到了阿马尼亚克派手中。6 月，当时为东富朗长官的斯卡乐勋爵，对圣米迦勒山发动袭击，守备军将他们赶走了，斯卡乐负伤，这不过是正式围城前的小冲突。不过，又一座城堡建立起来，这一次是在格兰维尔和海岸沿线的热奈之间的圣让-勒-托马斯。加之阿德翁城堡守备军（80 名重骑兵和 240 名弓箭手）和通贝莱（26 名重骑兵和 78 名弓箭手）城堡，表明此次围城中投入了大量人力和财力。[2]

然而，即便是现存守备军，也很难留下来。当通贝莱长官兰沃思的马金（Makyn of Langworth）1433 年 12 月 14 日拿到守备军工资单时，他注意到有 12 图尔里弗尔 11 苏（732 英镑）被国库长扣除，因为有人缺席每月集会；另有 150 图尔里弗尔（8 750 英镑）被扣除，因为 10 名弓箭手"根据合同，由于民族原因不该领工资"。这意味着兰沃思招募了一些不是英格兰人、威尔士人、爱尔兰人或加斯科涅人的弓箭手，说明他从这些民族招不满名额〔有位叫普乐荣（Plewron）的弓箭手国籍不明，虽然他的工资照常发放，"因为据说是英格兰人"〕。[3]

随着圣米迦勒山围城之战持续进行，拖欠工资成为真正的问题。7 月，因为没钱生活，威廉·克瑞斯维尔（William Cresswell）和其他三名英格兰人都当了逃兵，他们都来自斯卡乐勋爵在阿德翁驻扎的 100 名重骑兵和 300 名弓箭手。他们来到圣洛地区，多次偷盗或勒索，虽然按照克瑞斯维尔的坦白，他们只拿了自己所需要的钱，如果有人抢劫了乡下人的鞋子，他就换上自己的。最终他们被当地人抓获，带到库唐塞财务秘书面前，都进了监狱。或许认识到这是不得已为之的行为，而非蓄意犯罪，克瑞斯维尔于 1434 年 8 月 19 日获得宽恕，得到释放。当局当然知道工资没下发，次月命令当地征税，以便能让阿德翁守备军提前三个月拿到全额工资。[4]

克瑞斯维尔及其朋友不过是日渐失控的财务问题的一个例证。叛逃士兵总有各种问题，通常是来自英格兰的远征军队，他们发现劫掠乡村居民比在战场服役更有利可图。早在 1422 年 10 月，亨利五世死后数周之内，贝德福德的权威正是通过下令让士兵归属于长官，禁止他们劫掠、勒索或绑架市民而树立的。1424 年 8 月 1 日，他命令科唐坦的官员禁止叛逃士兵乘船前往英格兰，并逮捕所有靠劫掠土地为生，或从事劫掠、强盗或勒索的人。类似命令也在 1429 年 5 月和 8 月发布过，并于 1430 年 5 月、6 月和 12 月再次发布。[5]

个案或许可以这样处理，但当叛逃者联合起来，事情就越发严重，拉伊尔、赞特拉耶和洛尔等人模仿阿马尼亚克派长官，靠征收军事税为生，劫持人质以换取赎金，强取货物。1428 年 7 月，200 名威尔士和爱尔兰土匪公然在图克河流域活动，不得不派出军队镇压他们。1433 年 6 月，另一伙威尔士匪帮中的 9 名成员在瓦罗涅附近的乡下捕猎而被逮捕，投入狱中。[6]

然而，1434 年夏天可谓是英格兰王国内最大团伙的独立行动了。领头人是理查·维纳布勒（Richard Venables），一位 1428 年随索尔兹伯里伯爵远征军来到法兰西的重骑兵，其随行人员有 3 名重骑兵和 12 名弓箭手。或许刚从不远处的圣米迦勒山之围撤退出来，他以兴建于 12 世纪的老萨维涅修道院为大本营，此地是备受争议的诺曼-布列塔尼边界地带，位于圣詹姆斯-德-博夫隆和东富朗之间的中间地带。据说，很短时间内他就吸引了 1 200 人到他麾下，4 个月内他在当地成功地发动了一场对阿马尼亚克派的私人战争。

因此，洛尔、洛埃阿克（Lohéac）和拉瓦尔（Laval）诸公爵决心发动致命一击，以摧毁他。他们在凌晨攻击了老萨维涅，杀死并俘获 200 余人，但其余士兵在撤退到富热尔后坚持抵抗了四小时。不久之后，得知维纳布勒的人马离开修道院的安全之地，上了战场后，洛尔和洛埃阿克发动伏击，虽然长官逃脱了，但据说损失了 300 名士兵。[7]

讽刺的是，终结维纳布勒职业生涯的并非他的敌人，而是自己人。他对当地诺曼人的掠夺，引发了对英格兰当局排山倒海般的抱怨。贝德福德始终是记录坚守者，他非常重视镇压这种非法和压迫性的行动。他没有依赖当地官员，而是于 9 月 3 日从鲁昂派遣国王秘书让·德·林内尔（Jean de Rinel）和其他王室官员，去逮捕维纳布勒并分散他的人马。逮捕维纳布勒的英格兰候补骑士托马斯·图灵汉姆（Thomas Turyngham），没有按照惯例获得价值 6 图尔里弗尔（350 英镑）的战利品，而是 1 000 萨鲁特（80 208 英镑）金币，"作为他伟大的功劳、辛苦和勤奋的回报"。

虽然维纳布勒可能希望他未经授权的对阿马尼亚克的军事行动能对他有利，但还是被当作盗贼和背叛者审判、宣判并砍头了。英国当局对他们其中之一进行了如此惩戒性的惩罚，让阿马尼亚克派无法理解，他们把这归咎于"嫉妒，因为他们视他为战争指挥中的一个伟大企业家"。显然，维纳布勒的同伙如果答应回家，就可以被宽恕，因为诺曼长官得到提醒，随后的 1 月份其中有 400 人要到海边去，不得让他们进入沿途任何城市。[8]

维纳布勒作为自由军官非法活动，但正规守备军也对当地人犯下类似罪行。1434 年 8 月 2 日，英属法兰西王国有史以来最令人羞愧的一幕发生了，英军雇佣的士兵在维克屠杀大批诺曼人，这是两座英国据点之间的一座小村庄，西南 8 英里处是法莱斯，西北 5 英里处是迪沃河畔圣皮埃尔。邑长总是鼓励普通民众根据个人情况武装起来，于是他们可以充当地方民兵，外出巡逻，逮捕行为不轨者，保护社区不被土匪和逃兵洗劫。虽然他们比不上职业士兵，缺少高级盔甲、武器和训练，但他们充当着重要的辅助军事角色。

这种情况下，大约 2 000 名民兵被召集起来对付英格兰士兵，后者违抗皇家条例，在下诺曼底地区搜刮劫掠。他们成功地将其赶出自己的城市，逮捕并杀死若干人。当民兵撤回时，托马斯·沃特豪斯（Thomas Waterhouse）和罗杰·扬克（Roger Yker）率领一支英格兰、威尔士和诺曼联合军队暗中跟随，报复性地伏击并屠杀了他们，两人是此次事件的"首领、长官和教唆人"，大约 1 200人被杀。[9]

沃特豪斯事件让诺曼人的忠诚濒临崩溃，尽管贝德福德对这起官方档案所称的"可怕的谋杀"反应迅速。调查委员会奉命成立，向鲁昂议事会汇报，因此公国内四位重要骑士——摄政王内府大总管约翰·法斯托夫、鲁昂邑长约翰·萨尔文（John Salvein）、阿朗松邑长威廉·欧德霍尔和鲁昂城堡司令尼古拉·伯代（Nicholas Burdet）——被调往法莱斯逮捕谋杀者。沃特豪斯和他的几位同伙以叛徒身份被逮捕、审判并处决。此次事件中并非所有人都是英格兰人，至少有一人是诺曼人，来自埃科舍维尔的约翰·勒·芒松（Jehan le Maçon）犯下好几桩"盗窃、掠夺和抢劫罪"，行刑前还在维克参与谋杀"贵族和平民"。[10]

　　这起事件显然十分严重，需要高层介入，不过任命这四位委员也许是因为他们远离事件发生区域，没有牵连嫌疑。调查结果表明，肯定牵涉法莱斯驻军成员。倒是不清楚，沃特豪斯和扬克是否受那里雇佣（或者迪沃河畔圣皮埃尔）或者是未被抓住的逃兵，但至少三名证人是法莱斯驻军中的英格兰人。约翰·普卢默（John Plummer）和威廉·丁拓尔（William Tintal）分别被囚禁在卡昂和巴约，而不在法莱斯，他们在那里无疑有许多同情者。对理查德·波特（Richard Porter）的行为又进行了一项调查，他是"法莱斯城堡的所谓买家"，他被指控多次"虐待"国王臣民并"没收、盗窃"其财产。几个月后，"可怕的谋杀"事件中一名受害者的未成年子女去了远房亲戚家投宿，向王室请求对法莱斯财务秘书的副将腓力宾·勒·克劳蒂埃（Philippin le Cloutier）施加禁令。虽然未必有明确证据表明他行为不端，但这反映了大众对王室官员的普遍不满。[11]

　　沃特豪斯事件调查后，贝德福德引进一系列军事改革，以避免陋习复发。他已接受由大议会在 1430 年引进的若干改革，包括在诺曼底公国境内悄悄举行一次检阅，允许驻防弓箭手从事相关军事贸易，例如成为火炮手、造箭工匠，只要他们留在驻地，不移居其他城市（长官始终禁止雇佣在本地城市居住或进行贸易的人，哪怕是英格兰人。理由很简单，守备军必须永远达到规定人数。许多英格兰弓箭手娶了法国女人后，通常会开个小酒馆。这会导致一些地域特征鲜明的问题，有个住在翁弗勒的人就是例证：当拉伊尔袭击郊区时，他住在那里，而不是在军营里，他的房屋被烧毁，父子两人被俘，因此他缺席了 1433 年 9 月 26 日的集会）。[12]

　　贝德福德于 1434 年 10 月引进改革，让相关措施更合乎逻辑。有史以来第一次，所有长官的合约要在同一天开始，即 10 月 20 日，合约为期两年，条款相同。只能雇佣英格兰人、威尔士人、爱尔兰人及加斯科涅弓箭手的条款也被移除，但驻军中法国人的比例不得超过八分之一。

　　另一项创新是把常驻军和"机动部队"（creue）同时写于合约中，这是一支随时做好准备上战场的重装骑士增援力量。"机动部队"在 1429 年危机中已作为一种临时措施被引进，此时他们已成为军事组织的重要组成部分，其灵活性和机动性让他们可充当武装护卫队、战地部队和围城援兵，而不必迁就常驻军的兵力。然而，他们的优点也可能成为负担，尤其是如果他们被拖欠工资，在乡下四处奔波时。贝德福德如今下令，他们仍然和其他驻军一样按季度领工资，但每月上战场时，他们可以定期购买给养，而不必预留三个月的工资在手上，诱人抢劫。长官合约中也特别加入一条，诺曼驻军禁止招募任何卷入沃特豪斯团伙"可怕的谋杀"事件的人。[13]

贝德福德改革的本意是好的，但正如本地人所担心的，纯粹是纸上谈兵。除了未付工资的士兵在乡村劫掠的问题，市民们也要对付来自圣米迦勒山、博韦以及克莱蒙的敌人突袭，拉伊尔迅速重整旗鼓，通过简单的权宜之计，在一个"友好的"会议上抓住该城长官，用剑迫使他献城。他们也面临大规模的征税。贝德福德本人在9月参与维尔农举行的三级会议，呼吁普遍征税，不仅要支付诺曼驻军每年高达25万图尔里弗尔（1 458万英镑）的薪水，还要偿还夏季战役的军费。总之，要从平民那里筹集34.4万图尔里弗尔（2 007万英镑），还要为当地防御开销征税，例如下诺曼底地区预算为2.2万图尔里弗尔（128万英镑），用于在圣让-勒-托马斯修建新城堡。[14]

这些征税加剧了国家的财政困难，本已挨过一个漫长而艰苦的冬天，如今又将迎来这个世纪最糟糕的冬天。11月30日（讽刺的是，这一天恰好是勃艮第人为主保圣人圣安德鲁摆下庆祝盛宴的日子），"天气变得异常寒冷。冰冻持续了一个季度，整整9天没有融化的迹象，大雪日夜不停地下了40天"。在英格兰，泰晤士河及其河口冰封了，从波尔多来的葡萄酒运输船只好在桑威奇卸货。在富裕的阿拉斯，市民们竞相堆起华丽的雪人，自娱自乐，从"死亡之舞"（Danse Macabre）[①]的主角到贞德领导军队的场景，应有尽有。[15]

在下诺曼底地区，尤其是科唐坦，农民们发生饥荒。1434年

---

　　① 中世纪晚期西欧经典文学主题，在戏剧、诗歌、音乐和视觉艺术中都有表现，描绘了活着的和死去的人物的行列或舞蹈，活着的人按照等级排列，从教皇和皇帝到孩子、执事和隐士，而死去的人引导着他们走向坟墓。

至 1438 年间的鲁昂财务秘书盖伊·德·拉·维叶特（Guy de la Villette）指出，很多教区根本付不起那些征派的税费，"因为他们处于国王的敌人及对手经常对峙的中央，由于这个缘故，教区居民四散而逃，大多数不知去往何处，其余人都死了，于是这些教区仍然无人居住，人烟稀少……人民实在穷困潦倒，他们再也无法负担任何税费了"。圣洛附近的拉罗什特松村，是一个典型的例子。到 1433 年 7 月，居民人口从 80 人锐减到 3 人，剩余的都跑到布列塔尼去了，也许是害怕 6 个月前他们的勋爵拉乌·特松叛变的后果。[16]

1435 年新年伊始，法莱斯、卡伦坦和巴约之间的地区爆发了英属法兰西王国的第一次起义。当局无疑认为，这是由贵族和组织民兵的本地官员"错误和邪恶劝说"所煽动的，但事实上，几千平民百姓拿起武器，洗劫了圣埃蒂安修道院，随后围攻卡昂。信使迅速赶往东富朗告知斯卡乐勋爵，恳求他集结一切力量。鲁昂也进行总动员，阿伦德尔伯爵正组织第二支力量派往卡昂。[17]

不过，甚至在援兵到达之前，卡昂守军已击退了围城者，成功在郊区伏击他们，杀死众多敌军，包括他们的首领之一让·德·尚特皮（Jean de Chantepie）。其余的人因这次失败而灰心，也因为大雪和霜冻受苦，撤到位于法莱斯和圣洛之间中点的奥东河畔奥奈修道院。他们在那遭遇安布罗西·德·洛尔，此人奉阿朗松公爵之命要带他们到理查·维纳布勒的总部老萨维涅修道院去。叛乱的时间点和洛尔的干预都暗示了，公爵鼓励起义是为把英军兵力从圣米迦勒山分散出去，这样他就能发动攻击突围。

反叛军在经过诺曼底时，行程是受到严密监视的，英军不仅知道其与阿朗松公爵的集合地点是在老萨维涅修道院，也知道阿尔德维恩是目标。斯卡乐决心完全摧毁阿德翁，不让它落在敌人手中。1435 年 1 月 20 日，无家可归的驻军，包括 80 名重骑兵和 240 名弓箭手，加入战斗。

阿朗松出师不利，于是围攻阿弗朗士，两名女间谍密切观察并向英国当局汇报他的军队规模和调遣路线。斯卡乐有这些信息相伴，便联手阿伦德尔伯爵，启程解围阿弗朗士。得知他们已上路的消息，阿朗松放弃围城、撤营逃走，但海湾地区仍保持高度戒备。据间谍报告，阿朗松意欲在老萨维涅设立永久总部，于是科唐坦邑长休·斯宾塞（Hugh Spencer）奉命摧毁它，将拱顶和防御工事推倒，这样就不能再用作城堡。4 月，来自阿德翁的 70 名重骑兵和210 名弓箭手转移到圣让-勒-托马斯的新城堡，以阻止圣米迦勒山守军的掠夺。[18]

当阿朗松及其元帅洛尔在圣米迦勒山突围、把战争引向诺曼底西南方的英格兰人时，拉伊尔继续在皮卡迪收复他此前一年拱手交给塔伯特的要塞。他不仅收复了圣瓦勒里，还有海岸对面威胁着勒克鲁图瓦及英格兰人通往索姆河河口的鲁城，使得阿马尼亚克派能向北奔袭到埃塔普勒。

阿伦德尔预见到诺曼反叛要蔓延到自家或者布列塔尼流散地了，因此他带着八百人马收复鲁城。然而，当他抵达古尔奈时，得知拉伊尔正在热伯鲁瓦一座古老城堡重修工事，就在这座英格兰要塞东北 71 英里处，离鲁昂也不过向东 37 英里。让拉伊尔从博韦如此长驱直入是始料未及的，所以阿伦德尔紧急调遣军队，和先头部队一起在清晨 8 点钟抵达。在等待步兵和火器部队到来的同时，他着手准备住处和防御工事，准备围攻热伯鲁瓦。他有所不知，拉伊尔和赞特拉耶正在城堡之内，有 700 人任他调遣。两名长官从其有利位置可以看到阿伦德尔的主力部队正在逼近，这让他们明白，不被包围的唯一机会就是立即出击。当有些守军步行出发，袭击并转移阿伦德尔军队的注意力时，拉伊尔率领骑兵孤军奋战，出其不意地拦截了前进纵队。他们四散奔逃，拉伊尔在乡村旷野紧追不舍。

回来时他发现局面已经扭转了：阿伦德尔躲进了他修建的围场，包围者如今成了被包围的人。他们只有树丛遮挡背部、木桩保护前面，没法和重整旗鼓的阿马尼亚克兵力相提并论，很快就屈服了，少部分人逃生，大多数人被杀或被俘。让这次失败变成灾难的是，阿伦德尔本人受到致命创伤。火枪击中了他脚踝以上的腿部。他被搜寻到，送往博韦（毕竟，他值一大笔赎金），但他于 1435 年 6 月 12 日因伤势过重而死。[19]

阿伦德尔死时年仅 27 岁，让英格兰损失了一员最年轻有为、最勤勉的军事将领，但他的故事没有终结。同时代的编年史家认为，由于他死于敌人之手，尸首埋葬于博韦的方济各会教堂。然而，1454 年去世的什罗普郡乡绅福克·艾顿（Fulk Fyton）的遗嘱证明，伯爵的尸骨当时在他属地：行刑者奉命遵循伯爵遗愿，确保他葬在阿伦德尔伯爵家族教堂里，不过条件是现任伯爵解决欠艾顿的钱款，"为了我从法国带出来的我领主约翰的遗体，为了那运骨头的马车，从法国人的手中解救出来，他欠我 1 400 马克（507 500 英镑）"。[20]

　　艾顿与伯爵有私人关系，受他赠予，享有威尔士边界地区的奥斯沃斯特里城堡元帅一职，但他也是训练有素的军人和头脑冷静的商人，要是没有"补偿"，甚至利润，他可不打算归还遗体。他何时、如何获得遗体的，不得而知。或许是在下葬前，他支付了大笔赎金购回。这样的话，他不得不照例执行令人不快的任务，将遗体一分为四，把肉煮掉，便于运回英格兰。这意味着，艾顿实际上已经把死去的伯爵当作了人质，在近 20 年的时间里徒劳无功地抓着伯爵遗体不放。

　　另一种可能是，艾顿是在晚些时候，即大约在 1450 年他离开法国时，完成这桩交易的，虽然作为一名受尊敬的英格兰长官，他很可能肩负着确保阿伦德尔遗体顺利出土和回国的任务而回。后来才获得遗体是可能的，因为当阿伦德尔伯爵墓穴在 19 世纪中期发掘时，里面 6 英尺高的骨架完好无损，只遗失一条腿，这说明他死后不久没有被分割。[21]

　　阿伦德尔之死不过是打击英国人的一系列灾难中的最新一桩。阿马尼亚克人正向巴黎施压。"奥尔良的私生子"重夺蓬圣马克桑克，最危急的是，6 月 1 日凌晨时分，他率领麾下 1 200 人奇袭并夺取圣坦尼。两起事件中，英格兰守军都被无情屠杀，城中英格兰土著也是同样命运。[22]

　　圣坦尼的失守尤为关键，因为英格兰人也把它视作法兰西象征；那里也是巴黎市郊。"后果十分严重，"市民在日记中记录道，

　　　　巴黎如今四面都被封锁了，食物从水路或是其他途径都无法运送到。他们每天都到巴黎城门前，凡是发现有城内居民进

出的，一律杀死；要是妇女和少女，就强行带走。他们把巴黎周边的庄稼都割走了，无人能阻挡他们。后来他们习惯把俘虏割喉，把尸首丢在路当中，无论是工匠还是什么人，女人也不例外。[23]

阿马尼亚克派的军事复兴，以及他们运用的更加残忍的技术，都是恐怖主义战役的一部分，意在干预同期进行的和平谈判。各方压力与日俱增，1434 年 2 月 5 日英格兰的阿金库尔战役俘虏波旁公爵之死，打破了局势平衡。新任公爵——其子克莱蒙伯爵查理，迎娶了勃艮第公爵腓力之妹艾格尼丝，不过这没能阻止他向内兄发动战争，名义上是为查理七世，实际上是自己希望吞并夏洛来县。然而，经过 1434 年夏天一场灾难性战役，他在 12 月与勃艮第公爵达成为期三个月的停战协议。更要紧的是，两人同意次年 1 月在内维尔再次会面，进一步商讨。[24]

这次会议的重要性在于，它不再局限于勃艮第和波旁公爵了。两人都是法兰西元帅亚瑟·德·里什蒙的连襟，后者的妻子是腓力公爵的姐姐玛格丽特，他也出席会议。里什蒙也曾与勃艮第公爵谈判，到 9 月他确保了法国东北部阿马尼亚克派与勃艮第派为期六个月的停战协议。出席这次家族峰会（贝德福德的缺席十分瞩目，他再婚后就不再参与了）的也有兰斯大主教雷诺·德·沙特尔。大主教是查理七世的法兰西首席大臣，也是宫廷中主和派的主要成员，他的出席很早就表明，事态远不止恢复停战那么简单。

事实证明的确如此。一番盛宴舞蹈庆祝家族重聚之后，协议的主体部分已拟好。各方都同意于 1435 年 7 月 1 日在阿拉斯再次会面，商讨普遍和平事宜。此地属于勃艮第阵营的低地国家，勃艮第本人要通知亨利六世，提请他出席。如果英格兰人拒绝接受查理七世的"合理方案"，勃艮第承诺与之断绝关系，加入如今他首次称呼为"国王查理"的阵营。他的回报是索姆河两岸的全部王室之地，包括蓬蒂厄县。教皇想要调停，在巴塞尔会面的教会总理事会也将要派代表出席。勃艮第公爵要求为他父亲之死道歉并做出补偿、惩罚涉案者，这个此前谈判中的绊脚石，也被安静地放在一边了。[25]

只有一位不具名的勃艮第骑士吐露了当天在场人士的心中想法。他大声、清楚地对大家说，有意让人听到："在我们当中，有人恶意建议我们为王公贵族任性的想法，冒险捐躯，奉献灵魂，他们一高兴就和好如初……而我们一贫如洗，一败涂地。"[26]

这位无名士兵的苦涩，并非所有平民都感同身受，当勃艮第公爵腓力于 4 月 14 日到达巴黎承诺和平时，受到英雄般欢迎。巴黎大学当面进行了一次和平主题演说，一位女性代表向公爵夫人呼吁，在主要条款上发挥她的影响力。在烘托了和平即将到来的强烈期待之后，勃艮第公爵动身前往阿拉斯，没见到一个说话算数的人。贝德福德一听说条约在内维尔达成，早已从巴黎撤回鲁昂。在勃艮第公爵抵达的那一周，他没有返回巴黎，勃艮第也没有找他。这么做没什么道理，因为贝德福德态度很明确，他绝不动摇。在他侄子的年龄足以亲政之前，贝德福德将要竭尽全力捍卫英属法兰西王国，直到生命最后一刻。[27]

第十五章

《阿拉斯条约》

1435 年春，怀特岛和大多数英格兰南部沿海郡县，都收到了法军入侵的威胁警报。多年来这还是头一遭，也是海峡两岸军情险恶的直接反映。下诺曼底地区的反叛、索姆河湾区及巴黎周边失陷，以及阿伦德尔伯爵之死，都损害了英属法兰西王国，它再也无法充当敌人进攻的缓冲带了。势必要挽回局面，不仅要保存英格兰在法国北部的财产，也要保护英格兰自己的边境。[1]

在诺曼底，三级会议于 5 月在巴约召开，批准 4 万图尔里弗尔（233 万英镑）以资助一支 800 名重骑兵和 2 300 名重装弓箭手的新军队。在英格兰，议会拨款是不可能的，以红衣主教博福特和他侄子萨默斯特伯爵约翰为首的富裕家族筹措了 21 813 英镑（1 145 万英镑）的借款。这笔钱被拨给由塔伯特和威洛比勋爵招募并统领的一支 2 500 人的新远征军。塔伯特的军队在 7 月驶往法兰西，径直前往巴黎，解放了卢维埃尔附近的奥维尔，随后开始包围圣坦尼。[2]

这支远征军离开英格兰的时间，正好是代表团参加阿拉斯会议之时。英格兰参与和平谈判困难重重，尤其是因为这次谈判的倡导者和协调人不像以前那样是教会，而是勃艮第公爵。他主持了预备会议，正在勃艮第阿尔托瓦的首府阿拉斯召开理事会，并发出参会邀请。他事先都没有和英格兰盟友通气，正如他们抱怨的，这种做法违背了《特鲁瓦条约》，后者约定任意一边都不得单独与阿马尼亚克派谈判。勃艮第的角色对英国人如此重要，他们甚至向教皇求教，确认公爵是否打破协定誓言。尤金向他们保证，勃艮第公爵没有食言，但又加上了自己不祥的警告，劝告英格兰人应当比以前表现得对和平更有诚意些。[3]

勃艮第公爵打得一手好牌。英格兰人是主要各方中最后收到正式邀请的，由于查理七世、教皇和巴塞尔教会理事已经接受并指任代表，他们出席的压力剧增。来自西西里、西班牙、葡萄牙、丹麦、波兰和意大利的代表也受到邀请，确保全欧洲都能看到结果。

英格兰人很难确定代表团团长。他们首选是勃艮第公爵腓力，但这只不过是一个政治姿态，表示英格兰与勃艮第利益一致、联盟关系牢固。毫不奇怪，他直白地回绝了，理由是自己是独立一派。红衣主教博福特当然也是一个选项，但他也拒绝了，更愿意在幕后发挥作用，不被外交礼仪束缚。特鲁安纳主教路易·德·卢森堡兼任亨利六世的法兰西首席大臣，是第三人选，但最终没有到阿拉斯来。

查理七世大使团为首的是三位宫廷权势人物，波旁公爵查理、法兰西元帅亚瑟·德·里什蒙和兰斯大主教兼法兰西首席大臣雷诺·德·沙特尔，与之相比，最终参会的英格兰代表团级别要低很多。领衔的是约克大主教约翰·肯普，他是红衣主教博福特的亲密同事兼英格兰议事会顾问，也曾是亨利五世首任法兰西首席大臣。随行有诺里奇主教、圣大卫主教和掌玺大臣威廉·林伍德（William Lyndwood）。世俗代表们则没有任何预兆和平的意思，他们都以对阿马尼亚克派的军功出名，如萨福克、亨廷顿、沃尔特伯爵，亨格福德勋爵和加斯科涅总管约翰·拉德克里夫（John Radclyf）爵士。贝德福德法兰西顾问团中的两名诺曼人也加入此次代表团：拉乌·勒·萨奇（Raoul le Sage），多年来尽忠职守，由英国议会于 1433 年授予入籍证书；利修主教皮埃尔·科雄，他是贞德审判中的关键角色。[4]

英格兰代表正式授权进行和平谈判，但他们的野心不过是 20 年的停战协议。他们的想法是，延长停战期可以稳定局势，让两国经济从战争重负中解脱，那么勃艮第就没有借口打破《特鲁瓦条约》的承诺了。为换取长期停战协议，大使们有权安排与查理七世联姻，但有个话题完全在议题之外——《特鲁瓦条约》本身。英属法兰西王国的基石保持不变，亨利六世可以据此主张法兰西王位。

而那当然是和平谈判的核心难题。英格兰人除了支持《特鲁瓦条约》别无选择。若是放弃，哪怕只是一部分，都会让他们索取法兰西王位的法律基础顿时崩塌，从而剥夺他们继续控制法兰西北部的合法性。[5]对阿马尼亚克派来说，除非英国人承认查理七世是真正的法兰西国王，则和平绝无可能：他们的大使接受指示，必须拒绝英国人任何不包括放弃法兰西王位的条款。最高王权没有定夺，战争就没有妥协和外交出路。

作为英法之间永久和平的谈判论坛，阿拉斯会议注定失败。各方都心知肚明，但全程精心策划，将失败归咎于英国人。1435 年 8 月，阿马尼亚克派逐渐提升了价码。他们开始重复亨利五世在 1415 年 7 月就已回绝的可笑条款。由于这些条款根本没涉及阿金库尔战役，更不论 1417 年起英格兰改变法兰西北部面貌的征服，不可能被英国人接受。因此，相比之下，他们的最终条件看上去很大方：为换得英格兰永远、彻底放弃法兰西王位，他们割让了整个诺曼底公国以及皮卡迪边境地区部分据点，让亨利六世与法兰西公主联姻，婚礼可以等到七年后英王成年时再正式进行；释放奥尔良公爵，并支付合理赎金。然而，与此同时，英国人必须放弃占领的其余土地，恢复被他们驱逐的诺曼底人民的土地和财产。⁶

英格兰人不可能接受如此条款。他们表面上的慷慨，有意混淆了一个事实，英格兰得放弃 1415 年以来在法兰西获得的一切，包括巴黎本身，如此他们的国王能够用王位换取公爵的空头衔，而他自己的支持者早已被驱逐，还要向查理七世称臣。无论军事局面如何糟糕，也不可能接受这样的协定。由于没有什么别的好说，肯普大主教从阿拉斯撤回了使团，回到英格兰，把宣传上的胜利拱手让给阿马尼亚克派。他们宣称，英国人骄傲、固执不讲理；他们拒绝做出任何让步；他们退出谈判，就是标榜自己是和平之敌。无法想象，亨利五世这样的外交谋划大师和战争指挥家，能让对手打得如此手忙脚乱。

　　阿拉斯会议精心策划，是为勃艮第公爵腓力提供打破与英格兰盟友关系的借口。有这样的国际舞台，他可以展示个人维护和平的决心和英国人的拒不妥协。英国人已拒绝阿马尼亚克派提供的"合理条件"，因此按照他在内维尔签署的协定条款，可以改忠于查理七世。红衣主教博福特进行最后干预，打破外交礼仪，与腓力进行私人会面，他满头大汗，热情地恳求腓力保持忠诚。9 月 6 日，博福特承认失败，和使节团一同离开了阿拉斯，人人穿着朱红色的主教制服，袖口上绣着"荣耀"字样。这是对公爵恰到好处的责备，他是博福特多年的亲密友人和同僚。[7]

　　四年之后，在蒙特洛谋杀"无畏的约翰"的十六周年之时，阿拉斯为老公爵举行一次庄严的安魂弥撒（8 月 31 日也为亨利五世举办了类似的纪念弥撒，但遭到英国人之外所有人的抵制）。后来，勃艮第公爵腓力把其余代表聚在一处，询问他们的意见，是否继续单边地与查理七世议和。他们自然一致投了赞成票。唯一的绊脚石是勃艮第公爵对《特鲁瓦条约》的神圣宣誓，那是在圣坛上宣誓的，不过红衣主教阿伯盖蒂和主持会议的教皇与议会代表吕西尼昂，已经委托律师去看是否可以无效。他们已经公开表明，它自始无效，理由有二：它让勃艮第人流血牺牲，危及他们不朽的灵魂；查理六世无权剥夺自己儿子的继承权。红衣主教们现在为此背书，免除公爵的义务。[8]

　　1435 年 9 月 21 日，《阿拉斯条约》在圣瓦斯特修道院举行的仪式上正式颁布。红衣主教正式豁免了勃艮第对《特鲁瓦条约》的义务；波旁公爵和亚瑟·德·里什蒙在圣坛上代表国王为谋杀公爵父亲一案公开致歉；腓力公爵发下和平誓言，向查理七世效忠。新协定的条款在当时广为流传，对公爵尤为慷慨。除了惩罚谋杀其父的凶手，放逐并没收财产，查理承诺资助宗教基金会和弥撒来赎罪，以纪念老公爵。他承认勃艮第公爵拥有英国人授予他土地的全部所有权，并把索姆河地区法兰西王室财产也让给他。最终，他免除了公爵本人向他的致敬礼，其臣民也不必对国王服兵役。不同于《特鲁瓦条约》，勃艮第不必对他的旧日盟友挥兵，只要将他们纳入和平阵营就好。[9]

《阿拉斯条约》对勃艮第公爵腓力来说是个胜利。他光荣地从英格兰盟友那里解脱了，从新领主那里获得了巨大让步，成为国际舞台上的主要人物。但他有所不知，自己不过是个木偶，阿马尼亚克人时刻牵引着线。查理七世无意嘉奖《阿拉斯条约》。他用公开承诺收买了公爵，但隐患在于，没有收买到公爵最信任的那拨人。1435 年 7 月 6 日，他花费 6 万萨鲁特（481 万英镑）收买了起草条约的勃艮第首席大臣尼古拉·罗林（Nicolas Rolin）以及公爵委员会的八名成员，“牢记，这次和平与和解更可能是由我们表亲所信任的主要机密顾问促成的，而非其他随行人员”。甚至公爵妻子葡萄牙的伊莎贝拉也被争取过来了。作为博福特的侄女，人们或许认为她会支持英格兰–勃艮第联盟，但相反，她代表阿马尼亚克派发挥影响力和谈判技巧，随后在 12 月收到查理七世每年 4 000 英镑（210 万英镑）租金的奖赏，以表彰她在“和平与重聚”中的协调功劳。[10]

如此普遍的背叛与腐败，对联盟的未来不是什么好兆头，但对英国人来说，《阿拉斯条约》是个灾难。他们如今完全被孤立了。那位左右摇摆的布列塔尼公爵早在前一年就与查理七世讲和了，神圣罗马帝国皇帝西吉斯蒙德也是。勃艮第的背叛是最后一击。在这关键时刻，唯一能从废墟中挽救出什么的人，正在病榻上奄奄一息。

贝德福德已经病了一段时间。他既要在战场上也要在会议室里维系哥哥的遗产，这沉重负担拖垮了他的精力，过去几个月的失败也让他病情恶化。他临终之时，很清楚勃艮第已经背叛，英属法兰西王国危在旦夕，但他不能再做什么了。他于 1435 年 9 月 14 日在他奉献终身的王国中心鲁昂城堡逝世，终年 46 岁。与大多数在法兰西的英国人不同，他选择葬在当地。9 月 30 日，他被"隆重地"埋葬在鲁昂大教堂的高祭坛附近，邻近他先祖、诺曼底公国的创建者维京人罗洛（Rollo）的墓地，以及英格兰的"狮心王"理查一世，他的心脏就葬在鲁昂。[11]

贝德福德对英属法兰西王国的贡献，再怎么强调也不为过。他和兄长亨利五世一样，以身作则，指挥作战果断又精力充沛，从不怕亲身涉险，而且政治能力极佳，能够缓和并团结各方利益。虽然他凭借地位，毫无疑问攫取了巨额财富和土地，但从不滥用权力，经常自掏腰包资助战争，以免失败。他对法兰西臣民也真诚奉献，始终努力做到公正执法，而且绝不支持军方对他们的剥削和压迫，这与查理七世形成鲜明对比。

不仅如此，他几乎在法兰西安了家，不仅在鲁昂和巴黎有大量财产，而且在鲁昂倾注心血自建宅邸，将它命名为"欢乐憩所"
（Joyeux Repos），这名字听上去像郊区口音的英文。虽然他总是被
误会廉价购买查理六世的图书馆，又把它毁掉了，但他其实是众多
法国艺术家和学者的资助人，赞助制作了当时许多重要的手稿以及
翻译了无数世俗和宗教文本：在他的资助下，鲁昂成为可与巴黎匹
敌的书籍出版中心，卡昂也建成了大学。贝德福德也是教会的慷慨
赞助者，他从法国工匠处定做了贵重的餐具和法衣，在"欢乐憩
所"建造圣境修道院，遗嘱中把许多遗产留给鲁昂的教堂。为纪念
他的虔诚和慷慨赠予，1430 年鲁昂的座堂圣职团正式接纳他为咏
礼司铎①，虽然他还不是教会人士。[12]

　　也有很多人批评贝德福德，从谦卑的瓦罗涅的罗宾·勒·佩尔
蒂耶（Robin le Peletier）到他兄弟格洛斯特，前者指责他"除了收
税和压迫人民，什么好事也没干"。然而，总体说来，同时代的人
尊敬他，即便那些认为他应该把才华投入更有益事业的历史学家，
也认为他的动机是好的，也已竭力做到最好。巴黎市民认为他"本
性很不像英格兰人，因为他从不想与任何人作战，而英格兰人本质
上总想与邻居打仗，毫无来由"。在对手中，他广受尊重，"血统与
美德俱佳，智慧、慷慨、威严且受到敬爱"，简而言之，"智慧、有
人性且公正"。[13]

　　贝德福德之死和勃艮第的背叛，让英属法兰西王国受到重创，
自此再未复原。就在一周之内，两座堡垒消失了，无人能够替代。

---

　　①　座堂圣职团由一名主教、三名咏礼司铎组成。

贝德福德逝世十天后，《特鲁瓦条约》的"第三建筑师"伊莎贝女王在巴黎逝世，她是查理六世的遗孀及查理七世的母亲。虽然她的逝世比不上贝德福德那么关键，但联盟纽带随之更加松散了，这个时间点对当时人来说，又是上帝抛弃英格兰人的佐证。

伊莎贝死于 9 月 24 日。那天恰好圣坦尼的阿马尼亚克派已坚守四个月，在经历英格兰-勃艮第联军五周的围攻之后终于同意投降，对方带兵的是威洛比勋爵、斯卡乐勋爵和利勒-亚当。此次战役伤亡惨重，包括约翰·法斯托夫爵士的侄子罗伯特·哈灵（Sir Robert Harling），他在一次突袭中失手，八名英军丧命，但后来重夺该城，让伊莎贝女王得以葬在圣坦尼丈夫身边。不过，葬礼团从陆路穿过还是太危险了，最后他们是全程沿塞纳河乘船过来的。

收复圣坦尼，是英格兰与勃艮第并肩作战的最后机会，但它并没有给被围困的巴黎市民带来宽慰。投降当晚，阿马尼亚克派占领了圣坦尼以西 24 英里的默兰，这明显是配合作战，两名渔夫在船上藏了一把梯子，爬上排入塞纳河的下水道进入城市。英格兰守军及其长官理查·莫布雷（Richard Merbury）爵士突袭被俘，阿马尼亚克派占领了桥。从诺曼底到巴黎的唯一运输通道如今被敌人控制了，因此口粮价格飞涨。雪上加霜的是，1 500 名阿马尼亚克士兵根据投降条款获准离开圣坦尼，在巴黎附近肆意抢劫、掠夺和绑架，却不受惩罚。[14]

没有贝德福德掌舵，阿马尼亚克派又趁勃艮第退出的空当发动全面战役，英属法兰西王国几乎濒临破产。马修·高夫和托马斯·凯瑞尔带兵从吉索尔启程要重夺默兰，但他们被安布罗西·德·洛尔和让·德·布伊尔（Jean de Bueil）的中途拦截击溃了，高夫本人成了阶下囚。当亚瑟·德·里什蒙和"奥尔良的私生子"加紧控制巴黎时，元帅释放了战争威力，让那些曾在法兰西东部独立对抗勃艮第的雇佣兵军官自由攻击诺曼底。

因此，到 10 月底，迪埃普在一场政变之后落入查理·德马雷（Charles Desmarets）和皮埃尔·德·芮欧（Pierre de Rieux）之手：德马雷带着 600 人在凌晨时分从港口一侧越过城墙，随后打破通往鲁昂的城门，迎入元帅及其人马。此城和港口船只，都落入阿马尼亚克派手中，他们收获巨额财产和俘虏。迪埃普距离鲁昂只有 36 英里，它的陷落令人震惊，蒙斯特雷写道："全诺曼底的英格兰人都十分沮丧，这不是没有原因的，因为迪埃普城异常坚固，防守完备，位于诺曼底上好地段。"连迪埃普都失守，还有什么是安全的？[15]

更糟的事即将到来。德马雷自任为迪埃普长官，很快赞特拉耶也加入，其他许多自由长官也是如此，特别是安托万·德·尚班内（Anthoine de Chabannes）、有"剥皮者"之称的波旁公爵两个私生子，他们的残酷实在令人发指。1439 年一项针对他们在勃艮第恶行的调查报告显示："人们被钉上十字架，挂在叉子上炙烤。"他们的到来加速了第二次民众反叛，这次是在上诺曼底地区的科城。数千诺曼人，有些武装良好，有些不过是拼凑简单武器的农民，在勒·卡鲁耶（Le Caruyer）的带领下，到迪埃普协助对抗英格兰人。[16]

接下来的战略是攻占沿海城市，这是英格兰控制海峡，运输粮草、人员、武器和弹药到法兰西领地的重要基石。如果能切断补给线，那么诺曼底以及更为重要的巴黎将被孤立，在饥饿中投降。由德·芮欧元帅率领的阿马尼亚克联军，包括勒·卡鲁耶的人民军和许多被驱逐的诺曼贵族到费康去，当中有让·德·埃斯图特维尔和曾领导鲁昂起义的纪尧姆·德·立卡维尔，这座城市在圣诞夜投降了。两天后，蒙蒂维耶不战而降。阿弗勒尔是块难啃的骨头：在威廉·米诺斯（William Minors）带领下的英国守军，成功抵抗一次攻击，杀死大约 40 人，但当一伙居民为阿马尼亚克派打开城门后（亨利五世占领该城时这伙居民被剥夺财产及权利，后来被神化为"一百零四人"），他也被迫投降。米诺斯及守军和阿弗勒尔内大约有 400 名英格兰人获准随身带着财物离开。就在 15 天内，大约七八座其他城镇和要塞也被攻占，科城地区如今大半在阿马尼亚克派手中。重要的是，当敌人沿塞纳河向鲁昂推进时，坦卡维尔和利勒博讷也陷落了。到 1436 年初，大约有两三千名阿马尼亚克派士兵驻扎在上诺曼底地区。[17]

一场史诗级的灾难正拉开帷幕，可英国当局似乎因优柔寡断和缺乏领导而陷入瘫痪。王国内最有资历的人物是首席大臣路易·德·卢森堡，尽管他没让自己特鲁安纳主教的教会身份妨碍军事行动，但这实际上剥夺了他在战场上指挥的资格。他或许向兄弟约翰·德·卢森堡和侄子圣保罗伯爵约翰寻求过军事援助，这两人都还没宣誓遵守《阿拉斯条约》，但他们作为勃艮第公爵腓力的属民，很难向公爵的新盟友发动战争。

贝德福德或许预见了这些困难。1435 年 6 月，当他健康状况恶化时，阿伦德尔伯爵刚在热伯鲁瓦逝世，圣坦尼已落入阿马尼亚克派之手，他恢复了诺曼底总管的职位，按照《特鲁瓦条约》条款，这个职位在查理六世死后他有权废除。总管是公国的首席军事官，相当于法兰西元帅的角色。在这特殊关头恢复这一职位，说明贝德福德意识到，英格兰在诺曼底具备独立的军事控制权非常必要，他把此职位交给斯卡乐勋爵托马斯，这位服役时间最长、最受尊敬的将领，此前担任他的地方司令。[18]

然而，斯卡乐的权威仅限于诺曼底，而且他身为东富朗长官，在前线对抗反复无常的阿马尼亚克派和布列塔尼人就已筋疲力尽了。间谍报告说，这伙敌军正在预制一座堡垒，准备把它们运到海岸，建在康茨和格兰维尔之间。[19]在英格兰议事会正式任命新摄政以前，任何人都很难对阿马尼亚克派的进攻组织有效军事反击。没有来自英格兰的人力和资金支持，大势难以逆转。

绝望之际，三级会议在鲁昂召开，于 1435 年 12 月 3 日向亨利六世陈述请愿。他们对英格兰拒绝查理七世在阿拉斯会议提供的条件表示强烈不满。他们听说查理七世要割让诺曼底公国，原本欢欣鼓舞，"因为英格兰和诺曼底不仅是盟友，而且血脉相融，具有共同起源"。在长达 20 年的艰苦战火之后，需要迅速而稳定的和平，如果亨利要违背属民意愿，拒绝和平，那么必须由一位在公国和军队内都声望隆重的王室贵族领导，他才能顺利发动战争。[20]

亨利的回应充满关切，目的是平息事态：他告知大家，议会已决定派遣至少 2 100 名重骑兵、9 000 名弓箭手的军队长期作战，直到迫使阿马尼亚克派搁置敌意。由于亨利本人年仅 14 岁，而他的叔叔格洛斯特公爵并不想把权力留在英格兰，军队将由约克公爵理查统帅。这在如此危机下几乎是不可思议的人选，因为他才 24 岁，还是军事新手，而且他对法兰西也不太了解，此前只在 1430 年作为亨利加冕远征的随从来过一次。不过，他有王室血统，父母双方都可追溯到爱德华三世（这一点后来让他能够挑战亨利六世的王位继承权），迎娶了国王表亲塞西莉·内维尔（Cecily Neville）。陪同他的是内维尔家族的两兄弟——索尔兹伯里伯爵理查德、法孔贝格勋爵威廉（William, lord Fauconberg），以及他们的表亲埃德蒙德·博福特。这些人的重要性在于，三人都是红衣主教博福特的侄子，博福特本人为后续战役资助了总额 2.8 万英镑（1 470 万英镑）的借款。随行人员中有丰富军事经验的只有萨福克伯爵威廉，他从 1417 年起就在法兰西服役，直到 1429 年被圣女贞德俘虏。尽管他自那时起就倾向于议和，但在这场危机中，他毫不犹豫地重返战场。[21]

亨利曾保证，要是天气允许，先遣队会在 12 月底以前出发，其余部队则不晚于 1 月底。诺曼大使等待与首批先遣队一起横渡海峡，但听到阿弗勒尔陷落、科城反叛的消息时，愈加绝望，几周时间匆匆而过，什么行动都没有。他们再次上书英格兰议事会，警告拖延的危险，甚至敦促格洛斯特本人亲自掌控法兰西事务。1 月 16 日，统领先遣部队的亨利·诺布里（Henry Norbury）爵士和理查·韦斯特尼（Richard Wasteneys）还没找到足够的船只渡海，奉命分开行动，"祝福你们二人，命你们尽快赶到那里，安抚我们那真诚的属民，谴责敌人"。[22]

第一批先遣部队有 970 人，最终于 1 月底起航。海上风暴让托马斯·博蒙特（Thomas Beaumont）爵士的部队耽搁到 2 月底才出发，约克公爵的"大军"锐减至 4 500 人，其中五分之四是弓箭手，直到 5 月底才启程前往诺曼底。[23] 这种拖拖拉拉的反应跟不上法国事态的变化。

当阿马尼亚克派军队沿着塞纳河向鲁昂行进时，塔伯特勋爵赶超上前，接管了鲁昂的统治权，派他的副将福克·艾顿带着援兵守卫科德贝克，这是首都和叛军之间唯一还在英军手里的要塞。艾顿手上有 400 余人可供调遣，他毫不犹豫地在叛军靠近时出击，成功驱逐并分散之。塔伯特立即带着自己从鲁昂带来的兵马跟上前去，有意执行焦土政策，把所有的牲畜赶到科德贝克和鲁昂，带不走的东西都毁掉。效果达到了预期，剥夺了当地可为敌人提供食物和支持的一切，让他们不能依靠鲁昂附近的土地生活。[24]

尽管叛乱分子和大多数阿马尼亚克长官就此撤退，但鲁昂还没脱离危险。到 1 月底，拉伊尔和赞特拉耶带领 600 名士兵从博韦和热伯鲁瓦启程，意欲奇袭此城。或许由于他们没能和鲁昂城中内应联络上，或许因为有人提醒他们此地援兵已到、守卫森严，他们撤退到了东边 10 英里处的里村。1436 年 2 月 2 日凌晨时分，塔伯特、斯卡乐和凯瑞尔从守备军中抽调 1 000 人，悄无声息地将他们包围住，在他们上马前就袭击了他们。许多人战死，许多人被俘，收获马匹和辎重无数；拉伊尔和赞特拉耶设法逃脱了，尽管他们被追赶数英里，拉伊尔多处受重伤。[25]

这次大胆果断的行动，是塔伯特的典型手法，终结了鲁昂的短期威胁，不过民众叛乱如今已散播到下诺曼底地区。1 月 25 日，莫尔坦、阿弗朗士和维尔财务秘书奉命暗中打探，并立即上报为何有位"平民首领"博实埃（Boschier）在当地举行"大型集会"。每位忠诚的属民都被要求佩戴英格兰红十字徽章，以免被当作反叛者，并且不论阶级如何，除非奉王室官员命令，明令禁止携带武器或武装聚集。财务秘书们奉命为所有有城墙的城镇和要塞储备粮食与军事装备，以备围城之需。

1436 年春天，前线堡垒与鲁昂议会间往来的信件和间谍证明，博实埃的确在领导一场民众起义，他的目标被认为是科唐坦地区，说明他在接触上诺曼底地区的阿马尼亚克派。用补偿金收买叛乱分子、劝他们不要拿起武器的努力失败了，最终叛乱不得不以武力镇压。3 月 28 日，斯卡乐勋爵向科唐坦地区全部贵族发起总动员，然后上了战场。在维尔以西 8 英里的圣赛维，叛军在激战中被击溃，博实埃本人和大约 100 名随从被杀。[26]

第十六章

巴黎的陷落

从英格兰来的第一支分遣队被派去解诺曼底之围，至少有 300 名士兵被分配给韦斯特尼调遣，守卫鲁昂及周边地区；第二支分遣队有 800 人，由托马斯·博蒙特带队，调往巴黎增援，那里正处于危急关头。里什蒙正稳步向这座城市逼近，东面的科尔贝和西面的圣日耳曼昂莱都落入他手中。1436 年 2 月 19 日，东南边 4 英里的布瓦德文森内陷落了，有一名苏格兰探子进入瞭望塔，在圣安托万德尚修道院的帮助下，接纳里什蒙军队入城。[1]

2 月 20 日，又一座战略要塞陷落了。在巴黎西南方 19 英里的蓬图瓦兹，市民们等到大批英格兰驻军例行外出觅食后，就将城门紧闭，把他们关在外面。随后又在兵营内抓捕了其余士兵，大部分人都毫无抵抗，除了副将约翰·拉佩里（John Rappeley）爵士，他和另外两人将自己关在门房内，抓住手头各种炮弹，从那个有利位置向下面的人群狂轰滥炸。他和许多英国人一样娶了法国妻子，最终被说服，把自己从无谓的抵抗中解脱出来，向一位和他妻子沾亲带故的市民领袖投降了。控制了蓬图瓦兹之后，市民们推举利勒-亚当爵爷代表查理七世做他们的司令官。他接受这一职务很关键，因为若是没有他的领主勃艮第公爵腓力首肯，是不可能如此的。虽然勃艮第公爵已与查理七世讲和，但还没和英格兰正式开战。[2]

从 1435 年 12 月起，他一直在暗中谈判，甚至目的都没有体现在自己的记录中。这涉及他最忠诚的两位支持者：利勒-亚当爵爷本人，他从 1429 年起就担任巴黎长官；让·德·贝罗瓦（Jean de Belloy），1422 年至 1429 年担任巴黎城元帅。他们的职责很快变得清晰了，就是将巴黎移交给查理七世。查理军队最后一次试图占领这座城市是在 1429 年 9 月，如我们所见，当时圣女贞德遭遇了军事生涯的第一次打击，巴黎市民们奋起反抗，和守军一起击退了入侵者，贞德本人也受伤了。[3]

如今情势大为不同。巴黎是勃艮第派城市，英格兰人占据它，不过是因为勃艮第公爵是盟友，允许他们如此。虽然王国的行政机构设在城中，但大部分雇员是法国人，很少有英格兰土著实际居住在那里。和多数移民一样，大多数人定居在巴士底狱附近圣安托万街区的"隔都"里，巴黎其余大部分地区几乎没受英格兰影响。市政、军事和宗教机构，基本都由勃艮第派法国人掌控，英格兰特性表现得很微弱。

从《阿拉斯条约》开始，巴黎市民已发现自己处于尴尬地位。

他们的城市仍然是英属法兰西王国的官方首都，但他们的天然效忠对象却是敌人。路易·德·卢森堡政府想要像以往那样争取支持，传播查理六世谴责杀死"无畏的约翰"的凶手是叛徒的信件，但他们不过是白费工夫。甚至从 1417 年起负责最高法院注册的公职人员克莱蒙·德·福克贝格（Clément de Fauquembergue），也认为巴黎在条约签订后注定失守，于是搬家到坎布雷。1436 年 3 月 15 日，卢森堡通知主要官员和市民参与集会，告知任何人都可以自由离开此城，不过，留下来的必须要宣誓效忠，佩戴红十字，远离城墙和城门。由于实在是太担心背叛了，背靠塞纳河的巴黎圣母院的加农炮，也被运来抵住城门。[4]

　　由于封锁，粮价已攀升四倍，两周前复活节前夕鲱鱼（大斋期①主要食物）也供应不上了，民众不满达到顶峰。他们谈论着如何从王室监狱里营救一位阿马尼亚克派囚犯纪尧姆·德·拉·哈耶（Guillaume de la Haye），让他成为民众的"首领和长官"。讽刺的是，后来叛乱的不是有暴行先例的市民，而是军队。资金消耗得比食物更快，守备军工资已连续几个月没有发放了。4 月 4 日，有 400 名士兵逃走了，一天之后，他们还在偷盗城外德尚大教堂教区内能找到的所有食物和物资。[5]

　　几天后托马斯·博蒙特带着 800 名援兵从英格兰抵达，实在是恰如其时。作为参加奥尔良之围的老兵，他从 1430 年起担任加利亚城堡长官，他的军事经验和带来的援兵一样倍受欢迎。如今情况

---

　　① "大斋期"，又称"四旬期"，指从圣灰日至复活节前一日，共 40 天。

很清楚，勃艮第确实抛弃了中立的立场。4月3日，亚瑟·德·里什蒙、利勒-亚当爵爷，以及公爵内侍、金羊毛骑士腓力·德·特南（Philippe de Ternant）三支军队在蓬图瓦兹汇合，要攻打巴黎。

英国人复制了塔伯特在鲁昂的技巧，已做好围城准备，毁坏庄稼，掠夺一切食物，并烧毁巴黎和蓬图瓦兹之间塞纳河沿岸的村庄。官员还被派往巴黎，调查每家每户储存的粮食、面粉和干豆数量。对写日记的那位巴黎市民来说，这些举动和逃兵抢劫没什么区别。他愤怒地记录道，英军士兵急于搜刮能变成硬通货的东西，甚至洗劫了圣坦尼修道院，趁着做弥撒之际，偷了圣髑盒里的银器，从神父手里偷了圣餐杯。这种公然亵渎神灵的行为，与亨利五世那时召集全军围观一位偷盗教堂物品的士兵被执行绞刑的情景，大为不同了。[6]

听说敌人正逼近圣坦尼，博蒙特决定出兵干预。那里除了连接修道院的塔楼，其余全部防御工事都在前一年从阿马尼亚克派手中夺回此城时摧毁了。当他接近塞纳河畔埃皮内的一座石桥时，遭遇阿马尼亚克-勃艮第联军，经过一番激烈战斗，最后失败了。博蒙特本人被俘，至少400人被杀。有些逃生的人设法回到巴黎，但其余的人，包括巴黎市长西蒙·莫里耶的侄子布里夏朵（Brichan-teau），也和英军一同到圣坦尼的塔楼中避难。利勒-亚当很快围了上来，当破晓时分众人试图逃离时，都被他抓住并处决了，布里夏朵的尸首在修道院外示众一日才下葬。这个残忍行为是有效果的，其余守军纷纷投降保命。这是利勒-亚当爵爷在6个月内第二次夺取圣坦尼了，但这次是为另一方。圣坦尼再次落入阿马尼亚克派手中。[7]

　　博蒙特军队的失败，以及圣坦尼的失守，是压垮许多巴黎人的最后一根稻草，这批人此前的忠诚不过是被勃艮第劝服和英军胜利收买的。敌人确实来到城门口了。英军被击败，士气涣散，行政腐败，人人饥饿难耐。利勒-亚当爵爷，这位 1418 年曾从阿马尼亚克派手中拯救巴黎的伟大的勃艮第英雄，打算交出这座城。他拥有查理七世的赦免状，盖着御玺，这是勃艮第公爵为那些打算立刻改忠的人争取到的。听说此事，巴黎市民中利勒-亚当爵爷的旧日熟识已经准备好迎接他归来了。有条消息悄悄送到他那里，让他在 1436 年 4 月 13 日凌晨时分到圣雅克门去。

　　利勒-亚当爵爷和里什蒙、"奥尔良的私生子"及数千人的军队准时赴约。城门守卫不做抵抗，同谋者放下梯子，利勒-亚当爵爷带头进城。1418 年曾迫使当时身为王太子的查理七世逃离此城的人，如今在 17 年后又帮他恢复国王的地位。利勒-亚当爵爷把大门敞开，呼喊着精心挑选的口号："和平！国王万岁！勃艮第公爵万岁！"他的军队横扫街道一直到大学街区，那里勃艮第派势力一直很强，难免遇到些许抵抗，接着他们穿过西堤岛进入主城。

　　当警报响起，英格兰人形成三队。一队在巴黎市长的副官让·拉西耶（Jean l'Archier）带领下，把守北面的圣坦尼门，此人是"世上最残忍的基督徒……很胖的恶棍，圆得像个木桶"。他穿过荒废的街道，喊着没什么说服力的口号："圣乔治！圣乔治！你们这些法兰西叛徒，我们会杀了你们所有人！"他到了以后发现市民们已经等在那里了。他们已经占据了城门，把加农炮对着他，逼迫他加入撤退大军，到圣安托万街区去。自勃艮第背叛以来担任巴黎司令的威洛比勋爵和路易·德·卢森堡也不太成功，发现市民们用通常挂在街道上阻止袭击者的铁链来对付他们，还受到市民的炮弹袭击，这预示着一个令人憎恨的政权的终结。英格兰人寡不敌众，技不如人，分毫没拿就躲进了巴士底狱。[8]

"就在这之后，"巴黎市民在日记中记录道，"元帅和其他贵族平静地穿过巴黎，就好像他们此生从未离开过一样。"里什蒙再次公开宣传查理七世对巴黎人的赦免，禁止士兵未经市民许可入住民居，除了英格兰人和雇佣兵，不得侮辱或抢劫别人。"巴黎人喜爱他们，当天结束前，巴黎城中每个人都冒着生命和财产的危险毁灭英格兰人。"[9]

太多英格兰人及其行政人员逃往巴士底狱，他们的情况已不能维持，但里什蒙也无意围攻。威洛比和卢森堡获准商议高额赎金来赎回自由，4月17日，他们带着最后一个英国人离开了巴黎。一起离开的还有与旧政权关系密切、没法久留的人，从御前会议顾问这样的最上层，到审计法庭看门人这样的底层，他们曾作为阿马尼亚克派的线人，未来不可能留在巴黎。他们去诺曼底，耳边回响着新解放民众的嘲笑。他们走后，巴黎人敲响教堂钟声欢庆，歌唱着《感恩颂》，举行感恩游行仪式。[10]

他们很快会发现没什么好欢喜的，只不过是换了另一个压迫的主人。带有亨利六世徽章的货币贬值了，每家每户都需要巨额"贷款"，食物短缺还未改善，新法兰西驻军没做什么抵御英国人入侵的动作，一味洗劫邻近城镇乡村的物资。为那些1418年逃离巴黎的阿马尼亚克派恢复财产和职位，也是冲突和悲伤的来源，因为必然牵连那些合法取而代之的人。[11]

巴黎的"解放"有个令人心酸的脚注，揭示了巴黎人的代价。许多家庭因为内战而分开了。对有些人来说，这是个现实的安排。例如乔治·德·拉·特雷默耶1418年加入阿马尼亚克阵营，而他的兄弟约翰，仍忠于勃艮第派。因此他们能够保存家庭财产完好无损，因为约翰被没收的土地给了乔治，反之亦然。这无论如何不是一个独特的安排。不过，对其他人来说，家庭分离是被迫的。例如阿尔诺·图尔吉（Arnoul Turgis）在英国人被逐出后仍然待在巴黎，成为守卫官，但他的儿子尼凯斯（Nicaise）是必须离开的八名王室秘书之一，继续为亨利六世服役。[12]

最悲伤的故事来自雅内特·罗兰（Jehanette Roland），她父母在圣安托万街的"英格兰区"有一幢房子，她在那遇见一位英格兰传令官吉尔伯特·道尔（Gilbert Dowel），与他陷入爱河，此人是塔伯特大人于1434年至1435年间担任巴士底狱长官时的侍从。这对爱侣在英格兰人被驱逐前夕正式订婚，后来雅内特想要去找未婚夫，和他成婚。她父母的友人担心新政府上台之初会有什么变故，极力劝说她，但她坚称"只要自己活着，就不要别人做丈夫"。当最高法院下令要监禁她，以阻止她离开巴黎，她依然这么坚持。

1437年1月11日，她以100枚银马克的保释金被送回父母的监护下。与此同时，她的未婚夫也坚定不渝。1月22日，他向最高法院请愿，请求准许自己和她成婚，把她带走。两天后，宣读了审判："战争期间及我王与英格兰人对抗期间，本法庭不准雅内特和所谓的韦克斯福德离开，成为英格兰人。"此案本应在教会法庭聆讯，但教会法应该是支持这桩婚姻的，因此需要最高法院介入。由于此事不在最高法院管辖范围内，它必须为判决创造一个新理由：此婚姻在和平时期可以接受，但发生在战争期间，则会为国王增加一个敌人，因此不可准许。[13]

这个无情教条，在丹尼斯·勒·瓦莱（Denise Le Verrat）的故事中更为明显。1436 年她与来自卢卡的一名商人成婚，这座城市与英格兰关系密切。几周后他被驱逐出城，她获准和他一起走，但两人都被宣布是叛徒，在巴黎的全部财产都被没收。她母亲试图上诉翻案，理由是她女儿是按照神意和教会律法遵从丈夫的。1441年，最高法院支持罚没决定，宣布丹尼斯有义务把国王置于丈夫之前，她和丈夫一起走等于加入英格兰人，就是犯了罪，而且还在鲁昂生了四个子女，这又等于是增加了敌人的规模。[14]

实际上，巴黎的陷落就是英属法兰西王国的终结。亨利六世和众臣没有放弃国王的头衔，但全部国家机构都转移到了鲁昂。诺曼底公国和加莱飞地，就是法兰西北部英格兰人仅有的控制地了，两处都危险重重。5 月 7 日，塔伯特赶去救援吉索尔，此城不久前刚投降拉伊尔和赞特拉耶，可能是守备军中的英格兰成员约翰·贝多夫（John Baedolf）主谋的。此城已陷落，但守备军退守城堡中又坚持了三天，直到塔伯特飞速赶来，把攻城者赶走了。是表彰此役，更是认可他的作战能力，塔伯特于 5 月 9 日被任命为法兰西元帅，擢升到和诺曼底总督斯卡乐勋爵相同的地位。[15]

与此同时，鲁昂议会收到急报，库唐塞以东 11 英里处的圣坦尼勒卡司城堡已被洛埃阿克、德·拉·罗什和德·布伊尔攻占，他们正在城市周边劫掠，收获补给，威胁到附近的香特鲁城堡。敌人俘虏吹嘘说，库唐塞已经陷落，而事实上是孤悬于圣米歇尔湾的岩石半岛上、属于格兰维尔的一座城堡被攻陷了。间谍接着来报，阿马尼亚克派正修建额外工事，计划突袭圣洛。

斯卡乐勋爵于 5 月 22 日从大本营东富朗向全区发表总动员，并紧急征调围城所需的木匠和劳工；他也写信给海峡诸岛，请求那里的英国舰船协助封锁。鉴于诺曼底边境地区急需大量人员，斯卡乐不顾传统程序，招募"若干士兵，不支付工资，住在旷野里，由贫穷而忠诚的属民供养"。由于这些人装备实在简陋，他又自己出钱提供长弓、弓弦和箭矢，后来努力从国库会计那里争取报销。[16]

斯卡乐被迫用这种简化的手段，本身就是对英格兰迟缓的军事反应的控诉。承诺在 1435 年 12 月到来的约克公爵"大军"还没有起航。直到 2 月 20 日，约克公爵才终于和 500 名重骑兵、2 500 名弓箭手签署好为期一年的服役合同。他那头衔和权力则拖得更久，因为这不仅是军事远征的领导权，还涉及英格兰在法兰西的统治权。不会再有一个拥有独立权的摄政，因为无人能取代贝德福德。只有国王唯一在世的叔叔格洛斯特，有这个资历主张这一职位，但他作为英格兰保护人时的所作所为，让英吉利海峡两岸都认定，不能放手给他在法兰西的无限职权。幸运的是，格洛斯特本人不愿促成此事，他担心自己一旦离开英格兰，就有可能失掉那里的所有权力和影响力。

既然贝德福德没有众望所归的继任者，几年后等亨利亲政时或许想对行政结构做出大刀阔斧的改革，那么御前会议决定限制下一任法兰西政府的角色。约克公爵当然想像贝德福德那样，成为"摄政兼行政官"，但他不得不以 3 万图尔里弗尔（175 万英镑）的年薪接受"总司令官"的位子。此外，他的任期只有 1 年，没有贝德福德那样的任命主要军事及市政官员的权力，也不能授予价值超过 1 000 萨鲁特（80 208 英镑）的土地。正是这个被阉割的角色，成为未来任命的参照，制造了英属法兰西王国前所未有的利益冲突。引起的最大问题是，代表国王的最高权威不再由单独的摄政，而是由短期合同的总司令行使，后者是由英格兰的御前会议任命的。当事件在法兰西发酵，议会总是鞭长莫及、难以理解或各执一词，让任命总司令成为获胜党的游戏。

总司令一职引发漫长争论，等到约克公爵正式就职已是 1436 年 5 月 8 日，那时巴黎已经陷落，他的职权从法兰西王国缩减到诺曼底公国。这预示了英属法兰西王国的不祥前途。[17]

尽管有军事需要，约克公爵还是要等权力安定下来才肯离开。连议会对他迟迟没有启程也深感沮丧，"恳请你考虑到国家的危机……我们每日面临的痛苦和失败，别再耽搁，带上随从，启程到那王国和领土去，为我们那里真诚的属民带来安慰"。公爵和早前的分遣队队长一样，抱怨船只不足，这是议会缺乏远见、解散亨利五世海军的直接后果。议会后知后觉地发现这一点，为保护英格兰舰船和南方海岸，鼓励船东成为私掠船，放松了亨利五世对于无视安全通行证的惩罚，允许他们留下获取的战利品和舰船。[18]

由于阿弗勒尔和加莱之间沿海的港口，如今都已落入敌人之手，约克公爵只好在翁弗勒下船，这是英格兰人手中距离鲁昂最近的港口。军队中的许多人在 6 月 7 日登陆时在那里集结，但是后来发现，约克公爵、萨福克伯爵和索尔兹伯里伯爵的联合军队，总共只有 4 500 人。即便算上了先头部队的 1 770 人，英格兰也只派得出 6 270 人，而不是亨利六世承诺的 11 100 人。约克军队只服役一年，不像此前分遣队一般都签署两年服役合同。[19]

约克公爵径直来到鲁昂，在那里住了三个月。他似乎把自己的角色理解为行政性的，而非前线指挥官。他眼光不错，把主动军事大权委托给那些最有经验和能力的人，任命这些人为发动战争的将领。斯卡乐继续控制下诺曼底边界地区，防御来自布列塔尼人、阿朗松公爵和圣米迦勒山的威胁；塔伯特获得法孔贝格勋爵威廉·内维尔的大力协助，在未来的 12 个月中将会被赋予以埃夫勒和韦尔讷伊为核心的中部地区的独立指挥权，在约克公爵援兵的协助下着手收复科城地区。到年底，拱手让给阿马尼亚克派的大半地区，又回到了英格兰人手上，尽管他们尚未围攻阿弗勒尔和迪埃普；费康在短暂收复几天后又失守了，被驱逐的驻军从拆除的铁门入城，一条小溪从城墙下流过。[20]

坦卡维尔以东几英里外的利勒博讷城堡，被福克·艾顿用冒险巧计收复了。他说服了利勒博讷的一个被俘守军，此人没钱支付赎金，因此愿意效力换取自由。他被安排回到驻军，装作什么事也没发生过。为减少怀疑，他继续从利勒博讷参与夜袭，带回他所谓从科德贝克俘虏的英国人，就这样在城堡内建立了一支小分队。他就这样做下去，直到有一天带回几匹马和"伪装成囚犯"的一伙人。

他们一上桥就放弃了伪装，抓住了看门人，进门摇身一变就成了城堡主人。由于这次"通风报信"，从此塞纳河交通不再受到骚扰，艾顿被奖励 3 510 图尔里弗尔（204 750 英镑），从公国内居民征税而来的。[21]

当英格兰人因巴黎陷落、守卫诺曼底而分心时，勃艮第公爵腓力认为这是占领加莱的绝佳时机。吞并低地国家，是他长期计划的合理延伸，而讽刺的是，如今他得以执行，是由于他的英格兰盟友把阿马尼亚克派牵制在别处。他背叛英国人就是为实现这一目标，让加莱及其军队与诺曼底切断，不堪一击。加莱作为斯塔普的故乡，垄断了英格兰最有价值的商品——羊毛的出口，不仅对英格兰的金融利益至关重要，而且对低地国家尤其是弗兰德斯很重要，此地依靠高品质的羊毛供给来织布。弗兰芒人憎恨这种随意涨价的垄断，倾销的英国布总是越来越受欢迎。《阿拉斯条约》允许勃艮第公爵禁止领地内从英国进口羊毛，因此加莱积压的羊毛原料对弗兰芒商人和织工来说十分诱人。

勃艮第公爵腓力的背叛，在英国本土引起对他的极度反感：他的大使被逮捕，伦敦暴民洗劫了弗兰芒商人的房屋。格洛斯特还因为 1424 年对埃诺的野心受挫，对公爵怀恨在心。勃艮第始终是加莱的支持者，他在兄弟死后接管了该城指挥权，当时英国间谍报告勃艮第计划进攻该城，他干脆采取行动，当时英属法兰西王国对他的支持明显不足。但他有议会和伦敦城的支持，那里商人的利益拥有强大的话语权。[22]

作为赞助 1436 年战争的奖赏，红衣主教博福特为他侄子埃德蒙德争取到安茹和曼恩为期两年的独立委任权，由此可以保护贝德福德在当地的遗产以及他在莫尔坦的私人利益。博福特已招募2 000 人，包含 600 名弓箭手，为战役做准备，他们计划于 4 月起航。然而，由于这是仅有的兵力，在最后关头格洛斯特把博福特调到加莱防线，他从当地带兵突袭弗兰德斯，卓有成效，于是被授予嘉德骑士勋章。与此同时，加莱指挥官约翰·拉德克里夫让市民和驻军保持警惕，敲响进攻警报，"但没有进攻。约翰·拉德克里夫此举纯属娱乐，因为那是圣乔治日，他想看看士兵们能多快穿上盔甲"。[23]

进攻来得很慢，但这是近年来规模最大、装备最完善的军队。像根特和布鲁日这样富有的弗兰芒城市，从民兵中调用人员，配备各式火枪。他们甚至在车程 45 天之长的道路沿途加固桥梁，运送从勃艮第调来的巨型火炮。在马恩河畔沙龙，他们必须将其装载到船上，否则无法过桥。最小的被称为"牧羊女"，这门火炮从奥尔良到卢瓦尔河畔拉沙里泰之围一直陪伴着圣女贞德，后来被佩里内·格雷萨截获，献给勃艮第公爵。另一门更大的加农炮"普鲁士"架在由 30 匹马牵引的马车上。最大的一门炮"勃艮第"实在太重，需要架在两辆马车上由 48 匹马拉住车身，另由 36 匹马牵引炮膛。据公爵记录，他总共拥有 10 支投弹枪，大约 60 门"福格莱尔"大炮、55 门"克拉坡多"大炮（两种小型加农炮），450 支火枪，数千支骑兵长矛和 45 万个弩栓。[24]

尽管弹药充足，但勃艮第公爵后来说自己没在加莱放过一枪。他于 7 月中旬进入加莱地区，迅速占领奥耶、马克、巴兰盖姆和桑加特，只有加莱南部5英里处的基纳，经受住了他的"炮轰"。到7月9日，他已在小镇扎营，雇了几位艺术家绘制了一幅战略要地的远景图，以便组织进攻，并等待他的舰队抵达以完成封锁。他有大约35艘大小、国籍不同的舰船准备从泽兰的斯勒伊斯出发，其中包括9艘小型布列塔尼船只，还有1 400名自雇海军。但此时还不是上风向，所以他只好坐在那里，沮丧地生着闷气，眼看着逆风把他的舰船紧锁在港口上，却每天把英格兰舰船送进加莱。[25]

勃艮第公爵的舰队到7月25日才终于抵达，令岸上弗兰芒民兵失望的是，它不过在港口击沉了几艘古老舰船，以阻挡英军进出，然后就离开了。由于他们误判了水深，加莱人民在退潮时出去，把船拆了做柴火，把石头搬走修建圣玛丽教堂建筑，重新开放港口贸易。

7月28日，英格兰守军出击，毁坏了根特人的木质堡垒，烧死守卫者。那天夜里，余下的根特人听说英国援军抵达加莱，惊慌万分，卷起行李撤走了。次日清早，布鲁日人发现自己被抛弃了，也当了逃兵。他们留下许多给养和大部分火炮。这场溃败实在太丢人了，勃艮第公爵（责怪弗兰芒人）后来宣称他从未开过一枪，也从未号召居民投降：由于正式发动围城有两个必要条件，他因此可以自我安慰，只不过在加莱前"驻扎"，而没有"围攻"失败这回事。[26]

与此同时，格洛斯特公爵急于向老对手复仇，决心亲自带兵解救加莱。这实在是政治意志的体现。他集结了近八千人马，启程前往加莱，于8月2日抵达。他被骗了，属于他的光荣时刻还没到，因为勃艮第人已经走了。他像十年前那样发泄怒火，带兵奔袭 11 天来到弗兰德斯，烧毁城镇和庄稼，带回一大批牲畜到加莱。这与他失去的击败勃艮第人的良机相比，不算什么补偿，在此过程中，他向弗兰德斯行使了权力，这是亨利六世在他渡过海峡前刚授予他的。

不过，加莱几十年来最严重的威胁解除了，勃艮第和弗兰芒人受到羞辱：此事对伦敦人来说愉悦极了，格洛斯特公爵胜利归来，受到英雄般款待。[27]

第四部

寻求和平

第十七章

守卫诺曼底

1436 年的圣安德鲁日，即 11 月 29 日，晚上浓雾来袭，直到 1437 年 2 月 12 日才散去。伴随而来的是十年不遇的大雪，城市和乡村都生活困难。但严酷的气候也为塔伯特的事业带来了机会。他已稳住鲁昂，收复费康在内的上诺曼底科城地区大半领土，如今要再度控制塞纳河上游地区和诺曼底公国东部。1 月，他从约克公爵的诺曼底部队中抽调 200 名重骑兵和 600 名弓箭手，带着这支分遣队离开鲁昂，短暂包围艾弗里之后就将其攻取。[1]

1437 年 2 月 13 日，他的兵马重夺要塞蓬图瓦兹，此城已落在法国人手中一年了。他们用白色床单裹住自己，爬过冰雪覆盖的护城河，没被察觉。接着他们各就其位，藏在城墙脚下等待预先安排的信号。与此同时，一支伪装成农民的小分队到集市上去。在塔伯特私人扈从、重骑兵约翰·斯塔基（John Sterky）的领导下，他们大胆走向城门，破晓时分被桥上守卫放行入城。一进门，他们就大声呼喊："塔伯特！圣乔治！"听到这一信号，城墙下等候的其他同伙翻越城墙，蜂拥进城。守备军和利勒-亚当爵爷正在蓬图瓦兹，前一天还在开怀庆祝忏悔星期二，此时完全措手不及。他们被迫逃走，攻破桥下的城门逃生，丢下了全部辎重。几位绅士把自己关在门房里，派人到巴黎和圣坦尼求援，但实在没人前来，于是他们在太阳落山时投降了。随后的星期日，在巴黎也发生过类似事件，但有蓬图瓦兹的前车之鉴，守夜人时刻警惕，用加农炮逼退了冰封壕沟上的突袭者。[2]

接下来几周，塔伯特横扫维克桑，至少攻取了 15 座城市和蓬图瓦兹附近的奥维尔城堡，它控制了从弗兰德斯、皮卡迪和布里到巴黎的要道。奥维尔守军拒绝抵抗，因为工资还没付清，于是城堡主的妻子一并被俘虏了。一旦此处被英国人占领，巴黎就极为不便。圣坦尼守军必须加强守卫，警惕每位运送庄稼的人，但正如巴黎市民所抱怨的："真的，谁也说不准哪边更差。"因为阿马尼亚克派每三个月加派军饷并征税，而英格兰人捉拿所有胆敢到城外活动的人，索要赎金。[3]

像奥维尔这样的小型私人城堡，引发的问题与它们的规模及重要性不成比例，因为它们很容易就被敌人攻占了。在诺曼底，一旦攻陷此类城堡，塔伯特和约克公爵就施行毁灭政策。这不是他们的创新之举，但这么大规模实施倒是头一回。例如，4 月鲁昂邑长约翰·萨尔文向工匠支付了 1 089 图尔里弗尔（63 525 英镑）工资，至少可供毁灭 8 座要塞，包括布雷奥、鲁弗雷、圣日耳曼苏卡伊等地。[4]

约克公爵上任的头一年接近尾声了。他见证了诺曼底大半领土恢复，怜悯地对待诺曼人的悲伤，尤其是他们对军人暴行的抱怨。不过，他发现很难拿到那份应属于自己的薪水，也拿不回自掏腰包资助围城战的那些借款［他在 1439 年还被欠债 1.8 万英镑（945 万英镑）］。因此他渴望回到英格兰，但御前会议让他继续待在法国，直到继任就位。约克公爵同意了，但他注定会后悔，因为他的继任者到 11 月才来。因此在 6 个月之内，他的处境十分尴尬，行使着不再属于他的权威。这对他造成了损害，引发不少行政问题，尤其是 6 月将要到期的与守备军司令的服役合同。是否续约取决于约克公爵的继任，但守备军工资要基于有效合同才会发放，因此在新总督上任前，每月都要进行续约，这给大家带来了不确定感和困惑。[5]

这对 1437 年夏季的战役有直接影响。塔伯特从维克桑回来后，负责扑灭科城地区的残余抵抗。为此，约克同意从守备军中再召集 300 名重骑兵和 900 名弓箭手，增援塔伯特，但许多司令官不愿让他们的人过去，担心人手调走后仍得由他们支付工资，那么自己的据点就会陷入危险。例如，德勒前哨司令官纪尧姆·德·布鲁拉（Guillaume de Broullat）没有按要求选送 10 名重骑兵和 30 名弓箭手，因为阿马尼亚克派作战部队正在附近活动，城堡的大片城墙已经倒塌，留下一个缺口，需要他派出全部人力去守卫（当然，这可能是个谎言：布鲁拉在 1431 年也找过类似借口，他 17 年的司令官生涯是非凡的，因为他没被财政部扣减过费用，原因是他颇为独特地从未缺席过征兵，也没有战争收益。次年他为了一大笔贿赂，献出了德勒）。为加强执行对士兵的要求，约克不得不对不服从的军官施以沉重的经济惩罚，一般是扣掉 6 个月的工资。[6]

塔伯特需要一支大军，因为收复坦卡维尔这座塞纳河上科德贝克与阿弗勒尔之间的巨型要塞，等不到新任总督就任了。几处小型据点早已攻破，要么被突袭得手，要么用于交换俘虏，总之都被毁掉了。坦卡维尔之围始于 8 月，一直拖延到 11 月初，这项令人苦恼但又必要的行动若要成功，需要大量人力，也需要国王的军事总管威廉·格洛斯特（William Gloucester）统领。[7]

重夺坦卡维尔的行动，也许因为沃里克伯爵理查的到来而加快了步伐。沃里克于 1437 年 11 月 8 日在翁弗勒登陆。他终生为王室服务，不情愿地接受了总督一职，抱怨此行"远离了安逸的岁月，日夜陷入围城和战争的辛劳中"。这次任命太具有政治意味了，以至于首要的候选人格洛斯特公爵汉弗莱，没能继任。格洛斯特作为英格兰保护人的使命，随着侄子快到亲政的年纪而日渐终结，那时亨利将亲自执掌大权。他自然想寻找一个新位子，但无论是红衣主教博福特一派还是路易·德·卢森堡都不愿意格洛斯特承继贝德福德衣钵，后者亲自返回英格兰发表了个人看法。

沃里克没有王室血统，但他曾是亨利六世的私人总督和教师，他出众的军旅生涯让他成为各方都能接受的候选人。虽然他 4 月时已经同意接受总督一职，但他计划等任期和条件充分确定时再就职，他已经收到来自王室的欠款，包括 1423 年至 1427 年加莱司令官任上的 12 656 英镑 8 先令 1.5 便士（664 万英镑）。经过近三个月的拖延，他终于在 7 月 16 日迎来正式任命，但那时，尽管他在 11 周内 7 次试图启航，还是为海上强风暴所阻，到诺曼底还是迟了。[8]

虽然沃里克享受了漫长而光荣的军旅生涯，但如今他马上 56 岁了，身体状况也不是最佳。因此，和约克公爵一样，他情愿待在鲁昂，把诺曼底防守之任交给塔伯特、斯卡乐和法孔贝格。沃里克掌权还不到一个月，就传来消息，勃艮第公爵腓力试图弥补他因 1436 年攻打加莱失败而受伤的自尊心，此刻正围攻勒克鲁图瓦，这是索姆河河谷北岸的一座要塞。他已在城外建了一座工事，有 1 000 名士兵守卫，这次不是胆怯的弗兰芒民兵，而是"技术熟练，装备上乘"的士兵，包括 4 名金羊毛骑士团骑士。腓力本人指挥作战，但谨慎地没有露面，藏在阿伯维尔的石墙之下。

塔伯特和法孔贝格、凯瑞尔一起，迅速前来营救，在围城者的眼皮底下，从著名的浅滩布兰奇塔克处渡过索姆河。然而，他们没有直接攻击勃艮第人，只绕过勒克鲁图瓦外围，向皮卡迪开始长达十天的奔袭，恐吓居民，俘获大批囚犯、马匹和其他牲畜。勃艮第人被这来自后方的攻击吓到了，抛下他们的堡垒、枪炮，撤下包围，窘迫的公爵被迫撤回阿拉斯。[9]

塔伯特刚回到鲁昂，就接到命令去解救蒙塔日，这是英格兰在诺曼底外仅有的几处飞地之一。整个夏天，阿马尼亚克军队都在稳固巴黎和卢瓦尔河之间的地区，以确保首都补给顺畅。约纳河畔蒙特洛这座城，从 8 月起就遭遇围攻，到 10 月 10 日被攻占，虽然斯卡乐试图组建一支援军，但英格兰长官托马斯·吉拉德（Thomas

Gerrard）两周后被迫投降了。蓝顿城堡和内穆尔城堡也陷落了，让蒙塔日孤立无援。

蒙塔日司令官弗朗索瓦·德·苏里恩纳是阿拉贡人，他是佩里内·格雷萨的内侄。卢瓦尔河畔拉沙里泰那狡猾的司令官在侵占此地13年后，终于献出了城堡，于1436年10月6日向查理七世效忠，条件是他被正式任命为该城终身司令官，年薪400图尔里弗尔（23 333英镑），并获得2.2万萨鲁特（176万英镑）的一次性报酬。不过，苏里恩纳此前已加入英军，凭借1433年攻取蒙塔日的战功，获得大笔奖赏。他的忠诚取决于个人利益，而不是信仰。他是格雷萨半数财产的继承人，其中包含朗尼的诺曼领主权，由于他和英国人结盟没有被没收。查理七世直到1440年，才终于接受他无法再被收买的事实，所以他那效忠于阿马尼亚克派的领土也始终没被没收。[10]

除了攻取蒙塔日，苏里恩纳还为英国人奉上另一个重要服务。巴黎失守后，他与阿马尼亚克派新政府中的四位线人保持联系：有三人是最高法院律师，第四人是审计法庭教士，他们的办公场所便于接触敏感信息。他们打探到，莫城有些教士和市民正密谋献城给查理七世，两名来自维尔农守军的囚犯为减免赎金，也同意出卖该城。两桩密谋在确定计划和日期时，几位线人也在场，他们通过随从传信给苏里恩纳。于是，两桩谋反事件都泄露了消息，参与者被逮捕并处决。不过，这几位线人没有蒙面，有两人于1437年3月26日被当作叛徒砍头，随从也被处决；第三位是拥有圣职的教士，因而被免除死刑，终身监禁在地牢（oubliette）里。接下来一周，此前被怀疑的第四位线人，早已交出妻子和两个儿子作为人质以自证清白，但还是在博瓦尔被捕，最后和仆人一起被处决。[11]

行刑后不久，苏里恩纳亲自前往伦敦，显然是为了确认他作为蒙塔日司令官的不菲薪水能如期支付，但这笔钱要经由诺曼底财政部支出，这也许是与英国当局暗中商量好的借口。当他返程后，三级会议于 12 月召开，批准征税 30 万图尔里弗尔（1 750 万英镑）以支付守备军和作战部队 5 个季度的工资，又征税 1 万图尔里弗尔（583 333 英镑）用于"有关国王福祉的秘密用途"。

在阿马尼亚克派围攻蒙塔日的同月，苏里恩纳与长官赞特拉耶商议之后，同意如果阿马尼亚克派撤兵就协议投降。查理七世当然希望苏里恩纳和格雷萨一样，不再和英格兰盟友接洽，如果他肯献出蒙塔日并改换阵营，就给他一大笔钱，恢复他从前圣皮埃尔-勒-穆提耶邑长的职位。苏里恩纳误导他相信，在 1438 年 1 月达成关于蒙塔日停战的协议是可能的。苏里恩纳把守备军留在城堡内，从奥尔良和其他市镇购买补给（而不劫掠或征税），让阿马尼亚克派自由进出，还献上包括他侄子在内的四名人质作为担保，表示自己一旦获得全额赎金就献出城堡。查理七世筹集这笔现金需要一年时间，但当雷诺·德·沙特尔和"奥尔良的私生子"于 1438 年 11 月 18 日亲自前来交付时，苏里恩纳按期让守备军中的 150 名重骑兵和 150 名弓箭手离开蒙塔日到诺曼底去。与此同时，他在对金融的敏锐和道德诡辩术上也是大师级，9 月，他与英国人又续签一年担任蒙塔日司令官的合同，并预支 3 375 图尔里弗尔（196 875 英镑）的工资。显然，他在六周后离开时并没有退还这笔钱。[12]

当苏里恩纳于 1438 年 1 月与查理七世达成协议，塔伯特和法孔贝格召集的增援部队就变得多余了。他们没有直接原地解散，而是在埃夫勒附近度过春天，做好准备抵御阿马尼亚克派的其他攻击，还攻占并摧毁两座小堡垒，长途跋涉到巴黎附近为克雷伊和莫城提供补给。[13] 后一项行动暴露了连月以来恶化的问题。1437 年的寒冬持续影响着下一季的播种，葡萄酒、水果和坚果的产量以及家畜的食物都受到影响。1437 年夏秋两季特别潮湿，导致欧洲北部庄稼歉收，供不应求，小麦和谷价攀升到原来的两至三倍。

在英格兰，南部乡村受到的影响尤为严重，短缺将持续两年。在法兰西，农业危机随战争加剧了：敌人的惩罚性掠夺，守备军、作战部队和雇佣兵靠土地谋食，阻止围城的焦土政策及叛乱，都让他们付出了代价，交战双方都很煎熬。饥荒肆虐着这片土地。每当武装舰队护送辎重到巴黎，总有乡村穷人跟随在后，想要搜寻些更好的补给；当他们离开，数百饥饿的市民也随之离开，因为他们在城里找不到食物，快要饿死了。如往常一样，疾病和饥荒总是相伴而来，尤其是在城市及周边地区。弗兰德斯各市镇大受影响，数千人死在巴黎，那里的传染病夺走了很多人的性命，连查理七世的姐姐、普瓦西修道院院长和巴黎主教也不能幸免。狼群再次席卷城市，叼走了野狗，甚至还叼走一个孩子。[14]

诺曼底最受影响的地区是科城，此地到下一代领主约翰·福特斯居（John Fortescue）爵士时还是一片荒寂。租金价格跌至一半，鲁昂教区的一名教士声称教区内一个男丁也没有，只剩下五六名妇女，此人 1438 年因无居留权被起诉。[15]

物资短缺意味着很难维持一支作战部队。这也许是查理七世当年决心把主要战役放在加斯科涅对抗英国人的重要原因，那里比北方更有可能依靠土地过活。把赞特拉耶和罗德里戈·德·威兰德朗等雇佣兵长官调到此处，也暂时解决了他们在自己领土内劫掠的忧患。[16]

由于缺乏食物和饲料，无法维持作战军队，1438 年双方都没有在法国北部开展持久或配合性军事行动。下诺曼底边界地区在1437 年至 1438 年冬季处于高度戒备状态，因为布列塔尼的间谍获得情报，一支入侵军队正在拉瓦尔和圣米迦勒山秘密集结，里什蒙已回到诺曼底公国内，修复此前被毁坏的边界堡垒，如蓬托尔松和圣詹姆斯-德-博夫隆。与此同时，传闻勃艮第公爵计划围攻加莱边境的基纳，促使英格兰议会派埃德蒙德·博福特带兵两千人去解围。这些威胁都没变成现实。勃艮第的确是怀着席卷加莱地区的宏大计划而启程的，他想要摧毁海堤，但发现操作起来不太现实，只好撤回工匠。在诺曼底，维尔河畔托里尼的集市被前来劫掠的阿马尼亚克人占领了，早春时节在海峡沿岸又发生两次海上袭击，一次在卡昂附近，一次在巴约附近：两次事件都平息了，至少两名凶手被捉住并在巴约处决，说明他们来自迪埃普，而非一般认为盛产海盗的布列塔尼。[17]

迪埃普当然是这年夏天的关注焦点。这座城市守备森严，要攻取它免不了旷日持久、花费甚巨的围城战，那么塔伯特和凯瑞尔必须尽量削弱邻近城镇与堡垒。不过，到 7 月份，他们为响应守军中抵制新任长官的阿马尼亚克叛徒的呼吁，已到达阿弗勒尔地区。

1438 年 5 月 3 日，最终协定达成，要交换冲突中两名监禁最久的囚犯：41 岁的厄城伯爵查理·德·阿尔托瓦（Charles d'Artois），他在 1415 年阿金库尔战役被俘；35 岁的萨默斯特伯爵约翰·博福特，他于 1421 年在博热被俘。

伯爵一回到法兰西，就被任命为查理七世的诺曼底总司令，掌管塞纳河和索姆河之间地区。当他前去接收阿弗勒尔时，德·芮欧元帅的人马不肯承认，于是他暂住门楼，前往鲁昂求援。不过，等塔伯特兵马到来时，他们已与伯爵讲和，机会丧失了。封锁阿弗勒尔的尝试在 8 月底失败了，42 艘阿马尼亚克舰船挂上英格兰红十字，用这一简单伪装成功通过。[18]

对塔伯特这样脾气暴躁的人来说，挫败感莫过于，得知要是手上有更多人马可供调遣，他很可能收复阿弗勒尔。更令人恼火的是，那些人本该由他调遣，但由于指挥官的个人野心被调往别处了，此人恰好是塔伯特的内兄。

当埃德蒙德·博福特于 3 月 22 日签署在法服役合同时，他在曼恩和安茹担任总司令官与总督，任期七年。他上任后四天内已集结好一支军队，包括 346 名重骑兵和 1 350 名弓箭手，由此可见，他在委员会任命以前已做了长久的准备。勃艮第对基纳的威胁，在他启程前就消散了，于是他回归了原本守卫曼恩领土的本意，宣称那是从贝德福德那继承来的家族遗产。他能做此事，不过是因为他的叔叔红衣主教博福特为他此次远征资助了 7 333 英镑 6 先令 8 便士（385 万英镑），但这笔钱是英格兰财政部日后要偿还的借款。格洛斯特后来抱怨道，这是有意浪费金钱和资源，它们本可在别处发挥更大作用。[19]

博福特在诺曼-布列塔尼边界发动快速战役，在进驻阿朗松以前，攻占拉格什（"由于治理不善"，又弄丢了），与阿朗松公爵和曼恩伯爵查理·德·安茹达成四年停战协定，约定双方可各自征收派饷。由于他在莫尔坦的私人城堡于 1433 年为防止敌人侵占而摧毁，他在贝德福德的领地埃尔伯夫又建造了一座，宣誓领主权。[20]

博福特能够不惜公费推行自己的计划，表明了红衣主教博福特在英国宫廷的至高无上地位。他是独立委任的，意味着沃里克尽管是诺曼底总督，也无权将他调往别处。无论如何，博福特是他女婿，沃里克原本不想抑制自己的领土野心。

不过，有新的因素打破了局面的平衡，这将深刻影响英属法兰西王国的未来。1437 年 12 月 6 日，亨利六世度过 16 岁生日。虽然这并非通常的亲政法定年龄，但普遍认为，他已到了亲自经受考验、处理政务的年纪。由于他登基时不过是 9 个月大的婴儿，英格兰实际上由委员会统治，权力和影响力在势均力敌的几大家族中不停轮转。亨利的亲政将改变这一切：政治权威和委任权，只来源于他的王座。未来，有野心的政治家若想插手当前事件，必须让国王言听计从。

从前，亨利不过是个无足轻重的人；如今，他将从阴影中走出，肩负众人的期望。那些期望他是父亲或叔叔翻版的人，恐怕要失望了。亨利缺乏真正的政治能力。[21]他从出生起就习惯于别人代表他做决定，从未有过中世纪君主所需要的独立性、判断力和思维决断力。他无法理解别人的言外之意，他的天真使他总是听信别人的表面言语，这对他自己和国家都是不利的。他极易受影响，爱听恭维，挥霍才华，在司法事务上过于宽容。或许最糟糕的是，他无法预见自己行为的后果。

亨利在军事上毫无天资，连一点兴趣也没有：尽管他的英属法兰西王国正在陷入绝境，但据说他是史上第一位从未挥兵对抗外国军队的英格兰国王。他把嘉德骑士勋章授予友朋，而不是功绩卓越的人，这是他的典型特性。他偏狭至极，对英格兰以外的偏远地区既无好奇，也无同情：他从未重温童年时在法兰西仅有的驻足时光；他从未踏足爱尔兰，遑论加斯科涅；甚至连他父亲的出生地威尔士，他也只在1452年短暂造访过一次。

也许他和父亲唯一相似之处，就是虔诚的宗教信仰，尽管人们常常认为他那近乎圣洁的夸张的虔诚，来自都铎王朝宣传的成分多于现实。亨利五世坚信上帝站在他这一方，促成了阿金库尔战役和对法兰西北部的征服；亨利六世则更加热忱地相信，他肩负上帝意志，为他饱受战火肆虐的法兰西带来和平。他面对枢密院好战派时缺少坚强的品格，从他亲政之时起，通往和平的路途就比依靠刀剑的老路更有说服力。

因此关键的是，他首批行动之一就是任命大使，与法兰西商议和平。在这一点上，他获得红衣主教博福特的全面支持。由于王室贷款大多依靠羊毛贸易税收偿还，博福特自然成了"领土内首屈一指的羊毛商人"，从利益出发愿意与弗兰芒人修好。这意味着与勃艮第恢复邦交，博福特相信它最符合英属法兰西未来安全的利益。在1435年勃艮第背叛前，他与公爵的关系一直不错；公爵夫人是他侄女，能干且愿意当调解人。布列塔尼公爵从不是任何一方的坚定盟友或敌人，也乐于促成和平。查理·德·奥尔良，尽管长期监禁在英格兰，在法国宫廷不剩什么影响力，也被各方认为是潜在的桥梁，他出席和平会议这一点很关键，他也很乐于担当此任。唯一坚决反对和平的重量级人物是格洛斯特，因为要达成和平必然会对法国人让步。在此方面，他基本上代表着大多数英格兰人的看法，特别是在法兰西拥有土地的人。

小国王亲自干预，确保谈判进行下去。奥尔良被带到伦敦，为布列塔尼之行做准备，布列塔尼公爵已在瓦讷设宴款待。虽然会议应于 1438 年 5 月底召开，但奥尔良并没参加，或许因为他负担不起这笔车马费。他的缺席以及格洛斯特党羽的反对，导致此次谈判破裂，没有任何和平进展。[22]

尽管如此，英格兰与勃艮第双方代表的谈判仍在鲁昂和别处继续，1439 年 1 月，红衣主教博福特与勃艮第公爵夫人伊莎贝拉在加莱地区举行峰会。来自弗兰德斯、荷兰和泽兰的代表与伦敦和斯塔普代表会面，起草一份共同申诉和补偿清单，以恢复关键的羊毛运输进入加莱。与此同时，红衣主教和公爵夫人同意这一年在加莱举行正式和平谈判：查理七世的代表将受邀出席，奥尔良也会在场。[23]

到 1439 年 6 月底，全体代表都集结在加莱附近。这一次没有教会调停，教皇和巴塞尔理事会都没有出席。实际上，后者曾提出派代表参与，但被英国人断然拒绝了，他们对使者们当初在阿拉斯支持阿马尼亚克派的行为感到深深的背叛。同在阿拉斯时一样，红衣主教博福特不是英格兰使团成员，而是"和平调停人和发起者"。

贝德福德公爵夫人和查理·德·奥尔良也充当类似角色，虽然他们都算不上完全中立，至少博福特不是。

英格兰使团由博福特的盟友、大主教肯普统领，当中有格洛斯特和博福特的支持者，也有诺曼议会的四位代表。查理七世的使团，为首的是兰斯大主教雷诺·德·沙特尔和"奥尔良的私生子"，后者以这种方式与其异母兄弟奥尔良公爵见面，这是 24 年来他首次如此衷心地拥护他的利益。勃艮第人名义上也在这使团内，但勃艮第公爵刻意待在 20 英里外的圣奥马尔以供咨询。

为了不重现阿拉斯的败局，英国人有一套三层指示。他们如往常一样大胆宣示对法兰西王位的权力和至高权威，乐观地看，这是"获取和平最公道的方法"。如果失败了，他们最低可接受在诺曼底、安茹、曼恩、扩大后的加斯科涅（按 1360 年版图）、加莱等地的至高权威。最后，如果亨利的国王头衔是和平进程最大障碍，大使们将求助于"已充分听取国王意见的"红衣主教博福特。博福特的解决办法是敦促法国人接受查理曼时代的历史先例，分而治之，两位国王在各自领土内拥有绝对权威。[24]

法国人一开始的策略也同样强硬，要求亨利完全放弃法王头衔和权利、在法持有的土地和爵位，允许他保留的那些也必须交给查理七世和原有领主；立即释放奥尔良公爵，无须支付赎金。

经过几周激烈交锋，各方在奥尔良公爵和勃艮第公爵夫人主导下讨价还价，达成了共识。为换取"半和平"状态，即大约 15 到 30 年的停战协定，法国人暂不要求亨利放弃法国王位、承认查理的绝对主权，在停战期间，认可亨利拥有加莱及其周边地区、加斯科涅现有领土和诺曼底及其附属地区，但圣米迦勒山除外。这期间，亨利不得再在口头和书面上使用"法兰西国王"头衔，要召回所有因征服而被驱逐的人，免赎金释放奥尔良——虽然他仍要支付监禁期间的合理生活费用。

当博福特还留在加莱，维持着和平谈判仍在继续的表象，肯普大主教则回到英格兰，把这些条件上呈国王及枢密院。两位神职人员似乎认为，搁置亨利的王权主张是一个真正的办法。格洛斯特后来说到肯普，"这是他个人的主意和努力"，来论证为何要接受，但他无法说服同胞。几份提交给委员会的备忘录让我们对这次讨论有了深入了解。接受条件的最有力论据是财政上的：持续的战争、饥荒、瘟疫和移民，已让诺曼底人口锐减一半，因此无法提供支撑战争的必要收入了，英格兰不愿也无法承受这份负担。

同时，接受条件也有损亨利五世的荣耀记忆，"他在荣耀、智慧、勇气和各项美德上，都超越世间王公贵族"。更有说服力的是，如果亨利在这样长的时间内不再使用"法兰西国王"的头衔，或许就等于承认他不再拥有权力，尤其是因为查理会自称国王、施行王室权力和特权，以顺理成章地巩固地位。实际来看，即使停战只持续 15 年，等到结束那一天，也很难再恢复甚至加强亨利的权力和原有地位了。如果亨利献出诺曼底之外的征服地，那么他就失去了两个县和大约 15 座城，却只换来阿弗勒尔、蒙蒂维耶和迪埃普。召回那些曾被驱逐出诺曼底的人，将会在公国内制造作为内应的"第五纵队"，疏远那些为英格兰服务而受赠土地的人；要是有任何形式的赔偿，也应该由法国人来出，以补偿那些被迫放弃财产的

人。毫不奇怪，当有人问起格洛斯特看法如何，他表示宁愿死也不
接受这样的条件。[25]

当肯普回到加莱，传递消息说是条件已被回绝，他发现法国人
没料到会如此，已经撤退了。这并不是和平进程的终结。查理10
月份在奥尔良召开三级会议，在勃艮第公爵、布列塔尼公爵和奥尔
良公爵代表的见证下，各方同意英格兰人将受邀参与1440年5月1
日的和平谈判。在他离开加莱之前，红衣主教博福特与勃艮第达成
为期三年的商业协定，重新开放贸易线路，保证商人及货品安全。[26]
这不是永久和平，甚至不是期望达成的长期停战，但这是英格兰-
勃艮第关系的一大进步。用外交来终结战争的尝试还在继续。

第十八章

得与失

亚瑟·德·里什蒙的行为对这次和平谈判没什么帮助。宣布和平谈判的几周内，他发兵围攻莫城，这是巴黎以东英军的最后一个据点。选在这个时候和这一目标，是有意刺激英格兰人：莫城是讨价还价的重要筹码，是法兰西岛上能换取阿弗勒尔、迪埃普或蒙蒂维耶的潜在据点之一。

被塔伯特两度大败之后，里什蒙也怀有压力，竭力想证明自己。1438 年 11 月，塔伯特在守备军中一位苏格兰内应的帮助下，越过城墙，从拉伊尔手中夺取热伯鲁瓦城和城堡。两个月之后，在楠泰尔修道院院长的帮助下，他攻占巴黎郊外的圣日耳曼昂莱，院长与司令官交好，偷了他的钥匙，放塔伯特的人马入城。修道院院长从英格兰人那里获得 300 苏报酬，从阿马尼亚克派那里得到的则是终身监禁，几天后他被逮捕，从此在铁窗下对着面包和水度日。
塔伯特安排弗朗索瓦·德·苏里恩纳为新任长官，鉴于这个阿拉贡
人刚献出蒙塔日来换钱，这是个颇为有趣，也足以垂范的安排。[1]

里什蒙因为圣日耳曼失守而遭到严厉斥责，他的布列塔尼人没
能履行守土之责，他的巧取豪夺则让巴黎人民都对他不满。市民在
日记中写道，他是个"很糟糕的人，彻头彻尾的懦夫……他丝毫不
关心国王、贵族和人民，也不在乎英国人可能攻取什么城镇和城
堡，他对任何事物任何地方都不感兴趣"。为了对塔伯特占领圣日
耳曼施以报复，里什蒙召集雇佣军，围攻蓬图瓦兹后又撤退。1439
年 7 月 20 日，他们围攻莫城，8 月 12 日攻占之。守军撤到集市据
点，向鲁昂紧急求援。塔伯特、斯卡乐和法孔贝格联军前去解围。
当他们到达后，里什蒙拒绝任何决战的挑衅，但在随后的小冲突
中，损失 20 艘载满食物的船只，大半围城工事也被摧毁。

塔伯特坚信集市足够坚固，能等来第二波援兵，于是令威廉·
钱伯伦（William Chamberlain）率领 500 人加强防守，塞满物资，
然后前往鲁昂。他回来得比预期要晚，是在 9 月 16 日，发现集市
已在前一天投降了。塔伯特怒火中烧，将钱伯伦逮捕并监禁起来，
判以叛国罪。他这不幸的副官只能自证清白，指出虽然自己仍有物
资，但无法抵挡住里什蒙的火器，没有援军，他的抵抗也是无
望的。[2]

当莫城投降时，查理七世身在巴黎，这是他自《阿拉斯条约》
以来第二次访问首都。他不能无视饥荒和瘟疫的影响与后续事件，
有人描述了当时的恐怖情形，在他 9 月 30 日离开前一周，有 14 人

被蒙马特和圣安托万门之间街上饥饿的狼群咬死吃掉。毫无疑问，查理七世也知晓雇佣兵在巴黎城内外造成的困扰。他们不仅偷光养活当地人的庄稼和牲畜，还随意索要钱财，这是里什蒙支持或至少是默许的。"如果你没有当场给他们钱，立刻就有中士驻扎在你身边，这对穷人来说很是困扰，因为一旦这些人待在你的房中，你就要花大价钱维持他们的生活，而他们是魔鬼之子，这比他们奉命前来破坏更大。"[3]

当里什蒙和他的"盗贼谋杀者同伙"从莫城凯旋，查理七世命他们离开巴黎，到诺曼底同英格兰人作战。这样做有双重好处，既能减少巴黎的敲诈和掠夺事件，又能提醒英国人，如果不接受他的和平条件必然会有如此后果。里什蒙和阿朗松公爵约翰、拉瓦尔爵爷和洛埃阿克爵爷联军，野心勃勃但欠缺谨慎地围攻阿弗朗士。

这座城堡位于悬崖顶端，几乎坚不可摧，经过三四周各种炮火轰炸，它仍然毫发无损。消息传到鲁昂，埃德蒙德·博福特、塔伯特、斯卡乐、法孔贝格勋爵率领大批军队前来营救。他们在锡耶河畔峭壁下的蓬吉尔马特扎营，与围攻部队隔河而望。冲突时常发生，但里什蒙的人马控制了河流，阻止他们渡河。12月22日夜晚，英格兰人顺流而下，利用河口退潮的时机偷偷穿过沙滩，绕过悬崖，从对面进入阿弗朗士。他们随后突围出城，打得阿马尼亚克人措手不及，捕获他们的火炮、粮草和个人财物。这完全是一次溃败，等到第二天清早，正如随从"好冒险"愉快地向他的鲁昂主人所汇报的，围城已开始，因为敌人"羞愧地逃跑，非常丢脸和尴尬"。从随后的审讯可知，阿弗朗士财务秘书的人参与其中，或者至少是予以协助。围城期间敌人强迫本地区购买普遍赦免状，后来，当中一人佩林·斐乐普什（Perrin Fillepouche），在阿弗朗士被斩首，罪名是"叛徒、盗贼、土匪、雷比阿教堂的纵火犯、国王的敌人与对手"。[4]

阿弗朗士解围，只是因为有消息传来，围城期间阿朗松公爵的一伙人在德·布伊尔的带领下，趁埃德蒙德·博福特不在曼恩之机，攻取拉芒什和拉瓦尔之间的要塞圣苏赞娜。英国守备军中一位当值夜班的士兵按照预先安排的信号，唱起一支特别的歌，让攻城者知道自己的位置。随后他把攀爬城墙的梯子拉上来，让他们进入城堡，俘获了还穿着睡衣的其余守备军。圣苏赞娜就这样回到阿朗松的手中，再次成为英国人的眼中钉、肉中刺。[5]

雇佣兵的时日所剩无几了，但并不是因为他们在阿弗朗士的不光彩战斗。多年来，他们始终是对付敌人的有用工具，尤其是对付勃艮第人。不过，自《阿拉斯条约》以来，他们就成了负担，不仅是因为他们的行为引起查理子民的反抗，而是因为他们除了雇主不效忠于任何人（有时连雇主也不服从）。特别是，波旁公爵与有些臭名昭著的司令官有很强的家族联系：两名"波旁的私生子"是他自己的异母兄弟，卡斯蒂利亚人罗德里戈·德·威兰德朗多娶了他们的姐姐。为达到自己的目的，这些人他都雇佣过，包括他于1437年短暂地反抗查理七世之时。

查理无法再忽视民众的抱怨了，也不能无视雇佣兵为盟友和自己带来的危险。1439年10月至11月间在奥尔良召开的三级会议，出台了一系列条例，旨在铲除疲敝，改革法兰西的军事系统。未来，未经王室许可，任何人不得运用军事权威；全部司令官要由国王选任，负责管理属下纪律，惩罚不端行为；任何对抗平民的行为将被视为叛国，财产、牲畜和农业产出将得到保护；每年要向国王的臣民固定征收 120 万图尔里弗尔（7 000 万英镑），以资助王室军队，未来将依靠守军而不是土地生活。这些条例的联合效力，是清除自由士兵，创建一支由法兰西元帅亚瑟·德·里什蒙控制的唯一王室军队。[6]

虽然这些举措受到市民的普遍欢迎，但王公贵族十分憎恶，因为剥夺了他们拥有并控制私人军队的权利。多数人像勃艮第公爵一样，默默无视这些条例，照常行事。对波旁公爵和阿朗松公爵这样的人来说，他们本来就不喜欢元帅，改革又无异于专制主义，当然要抵抗。16 岁的王太子路易原本十分不喜欢父亲，急于挣脱他的枷锁，他们发现他是可以号令四周的领袖人物。

布拉格里起义始于 1440 年 4 月，当时波旁和阿朗松拒绝驱逐伙伴中的雇佣兵，也不愿在里什蒙的代表们如赞特拉耶和高库尔面前集结，他们联手反抗自己的国王。他们与其他不受影响的廷臣联手，如乔治·德·拉·特雷默耶，当然还有雇佣兵们。这反映了贵族对查理七世的反感程度，甚至连"奥尔良的私生子"都暂时加入反叛，因为他恰好怀疑查理不愿协助释放他的兄弟。法国人又一次没有对抗英国人，而是互相争斗。尽管王太子为金钱所动，在 7 月与他父亲和解，但叛乱持续整个夏天，重要的军事资源都投入镇压此事上，以收复被叛乱分子占领的各处据点。波旁公爵和为首的叛军随后全部被赦免，但查理对拒绝加入军队的雇佣兵毫无怜悯：

"波旁的私生子"因罪行受到审判，被判有罪，装进沙袋丢进河里淹死，以警示威兰德朗多等其他司令官，他们在法兰西没有前途。[7]

查理七世的朝廷总是各派纷争不断，但促使如此多叛乱者拿起武器的重要因素，是波旁等人对于与英国人和平谈判的进程，深感愤怒和失望。法兰西的"战争派"无法接受任何让步，尤其不能永久失去诺曼底，无论其最终主权属于谁。在英格兰，很多人也有类似反应，他们觉得被推动和平的人背叛了。尽管最终没有达到武装叛乱的程度，但在红衣主教博福特和格洛斯特公爵汉弗莱之间引发不少纠纷，最终双方苦涩地摊牌了。

1440 年 1 月议会开幕伊始，在休会期间从威斯敏斯特转移到雷丁之后，格洛斯特向博福特和肯普发动猛烈攻击。他重申了对博福特的抱怨，又指控加莱和平谈判中有两名"窃国大盗"，尤其是他们支持查理七世的条件并释放奥尔良。他也指责他们从战争中渔利，在法兰西和诺曼底高价售卖办公机构，以王国利益为代价促成博福特的家族利益。"陛下对此并不陌生，"他对国王说，

> 有多少次我愿意为您效劳，为保卫您的法兰西王国和那里的贵族诸君，但我一直受那位红衣主教的阻挠，他偏爱自己所钟爱之人，这给您的诺曼底公国以及法兰西王国造成极大损失，这是众所周知的。

格洛斯特结束陈词时，希望把博福特和肯普从议会中除名，"以便人们可以自由表达真实想法，因为虽然我敢说真话，穷人们却不敢这样说"。[8]

格洛斯特的请求没有激起小国王的响应，国王对和平的渴望自

然让他更支持偏向和解的教士，而不是好战的叔叔。亨利准许公爵进行正式抗议，"我从未、现在或将来也不会认可、建议或同意释放（奥尔良公爵）……除非我兄长的遗愿如此"。尽管如此，亨利觉得有必要澄清以自己名义执行的政策，重申了他寻求和平的道德责任、诺曼底的苦难以及他不可能再继续资助战争。他也加上一道坚决的命令，希望"大家都知晓，他所作所为都是出于个人建议和勇气……由上帝和理性驱使，他充分信任这一点"。[9]

亨利不会让博福特因为自己释放奥尔良的决定而受到指责，但他或许受到格洛斯特的影响，认为公爵一旦被释放，便不会遵从己方想法，为和平进程努力。最终达成一致的条款包含立即支付 4 万诺布尔（700 万英镑）赎金，6 个月之内再支付另一笔 8 万诺布尔（1 400 万英镑）赎金。如果公爵在限期内成功促成和平，全部赎金将被取消；如果他失败了，且无法筹到钱，就必须归还俘虏。这差不多是亨利准备接受的条件，而格洛斯特在奥尔良宣誓遵守释放条款的公开仪式上，不顾颜面，跑出了威斯敏斯特教堂。

查理七世和格洛斯特一样对释放奥尔良感到不满，拒绝为他筹措赎金，是那位令人敬畏的勃艮第公爵夫人迫使法国贵族筹足必要的金额。1440 年 11 月 5 日，查理·德·奥尔良以自由人的身份重返法兰西：从阿金库尔被俘算起，快要 25 年了。虽然表面上他接受了金羊毛骑士团成员，并迎娶腓力侄女克勒维的玛丽（Marie of Cleves），与勃艮第公爵达成和解，但对他寄予的和平使者的厚望并未实现。在布拉格里起义之际，查理七世实在太怀疑两位旧敌结成的新同盟了，过了一年才肯面见奥尔良，更不用说他的顾问们了，而战争还在继续。格洛斯特的可怕预言成真了，释放奥尔良并不能带来和平。[10]

　　格洛斯特没能阻止奥尔良公爵的释放，但他成功阻挠了红衣主教博福特提拔侄子到法兰西最高职位的野心。自贝德福德于1435年逝世以来，红衣主教致力于确保萨默斯特伯爵约翰·博福特成为他的继任。由于萨默斯特那时还是阿马尼亚克派阶下囚，红衣主教立即启动谈判，劝说国王用查理·德·阿尔托瓦换回他，即便亨利五世临死前严令禁止在亨利六世成年前将其释放。当萨默斯特最终于1438年底获释后，他获准先在英格兰待几个月，然后被派遣到诺曼底，他在那里的人脉很快保荐他到鲁昂议会任职。[11]

　　于是，萨默斯特被妥善安排去接替柔弱的沃里克，后者于1439年4月30日死在鲁昂任上（和贝德福德不同，沃里克选择葬回家乡，他在圣玛丽教堂里的华丽镀金雕像装饰着他的坟墓，沃里克是中世纪英格兰的光荣传奇之一）。继任者就职前，他的权力移交给一个行政委员会，由四名诺曼教士、五名英格兰世俗人士组成：如今是鲁昂大主教的路易·德·卢森堡；利修主教、贞德审判主要执行官皮埃尔·科雄；费康修道院院长吉尔·德·杜勒芒（Gilles de Duremont）；圣米迦勒山修道院院长罗伯特·乔利维；萨默斯特和他的兄长埃德蒙德·博福特；三名作战指挥官，塔伯特、斯卡乐和法孔贝格勋爵。虽然经历了17年牢狱生涯的萨默斯特是当中经验最浅的一位——从1421年博热战役以来他的首次行动是1439年8月解救莫城之围——但他的地位确保他能够掌控军事指挥。

　　1439年9月，萨默斯特回到英格兰游说，希望被正式任命为沃

里克的继承人，更重要的是，成为贝德福德的继承人。起初，他的
前景看上去不错。释放他的安排很复杂，包括花费 2.4 万英镑
（1 260 万英镑）从王室手中购买厄城。12 月 12 日，他请求国王协
助他筹集赎金，并从伦敦海关获得了补偿，这样他就可以"在这次
远征中更好地为国王服务"。次日，他签署合约到法兰西服役六个
月，带着 4 名骑士、100 名重骑兵和 2 000 名弓箭手。这是一支规
模很大的军队，也是三年以来首次计划一次大型战役。萨默斯特以
他那糟糕的财务状况无法自筹资金，当然是红衣主教博福特为他侄
子提供的贷款。[12]

不过，博福特做不到的是，为萨默斯特拿到梦寐以求的总督之
位。如今格洛斯特也想求得此位，他对近日事件深感失望，决心重
拾旧方案，亲自带重兵到法兰西去。诺曼底议会得知他将要到来，
但红衣主教紧握着钱袋不肯为他打开，格洛斯特不得不承认，他还
没准备好以他的地位所要求的"如此强大的阵容"启程。因此，萨
默斯特几乎是默认地接替了他的位置。当他于 1440 年 1 月启程前
往法兰西时，他获得每月 600 图尔里弗尔（3.5 万英镑）的工资，
但只待到格洛斯特到达时，局限于"战争总督和行政官"，说明内
政权力受到限制。[13]

在这种情况下，格洛斯特从未接受任命。原因始终是个谜。他
或许害怕在将近 50 岁的年纪离开祖国到异国他乡去，因此失去了
对年轻国王及其和平政策所能施加的一点点个人影响，或许是受到
红衣主教及其议会中支持者的阻挠。萨默斯特作为代理总督，是此
位置的第一候选人，但格洛斯特决心不让他得到。因此，又一次是

妥协之下的第三人成为胜者。1440 年 7 月 2 日，约克公爵理查再次被任命为诺曼底总督，格洛斯特与红衣主教博福特两人都为他背书。

约克在接受此职位前经过一番艰难的讨价还价，主张与格洛斯特"拥有或者本该拥有的"相同的权力。尽管他仍被称作"总督"，但贝德福德曾享有的权威都集于他一身，因为亨利六世不再是需要摄政的年幼国王了。对博福特夫妇和诺曼底来说，后续进展中不妙的是，约克也在谋求权力，用自己人替换非常驻的司令官，并免除了自己授予土地的价值上限，这样他便可以奖赏自己人，在一个大半由博福特家族利益主导的公国内建立起私人关系网络。约克任期五年，每年英格兰国库支付他 2 万英镑（1 050 万英镑）以资助军队，这个数额远超他从前的薪水，也远超萨默斯特作为总督和行政官的薪水。[14]

尽管有种种让步，约克仍表现得不那么急于上任。几乎过了一年，他才启程前往诺曼底，这期间萨默斯特仍掌握大权。他抓住机会为博福特谋利益，占据了许多重要职位，包括从萨福克伯爵手里接过阿弗朗士和通贝莱。甚至连塔伯特都丢掉了利修之外的全部司令官职位，以至于国王要为他支付补偿金，"让他能更具荣耀地继续为我们服役"。[15]

萨默斯特在 1440 年 2 月的首次军事战役，并没有博得几分光荣。为了向勃艮第公爵施压以促成和平，他向皮卡迪发动一场获利颇丰的突袭，这是诺曼边境最薄弱的据点。另有来自诺曼底的 1 200 人部队和塔伯特的协助，他又攻取了三座堡垒，在福勒维尔驻扎英格兰守军，烧毁了利翁百姓自我躲避的教堂——即使以当时标准来看，这也是个极其骇人的战争罪行。利翁其余居民要向塔伯特支付 2 500 萨鲁特（200 521 英镑）的赎金，才能逃脱这个命运。[16]

萨默斯特被派往诺曼底的主要目标是收复阿弗勒尔，此处是亨利五世在法兰西的第一块征服地，自 1435 年起就落在阿马尼亚克派手中。法国守军从塞纳河河口出发，劫掠英国舰船，侵扰了到鲁昂去的补给线，迫使当局动用战舰在河上巡逻以保护它们。反抗查理七世的布拉格里起义为此行动提供了绝佳机会，因为敌军正部署在别处。或许幸运的是，萨默斯特将战场指挥权委任给更年轻能干的兄弟埃德蒙德·博福特，到 6 月时他已将此城团团围住，港口也被封锁。

当博福特、塔伯特和法孔贝格确保阿弗勒尔无从进出之时，萨默斯特正忙于筹集物资、招募更多人马，以抵挡传闻中已经上路的援军。在长达数月的围城战中，马修·高夫也参与其中，博福特太想留下他继续服役了，甚至自掏腰包付他工资。不太受欢迎的是弗朗索瓦·德·苏里恩纳，并非他能力不行，而是他在 1440 年 10 月 19 日刚把圣日耳曼昂莱献给查理七世，让巴黎周围的英国据点更孤立无援了。围城还在继续，这时来了一位温莎的传令官，他为萨默斯特和法孔贝格带来了嘉德骑士勋章，两人都刚刚受封。此人被记住只因为当时从马上摔下来，断了三根肋骨和手臂，因此后来夫讨要工资。[17]

对很多守卫阿弗勒尔的阿马尼亚克人来说，有一种熟悉的压迫感。守城长官是让·德·埃斯图特维尔，他父亲在 1415 年亨利五世攻城时也担当此职。总指挥权移交到高库尔爵爷拉乌，他在英王眼皮底下带了一支解围纵队到阿弗勒尔，又坚守了几周。高库尔如今 70 岁了，但年龄没有影响他的精力。为回应阿弗勒尔的紧急求援，他与厄城伯爵、"奥尔良的私生子"、拉伊尔以及"波旁的私生子"（他临刑前最后一次行动）带领援兵来解救此城。不过这一次，他只负责后卫部队，在其余同伴离开厄城时跟在后面，结果被坦卡维尔的威尔士长官格林菲德·道恩（Gryffydd Dŵn）伏击并俘虏。和从前长达十年的监禁不同，敌人很快就接受了他的赎金，他被俘很短暂。不过，高库尔被俘，刺激了他的战友要坚决突破阿弗勒尔之围。[18]

当厄城伯爵发动海上攻击时，"奥尔良的私生子"带领步兵在城下扎营，抵抗英国人。拉伊尔由于跛脚，率领骑兵随时救援。尽管战斗激烈，守备军也出城袭击，但阿马尼亚克人毫无进展。英国人坚守壕沟，营寨坚固，难以攻下。陆上攻击受阻，舰队在失去几艘战船后也被迫撤退。厄城伯爵想缓和此次灾难，提出要与萨默斯特为阿弗勒尔进行一场决斗，或者双方各派出一百名士兵，但被轻蔑地一口回绝了。

英国人知道城中食物几乎耗尽了，投降就在眼前。到 10 月底，阿弗勒尔屈服了。守军按惯例获准出城：每人手持一根木棍以示没带兵器，带着一份安全通行证，可以自由回到自己的归属之地。不过，勃艮第公爵公然禁止他们穿越自己的领土，他担心被劫掠，并派士兵值守，驱逐一切胆敢僭越的人。[19]

收复像阿弗勒尔这样重要的一座城，以及它那价值连城的港口，是个受人欢迎的胜利，尤其是邻近的蒙蒂维尔也作为附属条件一并投降了。迪埃普如今是诺曼底唯一一座自 1435 年被阿马尼亚克人攻取后还在其手中的要塞了。博福特兄弟因为胜利而得意扬扬，也超过了萨默斯特的 6 个月服役期限，后来他们回到英格兰，把诺曼底留给守城老将塔伯特、斯卡乐和法孔贝格。

在萨默斯特和部下得意扬扬地离开诺曼底之前，阿马尼亚克派报复性地发动反击，在诺曼底公国东部边境协同作战。赞特拉耶、安托万·德·尚班内和一位名叫萨拉扎尔（Salazar）的西班牙雇佣兵与城中里应外合，攻取卢维埃尔。某种意义上，这是以眼还眼、以牙还牙，因为英格兰人在 1431 年收复此城时也摧毁了防御工事并撤走守备军，让此城处于无从防御的状态。新领主的当务之急是修复并重建城墙和塔楼，确保卢维埃尔在战争期间留在阿马尼亚克派手中。市民们向查理七世请愿，诉说作为其忠诚臣民所经受的一切，他们"与其屈服于敌人，不如选择死亡"。1442 年，他们被免于征税，可以协助重建防御工事，有权称呼此城为"自由的卢维埃尔"，并在衣服上佩戴一个叠印在字母 L 上的王冠。

在卢维埃尔陷落的同时，皮埃尔·德·布雷泽和罗伯特·弗洛克（Robert Floques）突袭占领了此城西南 23 英里处的乌什河畔孔什。和拉伊尔的博韦一样，两座要塞就这样变成了阿马尼亚克飞地，将不断烦扰邻近的英格兰属地。[20]

塔伯特作为阿弗勒尔新任司令官，整个冬天都在孔什和卢维埃尔附近修建工事，对抗新威胁。但他手头的兵力日渐减少，所以，尽管卢维埃尔的阿马尼亚克守军正在塞纳河上修建城堡以侵扰从鲁昂到蓬图瓦兹的关键运输线路，他也无法冒险围城。[21]

这是协同计划的一部分，因为查理七世面对阿弗勒尔和蒙蒂维尔的失守，想要发动夏季战役，收复巴黎周边剩余的几个英军据点。在清除香槟的雇佣兵并处决"波旁的私生子"后，他于 1441 年 5 月 8 日围攻克雷伊，这座瓦兹河畔的市镇和城堡，在首都以北 30 英里、蓬图瓦兹东北 26 英里。为大显身手，他早已集结好一支大军，不仅包括他本人和近来与他和解的儿子——王太子，还有元帅里什蒙、海军上将普雷让·德·科埃蒂维、查理·德·安茹、赞特拉耶和拉伊尔。同国王一起的还有军械大师让·博罗（Jean Bureau），以及他掌管的武器弹药运输车。部署如此高效，以至于城墙在两个星期后就出现了明显裂痕。守城长官威廉·佩托（William Peyto）带领守备军士兵，亲自出击守卫，但经过一番艰苦的肉搏战，他们被迫撤退。次日，即 5 月 25 日，他们与敌人达成协定，悉数投降，前往诺曼底。[22]

查理如今在蓬图瓦兹安家，那一带据说有 2 200 个英国人驻守，将于 6 月 6 日围攻此城。他从河对岸圣乌安洛莫纳的莫比松熙笃会修道院指挥战斗，军队沿河岸平原排列开来。普雷让·德·科埃蒂维带一支小型船队在城墙外修建了一座通往圣马丁修道院的浮桥，后来他将修道院攻下作为大本营。博罗的火炮连续 15 天的轰炸摧毁了塔桥末端的堡垒，让攻城者控制了此处。

他们还没来得及继续前进，塔伯特就带着援兵挡住了去路。塔伯特料到定会有围城，从 5 月中旬起一直往蓬图瓦兹运送物资和武器，通过上游的城门找到一条进城路线。阿马尼亚克派忽视了这道门（或者没法完全围住），让塔伯特得以运进食物和援兵，在接下来的三个月里，他毫无障碍地五次重复这个过程。临走之前，他调派斯卡乐勋爵过来，为守军增添了新的力量。

"只有一位英格兰司令官坚决反对国王和他的军队，"巴黎市民在日记中写道，"那就是塔伯特。的确，从他们的表现来看，他们似乎很害怕他，总是与他相隔二三十法里的距离。他比他们更大胆地在法兰西骑行。为了与塔伯特作战，国王每年至少向人民征税两次，但始终徒劳无功。"[23]

第十九章

错失良机

    1441 年 6 月，鲁昂议会成员向亨利六世去信，口吻异常直白，叙述跌宕起伏。他们抱怨自己不断寄信给他，却从未得到回复，如今他们写信是"十分必要。我们告诉您，我们已经快不行了，几乎四分五裂，陛下的主权也接近毁灭"。两年来，国王一直鼓动他们相信格洛斯特就要前来救援，他们失望了，约克公爵的到来"是您答应过的，但我们等待了太久却一无所获，对此感到绝望。我们现在没有任何理由、任何借口，也没有机会安抚（您的子民）或带去承诺"。

    他们不知如何是好，他们觉得自己被抛弃了，"像一艘船被海上妖风拍到，没有指挥官，没有舵手，没有船舵，没有锚点，没有帆，在惊涛骇浪中无力地漂浮、游荡，被痛苦、不幸和噩运压倒，远离安全港湾和人类的援助"。15 天前，亨利收到他们的来信，得知克雷伊"这个法国最著名的地方和中心之一"已经陷落，蓬图瓦兹也告急，如今他们不得不告知他"您的首要对手及其儿子"确实在围困蓬图瓦兹，说不准能坚持多久。塔伯特正在维尔农集结兵力，前去援助。他们总结道："这对您是很大的伤害，我们无上的陛下，塔伯特勋爵没有足够的人马，因为他有无上的勇气亲身对抗陛下的敌人。"[1]

事实上，当塔伯特带领援兵到蓬图瓦兹去的时候，约克公爵最终前往鲁昂。他统领着近年来规模最大的一支军队启程前往法兰西：900 名重装骑兵，一支由 2 名伯爵、4 名男爵、6 名方旗骑士、30 名骑士和 2 700 名弓箭手组成的大型贵族分遣队。军队的兵力很大程度上被削弱了，许多出身高贵的妇女选择陪伴自己的丈夫，其中有约克公爵夫人、贝德福德公爵夫人（即卢森堡的杰奎塔，她在首任丈夫死后一年，已与贝德福德的管家理查·怀德维尔秘密结婚）、牛津伯爵夫人和厄城伯爵夫人。[2] 持有厄城伯爵头衔的英国人是布日歇勋爵亨利（Henry，lord Bourgchier），他刚被任命为勒克鲁图瓦长官，此城位于索姆河河口。当斯卡乐被调往蓬图瓦兹时，布日歇则被调入勒克鲁图瓦增援守军，向国王展示其价值。前任司令官沃尔特·克瑞松纳（Walter Cressoner）受困于阿马尼亚克派的突袭和附近英国守军的不守规矩，勒克鲁图瓦持续遭遇海上勃艮第人、阿马尼亚克人和布列塔尼人的攻击。布日歇得知自己将负责一项困难而危险的任务，有潜在失败风险，但他得到亨利的许诺，如果援军没有在一个月之内到来，一旦投降，他将不被追责。随后，他接受了任期 7 年的职位，薪水是战时 1 000 英镑（52.5 万英镑）、和平时期 867 英镑（455 175 英镑）。到 1442 年 3 月，他也被任命为诺曼底和皮卡迪地区总督，这是为填补塔伯特、斯卡乐和法孔贝格的空当而新设的职位。[3]

到达鲁昂还不到三周，约克公爵前去蓬图瓦兹营救，在瓦兹河畔波蒙依靠用马车运来的船只、木桥和粗绳渡河。以目前兵力，阿马尼亚克派能完全将城围住，但他们再次拒绝加入战斗。他们仿效 1440 年驻阿弗勒尔英军的战术，坚壁不出，不仅在营地四周设壕沟，还有木栅栏、木桩和马车，架好了加农炮和火器。哪怕是短暂出击，也意味着抛弃这些工事、已攻下的桥头堡要塞和圣马丁修道院，围城者并不打算如此。即便是塔伯特突袭普瓦西，也没能引他们出来。

首要目标受挫，约克公爵重新为蓬图瓦兹补充给养，并在守备军中安排新人，包括一直从英格兰追随而来的克林顿勋爵约翰（John，lord Clinton）和圣米迦勒山之围的老指挥官尼古拉·伯代。随后他向下游撤退，修建第二座桥以便回到诺曼底，阻止物资从巴黎送给围城者。不过，从 1436 年就担任巴黎市长的安布罗西·德·洛尔，成功将至少一船粮草送到了圣马丁的海军上将处。除了制造冲突、反复尝试渡过瓦兹河以切断围城者的补给，约克公爵做不了什么，他回到诺曼底，承诺为蓬图瓦兹守军带回援兵。[4]

不过，他一离开，查理七世就重新围城，开始狂轰滥炸。9 月 16 日，洛埃阿克爵爷和德·布伊尔爵爷奉命从城墙缝隙中突围，经过艰苦战斗，他们占领了圣母大教堂，30 名英国守军中有 24 名阵亡。三天后，查理七世和王太子亲临战场，发动总攻。最先进入蓬图瓦兹的是一个苏格兰人，他后来因此举获赠了雇佣兵长官安托万·德·尚班内被没收的土地。困守城内的军队顽强抵抗，但寡不敌众。浴血奋战中，攻城者损伤很少，但包括伯代在内的四五百名英格兰人被杀。克林顿勋爵和其他数百人被俘，仅藏身于"公鸡与孔雀"旅店的就有 53 人被俘。

由于蓬图瓦兹是被攻取的，而不是协议投降，根据战争法，国王有权没收居民的全部财产，并随意处置他们的性命。他们受到了非同寻常的严厉对待。市民看到他们被带往巴黎：

> 那是一个悲伤的景象，他们被用粗绳两两相绑，啃着悲伤的面包，就像猎犬被赶去打猎；俘获他们的人骑着高头大马，跑得飞快。囚犯们没有兜帽，也都不戴帽子，个个披着破旧碎布，大多数人没有穿鞋，也不穿长袜——事实上，除了内裤，他们被夺走了一切……那些付不起赎金的人被带到福因港附近的格列夫，像狗一样被肆无忌惮地捆住手脚，然后当着所有人的面被淹死。[5]

随着蓬图瓦兹陷落，英国人失去了他们在法兰西岛的最后一块据点。查理七世花了五年时间才将他们赶走，说明他缺乏意愿，而不缺手段，但也说明英国人顽强不屈。不过，自查理军事改革以后，事情已发生变化，他在博罗兄弟的督导下建立了新的装备体系[6]，新技术恰好在蓬图瓦兹之围中大显身手。讽刺的是，使他成为更强大对手的这些创新，正是从英国人那里学来的。军事主动权如今传到了法国人手中。

蓬图瓦兹陷落四天以前，英国人以传统方式失去了另一座重镇。1440 年秋天攻取诺曼底的乌什河畔孔什的罗伯特·弗洛克，自立为该城长官，开始在 12 英里的半径内拓展他的影响力。5 月，他轰炸了博梅尼勒城堡，使之屈服，接着闪电般攻下波蒙-勒-罗热要塞。9 月 15 日，他在两名当地渔民的帮助下攻取埃夫勒，其中一人当夜值守，他的同事假装在河中船上钓鱼，实则带着攀爬梯子和一伙重装骑士上了城墙。此城迅速被攻取。一名当地人托马森·勒·马勒沙（Thomassin le Mareschal）是"这一事业中最资深的领袖之一"，曾"秘密协助罗伯特·弗洛克壮举"，获赠了一间非常值钱的征税办公室。弗洛克本人报销了在攻城上花费的 6 000 埃居（437 500 英镑），并新获一份要职；两年后，他的儿子将成为埃夫勒主教。这说明占据如此重要的城市，会受到国王赏识。[7]

也许埃夫勒的失守提醒了英国当局渔民的危险，因为在 10 月，他们不再按照惯例为来自迪埃普的鲱鱼船行方便，允许他们进入加莱。这原本是一直施行的，许多渔民享受这一便利，哪怕在迪埃普1435 年落到阿马尼亚克人手中之后也是如此。但鉴于埃夫勒已失守，允许他们继续进入将有很大的安全隐患。[8]

到 1441 年底，收复阿弗勒尔和蒙蒂维尔的胜利，早已被克雷伊、蓬图瓦兹和埃夫勒的失守冲淡了，阿马尼亚克派在卢维埃尔和乌什河畔孔什建立起颇有攻击性的飞地。约克公爵大军的到来无法扭转英国的局势，塔伯特英勇拯救蓬图瓦兹的努力也是徒劳的。

为这绝望的一年带来微光的是弗朗索瓦·德·苏里恩纳。12月，在蓬图瓦兹俘获、已获假释的一名英格兰囚徒告诉他，许多被俘同伴已被带到沙特尔以西 12 英里处的厄尔河畔考维尔，那里守备松散。凭借这名囚犯的内部消息，苏里恩纳派了三四人到考维尔，假扮农民背几袋苹果到市场去。他们发现有些守军不在岗，其余还在睡觉，就径直来到司令官房间，将他捉拿在床。用他作为人质，他们得以释放蓬图瓦兹的所有英国人，然后打开城门，让苏里恩纳和他的人马入城。考维尔被攻陷了，遭到一番劫掠。[9]

　　阿拉贡人就这样赢得一大批价值连城的战利品和俘虏，也圆满拯救了不少悲惨的蓬图瓦兹俘虏。充满感激的约克公爵任命他为考维尔司令官，暗示他或许可以再施展才华，攻占沙特尔以东 11 英里的要塞加利亚东。苏里恩纳领命，在韦尔讷伊司令官托马斯·胡（Thomas Hoo）的协助下，集结一支由 120 名重装骑士和 380 名弓箭手组成的军队。这是一次进入敌人领地的相当冒险的突袭，从激励军队要有攻击性的方式就能看出：只有半成薪水由国王支付，其余来自征收的“军事捐”和战争所得，苏里恩纳和胡获准两人平分。到 1442 年 2 月中旬，苏里恩纳调入一大批守备军到加利亚东，有 60 名重装骑士和 190 名弓箭手，他还连忙把从鲁昂运到芒特的火炮弹药补充一些到此处，最后 30 英里是从陆上拖运的。[10]

　　苏里恩纳的成功虽然振奋人心，但与蓬图瓦兹和埃夫勒两座重镇失守相比微不足道。约克带来的军队在 6 个月服役期结束后已回到英格兰，要紧的是尽快从本土调兵收复失地。从以下事件可以感受到诺曼底的绝望情绪：2 月 15 日，一位鲁昂议会代表从阿弗勒尔启程求援，这是塔伯特勋爵授意的，他外交技能并不突出，但守卫英属法兰西王国的战功独领风骚。

　　约克充分赏识塔伯特的军事才能，提拔他为战争总司令，重新任命他为鲁昂司令官，此前他被萨默斯特从此任上撤下来。塔伯特对英格兰在法兰西的事业尽忠竭力，他从 1435 年起就再未踏上故土。因此，他这次到来必有一番影响，恰逢英格兰议会一年以来的首次会议时间。由于议会参会者包括王国内诸位勋爵和各郡骑士，这是个招募新军队的有效场合。塔伯特也看中了这一良机，打算亲自把诺曼底的需求摆在决策者面前，因为战争花销要依赖他们制定的税收政策。

　　塔伯特返回的英格兰没那么让他喜欢。亨利六世更沉迷于打磨他的双子作品——剑桥大学伊顿学院和国王学院，对在法兰西发动战争没什么兴趣。他对其个人权力的接管意味着保守派的权力和影响力大大削弱。红衣主教博福特继续寻求永久和平，与刚被释放的奥尔良公爵和勃艮第公爵夫人一起努力，但没有成功。奥尔良信守诺言，劝说勃艮第公爵、布列塔尼公爵、阿朗松公爵甚至后来还有波旁公爵，推动查理七世与英格兰从 1441 年春天开启新的和平谈判。不过，查理怀疑他们的动机，担心突然间与旧敌联盟也许会引发另一场布拉格里起义，而且他愈加确信，从法兰西北部和加斯科涅的军事胜利来看，和平谈判未必对他有利。他拒绝任命大使，让谈判进程拖延到 11 月，后来又拖到 1442 年 5 月。英方代表于 1442年 2 月准时到达加莱，为 5 月会议做准备，但他们空等一场，没有见到查理的使臣，到 6 月他们不抱希望地回家了。[11]

　　随着折磨人的和平谈判逐渐停滞，博福特在宫廷的地位渐渐削弱。他的主要对手格洛斯特眼见着他的影响力从愤怒地抗议释放奥尔良公爵起不断衰退，他于 1441 年初被替换为加莱司令官——这个职位总是他的心头好。[12] 不过，那年夏天他成为一场攻击的受害者，从此在社会上和政治上受到排斥，权威和影响荡然无存。背后主谋从未被发现，可能是格洛斯特多年来结仇的某位敌人，比如红衣主教或权势日盛的萨福克伯爵威廉·德·拉·波尔，但这次手段特别毒辣，因为是想通过他的妻子把他毁掉。

埃莉诺·科巴姆（Eleanor Cobham）在与格洛斯特公爵成婚前，是他的情妇。两人虽然没有子女，但十分恩爱。她美丽而野心勃勃，陶醉于丈夫的地位，尤其是贝德福德死后他成为亨利六世的继承人。与大多数同阶级的人一样，她定期咨询占星家，这个职业需要文字和数学功底，因此通常由教士担任。占星术与医学密不可分，被视作确定疗法的途径，能预测康复情况，也能用于占卜事件吉凶。例如，利勒-亚当爵爷据说在 1418 年巴黎的勃艮第起义时，提前咨询过占星家来确定日期。阿朗松公爵约翰把生辰给一位占星家，想要得知为何他生活如此不幸，并给他能带来好运、不生病的护身符，以及具有识别敌人超能力的粉末、能让他在睡梦中找到重要问题的关键答案。[13]

阿朗松依赖这种技术，说明了占星术和魔术的微妙分别，前者受人尊敬，后者则等同于巫术和妖术。15 世纪有许多高调的个人被控行巫术。1419 年亨利五世命令逮捕他的继母、王太后琼（Joan）以及她的占星忏悔师兰多夫（Randolf）修士，理由是试图"用巫术和妖术"毁掉他。王太后被软禁，被迫上交遗产和其他收入以避免审判，这让亨利五世的收入一次性地增加了十分之一，当时正好是诺曼底战役急需现金的时候。当亨利临终告解时，他良心发现，承认这次控告错了，将她释放，并把钱财归还于她。[14]

圣女贞德也因"迷信占卜"定罪，虽然行巫术的指控列于异端、叛教、偶像崇拜等更重的罪名之后。不过，巫术指控中最臭名昭著的对象是她的战友吉尔·德·莱斯，此人资助了奥尔良每年纪念她的戏剧演出。莱斯在与当地教堂的冲突中绑架了一名教士，因此遭到南特主教调查，被指控一系列骇人的罪名。这名人质被里什蒙强行救下，经过宗教和世俗审判，莱斯承认曾召唤魔鬼，绑架、强奸、鸡奸、折磨并肢解大量 6 至 18 岁的儿童。他与同伙于 1440 年 10 月 26 日在南特被处决。[15]

吉尔·德·莱斯作为一个男人被控以巫术是不寻常的，但和多数被控的巫师一样，背后有强烈的政治因素。对格洛斯特公爵夫人来说，这当然是可信的，她曾咨询过两位显赫的占星家，她的私人医生、威斯敏斯特圣斯蒂芬学院教士托马斯·索斯维尔（Thomas Southwell）和牛津大学圣安德鲁学院院长罗杰·博林布鲁克（Roger Bolingbroke）。在她的请求下，他们草拟了亨利六世的星象图，预测他会在 1441 年 7 月到 8 月间死于重疾。这正是埃莉诺想听到的，因为那样她将会成为王后，但"想象"或者预测国王之死是叛国罪。

她的行为如何引起王室注意的不得而知，但她被逮捕了，经由宗教法庭审判，1441 年 10 月 21 日被定罪为行叛国巫术。虽然她保住了性命，但被判处终身监禁，并于 11 月 6 日由齐契利大主教和红衣主教博福特主持，与丈夫强制离婚。她的同谋都被判处死刑：

索斯维尔幸运地在行刑前死于伦敦塔；博林布鲁克被处以绞刑、大卸八块；"巫师之眼"玛格丽·热德梅恩（Margery Jourdemayne）被烧死在火刑架上，埃莉诺从她那里拿到药剂才为格洛斯特生下子女。[16]

埃莉诺的审判、定罪及离婚是一桩空前的公众丑闻，让她的丈夫前途尽毁、蒙受羞辱，成为宫廷里的下等人。然而，无论他有多少过错，他对亨利六世始终忠贞不贰，最后生涯不该被巫术和叛国罪玷污。

格洛斯特的倒台，让塔伯特失去了唯一能帮他在 1442 年春天招募军队的人。3 月 24 日，就在议会结束前夕，塔伯特以约克公爵的名义签署合约，一支 2 500 人的军队将在法兰西服役 6 个月。传统上，一支这样的军队要由重装骑兵、从贵族和绅士阶层招募的军事精英组成，他们能负担得起符合身份的贵重的盔甲、武器和马匹。但如今他们拒绝按这样的标准服役，可见他们的厌战程度。即使是塔伯特也难以激发他们对战争的热情，他因法兰西战功卓著，在 1442 年 5 月 20 日刚被擢升为什鲁斯伯里伯爵。他们明智地选择了更安全、更有利可图的文职职责，负责各郡司法和财政事务，在家里就能执行。[17]

当塔伯特在阿弗勒尔登陆后，于 6 月 15 日集结部队，他已完成了 2 500 人的目标，但只有 200 人是重装骑士，弓箭手中也只有 300 人身披盔甲。他之所以能完成目标，是因为弓箭手比重装骑士有更多的备选人。弓箭术是一门极其精巧的技术，要拉开长弓，需要身体力量和定期训练。根据法律，英格兰年龄在 16 岁至 60 岁间的男子，无论地位如何，每逢周日及节日都要练习射箭。若不能达到每分钟射中十次靶的最低标准，即视为不适合服兵役。弓箭手（尤其是步兵弓箭手）的问题是，他们无法抵挡敌人的协同性进攻，这就是为何需要一定比例的重装骑士来保护他们。另一个问题是，塔伯特招募的弓箭手很少有马，他们是防守的理想人选，但缺乏机动性令他们战斗效率低下。军队质量不佳势必影响塔伯特在战场上的发挥，但尽管如此，花费还是不少。亨利不得不典当王冠上的珠宝来筹集必要的 1 500 英镑（78.7 万英镑），只为把军队运输到海峡对岸，"我们急需大量金钱……用于安置军队（或者）……只要珠宝足够支持"。[18]

1442 年的夏季战役，是一篇关于错失良机的英雄史诗。查理七世、王太子和大队人马驻扎在加斯科涅，赶在投降之前解救塔尔塔斯，阿尔伯雷爵爷已经与英格兰总督托马斯·兰普斯顿爵士达成协议，即将交出城市，向亨利六世效忠。这场灾难避免了，查理留在战场，围攻并占领圣赛维、达克斯和拉雷奥，甚至颇具威胁的波尔多。[19]

兰普斯顿本人在圣赛维被俘，这对他这个从帕泰村之战起当了七年法兰西俘虏的人来说是个灾难，因为他无法支付赎金。即使他能找到用来交换的人质来减半，他的财政情况也尚未恢复，时隔七年第二次被俘后他还在狱中。1446 年 3 月，伦敦商人威廉·艾斯菲尔德（William Estfield）赠予他 10 英镑（5 250 英镑），"凑一份赎金，如果他还活着"，他这段时期的行踪是个谜，尽管他在 1449 年 1 月已经回到英格兰。此役另一位显赫的受害者是查理七世最成功的将领和忠诚盟友之一，伟大的拉伊尔，艾蒂安·德·维尼奥勒，他于 1443 年 1 月 11 日在蒙托邦身受重伤，最终不治，时年 53 岁。他的名声甚至在敌人中也如此之高，以至于威尔士诗人古托尔·格林（Guto'r Glyn）将他和他终生的战友波东·德·赞特拉耶形容为法国的卡斯托尔和波吕克斯，他的名字至今仍作为法国扑克牌中的红桃 J 流传着。[20]

在启程前往加斯科涅前，查理在北部留下一支军队，由"奥尔良的私生子"统率，主要监控英军活动。塔伯特决定首要目标是保护诺曼底东部边界的安全，7 月，他围攻乌什河畔孔什。"奥尔良的私生子"相应地包围了加利亚东，那里弗朗索瓦·德·苏里恩纳的守军刚因马修·高夫部队的 20 名重装骑兵和 83 名弓箭手的离开而筋疲力尽。塔伯特拒绝在 8 月底孔什投降前调往别处，解救加利亚东。"奥尔良的私生子"按塔伯特的方法围城，但他的军队始终驻扎在该地区，阻止了塔伯特挥兵向更重要的卢维埃尔和埃夫勒，也让苏里恩纳明白，继续坚守加利亚东没什么意义。10 月 30 日，这个阿拉贡人与马修·高夫、托马斯·吉拉德和托马斯·斯通（Thomas Stones）从"奥尔良的私生子"那里联合收取了 2 900 萨鲁特（232 604 英镑）的首期付款—— 金额总数是 10 900 萨鲁特（874 271 英镑）。四位长官同意以这个金额，清空加利亚东和考维尔城，在沙特尔地区不留下英国人痕迹。同时达成一致，加利亚东会被毁掉，以免另一方再次利用它。这个故事的有趣脚注是，投降收取的钱财没有进入英格兰长官的口袋，而是进了诺曼国库。1445 年 3 月，已是诺曼底财政大臣的托马斯·胡为"奥尔良的私生子"

开具 1 000 萨鲁特（80 208 英镑）的收据，实际是以葡萄酒和丝绸支付的，用来冲抵他为毁坏加利亚东和考维尔而欠下的款项。[21]

塔伯特的东部战役一无所获，没法证明部署这么多人的财政支出是合理的，他决心解决迪埃普——诺曼海岸最后一座阿马尼亚克派要塞。等他来的时候已经太迟了，因为他所带的军队即将满 6 个月服役期：有些人同意留下，但围城部队的核心成员是调入的 600 名诺曼守军。到 10 月底，塔伯特才集结足够的人马离开大本营瑞米耶日，向迪埃普行进。

随着先锋部队抵达，地处偏远的查理梅斯尼尔城堡守军投降了，但塔伯特的计划不是从陆上和海上封锁迪埃普：他既没有人手，也没有舰船，无法做成此事。相反，在城市东边的勒博莱高地，俯视港口的地方，他修建了"一座非常坚固的巨型木质堡垒，周长很长"，安排威廉·佩托统领 500 名守军，其中包括塔伯特本人的私生子亨利和许多私人随从。国王军械库长官威廉·佛斯泰德（William Forsted）曾经历爱尔兰、苏格兰、威尔士、加斯科涅、诺曼底和法兰西多次战役，他显然在一年前就找到此处，亲自陪伴塔伯特带着"秘密战争武器"，"到迪埃普那边去"。如今他集中了200 门加农炮以及炸弹、投石机和其他武器，无论大小，都运到堡垒中去，开始对迪埃普的城墙、塔楼和房屋进行轰炸。[22]

就在围城战开始后一周，圣米迦勒山海湾的格兰维尔城，一座英格兰堡垒被路易·德·埃斯图特维尔出其不意地攻下。这是守备军司令的明显疏忽，因为两个月以前就有人提醒他特别防备，有情报显示埃斯图特维尔正筹划一次针对格兰维尔的秘密行动，计划用攀爬梯从海上突袭。后来实际方案正是如此。要是这位司令向塔伯特汇报，他无疑会被控告并严惩不贷；由于他是斯卡乐勋爵的私生子，向他父亲汇报，他逃过了这次玩忽职守的后果。

格兰维尔是一座战略意义重大的要塞。它天然易守难攻，位于狭长的岩石半岛上，几乎完全被海包围。当阿马尼亚克人1436年首次占领它的时候，唯一的建筑就是圣母教堂，这是古时的朝圣处所，据说神迹曾发生于此。塔伯特收复以后，大兴土木，在教堂周围的空地上修建了城市和城堡，让格兰维尔成为"最强盛最有用之地，从海陆两处指挥全国，能够借此控制住诺曼底全境和邻近地区"。如今，它被圣米迦勒山的人马占领了。

附近守军不得不迅速加强防守，抵御他们的威胁。12月，鲁昂议会派来安德鲁·奥加德（Andrew Ogard）、西蒙·莫里耶和皮埃尔·科雄，与斯卡乐勋爵和马修·高夫一同商议收复此地的方式与手段。后者拥有由国王资助的包括60名重装骑兵和180名弓箭手的部队，他们的服役期限延长至复活节，并获得1 000图尔里弗尔（58 333英镑）的一次性收入。为此次收复失地之战，在当地和公国内普遍征税，卡昂子爵被派遣到海峡诸岛去雇佣舰船和水手，以封锁此地。尽管有种种努力，他们还是无功而返，"正面战、突袭或其他方式"都不行，格兰维尔再也没有回到他们手中。[23]

格兰维尔的陷落至少说服了一个诺曼人，有"理发师"之称的拉乌雷·方丹（Raoulet Fontaine）从附近的通贝莱守军中离开，加入了圣米迦勒山。这一决定对他来说是致命的，因为他后来与守军中另一名成员圣迭戈·德·康波斯泰拉（Santiago de Compostela）劫掠回来时发生争吵，被刺死。方丹从前是英王忠诚的仆人，他在这一时期的背叛不是个例。[24]

埃斯图特维尔没有浪费时间，立即在格兰维尔修建工事，以免被再次夺取，并安置一名司令官以及若干士兵、粮草和武器。不过，此处已是飞地，很难找到足够市民守卫，非常容易再被英国人收复。正是由于格兰维尔的战略重要性，查理七世于1446年回应司令官的请求，赏赐免费的房屋和土地，减免一切战争税收，以吸引人们定居于此。[25]

第二十章

最后的军事努力

格兰维尔已经失守，塔伯特的压力陡然提升，迪埃普之围势必要成功。但没有来自英格兰的大批远征军援助，这显然无法完成。诺曼底的夏季战役长久以来都依靠这些援兵的到来，约克被任命为总督后答应每年支付他们 2 万英镑（1 050 万英镑）的工资。起初国库勉强支付得起，但到 1442 年底，还有一半金额拖欠着，直到 1443 年 5 月下次世俗津贴到账前都没有希望支付。[1]

由于查理七世的加斯科涅战役的胜利，约克也面临对英格兰有限资源日益激烈的争夺。根据情报，查理正计划于 1443 年春在卡斯蒂利亚的协助下重燃攻势，诺曼底的协同作战就在眼前，英国议会必须做出一个所罗门般智慧的决定：是竭尽全力守卫诺曼底公国一处，果断清除威胁，但有可能彻底失去其他土地，还是按需分兵调度，但可能两处尽失？当 1443 年 2 月 6 日会上商议此事时，大多数出席会议的人保持中立，毫无帮助地提议道，军队应该哪里需要就调度到哪去，但红衣主教博福特的同盟、国库长克伦威尔勋爵提醒他们，1442 年送到诺曼底的钱都被挥霍掉了。当议会于 3 月 2 日再次碰头时，他告诉大家，派遣两支军队在财政上是不可能实现的，国王、众位贵族和长官，必须选择其中一条路。与此同时，2 月，由两名西部骑士带领的一小支部队启程前往加斯科涅，一位是被俘的兰普斯顿的递补总督威廉·邦维尔（William Bonville）爵士，另一位是资深将领约翰·波帕姆，在漫长的海上航行中遇上冬季风暴，沉没了一艘船和三分之一的人马。[2]

在这危急关头，又一次是博福特家族弥合了裂痕。萨默斯特伯爵约翰 1442 年秋天已提出要"十万火急"地率领一支远征军到加斯科涅，但此次任命搁置了，因为议会拒绝取消约克从世俗津贴中分配的收入以支援博福特，后者只好贷款资助了这次远征。等到议会于 3 月 30 日再次召开，萨默斯特再次同意执行，但或许是听从他的建议，想用激进的新策略解决加斯科涅和诺曼底之间的两难选择。

过去几年的失败说明，"战争方式的转变"，即从防御型转变到进攻型，是"十分必要且合适"的。因此，萨默斯特即将率领自 1430 年亨利六世加冕以来最大规模的一支军队。他选择渡过海峡间最短的路线，避开了邦维尔的舰队，得以在自任长官的瑟堡登陆。他将穿过下诺曼底地区，渡过卢瓦尔河进入阿马尼亚克派领地，在那里发动"他所能制造的最残忍而致命的战争"。首要目标是将查理七世赶出加斯科涅，迫使他迎战，让他品尝第二个阿金库尔战役或韦尔讷伊战役的苦果，因此迫使他恳求着坐上和平谈判桌。即便这些目标没有实现，亨利六世牵强地向约克公爵解释道，这支巨大的英国军队也将成为诺曼底和"对手"之间的屏障。[3]

　　这种政策在英格兰早有支持者。格洛斯特就是其中之一，他一直主张增加军队人数，同时采取有力攻势，而不是双方零碎的消耗战。最雄辩的支持者是法斯托夫勋爵，他在阿金库尔战役中像谦卑的候补骑士一样战斗，是韦尔讷伊战场上的方旗骑士，从 1417 年起持续守卫着英属法兰西王国。他对战争的知识、经验和投入，以及长期以来充当贝德福德的内府总管以及他本人、约克和格洛斯特三人的顾问，让他的发言很有分量。他强烈反对接受在阿拉斯提出的和平条件，主张与格洛斯特的话类似，"背叛者和起义者必须承受另一种战争，更激烈、更残酷的战争"。他并非博福特家族的朋友，他的解决方案与他们倡导的大相径庭，但他也支持在诺曼边境施行焦土政策，结束围城战，除非某地"很容易攻占"。[4]

　　萨默斯特主导此次战役的条件相当大胆。签署合约之前，他要求升为公爵，位于诺福克之上（此人对战争事务毫无兴趣），这样他的地位只比格洛斯特和约克公爵低了。为表示对新任职的支持，他想要 1 000 马克（35 万英镑）的额外收入——后来被削减为 600 马克（21 万英镑），从贝德福德的肯达尔伯爵领地支取。他的指挥权将完全独立于约克公爵，在任何"他即将获得的王国、公国和其他各处的郡县、土地、市镇、城堡、堡垒内"行使充分的王室权力，包括本人及继承人有权获得土地，随意处置、任命各项市政和军事职位。他也充分享有对战利品的权力，尽管只能获得总价的九分之一。

　　萨默斯特进一步要求，他的兄弟作为安茹和曼恩总督的七年任期，应当归属于英格兰印章，而不是法兰西，这意味着他不再臣属于约克公爵；当任期结束，或者约克的诺曼底议会按照计划成功推翻这一委任，那么萨默斯特必须要接替他的位置。并且，他也想要阿朗松郡。正如条款显示，萨默斯特对个人权力扩张、博福特夺取贝德福德的法兰西遗产的旧计划和守卫诺曼底同样感兴趣。加斯科涅在他的构想里不算什么，不过是引诱查理七世撤出诺曼底公国、与他迎战的计划的附加好处。

　　萨默斯特很清楚，他接受这次远征的条件，远超此前诸位长官。这也直接挑战了约克公爵作为总督的权威。萨默斯特已经提醒过，任何授予他的权力将会是徒劳无益的，"因为约克公爵拥有对整个王国和公国的完全权力"，他拒绝服役，除非获得约克的善意和"首肯"（自从约克担任总督，他们兄弟还没在法兰西服役过，所以这不是个可以掉以轻心的威胁）。令约克公爵更无法接受的是，萨默斯特劝说易受影响的国王亲自写信给他，告知他最近的安排。

　　为了讨好约克，萨默斯特自己的头衔将会是冗长笨重的"加斯科涅公国及法兰西王国，我们至亲至爱的约克公爵从未以我们的名义运用过赋予他的权力的区域的总督"。这太模糊了，简直没有意义。是否意味着，如果萨默斯特收复迪埃普或格兰维尔，这些地方就属于他，而不受公国和约克公爵权威的限制？萨默斯特的撒手锏是国王认可他此次委任的独立性："在这片国土及海上"，无人能够指挥他做违反他"本人意愿和目的"的事。[5]

　　为何萨默斯特会获得如此特殊的特权？原因之一是 21 岁的亨

利国王真诚地想发扬并巩固王室家族。他本人尚未结婚，也无子嗣，没有合法表亲，枝繁叶茂的博福特家族是他最近的血亲——尽管他们是冈特的约翰的后代，因此无缘于王位。亨利相信萨默斯特的高贵血统能让他指挥全局，哪怕缺少军事经验。更有力的原因是，红衣主教博福特打算资助这次远征，要是由他侄子领兵的话。从 1439 年起三年内，他只借出 1.3 万马克（455 万英镑）；对于萨默斯特的调动，他肯出借 2 万英镑（1 050 万英镑）以支付 6 个月的军队薪水以及 1 167 英镑（612 675 英镑）渡过海峡的运输费。这是他过去一年之内借出的最大一笔钱，使其余 5 250 英镑（276 万英镑）的借款总额黯然失色。[6]亨利的性格弱点再次让廷臣的个人和派系野心胜过海外王国的需要。

萨默斯特任命的消息和他那不寻常的权力范围，让约克公爵和鲁昂议会倍感惊慌，如此干系重大的事务不曾向他们咨询过。6 月，约克公爵派了一支高级别代表团，由塔伯特、安德鲁·奥加德、国库长约翰·斯坦劳和王室秘书让·德·林内尔组成，前去正式明确萨默斯特的权威，如若必要，正式提出抗议。他们的关切没有得到抚慰，当约克索要合同中承诺的 2 万英镑，却被敦促"耐心等一阵子"，因为萨默斯特的远征费用高昂，没有余钱分给其他事业。显然，没有财力也没有人力用来收复迪埃普、格兰维尔、卢维埃尔和埃夫勒，这是诺曼底公国的首要目标。代表团敦促国王重新考虑，或者至少限制萨默斯特的权力，但国王充耳不闻。萨默斯特的权力保持不变，塔伯特本可以加强迪埃普之围，现在只能获得增援的微弱希望。[7]

　　萨默斯特确信他能超越 1441 年约克带到诺曼底的大军的规模和质量，他已召集 1 000 名重装骑士，其中有 4 名男爵、8 名方旗骑士和 30 名骑士。议会聪明地将其削减到 800 名，因考虑到萨默斯特已招募得到 758 名。他那大肆吹嘘的贵族分遣队只有托马斯·凯瑞尔这 1 名方旗骑士和 6 名骑士。要招募额外的弓箭手，来补足缺少的贵族。他的启程计划也太自信了。当他 4 月 8 日签署合同时，预计在 6 月 17 日集结并启程。考虑到紧迫性，萨默斯特建议提早，不过他到 6 月 17 日也没出现，推迟后也没来。这次延期每天耗费 500 英镑（262 500 英镑），许多已召集来的人很快又逃走了，他们早已收到国王的预付工资，其余的人因为集结两次，冒领了两份工资。如此混乱和拖延，议会到 7 月 9 日终于失去耐心，命令他即刻启程，"没有任何借口"。即便如此，他到 7 月底才带着军队启程，确切人数未知，但根据集结记录，包含 1 名方旗骑士、6 名骑士、592 名重装骑士和 3 949 名弓箭手。[8]

　　8 月初，一支 300 艘船的舰队将这批大军送到瑟堡，随行有全部辎重、马匹、补给和大批武器，包括 20 马车载量的"风琴炮"（ribauldequins）①、一门新式加农炮，以及一大堆木桶，这是萨默斯特命以国王开支为他制作的"过河引桥"。在萨默斯特到达第一座桥之前，他就遇上了麻烦：他没有足够的车马运送所有物资。于是他决定在途经的 6 个子爵领地内征收"关税"，即当地为类似情况制定的税收，这让他得以动用手头各种渠道，甚至包括教会财

---

　　① 一种中世纪晚期的排枪，将许多小口径的铁枪管平行放置在平台上。最早由英王爱德华三世于 1339 年对法作战时使用。

产，筹集钱款支付士兵工资。由于他拥有国王命令法兰西王国和诺曼底公国所有王室官员尽心听从于他的亲笔信，他们遵从了，但心有不忿，因为子爵领地无疑是约克公爵的管辖范围，他并未获得授权。[9]

萨默斯特战役的细节是粗略而令人困惑的。8 月 17 日，他在瑟堡以南 73 英里的阿弗朗士，命令为他下一阶段行程所需征收 120 车"关税"。随后根据计划，他穿过曼恩，向安茹行进，他的兄弟埃德蒙德·博福特和马修·高夫在某处加入其中。和他一样，他们两人在曼恩地区都有巨大的土地利益。会师后，他们洗劫并焚烧了安茹，火势一直蔓延到昂热城墙。他们就在那里停住了。卢瓦尔河就在南边 2 英里处，但他们无意渡河，或者入侵敌人领土。相反，他们向西北撤退 39 英里，进入安茹北部地区，包围普昂塞，此城属于阿朗松公爵。到达昂热时，军队在这次毁灭之战中很可能跑得太快太远了，因为 8 月 17 日在阿弗朗士征收的"关税"仅限于目的地是普昂塞的货物。[10]

无论原因为何，普昂塞之围的结果是徒劳的，除非它的真实目标是将阿朗松从 15 英里外在贡提埃的主要据点驱逐出去。的确，一支增援部队集结在那里，当探子把这消息带往普昂塞时，马修·高夫带着一大批部队前去拦截。他趁其不备封堵上前，将之击溃，带回大批俘虏。虽然此次无疑是获胜了，但并不是阿金库尔或韦尔讷伊战役第二，没什么名人被俘，尤其没有阿朗松本人。[11]

几周围攻并没有让普昂塞屈服，萨默斯特决定及时止损，到别处试试。拉盖什在 15 英里以北，位于布列塔尼境内，也是阿朗松公爵的地盘。当地的阿马尼亚克派守军已在曼恩地区重创英格兰领土，包括博福特家族领地；1438 年，萨默斯特的兄弟埃德蒙德曾短暂地占据过此地，并与阿朗松公爵达成四年停战协定。那项协定如今快要到期了。萨默斯特也可申辩，他 1440 年 6 月作为总督时与布列塔尼商议的协定实质上也要终结了。老公爵已于 1442 年 8 月逝世，在拉盖什驻扎有阿朗松守军，也打破了布列塔尼不得庇护英格兰敌人的约定。

因此，萨默斯特对围攻此城一点也不感到愧疚：居民们投降了，阿马尼亚克有关人士尽数逮捕。萨默斯特的人马洗劫了周围乡村，而作为雇佣兵的该城长官要求新任公爵弗朗索瓦一世承担赎金 2 万萨鲁特（160 万英镑），以归还拉盖什，并延长停战协定。半数赎金于 10 月 16 日支付，其余截止日期在圣诞节后。[12]

由于亨利六世已将王室对战利品的权力让渡给萨默斯特，后者获利丰厚。他也创造了一起大型外交事件。愤怒的公爵通过大使抗议，要求赔款，他此前是与查理七世和平谈判的调停人，当时有使团驻扎在英格兰。亨利六世十分窘迫，因为使团领袖吉列·德·布列塔尼（Gilles de Bretaigne）是公爵的兄弟和他本人的亲密好友。他立即与萨默斯特的行为撇清了关系，奉上赔款以及大批礼物，包括一笔 1 000 马克的抚恤金、已逝的路易·德·卢森堡的两本"为他的教堂准备的诗集"和一只装有 100 英镑的金质杯子。议会向萨默斯特送去一封正式斥责信，上面还有红衣主教博福特的签名。[13]

萨默斯特从拉盖什退回曼恩，负责较小的波蒙-勒-维孔特，这是一座阿马尼亚克派重镇，控制着阿朗松和勒芒之间的道路，两地长官恰好都是他兄弟。虽然博福特家族预计援军会到，但并未实现，这个据点投降了。这是此次战役的最后一次行动，因为，虽然萨默斯特的服役合同是一年，但他属下到 6 个月结束时还没收到工资。他这项特殊合约的一个条款是允许他们一旦工资逾期，便可以自行回家，而他们正是这么做的。12 月底，他解散了在诺曼底的军队，有些人加入法莱斯守军，有些人则要靠才智和乡村养活，这令当地人极度痛苦。臭名昭著的炮车运输起来引起很多麻烦，后来萨默斯特把它留给了阿弗朗士的副将。[14]

萨默斯特在 1444 年 1 月初回到英格兰，成了不体面的人。他这次远征算不上彻底失败，但也不如预期那样成功。战争礼仪和行为还没有变化得那么激烈，尽管此前寄予厚望，倾注大量资源，但他这次战役和此前的前线战斗没什么区别。博福特家族比王国和公国获益更多。更糟的是他深深地冒犯了布列塔尼公爵和阿朗松公爵，让他们倒向查理七世的怀抱，两人原本是英格兰的潜在盟友。

萨默斯特坚持自己全权负责此次远征，如今这一坚持反噬他了。他要为这次失败负全责。虽然对他并没有进行官方斥责，但他有可能已经被逐出宫廷和议会，因为他永久退居在多塞特郡温伯恩的私人宅邸了。1444 年 5 月 27 日，他在那里去世，心灰意冷，时年 40 岁。甚至在他临死前，还就他在诺曼底抛弃的士兵们所犯下的“罪行、谋杀、致残、虐待、抢劫、掠夺、勒索等各项罪行”对他展开了正式调查。他死后被控非法且腐败地征收关税：1446 年，另一项调查显示，他从中收取超过 5 210 图尔里弗尔（303 917 英镑）的费用，他的遗嘱执行人因他从国王那里获得个人花销及装备费用而受到追讨。[15]

萨默斯特当然不是领导大型进攻的合适人选，不仅因为他缺乏军事经验，而且因为他在离开英格兰前健康状况就不好，无法承受激烈的战斗。毫无疑问，他坚信这样做最符合英格兰和诺曼底的利益，也认为这一利益和博福特家族保护曼恩地区财产的愿望是一致的。因此讽刺的是，把资源转移到他的出征上，甚至他坚持自己掌握独立指挥权，给诺曼底带来了不可逆的损失。

从萨默斯特 1443 年 8 月在瑟堡登陆的那一刻，到 5 个月后最终离开，他从未和约克公爵或者鲁昂议会接触过。因此他并不知道，8 月 12 日王太子、"奥尔良的私生子"、拉乌·德·高库尔和圣保罗伯爵已带着 1 600 人的援兵进入迪埃普。这是塔伯特修建堡垒以来第三次也是最大规模的增援部队，长官查理·德马雷麾下已有几百名重装骑士，包括纪尧姆·德·立卡维尔，他在 1432 年大胆起义占领了鲁昂城堡。不过，如此大规模的援兵到来，显然说明即将要突围。[16]

1443 年 8 月 14 日清晨 8 点钟，王太子吹响号角，向英军堡垒进攻。他携带五六座带轮子的木桥、几个起重机，将它们撬动到堡垒四周的壕沟里去，以这种方法，他的人马能够冲向城墙。来自守军的枪林箭雨很快来到，至少 100 人被杀，几百人受伤。在王太子的敦促下，也受到迪埃普市民带来的大约 60 到 80 支长弓的鼓舞，他们重新发起攻击，经过激烈的肉搏战，最终赢得胜利。超过 300 名守军被杀，王太子下令所有幸存的说法语的人都以叛国罪论处：8 名重装骑士、4 名弓箭手和 2 名炮手因此被执行绞刑。威廉·佩托爵士、约翰·李普雷（John Ripley）爵士和亨利·塔伯特（Henry Talbot）也成为阶下囚。王太子命令将堡垒摧毁，那里的武器弹药运送到迪埃普去为该城助力。[17]

　　要是萨默斯特调兵去迪埃普，这次灾难本可以避免，在与王太子的较量中，他本可以赢得后来在安茹无法拿下的重大胜利。相反，持续了 10 个月的围城结束了，再也没有人试图恢复它。迪埃普同格兰维尔、卢维埃尔和埃夫勒一样，将永远留在阿马尼亚克派手中。

　　萨默斯特决意以自己的方法行事，这意味着约克和议会对他的行踪与计划都不知情。来自布列塔尼的情报可能提醒他们，他要拿下拉盖什了，因为在 10 月底，有信使从利修到布列塔尼锁定了他，找到他的军队行踪，并向鲁昂汇报。英国当局和萨默斯特之间唯一的联系是非正式的，也保持着距离。12 月，一位奥尔良公爵的使节在前往鲁昂会见约克的路上，正好与萨默斯特同行，后者正从法莱斯赶回卡昂的家中。[18]

　　尽管萨默斯特听命于英国政府，但他拒绝和诺曼底当局沟通，也不合作，这一点应受谴责。他此次战役颗粒无收，英格兰的失望与诺曼底的苦涩相比，不足为论。约克及议会的权威受损，萨默斯特个人却发财致富，更是在伤口上撒盐。约克还欠他 2 万英镑（1 050 万英镑），诺曼底公国内各项军事活动都在财务上捉襟见肘。例如，到 1443 年 10 月，斯卡乐勋爵还欠自己 600 图尔里弗尔（3.5 万英镑）的薪水，待支付的属下的工资则在这个数字 10 倍以上，包括 51 名重装骑士和 318 名弓箭手，都是他从公国各处守军征调而来的战斗部队，以遏止格兰维尔守军的掠夺。有一件事最能说明当时竭尽所能筹集资金的必要性，鉴于"当前的需要和我们赢

弱的财政状况"，他"大方地同意"接受一笔 3 000 图尔里弗尔
（17.5 万英镑）的一次性付款，其中三分之二来自诺曼人，三分之
一来自约克公爵在英格兰的钱。[19]

　　萨默斯特的远征确实是战争的转折点，但并不是按他所希望的
方式。1443 年 8 月到达英格兰的布列塔尼使团带来公爵的邀请，希
望接受他的调停，重启和平谈判。毫无疑问这背后有查理七世的支
持，这个时机说明，通过重启外交渠道，他希望损害甚至预先阻止
萨默斯特军队取得任何军事胜利。当首次倡议和平时，亨利六世欣
然接受，他天性平和。萨默斯特没能提供军事方案，甚至让议会中
最坚定的鹰派成员也认可谈判是唯一的前路。就在萨默斯特灰溜溜
地返回英格兰几周之内，和平谈判进程正式重启。

　　1444 年 2 月 1 日，国王及议会做出关键性决定，派遣萨福克伯
爵威廉到法兰西去，"与我们的法兰西舅父"寻求和平或停战协定，
同时商议亨利六世与一位法兰西公主的婚事。萨福克如今是宫廷中
最有权势的人物，随着年长的格洛斯特公爵和红衣主教博福特的衰
退他日渐耀眼。作为宫廷内府管家，他与年轻国王利益一致，因此
对国王颇有影响力，但他机敏地躲过了宫廷中关于他的两极化议论
的威胁。他曾于 1415 年到 1429 年间在法兰西服役，最后是在 1435
年和 1436 年，他多次参与阿拉斯在内的和平使团，表现出他坚信
要通过军事武力来保存英格兰在法兰西的战果，从强势地位出发寻
求和平。

　　不过，萨默斯特远征之后，英国人不再处于强势地位了，萨福
克对担任和平使团的领袖持强烈保留态度，尤其是当法国人要求他

如此时。他知道自己是在自掘坟墓，个人全权负责危险重重，萨默斯特的先例历历在目。萨福克向议会抗议此次任命。最终在国王的坚持下，他接受了这一角色，但要求必须有王室信件作为保证，他出于善意执行国王关于和平或婚事的任何命令，都不向他追责。换言之，此次任务及其结果完全由国王做主。[20]

萨福克不愿领导这次使团，是有根据的。这不是一个值得羡慕的职位。他受国王指示，而英王为了和平不计代价；与他谈判的另一方法兰西国王，则靠诡计生存。萨福克希望任命一些资历深厚的随行人员，包括亚当·莫雷恩（Adam Moleyns）和罗伯特·鲁斯（Robert Roos）爵士。莫雷恩是专业律师和外交家，掌管私玺到1444年2月11日，是著名的人文主义者，他的拉丁文"是从布洛瓦的彼得（Peter of Blois）以来，全英格兰书写得最好的"，兼任奇切斯特大主教。[21]

3月15日，英格兰大使在阿弗勒尔登陆。他们首先赶赴鲁昂，估计是与总督和议会商讨，随后来到曼恩的勒芒。首次会议将于4月8日在旺多姆召开，这里尚属于敌人领土，但距离英属勒芒、奥尔良（奥尔良公爵在此进程中承担关键作用）和图尔（查理七世定期在此开庭）大致相当。从旺多姆出发，他们被护送到布洛瓦，在那里会见萨福克从前的俘虏查理·德·奥尔良，随后于4月16日到达图尔，安茹公爵、布列塔尼公爵和阿朗松公爵正等候在此，次日将他们引荐给查理七世。一名勃艮第人代表在5月3日来到图尔，但勃艮第公爵本人并未出席：他被查理刻意边缘化了，这对英国人来说是个提醒，他违背了在阿拉斯做出的承诺。最后抵达的人，在这一过程中没有什么声音：她正是安茹公爵雷内的 14 岁女儿玛格丽特（Margaret），查理将她选为亨利六世的新娘。[22]

玛格丽特的名字何时被提出的，我们并不清楚，但她到达后能迅速做出安排，说明此事早已讨论过，在萨福克离开英格兰之前就已达成共识。他们为何把她当作英格兰国王之妻的合适人选，也不甚明了。她虽然是个瓦卢瓦公主、查理五世的曾侄孙女，但她不过是查理七世的侄女。她的父亲雷内和叔叔查理·德·安茹在宫中享有特权，颇具影响力，和查理国王一同长大。但她的祖母，可敬的阿拉贡的约兰达，已于 1442 年 11 月去世。她早已被圣保罗、夏洛来和内维尔等诸位伯爵看作日后的新娘，但从未有过实质探讨，这主要是因为她父亲收入微薄，无法证明自己对这些耀眼遗产的所有权，如西西里岛、那不勒斯、阿拉贡、（通过妻子）马略卡岛和巴尔及洛林公国。[23]

在英国人看来，更合适的新娘是查理七世的亲生女儿。长女凯瑟琳（Catherine）已在 11 岁时嫁给勃艮第公爵腓力之子夏洛尔伯爵（count of Charolais）。三女约兰达（Yolande），在 2 周岁生日前就许配给皮埃蒙王子（prince of Piedmont）。琼（Joan）、热娜（Jeanne）和玛德莱娜（Madeleine），都在 1 岁到 9 岁之间，尚未婚配。她们如此年幼也不碍事，毕竟，理查二世当年与法兰西议和时，以 29 岁的年纪迎娶了查理七世 6 岁的姐姐伊莎贝拉。与查理的女儿婚配，反对理由有二。其一，英国人认为《特鲁瓦条约》已经剥夺了他们家族一脉的继承权，婚姻会使他们对王位的主张又具有合法性。这倒可以克服。其二，查理本人并不愿促成这样的婚事，这会导致法兰西正式分裂，甚至影响自己儿子的继承权。这点难以调和。[24]

因此，不幸的玛格丽特成为和平圣坛上的献祭羔羊。不过，这既不是英格兰人期待的永久和平，也不是法国人此前提出的"准和平"，即 20 年停战协定。不考虑对王位的诉求，双方都不愿让出诺曼底、加斯科涅和加莱的完整控制权。达成一致的只有为期 22 个月的军事停战协定，始于 1444 年 6 月 1 日，止于 1446 年 4 月 1 日。两天后，这门婚事的协定起草好了，又过了两天，即 1444 年 5 月24 日，订婚仪式在图尔的圣马丁教堂正式举行。[25]

仪式是在圣坛边由教廷使节主持的，萨福克代表亨利六世站在一旁。见证人有两位公认的国王，查理七世和雷内·德·安茹，以及日后毫无争议的王太子路易，他们的夫人和一大帮法国贵族。缺席者中最著名的是兰斯大主教雷诺·德·沙特尔。他在阿金库尔战役中失去了三位兄弟，父亲又在 1418 年勃艮第攻占巴黎时身亡，他终身致力于和平进程，弥合阿马尼亚克派和勃艮第派之间、英法之间的裂痕。他此前来到图尔协助谈判，但就在他们重归于好之前突然倒下，去世了。[26]

宴会上还有第二桩白事。唱诗班背后的教堂内，停放着布西考元帅的遗体，他是享有盛誉的法兰西骑士英雄，但其光荣的一生在阿金库尔战役被俘后突然断送了。六年后，布西考结束了他在约克郡一座不知名宅邸的英格兰囚徒生涯。[27]他生前见证了《特鲁瓦条约》和英国人的胜利，如今将死之时，他见证了为他们带来最终毁灭的事件。

第五部

《图尔条约》

第二十一章

条约与婚事

《图尔条约》在英法两边都引起举国上下的狂喜。在巴黎，原本已有祈求和平的代祷游行，如今又有感恩游行，自 1429 年 8 月贞德攻城时就锁上的圣马丁大门，现在也再次开启。在鲁昂，萨福克回家途中有人大声呼喊"圣诞！圣诞"，他一回到英格兰，知恩图报的国王就将萨默斯特的孤女和唯一继承人玛格丽特·博福特（Margaret Beaufort）的监护权交给他，当时距她父亲于 1444 年 5 月 27 日去世才过去 4 天，并将其擢升为侯爵。[1]

这是 1420 年以来第一个协定，当地人苦于战争久矣，自然很兴奋。不过，协定本身不过是暂时停止陆地和海上的敌意；所有领土还在当前占有者的手中，新堡垒没有在建，旧城堡无人修复，士兵们靠工资而非战利品在驻地生活。

亨利六世相信而萨福克期望，《图尔条约》是迈向永久和平计划的第一步：婚姻能保证他们的谈判持续下去，休战期会延长，此前查理宫廷内强硬的主战派安茹一党从此能把休战协定置于其他之上。查理七世毫无疑问鼓励这些想法，但对他来说，停战协定不过是喘息机会，让他得以重整军队，把精力投入别处。亨利与玛格丽特的婚姻得到了他的祝福，因为这样英王就没有可能再与他的敌对贵族联姻（比如阿马尼亚克伯爵已经代表自己女儿和英王接近），还可以把侄女作为他的眼线和支持者，安插在亨利的宫廷、内阁和卧室。[2]

停战协定和这桩婚事安排得太匆忙，与拖延又折磨人的停战谈判相比简直可以算是不体面的了。部分原因是，亨利如今已是 22 岁的成年人，可以掌控自己的命运：作为国王，他能决断那些未亲政时期顾问不能做的事，萨福克作为他的私人特使，只要达成他的心愿就可以。然而，萨福克这么轻松、快速地达成使命，在批评者看来就是卖国的证据，据说他甚至被从前捉拿他的查理·德·奥尔良收买，成为查理七世的臣仆。他犯下的愚蠢的错误是，没把阿拉贡国王和布列塔尼公爵列入亨利六世停战协定的盟友中，更糟糕的是，允许查理七世把布列塔尼公爵作为自己的盟友。这被解读为有意损害自己国王的利益，助力查理七世。针对他最为严重的指控是，他"超越了授权"，"未经其他使臣同意、咨询和知晓"就承诺将拉芒什和曼恩献给亨利"最大的敌人"——雷内·德·安茹和他兄弟查理。[3]

萨福克可能做出如此重大的承诺，只为保障和一位女人的婚事吗？何况是一位法兰西公爵的第四个也是最小的女儿，此人甚至声称是西西里国王。考虑到安茹和曼恩地理上接近及其主权的争议性，很有可能这些省份的前途也在探讨之中。玛格丽特很可能把曼恩作为嫁妆带给亨利六世，查理七世不会支持这个理所当然的想法。在他看来，英国人是恳求的一方，该妥协的是他们。他无意构建另一个加斯科涅。

法国人后来可以声称，萨福克确实带着口头任务，把曼恩割让给查理·德·安茹，但由于没有写在纸面上，很难证明确有此承诺，或者是无附加条件的。没有文件记录只说明，这不会是停战协定或者婚事所依赖的关键问题。如果在图尔做出这样的承诺，很可能是个诱饵，为促使安茹今后协助将停战协定转变为真正结束战争的和解。无论如何，萨福克不可能在亨利不知情、不同意的情况下行事，毫无疑问，亨利本人愿意放弃曼恩以确保永久和平。问题是，《图尔条约》并非最终方案，无法保证放弃亨利遗产中如此重要的部分。亨利天真地以为查理渴望和平，敦促"我们至亲的法兰西舅父"尽快派遣使者到英格兰去，达成最终和平。[4]

萨福克成功达成第一项使命后，很明显还要背负第二项更为愉快的任务，即把亨利的新娘带回英格兰。这一次他潇洒地去了。带去图尔的小型使者团，换成了壮观的随行团队，包括关键的塔伯特勇士及其几位家族成员，还有一群出身高贵的侍女：贝德福德公爵夫人、萨福克侯爵夫人［爱丽丝·乔叟（Alice Chaucer），诗人乔叟的孙女］、什鲁斯伯里伯爵夫人（塔伯特之妻）、索尔兹伯里伯爵夫人、斯卡乐夫人（西诺曼底总司令之妻）、格雷夫人。总共有 5

位男爵（及男爵夫人）、17 位骑士、65 名贵族和 174 名男仆，被选中护送安茹的玛格丽特到英格兰去。[5]

亨利不得不靠"乞讨"和借债才能摆出这副体面的样子：举国上下都在借债，伯里圣埃德蒙兹修道院的院长甚至被迫借出马匹，因为适合妇女骑的马尤其紧缺。虽然计划花销不超过 3 000 英镑（158 万英镑），但最终支出为 5 573 英镑 17 先令 5 便士（293 万英镑）。当人们得知，其中还包括用玛格丽特自己买的银器替换路易·德·卢森堡的武器、从蒂奇菲尔德运送一头狮子和两个看守人到伦敦塔里的皇家动物园的费用，大家就知道这些费用是怎么花掉的了。甚至舰队运输公司的预算也超支了 17 英镑（8 925 英镑），虽然领头人要等上十年才能拿到这笔钱。[6]

1444 年 11 月 5 日，萨福克和新娘侍从团从伦敦启程。本以为他们要返回图尔，或者到玛格丽特居住的昂热去，因为各项安排将于三周后在鲁昂举行。不过，他们却到南希去了，那是雷内·德·安茹的洛林公国首府，法兰西王室从秋天起就住在那里。洛林公爵正对亲勃艮第派的梅斯发动战争，它在南希以北 35 英里，声称效忠于神圣罗马帝国，而不是洛林。查理为此提供了精神和军事支持。一场漫长的包围战正在进行，为因停战协议而无所事事的士兵提供了法兰西中部意外的就业机会。

萨福克一定以为可以在南希找到玛格丽特，但他要失望了，因为她还在 30 英里外的昂热，到 2 月初才会抵达。于是，英格兰使者要在查理七世的宫廷前空等整整两个月。这也许是个真诚的误会，也许是按英格兰风俗，也许是查理七世有意设计，为了从萨福克那里获得更多让步，再让玛格丽特离开法兰西。再次传闻，撤销曼恩一事已提上日程。[7]

应约克公爵理查的请求，一定讨论过，能否让他自己的儿子爱德华（Edward）迎娶查理的三个女儿之一。萨福克赞成这个主意，作为兜底方案，以免亨利婚后没有子嗣：约克是顺位仅次于格洛斯特公爵的继承人，因此与约克修好符合萨福克的利益。查理肯定也知道，约克公爵有可能是未来的英格兰国王，他欣然接受了这个提议，只不过用小女儿玛德莱娜代替了约克更想要的年长一些的热娜。

约克的野心让他忽视了查理的动机，若是查理拒绝把女儿嫁给亨利六世，他为何会同意她们与潜在继承人成婚呢？查理让约克相信此事可行，从而把诺曼底总督和行政官也拉拢到亲法阵营，确保他愿意支持割让曼恩。如果这就是他的目标，那么他成功了：约克从未公然谴责这次交接。与此同时，婚姻谈判拖延了将近两年，其间诺曼底总督竭尽全力讨好这位前"法兰西对手"："我向上帝之子祈求，他将保佑你，给你美好而长寿的人生。"[8]

1445 年 3 月初，安茹的玛格丽特终于带着英国侍从启程前往新家。她显然不是太享受这一旅程。她与叔叔告别以及到达鲁昂时，都流下了眼泪，当时她只差几天就满 15 周岁了。她明显感到身体不适，无法参加欢迎仪式。身边一位英国女侍从穿着玛格丽特在图尔订婚时身穿的长袍，代替她参加了游行。虽然她的医生弗朗西斯科（Francesco）不停给她喂各种"药膏、糖果、粉末和药品"，但她从阿弗勒尔启程出海后一直晕船，到 4 月 9 日抵达朴次茅斯时染上了"天花"。[9]

如此情况下，亨利六世在婚前偷偷摸摸去探望他的新娘，就不奇怪了。米兰大使报告说，他伪装成一位侍从，亲手给她送信，以便在她读信时仔细观察。玛格丽特当时没认出他来，后来十分惊讶英格兰国王曾跪在她面前。不论 23 岁的亨利是否看得满意，玛格丽特公认是"美貌而端庄的女孩，足够成熟，适合成婚"，她"肤色略深，但长相十分体面"。婚礼于 4 月 22 日在汉普夏郡蒂奇菲尔德修道院举行。主婚重任原本落到博福特主教头上，但他没有主持，尽管玛格丽特后来交由他照看；两人由亨利的忏悔教父兼咨议大臣、索尔兹伯里主教威廉·阿斯考夫主婚（William Aiscough）。[10]

这场低调的婚礼应当是考虑到新娘的健康状况不佳、心情紧张而特别安排的，但她无法回避接下来的奢华婚礼。5 月 28 日，她在布莱克西斯接受贵族和市民显要参加的欢迎仪式，由格洛斯特公爵率领一支"穿着统一制服"的五百人随从队伍，护送到伦敦去。她的正式入城仪式是一次宣传良机，到处是关于"和平与富足"的演说，此时此刻伦敦人喜悦至极，水管和喷泉中流淌着葡萄酒——毫无疑问这里供应太充足了。两天后，5 月 30 日，玛格丽特在威斯敏斯特教堂加冕。[11]无论是福是祸，亨利有了新妻子，英格兰有了新王后。人们普遍盼望，接着就是与法兰西的长久和平。

所有人之中，是萨福克最先发出警惕的声音。加冕仪式后 2 天，即 6 月 2 日，他对议会众人发表演说，表达自己为促成这桩婚姻付出了多么巨大的努力，也提醒他们，停战协议将于 1446 年 4

月 1 日失效，查理曾许诺派遣大使来到英格兰，此人"受过良好教育，倾向于达成和平"。"不过，"他补充道，

> 在他看来，为了王国安全及海外对国王的顺服，这仍然是完全有必要的，是权宜之计和有益的，以便在协定中获得更好的姿态，避免一切因打破承诺而产生的歧义和不便之处。要是他们离开时没达成有效方案，就必须以最快速度，随时准备好守卫那片土地，也准备好作战和更广泛的防卫……也要在国王治下的各城堡、市镇和各处要塞做好储备。

当他出使图尔时，他告诉众位贵族，他曾建议约克"在诺曼底各地储存物资，以免出现各种形式的危害和问题"。要是法国人知道他们早已做了这些准备，他"真心认为"，"对和平结局更加有益"。[12]

或许当时早有传闻，他承诺要献出曼恩，因为他在总结重整军备的建议时委婉地提到，身处海外期间，他从未谈论过和平协定该有什么细节，也没有谈到该是什么样，但总是把各种建议反馈给亨利六世。在向贵族发表演说的次日，他宣扬将来"无论发生什么"，他都会响应国王的号召。他要求将此记录在议会卷宗上。的确记录了，议长代表议会热情洋溢地向他致谢，为他那"对殿下及土地善良、真挚、忠诚和高贵的服务"。[13]

萨福克竭尽所能保护自己，当格洛斯特和博福特等人得知，曼恩可能会归还法兰西时，他们必然强烈反对。他已清楚表明，无论做出什么决定，都是国王的意旨：他只是亨利的代理人，在此事上没有个人责任。他在议会上的声明十分关键，因为当时正准备接待查理七世的大使，举办旨在永久结束战争的会议。割让曼恩毫无疑

问在议程之中。

萨福克建议利用停战协定确保诺曼底防线不会重燃战火，但这一点无法执行，原因很简单，没钱这么做。停战协定给英格兰财政部省下的军事开支被大使馆接回安茹的玛格丽特以及她在伦敦的欢迎仪式和加冕仪式的巨大开销抵消了。

停战协定也没有减省诺曼底的花销。三级会议仍要征税来支付守备军士兵工资，即便不再有作战部队要支持。根据《图尔条约》，由前线守备军司令征收的各种形式的保护费已被禁止，包括征收"军事捐"及收费的安全通行证。这引出了一个棘手问题，佩里内·格雷萨 1425 年写信给弗朗索瓦·德·苏里恩纳时提到，当时本地停战协定即将在卢瓦尔河畔拉沙里泰周边施行，"告诉元帅阁下，如果他把此城纳入停战协定，他就必须给我和我的同伴找点营生。否则此城不能纳入停战协定，因为没有了工资我们无法维持生活，除非打仗"。《图尔条约》提出的创新方案是，用各方市政当局的直接税收取代"军事捐"。双方要收的总数加在一起，平均分配：如果一方收到的比另一方多，就要转移差额。[14]

这一复杂安排由各方的条约保护人联合执行，最后难免引起争端。评估显示英格兰人每年有 1.8 万图尔里弗尔（105 万英镑）的顺差，于是萨福克还在南希的时候，同意将这笔钱付给查理七世的国库，另有 2 156 图尔里弗尔（125 767 英镑）将直接支付给贝莱姆的阿马尼亚克守军。正如约克在 1445 年 4 月所抱怨的那样，这样还是不公平：他质疑阿马尼亚克派在波蒙-勒-罗热、蓬托尔松、圣詹姆斯-德-博夫隆、圣苏赞娜和格兰维尔等地的裁量权。他也发现，卢维埃尔的敌人守军正鼓励附近蓬德拉尔什的居民抵制由三级会议合法征收的税收，迫使征收人沮丧地辞去此职。[15]

双方最大的问题是，如何处理因停战协定而失业的士兵。就在《图尔条约》生效后几天内，巴黎市民已经抱怨道，罗伯特·弗洛克和拉伊尔的私生兄弟驻扎在巴黎周边乡村，"带着一大帮土匪和敌基督……因为他们都是盗贼、凶手、纵火犯和强奸犯"，他们杀人、抢劫、勒索，却不受惩罚。当人们向巴黎统治者抱怨此事，得到的回复是："他们也得生活，国王很快就会处理的。"[16]

查理的解决办法是，把这些幸运的士兵送走，在王太子的统领下到阿尔萨斯和洛林去，协助哈布斯堡王朝对抗瑞士人，向勃艮第施加压力（正是这场战役使得查理本人转移到了南希，在 1444 年秋冬时分包围了梅斯）。诺曼底的失业士兵也遇到了同样的问题。1444 年夏天，那里采取的新办法是准许马修·高夫从中招募 100 名重装骑士和 300 名弓箭手，让他们到阿尔萨斯去为查理七世服役，加入他的战役。[17]因此，奇怪的是，他们发现与自己并肩战斗的人，几周前还是死对头。

结果证明，这对诺曼人来说只是暂时性方案：当查理的部队依靠阿尔萨斯的土地艰难过冬时，高大及其人马回到了诺曼底。到 1444 年 12 月，卡昂邑长给身在鲁昂的约克公爵去信，告知他"有些英国人和其他士兵刚进入奥格地区，这一区域属于马修·高夫和瑞恩福斯（Raynforth）"，他们正对国王属民发动无数行动。利修居民用食物和钱财贿赂高夫，不让士兵进城，到次年 2 月，他们已经转移到科唐坦，在当地"劫掠穷人，从事犯罪、掠夺、谋杀和其他数不尽的暴行与罪孽"。[18]

汇报给鲁昂的抱怨太多了，约克决心采取雷霆手段。他亲自去阿让唐处理此事，许多咨议大臣、法官和士兵随同前往，很多人整个春天一直待在那里。他召集了那些居无定所的扈从，将他们分配到各处守备军；其余的英格兰人、威尔士人和爱尔兰人，"不适合当兵的"，给他们回家的票，立即用船遣送回国，瑟堡长官托马斯·高尔（Thomas Gower）奉命用约克的经费雇佣相应人员。约克也送出许多"神秘礼物，给那些他雇来的不在守军队伍的人发工资"，由于这部分资金不能从诺曼国库中取得，事情又紧迫，约克自己典当了私人珠宝和餐具来筹钱。[19]

1445 年 5 月 12 日，约克下令卡昂邑长"公开代表我们"宣布，号令一响，仍然依靠劫掠土地过活的士兵要立即离开。如果他们属于诺曼底或曼恩的某一守军，要立即归队；那些"讲本地话的本地人"，有正当营生或职业的，应当重归旧业，违者将以叛乱论处；其余士兵应当立即自行离开：

> 到诺曼底和曼恩之间最偏远的边境去，在他们首领的麾下过传统生活，除了人马的合理范围内的食物，不取一物，为避开人群，他们只得在一处留宿一晚，分成小队……他们必须时刻提防，任何时候都不做与目前的休战局面相背或对其有害的事情。若号令宣布之后，任何人违反当前秩序，必须逮捕和囚禁，或让有关机构协助执行。事实上，无论在哪里发现，除非在圣殿内，都要施以处罚。如此严厉，以儆他人，不必恐惧也不必偏袒，必要时可使用武力。[20]

7月，约克公爵主持了在阿让唐召开的三级会议，列出这一过程中涉及的巨大花销，并要求补偿他的个人支出。因此，在诺曼底公国内要征税3万图尔里弗尔（175万英镑）。这是约克作为总督和行政官的最后行动之一，因为他的五年任期即将终结。9月他回到英格兰，为寻求连任，也为参加议会的第三次会议，这正是为最新的和平谈判而预备的。[21]

授权议和的法兰西使团于1445年7月抵达英格兰，距离上次来使却没能阻止亨利五世发动阿金库尔战役，快要30年了。那时阿金库尔战役正处于最后筹备阶段。令人惊讶的是，至少有一个人两次都来了。旺多姆伯爵路易·德·波旁1415年回到法兰西，准备抵抗英格兰入侵。他在阿金库尔战役中被俘，在英格兰待了8年，其间和一位英国妇女生下私生子，1423年被释放。如今他回到伦敦，仿佛是座上宾，由来自多佛的嘉德骑士护送，新任兰斯大主教雅克·尤维纳尔·德·厄辛（Jacques Juvénal des Ursins）陪同，一起陪同的还有其他几名王室议会成员和布列塔尼公爵、阿朗松公爵、雷内·德·安茹和卡斯蒂利亚国王的代表。[22]

萨福克自然在谈判进程中处于领导角色，他万般讨好查理七世及其大使，不断公开表明他本人"除了其主英格兰国王之外，也是法兰西国王的臣仆。他将用生命和全部财富守卫他"。他向大家保证，亨利六世的想法也是如此，因为除了妻子，他在世上最爱的人就是舅舅。萨福克也"大声"评论，让其他人都听到，他来到法兰西时，曾听传闻说格洛斯特公爵将妨碍和平进程。萨福克此刻否认了，并在公爵面前补充说道，格洛斯特不会如此，也不能如此，因为他没有这个权力。[23]

　　萨福克与法国大使们的亲密关系，获得了亨利六世的首肯。国王也与他们进行了几次私人会谈，其间也竭力传达自己对那尚未谋面的舅舅的敬爱之情。当众人向他传递查理七世的问候时，他欣喜若狂，并公开斥责首席大臣在回复中没有使用更友好的措辞。亨利对首席大臣的评论中，也暗含了对格洛斯特的斥责："我很欣慰有些在场的人能听到这些话，这话对他们并不是一种安慰。"[24]

　　尽管双方都表达了情感和善意，和平谈判还是像从前一样，在主权问题上谈崩了。萨福克重复了在图尔提出的条件：如果英格兰人在诺曼底和加斯科涅的主权得到认可，且两地不必向查理七世效忠，那么他们将放弃对法兰西王位的主张。和当初一样，这次也遭到了拒绝。为了不让和平谈判彻底失败，大家一致同意采取挽回颜面的解决办法。兰斯大主教建议，若两位国王亲自参与峰会，要比借助中间人的效果更好。这一请求被送交亨利，他表现得很愿意到法兰西去与舅舅当面商议，同时也提醒这要费些时日，做大量准备工作。为表示双方的真挚善意，原本将于 4 月 1 日到期的《图尔条约》，延期到 1446 年 11 月 11 日。[25]

　　法兰西大型使团返程向查理七世汇报后，其中一位成员、查理的咨议大臣兼内廷管家纪尧姆·库斯诺（Guillaume Cousinot）被调回英格兰，负责一个小型代表团，为两位国王的会议做初步安排。萨福克和掌玺大臣亚当·莫雷恩奉命接待他们，到 12 月 19 日，他们已决定会议将于 1446 年 11 月召开，停战协定必须延期到 1447 年 4 月 1 日。[26] 库斯诺和同僚让·阿瓦（Jean Havart）还肩负另一重任：他们收到指示，要求亨利将曼恩移交给他的岳父雷内·德·安茹，以换取终生结盟和 20 年的停战协定。他们名义上代表雷内促成此事，但实际上是查理七世的使节，这无疑是查理本人的意思。他这么做完全是为了个人目的，因为安茹人在周期性的宫廷政变中，失去了优势地位。查理曾告诉他们："口头传话，非请勿回。"9 月，雷内·德·安茹从御前顾问名单上消失了，他的兄弟查理在 12 月也被除名。[27]

割让曼恩从来不是这门婚事的附属条件，但如今查理坚持要求亨利完成他所谓外甥的私人承诺，这是亨利作为国君许下的诺言。如果确实有此承诺，那也是为了和平。查理此时要求实现，不过是为了延长停战协定，虽然他巧妙地利用了亨利脆弱的感情，催促他做出让步，"因为我们希望和平事宜进展顺利，有更快而圆满的结局"。查理早已寻求他侄女——亨利王后的协助。12 月 17 日，安茹的玛格丽特向叔叔回信，表示世上没有什么比见证父亲与丈夫达成和平更快乐的事了，为此目的"我们甘愿竭尽全力，使您和大家满意"。至于交出曼恩，她明白丈夫曾写过长信讨论此事，但她还是会"像以往那样，尽全力"按他的意愿行事。[28]

五天后，亨利亲笔签下正式文书，答应查理七世将献出拉芒什和曼恩其他市镇堡垒给雷内。他自称这样做是为了表现对和平的真诚愿望，取悦他的王后——据说她已经劝说多次了——当然更主要是取悦查理七世。如此关键的事务没有公开文件，也未经御前会议见证并批准，而是由私人信件书写，秘密发送。这可不是好兆头。[29]

这是一个彻头彻尾的愚蠢行为，正中查理七世下怀。亨利怎能奢望他那手书的承诺能够保密，尤其是他承诺四个月后就生效？他可曾想过，如何告知他在英法两地的属民，特别是那些由于他的签字而失去土地和领主权却没有分文补偿的人？他不仅同意出让曼恩，也暗中放弃了对它的主权，并公开表明未来若有外交或军事压力，他也可能放弃法兰西的其他领地。他让自己和他的法兰西领地变成了筹码，赌查理七世会因这个慷慨行为而触动，达成最终和平。这是严重而致命的判断失误。

第二十二章

为和平让步

如果亨利六世还曾对他秘密地割让曼恩抱有幻想，那么公众对他与查理七世峰会的冷淡反应，要让他好好想一想了。1446 年 4 月 9 日，他统治时期最长的一届议会，刚在威斯敏斯特结束了第四次也是最后一次会议。议长坎特伯雷大主教约翰·斯塔福德（John Stafford）于 1445 年 2 月 25 日召开会议，开篇是以"正义与和平彼此亲吻"为题的布道，盼望安茹的玛格丽特到来，希望她带来的《图尔条约》转化为永久和平。

此刻，在最后一日，斯塔福德"以他本人、众神职议员和世俗议员的名义发表明确宣言，并希望记录在本次议会卷宗内"。[1] 虽然用了文雅的外交辞令，但无疑是集体洗白：

> 我主上帝很乐意陛下为您的王国和所有臣民的福祉效劳，

促成商讨和平事宜的会议，让您的王室代理人和法兰西舅舅达成圆满结局。因此上帝保佑，明年 10 月您应该在法兰西领地内。如他所知，这是我主上帝乐于见到的，没有任何贵族或您的子民能驱使您如此。[2]

换言之，正如萨福克此前在同一届议会中所为，国王的顾问们拒绝为国王举行此次峰会的后果负责。毋庸赘言，亨利具有单独决定外交政策的权力，但他从未以任何形式得知，他也要独自为暗中透露的事情负责。斯塔福德声称，上议院和下议院的议员们始终忠于职守，尽力协助他实现他那"神圣的意图"，但他们"满怀谦卑地"希望国王"不要让他们因超出此范围的事而备受指责"。

议会卷宗上随后记录的事项，说明了国王的顾问们为何如此关注这一点。《特鲁瓦条约》是英属法兰西王国的基石，其中有一个条款，未经两国三级会议批准，不得"与现任国王的舅舅、当时称为王太子的查理"达成任何形式的和平协定。如今这一条被撤销了，亨利六世可以合法地自由达成任何和平条款，不必咨询议会的贵族与平民代表。当然，很难拒绝国王这一撤销申请，但也不是不可能，议会和国家同样十分焦急地渴望结束对法战争。不过，把斯塔福德的发言记录在案，说明公众很不看好基于让步得来的和平，很多人对此事疑虑重重，虽然没几个人确切知晓。[3]

这或许说明亨利对自己的法兰西财产很不上心，因为他没把同样的撤销申请送到海外领地内的三级会议上。的确，这个机构只代表诺曼底，而《特鲁瓦条约》是由全体国民同意审批的，亨利丢失了这么多领土后，没法再达成这种条件。诺曼底公国三级会议在

1446 年 1 月召开，但没有要求或正式撤销此条款的记录。亨利确实告知代表们，他有多么渴求和平，也希望尽快来到诺曼底，亲自与查理七世会面，但这按惯例不过是要钱的预兆。英国议会最终批准在两年内分期征收并支付两笔津贴。三级会议同意征收 13 万图尔里弗尔（758 万英镑），7 月再征收 6 万图尔里弗尔（350 万英镑），每 1 图尔里弗尔税金再征收 12 德涅尔的税。这笔钱是专门用于支付守军工资的，并招募那些靠土地生活的士兵。[4]

约克公爵在阿让唐出面干涉的 12 个月之后，这仍然是个问题。1446 年 1 月的三级会议将他们的资金分配原则描述为"把没有秩序的士兵置于统治之下"。2 月，科德贝克长官福克·艾顿从鲁昂调去阿让唐和卡昂，"管理好一大批重装骑士和弓箭手。这些人不从我们这领工资，全靠剥削诺曼底公国善良而忠诚的子民生活，他们不受管束，作恶多端，造成民众无数损失"。艾顿是以军事首长的身份还是以行政长官的身份，在罗伯特·鲁斯爵士的陪同下执行这项任务，我们并不清楚，但鲁昂议会在工资外奖赏他 100 图尔里弗尔（5 833 英镑），报销他来往于阿让唐和卡昂之间的路上花销。[5]

维持军队纪律，在如今比过去重要得多：混乱的纪律不仅让国王的臣民受苦了，而且危害了《图尔条约》。按照惯例，停战协定的监督人由双方各自任命，记录各式破坏协定的行为，然后共同讨论过失，达成赔偿方案。这项任命很关键，因为监督人公平合理地修复违规的努力，比违规本身更重要。例如，1444 年图尔谈判开始之前，作为预备会议场地的旺多姆地区暂时停战，英国当局显然决心遵守约定。他们任命了多位监督人，有阿朗松和弗雷斯奈长官理查·怀德维尔、韦尔讷伊长官弗朗索瓦·德·苏里恩纳、曼恩邑长奥斯本·芒德福德（Osbern Mundeford）和塔伯特本人。同样的，将《图尔条约》维系下去的愿望，要求一旦听取双方诉求，就要迅速对违反条约的行为做出赔偿。例如，1446 年夏天，双方监督人在埃夫勒和卢维埃尔会面，裁定由英国人支付 850 图尔里弗尔（49 583 英镑）。[6]

诺曼底早已群龙无首，情况并未改善。塔伯特护送安茹的玛格丽特到英格兰后，还没有回到诺曼底公国，1445 年 3 月又被任命为国王在爱尔兰的副手，他曾在 1414 年至 1419 年间担任此职。他那精力充沛的个性，无疑更适合战争，但他的军事才能和激励属下的能力在《图尔条约》之后的僵持岁月中也大有用处。没人比他更好地履行了萨福克的训诫——要是和平谈判失败了，诺曼底就应该为重新开战做好准备。[7]

但诺曼底不仅失去了元帅，还失去了总督和行政官。约克公爵的任期，原本于 1445 年 9 月结束，现已延长了三个月，但年底也到期了。因此，诺曼底政府暂时由鲁昂议会代理。约克本人待在英格兰，盼望回来，但对他的二次任命显然因为有审计官在调查他任内办公账目一事而延迟了。他声称别人欠了他将近 4 万英镑（2 100 万英镑）的债，但到 7 月底被说服接受了一项解决方案，完全放弃 12 666 英镑 13 先令 4 便士（665 万英镑）的款项，以保证拿回剩余的 2.6 万英镑（1 365 万英镑）。即便如此，尽管他很快收到了大部分钱，其余巨额债务在 16 年后还没有还清。[8]

空空如也的国库也给国王带来了麻烦，他本人想要筹集经费赴约前往法兰西参加 1446 年 10 月与查理七世的会面。他已决定让王后陪同前往，把这一历史性的会面安排在勒芒附近，但这种场合讲究排场，他本人和国家都无力承担。亨利四处筹集借款，却总是落空，但他坚决要推进自己的安排。[9]

1446 年 7 月 20 日，亚当·莫雷恩和约翰·达德利（John Dudley）勋爵前往法兰西，敲定会议的细节。他们的任务多少受到了一些阻碍，根据国王的书面承诺，曼恩本应于 4 月 30 日前向雷内·德·安茹和查理·德·安茹投降。迄今为止什么进展都没有，英格兰使团此刻发觉，查理七世不会认可什么会议，甚至不会同意延长停战协定，除非曼恩已经移交。一点又一点地，他无情地不断给外甥施加压力。[10]

亨利和他的首相萨福克没有预料到此事的进展，他们原本指望这次峰会带来永久和平，或者最差也是长期停战协定，让割让曼恩有其价值。此时此刻，他们不得不透露，除了延期到 1446 年 11 月 11 日的短暂停战外，这项承诺没有任何回报。面对这一灾难，他们决定不顾必然会面临的反对，强行实施割让。

有两个人一定会带头反对，他们的损失最大：埃德蒙德·博福特，于 1444 年继承兄长的萨默斯特伯爵爵位，是曼恩的行政长官和最大领主；格洛斯特公爵汉弗莱，坚决反对向法方割让任何领土。萨福克——因为实在太难想象国王本人会行如此诡计——着手解除了他们两人的武装。

博福特实际上在曼恩享有副王权，从 1442 年 7 月 19 日授予他此职开始。他控制了一切军政机构，在勒芒拥有自己的财政和行政中心，独立于诺曼底的对应机构，可全权赐予土地给属下。他的特殊权力只有两项限制：只终生授予他本人；是可撤销的——若与查理七世达成和平，曼恩将回到法兰西统治之下。萨福克用这项条款作为"大棒"逼迫博福特出让曼恩，但他也需要给些好处。他选中了诺曼底总督兼行政官一职——虽然已许诺给了约克公爵，但名义上是空缺的。阻止约克续任的最有效办法是败坏他的名誉，于是当亚当·莫雷恩于 1446 年 10 月从法兰西无功而返时，他控告约克公爵任期内有经济腐败行为，尤其是挪用了守卫诺曼底的资金为自己的咨议大臣牟利。[11]

为这次指控平添了证据的是，约克最重要的长官托马斯·凯瑞尔爵士曾被塔伯特指控有罪，他在诺曼底元帅任上，扣留了吉索尔守军的工资。凯瑞尔曾上诉，1446 年 11 月，前任掌玺大臣、巴斯及韦尔斯大主教托马斯·柏康顿（Thomas Bekyngton）和前任英格兰国库长克伦威尔勋爵拉尔夫，奉命调查此案。约克陷入腐败、挪用公款和治理不善的多重指控，他被名正言顺地晾在一旁，将等待了一年有余的职位拱手让给别人。[12]

1446 年 12 月 24 日，埃德蒙德·博福特被任命为诺曼底总督兼行政官，于是毫不费力地确保了他叔叔红衣主教博福特始终在为兄长争取的位子。他的任期为三年，始于 1447 年 3 月 1 日（停战协定到期前一个月），将带领 300 名重装骑士和 900 名弓箭手到诺曼底服役。他为此次升职付出的代价是，默许并协助割让曼恩。[13]

博福特或许能被收买，但他的叔叔格洛斯特则不能。老公爵如今 57 岁了，从 1441 年起就在宫廷中被边缘化了，也因为妻子不光彩的事被枢密院闲置。然而，人们无法完全忽视他，因为他仍然是尚无子嗣的国王的第一继承人；在亨利外出与查理七世见面时，他也是国王在国内的代理人。他反对割让曼恩的声音无疑是大声而激昂的，他将成为曼恩那些无家可归之人强大的名义上的领袖。

1446 年 12 月 14 日颁布令状，新一届议会将于 1447 年 2 月 10 日在剑桥郡召开。萨福克担心格洛斯特将利用这个场合攻击现有的和平政策（还不清楚他是否知道关于曼恩的承诺），决定先发制人，将其逮捕，以叛国罪控告他。这一指控的法律依据并不清楚，不仅仅是因为没有留下任何相关记载——约克一派的编年史家有充分理由不记述相关事项。他们声称的两项罪状是，格洛斯特要么是在威尔士密谋对他侄子发动叛乱；要么是在议会期间谋求政变，杀死国王，攫取王位，把他终身监禁的妻子释放出来。虽然这些指控看上去都不可信，但亨利太容易听信谗言了，他一定是真心相信他叔叔正在密谋摧毁他，因为他批准了如下行动。

1447 年 1 月 20 日，即将召开的议会地点，"由于某些已知原因"，突然改到博里，一个位于萨福克领地中心的安静的修道院小镇。格洛斯特依旧在伦敦和剑桥大学备受欢迎，改到博里，意味着当他的命运即将确定之际，发生动乱的可能性更小。大量武装士兵被调集到这一地区，以防公爵的随从奋起反击。而公爵只能带小规模随从。10 天之后，王座法庭、财政部和民事诉讼法庭的法官们被要求从 2 月 12 日到 4 月 24 日暂停听证会，因为他们得出席议会。此举没有任何先例，其目的应该是确保国土之内最重要的法官都能为这次控告给予法律背书。[14]

根据次年理查德·福克斯（Richard Fox）撰写的备忘录，出席议会的圣阿尔班修道院男住持格洛斯特，于 2 月 18 日到达博里，就在 8 天之前议长发表了题为"但喜悦归于和平议员"的开幕致辞。斯塔福德详细阐述了拒绝邪恶建议、遵从圣灵忠告的必要性。他声明，召集议会是为两件事做准备：在国王陛下出访法国会见查理七世期间，"为最杰出、最卓越的人提供安全保护"；在这期间在王国内"牢牢维系和平"。[15]

格洛斯特一到，就受到两名宫廷内府骑士约翰·司多顿（John Stourton）和托马斯·斯坦利（Thomas Stanley）的欢迎，并催促他直接到住处去，不用先见国王。当天晚些时候，一群贵族前去逮捕他，包括现任英格兰元帅的白金汉公爵汉弗莱·斯塔福德（Humphrey Stafford, duke of Buckingham）、萨默斯特伯爵埃德蒙德·博福特和索尔兹伯里伯爵理查德·内维尔。他们都是红衣主教博福特一派的主要成员，尽管没有迹象显示红衣主教本人在幕后指使此事，但他的支持者们无疑都愿意伸出援手。

虽然格洛斯特要求面见国王，但这一请求被拒绝了，接下来几天内，他的扈从中有超过 40 人被捕，包括他的私生子亚瑟。这次政变如此快速高效，说明当初筹划仔细，但没人预料到格洛斯特的下场。他似乎遭受了沉重打击，他卧床三日，不发一言，可能已经神志不清了，最后于 1447 年 2 月 23 日去世。[16]

他去世的情形，很容易让人怀疑是被谋杀的，这就是为何第二天，赶在他下葬于早已修建好的圣阿尔班修道院神龛附近的墓地之前，两院议会都受邀来到修道院瞻仰他的遗体。然而公开瞻仰也无法打消谣言，萨福克和一起谋事的同党们深受烦扰。萨福克亲自主持起诉格洛斯特的私生子和 7 名主要随从到博里推翻国王的谋反事件，但没给自己带来任何好处。或许他觉得有些羞愧，因为当临刑前亨利六世终于决定宽恕他们时，他冲向泰伯恩刑场，确保众人都被平安放下并释放。[17]

这些人无比幸运，不仅性命无忧，财产保存，而且职业生涯继续。格洛斯特被强制离婚的前妻埃莉诺·科巴姆就得不到这样的怜悯了。作为最后的报复，议会最后一天颁布一项法令，宣告她在法律上已经死亡，不得主张继承丈夫的财产。这意味着他的全部财产、头衔和职位都移交给国王——他已向很多人许诺分配了，这些人在埃莉诺定罪后就一直盘旋在周围。例如，萨福克从 1443 年起一直有权继承格洛斯特的彭布罗克伯爵（earl of Pembroke）爵位。就在公爵去世的当天，公爵的不动产移交给王后玛格丽特、亨利在伊顿和剑桥的新基金会以及宫廷内府成员。更阴险的是在 2 月 13 日和 18 日，将格洛斯特的财产交给罗伯特·鲁斯爵士和两位王室官员——这是在他死前第十天和第五天——此时已预料到他会被判处叛国罪并罚没财产。即便到了那一步，格洛斯特也不可能受到公正审判。他一旦免罪，太多人将会有损失。[18]

红衣主教博福特没有活得比与他激烈争吵的侄子太长。萨默斯特 1443 年远征之后，人们期待的太多，而实现的太少，红衣主教就此退出了公众生活，安静地退居乡间的主教住所。1447 年 4 月 11 日，他在温切斯特沃尔夫西的华丽宫殿内逝世，享年 72 岁。虽然他比起教士更像一个王侯，但在教士生涯中实现了两项成就：他担任主教教职将近 50 年，长于其他任何英格兰主教；他也是第一位将主教辖区保留在英格兰并居住于此的红衣主教。温切斯特主教席位的巨额财富，让他能为英属法兰西王国的征服及收复战争资助金钱：至少有两次，1421 年和 1437 年，他的借款超过 2.5 万英镑（1 313 万英镑），他于 1443 年为萨默斯特远征而资助的金钱也差不多达到这个数额。要是没有他的金钱和出借意愿，英格兰在法兰西的统治早在亨利五世时期就结束了。[19]

尽管如此投入战争，博福特也是个现实主义者，做过用领土让步换取永久和平的打算。不过他不太可能赞成如此无能地进行现有的和平谈判。似乎连萨福克自己也担心会出现反弹，因为他再次寻求国王本人的公开许可，这次是在议事会上。更有分量的是，亨利还发布公告，威胁要对任何诽谤萨福克的人进行适当惩罚。[20]

这说明对外交政策的批评日益公开化了，尽管埃德蒙德·博福特和格洛斯特默不作声。显而易见，和平的代价正在攀升，哪怕是短暂的停战协定。要达成延期到 1446 年 11 月 11 日以后的停战协定，亨利不得不再次表达自己移交曼恩的决心，他又做出了更具灾难性的让步。12 月 18 日，萨福克、莫雷恩与查理七世的代理人纪尧姆·库斯诺、让·阿瓦达成一致，教会在各方领地内的土地收入将归还给领地之外的教会人员，后者当时都在伦敦。纸面上看，这似乎是公平安排，但实际上，这次让步几乎是完全有利于法兰西一方的——这就是为何 1439 年那份类似的提议被拒绝了。[21]

1447 年 2 月 22 日，在图尔的英国大使将停战期延长至 1448 年 1 月 1 日，因为亨利答应将会在 11 月 1 日前横渡海峡与查理七世会面。同时在那一天，亨利许诺交出曼恩。然而，这一次他的承诺——他在 1445 年 12 月做出的秘密承诺——得到了证实，并于 7 月 27 日公开盖上印章，次日发布委任书，任命马修·高夫和福克·艾顿作为特派员接手曼恩地区全部英国领土，并移交给查理七世代表雷内·德·安茹和查理·德·安茹接收的代理人。他们被授权可以扣押动产，强迫合作，必要时刻使用武力；有趣的是，他们也奉命既要遵守书面指令，也要遵守嘉德骑士捎来的口信。埃德蒙德·博福特（他自上任以来还未踏足诺曼底公国）和他的官员都奉命协助高夫和艾顿完成此事。[22]

由于亨利公开确认要移交曼恩，曾带领 7 月使团到伦敦去的"奥尔良的私生子"将停战期又延长到 1448 年 4 月 1 日，这也将是亨利渡过海峡到法兰西的最后日期。负责交接的官员最终修改了有关教会收入的条款，更重要的是，他们首次获得真诚的让步，法兰西将为曼恩失去领土的英国人制定"合理条件"。[23]

如何处理双方损失财产的人，在谈判中历来都是棘手问题，但随着时间推移更加难以克服，征服已根深蒂固，新一代领主和官员出现，他们合法而和平地从第一批侵略者那里获得了财产。他们当然和原始持有者一样拥有权利，但如果领土让步达成，总有一方有损失。割让曼恩使得这一问题浮出水面。

1447 年 9 月 23 日，马修·高夫和福克·艾顿代表埃德蒙德·博福特面见曼恩邑长兼勒芒长官奥斯本·芒德福德。他们向芒德福德展示亨利六世下令曼恩投降的信件，命他交出这些地方。芒德福德礼貌而坚定地拒绝了，认为这些信是给博福特的，他本人并没有被正式开除公职。[24]

这当然是一个有用的拖延术，但根据服役合同，司令官的确在法律上仅有义务向任命他的人交出职位。例如，1434 年贝尔奈的英格兰长官奥利弗·阿德雷顿（Oliver Adreton）拒绝遵令，除非有任命他的威洛比勋爵的书面免职文件。此外，鲁昂邑长约翰·萨尔文（阿德雷顿拒绝遵守此人的命令），在阿德雷顿让步之前，也必须到利修去取得正式解职通知。考虑到曼恩投降所带来的后果，芒德福德在鲁莽地将曼恩首府交给敌人之前，坚持要求正式解职是明智的。

芒德福德责备高夫和艾顿没能在博福特找到他之前拿到他的解职信，但主动提出自己去取信，不惜一切代价，并补充道他需要这些信"以避免将来受到责备和指责"。在那之前，他将继续全权控制勒芒城和城堡。[25]

由于博福特还在英格兰，要得到他的免职许可将会相当晚，不可能赶上 1447 年 11 月 1 日的最后移交日期。而这无疑是博福特本人所期望的，因为他就任诺曼底总督之前，还坚持要求补偿他在曼恩的损失。亨利对这次延迟十分愤怒，因为此事关涉他作为君主的荣耀，他怀疑博福特与他的官员们串通一气，推诿塞责。10 月 28 日，他给博福特写了一封强硬的信，"因为你怕我们不高兴"，命令他、芒德福德、理查德·弗罗根哈勒（Richard Frogenhalle）和其他官员，立即将所在城市交给专员，不得再拖延或找借口。亨利料到博福特本人也会用同样的借口，便说在前面，补充道，这封信将是投降一事的充分保证书、补偿和免职令。[26]

　　亨利和萨福克终于意识到，如果他们想要曼恩的人合作，就必须解决补偿问题。11 月 13 日，英格兰议事会主要会议裁定，博福特应当获得每年 1 万图尔里弗尔的补偿，从诺曼底收入中支取，但没有补贴那些依靠小型不动产和办公机构为生的人。对他们来说，补偿要去问法国人。[27]

　　1447 年 10 月 31 日，在勒芒的教士礼拜堂举行为期两天的会议，与会者有查理七世的代理人纪尧姆·库斯诺和让·阿瓦，以及亨利六世的官员，包括鲁昂的国王审计法庭主事尼古拉·莫里诺（Nicolas Molyneux）爵士、拒绝交出职位的曼恩邑长奥斯本·芒德福德和阿朗松子爵托马斯·德里尔（Thomas Direhille）。补偿问题关系重大，从贵族、教士到市民、商人，大约有 500 名利益相关者参与。[28]

　　会议首日冗长乏味，但履行了必要程序。库斯诺讲述了移交曼恩的四年历史，制作了相关文书，包括亨利六世在 1445 年 12 月做出的秘密承诺、查理七世授权他和哈维对被剥夺财产的人制定"合理条件"。英国人质疑任命书的真实性，理由是上面有太多涂改修订，他们不认可制作副本的人的签名。

　　全部流程如此漫长，直到第二天 11 月 1 日——正如库斯诺指出的，这是亨利六世承诺交出曼恩的日子——众人在城堡参加了大弥撒之后又再度聚集。莫里诺作为英方发言人，开始陈述自己的文件，表示亨利六世许诺移交曼恩的信件是有条件的，即国王与雷内·德·安茹、查理·德·安茹为终身盟友，安茹与曼恩为期 20 年的停战协定以及"合理条件……应该理解为足额补偿"。库斯诺无法制定联盟或停战协定的书面文件，或者拿到查理七世的授权书允许此事继续进行，于是宣称因为担心路上袭击，把它落在沙布雷了。没有授权保证和达成一致的"合理条件"，莫里诺坚持不能现在移交。

库斯诺坚称，停战协定和联盟与此事无关，因为在亨利六世下令于 11 月 1 日进行交接的信件中，没有提及任何借口和阻碍。至于补偿，他承认信中确实提到"合理条件"，但没有明确敲定此事的日期，并且这是否等同于补偿也要打个问号。在正式交接前任何"合理条件"都会让它变成"一桩买卖"，这并非查理七世所愿。

就像莫里诺之前质疑库斯诺作为特派专员的权力一样，这也是一个似是而非的论点。莫里诺的回应是重述了他的案例，但请求"谅解他，如果他无法像使用母语一样用法语表述清楚"。这不是否认他运用并理解法语的能力：莫里诺曾在法兰西待了 25 年，升任现职之前是贝德福德在安茹和曼恩的税收总管。他的法律和财务技能十分纯熟：他曾在 1421 年 7 月 12 日与英国战友约翰·温特（John Winter）在阿弗勒尔达成法律协议，关于他们掠夺和投资收益的分配，后来又在鲁昂房地产投机方面颇为成功。[29]要是不能充分理解法语，口头上熟练使用，上面这些事一件也办不成。

莫里诺实际上运用了英国大使不愿让步时惯用的老伎俩：他们宣称听不懂法语这门国际外交语言，希望一切都用拉丁文记录和执行。[30]库斯诺明白这个伎俩，回应道，莫里诺"请求谅解他无法熟练运用法语辩论，这不是他的母语，然而他机巧又谨慎，和我本人一样能用法语和拉丁文沟通"。他再次要求将曼恩交接过来，不必寻找借口，当索尔兹伯里的私生子、法斯托夫勋爵的代理人等许多人出面，呼吁为莫里诺补偿时，他表示并非他本人在翻译亨利六世的书信或让他信守诺言。他无法做更多事了，因为他作为查理七世特派专员的授权在那天就到期了。英国人能做的就是虚弱无力地宣布他们将寻求亨利六世的进一步指示，让库斯诺和哈维别无办法，只好空手离开勒芒。[31]

　　和英法此前多次谈判一样，会议在根本问题上谈不拢，双方都不相信对方会遵守承诺：法国人坚信英国人决心赖掉交出曼恩这件事，正如英国人坚信法国人一旦如愿得到这片土地，就不会给出补偿。如今唯一的不同是，会上的英国人不仅喜欢和法国人唱反调，也常和自己的政府争执不下。亨利六世已经承诺放弃曼恩，他势必要执行下去。

第二十三章

曼恩投降

1447 年 10 月 23 日，亨利六世写信给马修·高夫和福克·艾顿，赞扬他们此次领命勤勉尽责，同时发送了奥斯本·芒德福德和理查德·弗罗根哈勒的免职书，敦促他们尽快了结此事，实现他交接曼恩的心愿，挽救他的颜面。[1]

高夫和艾顿担任这一角色，属实奇怪。两人都没有外交经验——当然那时也没指望他们使用外交手段。他们不是鲁昂议会成员，所以没有任何政治影响力或权威。他们都是白手起家的职业军人，成名于法国，战功卓绝，尤其是高夫在 1428 年收复勒芒，艾顿在 1436 年机智地收复利勒博讷。或许比这些更为重要的是，他们得到了当权者和普通士兵的双重信任。当 1444 年鲁昂议会需要有人带领合同到期的作战部队离开诺曼底到阿尔萨斯为王太子服役时，首选了高夫；当 1446 年需要有人对以依靠劫掠土地为生的士兵维持秩序时，选择了艾顿。他们处理这些有潜在危险的训练有素的武装士兵团伙，颇有经验，当中许多人对突然失去收入、被迫闲散下来而感到失望和不满，很适合执行交接曼恩的任务。当局显然以为这些失去财产的人会惹出麻烦。

　　他们没料到高夫和艾顿会加入这次对抗。高夫早已和曼恩有长期关系，本身是当地的领主。他和艾顿似乎都没有参加勒芒会议，至少不在官方名单上，因此避免了被迫站在法兰西特派专员一方对抗英格兰领主的尴尬。尽管如此，当查理决定派遣一支使团陈述主张时，他们被选中与之谈判，因为当时没有更高级别的人能参与。

　　或许高夫和艾顿很走运，法国使团由"奥尔良的私生子"带队，他是一个令人生畏的人，但同时也是一个士兵，原本就认为那些丧失财产的人应该得到赔偿。12 月 30 日，他们达成一致，承认英国官员确实面临困难。高夫请求延期交付再次获准，条件是他订立协议，将于 1448 年 1 月 15 日进行交接。停战协定也一并延期到那一天，只要勒芒投降，并保证马耶讷拉儒埃等各处投降，近期确认的停战期到 1449 年 1 月 1 日生效，即便高夫没法强迫不服从的芒德福德交出锡耶勒-纪尧姆、弗雷斯奈-勒-维孔特和波蒙-勒-维孔特。这三座要塞呈三角形，位于勒芒北部与诺曼底接壤的边境地带，芒德福德可能多次尝试重划萨特河沿岸的界线，把它们纳入诺曼底公国境内。

　　此次协定允许英国人在 1 月 15 日前随时离开，可带走随身财物，想要留下也可以。高夫和艾顿也承诺，他们将收到查理七世的书信，允许雷内·德·安茹和查理·德·安茹达成停战和联盟协定，同时查理七世本人承诺让安茹兄弟同意与"奥尔良的私生子"的协议条款。[2] 鉴于高夫和艾顿可以斡旋的空间实在很小，他们又并非外交专家，这可能是他们能获得的最佳交易了。

1448 年 1 月 15 日到了，但曼恩还在英国人手中，"在勒芒人民的请求下"准予宽限到 2 月 2 日，但这一次查理七世失去了耐心，决心用武力威胁来达成目的。得知他正"日夜集结一支大军，想要发动战争"，绝望中的诺曼底首席大臣托马斯·胡向"奥尔良的私生子"负责勒芒事务的同事皮埃尔·德·布雷泽去信："说实话，无论科德贝克长官福克·艾顿还是其他人对你说了什么，或者你如何理解，移交勒芒的承诺，我们毫无疑问会遵守并执行下去，无论是否有拖延或将有怎样的拖延。"胡恳求布雷泽：

> 从你的角度，请不要轻举妄动，以免引发战争或者其他灾难，而那是上帝也不允许的：这种事不会轻易平息，但将是穷人们的整体毁灭和悲哀。尤其是士兵们，一旦集结在战场，无论哪一方，都很难让他们放弃或离开，那不过是浪费钱财，而且代价不菲。[3]

英格兰特派专员的角色更加为难，因为 2 月还是没有交接。查理七世直接向亨利六世抱怨，公开点名高夫、艾顿和芒德福德，指责他们使用"诡计、借口和掩饰"，告诉他侄子应该宣判他们不服从命令，驳斥他们。与此同时，亨利派遣亚当·莫雷恩和罗伯特·鲁斯到法兰西去。他们于 2 月 15 日在翁弗勒登陆，三天后胡在恐慌中又写信给皮埃尔·德·布雷泽，他得知查理大军已经到达战场，传闻将要包围勒芒。他向布雷泽保证，莫雷恩和鲁斯有"商议和决定勒芒事务的充分权力"，他再次恳请布雷泽运用自己的影响力，确保退兵。[4]

等到莫雷恩和鲁斯 3 月初来面见查理时，他在勒芒城西北 9 英里处的拉瓦尔丹，住在城堡内，这样能够舒服地观察围城进展。"奥尔良的私生子"奉命统领军队，在让·博罗和他那著名火炮的协助下，开始了《图尔条约》以来法兰西北部第一次正式围城。英国人现在别无选择。若有比流离失所和放弃财产更糟糕的事，那就是勒芒可能会被突袭占领，那么就会失去一切，不仅仅是个人自由，甚至还有性命。

莫雷恩和鲁斯没有耽搁时间，确认了 12 月 30 日高夫和艾顿达成的协定，只撤回了弗雷斯奈-勒-维孔特，这座离诺曼边境最近的堡垒将留在英国人手中。至于马耶讷拉儒埃，他们 4 天前即 3 月 15 日同意"确定、必定"会在 3 月 27 日交接。挽回颜面的是，《拉瓦尔丹协定》也提及赔偿问题："合理条件"这一模糊概念变成了一笔 2.4 万图尔里弗尔（140 万英镑）的付款，这一数字是割让领土每年价值的十倍。它不是用现金支付，而是从上交给查理七世的诺曼底征收的"军事捐"中拨款。[5]

被法国人包围，又被自己的国王出卖，如今勒芒的守卫者别无选择，只好投降。1448 年 3 月 15 日，马修·高夫和福克·艾顿不情愿地完成了使命，正式把城市交接给查理七世。然而，在勒芒城门前，他们进行了最后一次抗议，宣称投降只为确保和平如约而至，他们的行为并不反映亨利六世对主权的权力：如果法国人没能实践他们的承诺，英国人有权继续持有勒芒。他们的抗议被正式记录下来，获得芒德福德和几位一旁见证的英国长官的支持。[6]

要是亨利六世和使者们在出让勒芒一事上持有不妥协的看法，前景或许大为不同。然而，他们并不把它视为和平的附加条件，而是一种善意表达，诱导查理七世议和。亨利秘密承诺的天真如今有目共睹了，因为它除了确保《图尔条约》再延期两年到 1450 年 4 月 1 日，什么也没达成，就连这一点也是查理七世在交接勒芒当天慷慨答应的。[7]

这是他最后一次让步，因为他并不期望永久和平。他在夺回曼恩后 6 个月对兰斯众人说，已经决定把诺曼底一并收复。[8]他为这一目标筹备着，在停战期间进行一系列军事改革，让军队面貌焕然一新。在改革的主要推动者、元帅亚瑟·德·里什蒙的帮助下，他最终完成了不少在 1439 年就尝试过的改变。

雇佣兵们离开了，纷纷解散，加入王室军队或者调到像意大利这样更有利可图的区域。停战协定导致的士兵失业问题，早已通过派他们到阿尔萨斯去协助王太子作战而解决了。第二年，即 1445 年，查理七世和里什蒙更进一步，在他们的队伍中创造了法国第一支常备军。国王选中了 15 名司令官，每人统领一支百"矛"军，每一"矛"是由 4 到 5 名战士组成的作战单元，而非单兵作战的重装骑士。这些部队由王室元帅召集并检阅，划分成以"矛"为单位的小队，派遣到各处。起初的设想是，他们在城墙内值守，住在居民住处，但当地敌意很重，大多数"好城市"都通过额外交税避免了此事（不同于 1439 年为支付王室军队工资而增收的一年一度的税费）。最终证明，这个体系运转得非常成功，第二年推广到朗格多克全境，又在元帅麾下创造了 500 "矛"军。[9]

1448 年 4 月，就在勒芒投降之后，另一项改革着手推进，创建了名为"法兰西弓箭手"的组织。为换取税收减免（因此它们被称为"免费"的），现在要求规模在 50 到 80 户家庭的每个社区自费提供一名战士，在王室军队中服役——通常是弩手。这个改革在全国范围内创造了一批训练有素、装备齐全的士兵，如有需要可随时快速调动。其附带影响是，甚至连农村和教区也对查理七世的军事冒险有了既得利益：在未来，法兰西的每一寸国土都将有其代表，真正的国民军队诞生了。[10]

这些举措没有在英格兰或诺曼底施行，尽管萨福克在 1445 年提醒议会，诺曼底公国内的全部要塞应该加固，时刻为战火重燃做准备。政治意志和财政状况都没法让此事实施。英格兰没什么可指望的，亨利的婚礼和玛格丽特王后的加冕仪式把国库掏空了。诺曼底公国内，人们自然而然地把停战视为少交军事税的契机，毕竟当时不再需要守卫了，这反映在 1447 年春天在鲁昂召开的三级会议决定中，他们拒绝了一笔 10 万图尔里弗尔的请求。最终，在带着不满情绪的多数人投票通过下，代表们只批准了 3 万图尔里弗尔，迫使政府通过王室特权额外征收了 1 万图尔里弗尔税费，而这无须他们同意。[11]

查理七世集结 6 000 人军队向勒芒进发的速度，让英格兰人惊诧不已，赶紧着手应对。准备工作总算就绪，等待埃德蒙德·博福特横渡海峡就任诺曼底总督和行政官。1448 年 1 月 31 日，"以防战事又起"，亨利下令紧急招募 1 000 名弓箭手陪同博福特到法兰西去。3 月 6 日，由于正安排送他渡过海峡的船只和水手，亨利授权博福特应当收到每年 2 万英镑的战时薪水，而非停战期间的减半薪水，国王解释道，因为"我们知道，勒芒城下有无比强大的包围，激烈的战斗正向我们的臣民蠢蠢欲动，这不是和平迹象，战争一触即发"。另外召集 200 名重装骑士和 2 000 名弓箭手，加入博福特的战队。更为关键的是，博福特的姻亲约翰·塔伯特也从爱尔兰任上调回来，加入其中。月底，鉴于博福特在诺曼底的新角色，他被擢升为萨默斯特公爵，1448 年 5 月 8 日，在正式任命后的整整 15 个月后，他终于正式进入鲁昂。[12]

自从约克公爵于 1445 年 9 月离开诺曼底，没有总督常驻这里，这两年半也是公国防卫与行政状况不断恶化的时期。目前守备军只有 2 100 人，而停战以前原本有 3 500 人左右，人数锐减是因为无法从三级会议得到征税授权来支付他们工资。士兵不仅要忍受薪水不固定、时有拖欠的现象，停战协定也不允许他们获得原本合法的战利品和赎金。[13]

因此，许多人只好自己寻找补救办法，千方百计补充本职薪水。1447 年第四季度的一份薪水收据体现了当地守备军状况的不少有趣观察，这是支付给科唐坦南部地区库唐塞的英格兰长官的。他的副将罗伯特·奈特（Robert Nytes）候补骑士有 7 名重装步兵和 22 名弓箭手。除了对无故缺席、玩忽职守和缺乏装备（一名弓箭手在集结日没有戴头盔）进行大量扣款外，还对那些没有按规定住在军营中的士兵大量扣款。两名据传经营小酒馆的弓箭手，扣除了 30 图尔里弗尔 6 苏 8 德涅尔（1 769 英镑）工资，这在军人工资不稳定时是个利润丰厚的副业，虽然其中一人也被形容为"乡间的掠夺者"。另外四名弓箭手也被扣除了半数工资，"住在乡间"的科林·弗莱尔（Colin Frere），"爱争吵的乡间劫掠者"理查德·克拉克（Richard Clerc）和亨利·哈维（Henry Havart），以及约翰·康威（John Conway），他"也爱争辩，靠乡村土地过活"。[14]

超过四分之一的弓箭手不在驻地，几乎有五分之一是劫匪，这是个惊人的证据，说明守备军如何缺乏纪律。当然，并非只有他们在劫掠百姓。数月之后，1448 年 2 月，库唐塞财务秘书向兰斯洛·霍维尔（Lancelot Howell）支付 6 图尔里弗尔（350 英镑）战利品，因为他为一位威尔士同胞主持正义，此人被形容为"盗贼、劫匪、靠掠夺乡间土地为生、以穷人为代价养了一大群狗"。他为何要养狗不得而知，可能是打猎工具，让他能够贴补家用，或者是获得新鲜肉类。[15]

失业士兵劫掠土地的问题，在诺曼底和布列塔尼等法外边境地区更为严重。1447 年夏天，一大帮有组织的土匪在此活动。非同寻常的是，首领是一位英格兰贵族。卡莫伊斯勋爵罗杰（Roger, lord Camoys），1438 年 10 月在勒芒被俘，"在艰苦的狱中"生活了 9 年，因为他支付不起赎金。尽管有此头衔，但他不是长子，被俘期间又遇上停战期，让他难以从战争中获利，以改善财务状况。因此，被释放以后，他在身边聚集了"一大群士兵"，他们同样"没有工资"，和从前许多人一样把萨维尼修道院作为大本营，依傍土地生存，无差别地在敌人和自己的领土上四处劫掠：哈考特城堡的英格兰长官甚至要加强守备兵力，以便防御卡莫伊斯。

1447 年 8 月时，这伙人在埃克斯姆地区，财务秘书命令卡莫伊斯"立即离开"，威胁要绞死加入他的士兵。卡莫伊斯随后转移到阿朗松，他们的人马再次被命令离开他，违令者处死。到 9 月，他在圣詹姆斯-德-博夫隆开始修复被毁掉的堡垒，创建新的大本营。经过数月"靠山吃山"，他的活动被诺曼底首席大臣托马斯·胡终结了，他花费 100 图尔里弗尔（5 833 英镑）从弗雷斯奈-勒-维孔雇佣失业士兵"镇压他那可恶的勾当"。是否有武装冲突，或者说卡莫伊斯究竟发生了什么，我们不得而知，他后来出色地担任加斯科涅最后一任英裔管家，说明他方旗骑士的身份让他免于因为之前的不端行为而遭遇严重处罚。他的许多部下到勒芒去了，在该城包围战中协助守城，尽管高夫和艾顿的军队检阅官在 1447 年 11 月明确下令，英格兰官员不得雇佣与卡莫伊斯有关系的重装骑士和弓箭手。[16]

当博福特于 1448 年 5 月到达诺曼底公国境内时，他决心解决掉其中的某些问题，组织一次公国范围内的大阅兵，了解守备军的状况，并清查王室官员腐败情况。他的调查官有权审查账目和收据，将违法者罚款或送入监狱。根据他们的审查结果，博福特决定废除当地税吏（他们的惯例是从收上来的钱中搜刮一部分），罚款或开除犯有欺诈罪或腐败的官员。[17]

博福特整顿内政的想法，根本没法阻止诺曼底公国和邻国的关系迅速恶化。虽然后来他因此受到指责，但实际上他也无能为力：查理七世下定决心找碴儿，这样他可以在准备好时发动战争。1448

年 8 月 22 日，他向侄子发送了一大串抱怨，关于"海峡这边人"的行为，暗示他自新总督上任以来，情况恶化了。尤其是，他指责芒德福德和其他来自曼恩的难民在重修圣詹姆斯–德–博夫隆这座要塞，"其边界在布列塔尼、圣米迦勒山、格兰维尔和其他争议之处"，有违停战协定。[18]

虽然圣詹姆斯–德–博夫隆是否属于英格兰是有争议的，但修葺一座废弃要塞无疑是破坏了停战协定。查理七世对此事大做文章，但他真正反对的不是这一事件，而是博福特的处理方式。胡果断阻止卡莫伊斯重建此处。博福特只是向莫雷恩和鲁斯提及此事，"他们比自己更了解停战协定"，并派芒德福德到布列塔尼寻找他们，当时他们在那里负责另一项外交事务。不出意外，芒德福德对他的任务没什么热情，没在预料的地方找到他们就放弃了。[19]

查理七世也抱怨，博福特的傲慢行为让他错上加错：他曾威胁要撤回安全通行证，趁查理的使臣拉乌·德·高库尔和纪尧姆·库斯诺在鲁昂索赔之际，逮捕他们。他也"太傲慢或者目中无人"，非常不尊重地在信中称呼查理本人为"最高而最有权势的君主，国王在法兰西的舅父，我至高无上的主人"。查理指出，这与前任总督的华丽称谓"至高无上、绝佳而有权势的君主，令人敬畏的勋爵"相距甚远——但那时约克一直在寻求联姻，不想作为国王副手处理破坏协定的事。

查理七世的抱怨主要是为谈判而故作姿态，这不仅体现在他几周前要发誓收复曼恩，而且反映在他如何回应自己人"在科城和曼恩占领许多地方，对亨利臣民犯下无数谋杀和抢劫罪行"的指控。

查理解释道，"至于被占领土，除了有争议或达成协议的地方，都空无一人"，这一回复也适用于圣詹姆斯-德-博夫隆。他宽恕像林中盗匪这样的罪犯的理由也同样虚伪：给予他们宽恕，并不是"因为他想让他们服从自己，成为自己的臣民，而是要帮他们去除那邪恶的生活方式"。[20]

很明显，双方都有破坏停战协定的行为。圣詹姆斯-德-博夫隆作为边境堡垒，经常出现在英国人对圣米迦勒山的指控中。1447年 2 月，他们"用微妙的手段"囚禁了诺曼属民，并处罚金。数月之后，就理查德·霍兰德（Richard Holland）在圣詹姆斯-德-博夫隆被俘并被处死一事，他们接受调查。9 月，他们带走了从布列塔尼被驱赶到阿弗朗士的英国守军的牛群，同月，查理七世宽恕了一名至少在圣米迦勒山服役 20 年的守军，在此期间他对英国人发动战争，有时独自作战，有时和战友一起，通过抢劫、掠夺、索要赎金和打压自己人获得大量战利品，连教士也不放过。[21]

并非所有的暴力和违反停战协定的行为都是个人或团体自愿为之的。协定准许教士继续获得"其他领主治下"的土地收入，这在实践中引发了无数麻烦，结果导致国家一连串针锋相对的没收。英国当局能否照常获得诺曼底地租收入，就此很快与圣米迦勒山修道院陷入争执。1448 年 9 月，博福特命令科唐坦邑长没收"我们叔叔那一方"教士的全部"成果、利润、收入和酬金"，以回应查理七世阻止诺曼教士在其领土上收取属于他们的合理收入。这在更广阔的科唐坦地区是个典型问题，因为次年 3 月，查理大举没收当地神职人员的土地、财产、租金和收入，库唐塞、阿弗朗士的主教和座堂圣职团，萨维尼、蒙莫雷尔和拉路泽恩等地的修道院院长，都在其列。[22]

这种行为不仅激怒了相关人员，还暗示了双方都没有挑明的冲突和敌意的升级。面对叔父一长串的抱怨，亨利六世建议他去找博福特，表示自己没法远程处理这件事，同时指示总督尽量拖长谈判周期，不与法兰西发生实际冲突。双方大使在 11 月的会议没能达成关于永久和平的任何进步，只敲定在 1449 年 5 月 15 日前再度会面进一步商议。[23]不过，到那时候，英法已经非正式地交战了。

博福特眼见局面将要恶化，派遣诺曼底首席大臣托马斯·胡和格洛斯特修道院院长雷吉纳德·布勒（Reginald Boulers）代表他向 1449 年 2 月 12 日在威斯敏斯特召开的议会请愿。没有确切证据表明，演说是出自博福特和他的顾问，还是实际演讲人修道院院长之手，但论述中肯而有力，主要有三个论点：

> 首先是展示敌军规模庞大、装备良好，配有各式军事武器。敌人每日巩固、修整并加强国王治下前线的守备，转移训练，大批人马都配有武装，与停战协定主旨相反；犯下无数桩谋杀案，把国王的臣民列为俘虏，仿佛已经全面开战，伴随其他巨大而悲惨的伤害，比如无数公然抢劫、胁迫和劫掠行为。

博福特多次呼吁他们要为破坏停战的行为负责，并立即停止有关行为，但他既没有弥补措施也没有合理答案，"根据他们的反常行为和倾向，可以认为他们无意促成圆满的和平局面"。更明显的证据是，查理命令所有贵族整备好武装，15 天内随时待命，超员招募了 6 000 名法兰西弓箭手，"命他们专心练习弓箭，不必做其他事"。

其次是陈述如果发生战争，面对如此强大的敌人，诺曼底自身无力充分抵抗，理由很多。国王治下已没有地方可提供修复服务、装备或任何武器。各地几乎都是一片废墟，即便是某些尚有人力和物料的地方，也太过破败，没法防守或维护。要修复好并配齐足够的装备，花销不可预料。

诺曼底三级会议最后一次会议宣布，由于公国内财务状况堪忧，征收未来津贴是不可能的。修道院院长告知议会：总督唯一的权宜之计是削减士兵人数，经费要从英格兰调拨，否则就把领土拱手让与敌人。

最后，修道院院长关注了即将结束的停战期："只剩 14 个月了，因此现在是开始加强防守的必要而合适的时机。"结尾，他引用了博福特本人动情的呼吁：

让我们特别记住这片高贵的土地，铭记当初为它承受的、巨大的无法估量而近乎无限的鲜血和财产代价。若是耻辱地丢失了，不仅对公众利益造成不可逆转的损失，也让这片高贵国土的名誉永远被亵渎了。[24]

大家对博福特的呼吁置若罔闻。议会之前已经听了无数遍，早就习惯了这样可怕的预言。这听上去特别杞人忧天：毕竟，停战协议还在生效，没有理由假设它不会再延期。在法兰西持有土地的英国人，与其余众人的利益分歧日益加剧。议会两院议员对法兰西北部英格兰领土的投入程度，各有不同。

在亨利五世统治期间以及贝德福德去世之前，许多议会成员都是法兰西战争老兵。许多当地骑士和更高比例的贵族都参与过战斗，称得上在阿金库尔或韦尔讷伊战斗过。有些人凭借获得土地而从战争中获利，在英格兰-勃艮第联盟终结、割让曼恩以后，又把它失去了：承诺的补偿从未到位，法国人声称是因为"军事捐"被诺曼底防卫预算侵吞了。有些人在法兰西多年，在那里获得了珍贵的土地和财产，又回到英格兰继续投资，在政治及社会领域重操旧业。

约翰·法斯托夫正是有详尽记录的典型案例，他从下层绅士跃升到高位，凭借法兰西战功而获得财富。他从战争获利中投资了13 885英镑（729万英镑），用于购买资产，又花费9 495英镑（498万英镑）用于改善——这些都是花在英格兰的法国收入。1445年，他英格兰土地的年收入是1 061英镑（557 025英镑），法兰西土地年收入401英镑（210 525英镑）——这个数额已大幅缩减了，他原本大多数财产都在曼恩。尽管他从1412年起不断在法兰西奋战，但他在1439年退休后再未回去过。虽然他竭力保存英格兰在法兰西的财产，晚年花了大把精力反对英格兰在当地的无能政策，他还是一个不在地的领主和司令官。[25] 法斯托夫靠军功发迹是很特别的，但他的经历并不特殊，绅士阶层的老兵们几乎都想在晚年回到家乡。

但越来越多的骑士从未在法兰西服役过，更别说在那里获得土地或官职了。发迹的机会变少了，志愿为战争服务的吸引力也在下降，导致为远征军征兵的难度越来越大。并不是说他们对于维护英格兰的海外领土没有兴趣，只不过家乡有更重要的事情。同时，他们也认为从征服中获利的人应当首先守卫它，这点倒是可以理解。

这种态度并不新鲜，25 年以来首次出现了这样的新情况。博福特及其诺曼底的同事们看到了法兰西军事主义复活的苗头，他们的英格兰同胞却没有。后果对于英属法兰西王国的剩余领地是致命的。

第二十四章

停战协议崩溃

在法国，打破停战协定的行为日益大胆了。1449 年 2 月 28 日，博福特写信向查理七世抱怨，自从 1448 年 8 月起，罗伯特·德·弗洛克及其卢维埃尔守军犯下一系列暴行，攻击塞纳河上的船只，捕获价值 800 图尔里弗尔（46 667 英镑）的葡萄酒，洗劫了蓬德拉尔什附近的克夫勒维尔村庄，在那里殴打居民，称他们为假叛徒和英格兰走狗，肆意毁坏其财产。圣米迦勒山和格兰维尔的人也没好到哪里去，"每日犯下无数罪行、谋杀、抢劫，夜间 10 到 12 人一组结队抓捕劳工，勒索赎金，和战时没什么两样"。[1]

更糟的是，在 2 月 25 日忏悔星期二，即四旬期禁欲前的最后一天，迪埃普的人领导了一次突袭，这是一次蓄意计划的袭击，而非临时起意或纪律涣散的结果。大约 160 到 180 人"像战时一样武装起来"，冲进迪埃普西南 10 英里处的大托尔西教区，当时王室官员的一次重要会议正在召开。他们将很多人扣为人质，当中有科城总督和检察官、阿尔克财务秘书的副官，最令人瞩目的是直到 1436 年英国人被逐出前始终担任巴黎市长的御前顾问西蒙·莫里耶，当时他因私事留在当地。两人在事件中被杀，其余人被俘并被囚禁在迪埃普的地牢里，有些人还负伤了，"就像战时一样"。[2]

博福特承认诺曼官员逮捕迪埃普的人是有一些挑衅意味的，他的停战条约监督人正在调查此事，这种行为是不可原谅的。由于查理也抱怨英国人在加固圣詹姆斯-德-博夫隆和莫尔坦，双方遣使尝试解决这些问题。[3]

不过，在达成共识之前，又出现了违反协定的情况，这次是英格兰人所为。1449 年 3 月 24 日，弗朗索瓦·德·苏里恩纳占领了富热尔城及其城堡，它位于布列塔尼边境，靠近诺曼底界线。表面看来，这只是外国雇佣兵长官的独立行动。富热尔是个富裕的贸易之城，苏里恩纳将它洗劫一空，掠走了大约 200 万图尔里弗尔（1.166 7 亿英镑）的战利品，随后才进驻城堡，向四周区域展开掠夺，征收"军事捐"，捕获俘虏，"实施了战争时期常见的各种剥削行为"。当愤怒的布列塔尼公爵派遣使者到诺曼底和英格兰，要求赔偿，并告知是何人授权的，博福特和萨福克都表示不知晓也没有许可这次行动。[4]

这完全不符合事实。占领富热尔一事至少提前 15 个月就在伦敦精密筹划了。根据 1450 年 3 月苏里恩纳对整个事件的口述笔录，这个主意最早酝酿于 1446 年夏天。那年 6 月，在王室颇有影响力的布列塔尼人普雷让·德·科埃蒂维施压之后，查理七世命令布列塔尼公爵逮捕他那亲英派的兄弟吉列，理由是他与英格兰人同谋。这一指控有些许根据，因为吉列享有英格兰津贴，当公爵本人更倾向于法国人时他始终主张与英国结盟，吉列或许甚至希望英军能帮助他获得自己兄弟的土地。诺曼底的英国当局确实在他被逮捕前几周为他提供了人身保护，提醒他有针对他的计谋。当他下狱后，有许多官方抗议，计划前来营救他。苏里恩纳声称："马修·高夫和其他人急于让托马森·都·盖斯内（Thomassin du Quesne）等人想办法解救布列塔尼勋爵吉列。"不过，萨福克提议另一种方案，求助苏里恩纳在韦尔讷伊的元帅，此人当时正在英格兰：他建议由他出面攻下富热尔，以此换取吉列的自由。他做出保证，苏里恩纳不会因此承担任何后果。[5]

萨福克选择富热尔，或许不仅因为它的富庶和地理位置靠近诺曼底边界，还因为此城从前属于阿朗松公爵。1424 年他在韦尔讷伊被俘后，为筹集赎金，不得已把它以 8 万埃居（583 万英镑）的价格抵给了布列塔尼公爵，后来一直记恨查理七世拒绝帮他赎回来。阿朗松由于牵涉布拉格里起义，被国王雪藏了，曾几次向英国人示好。例如，1440 年夏天为了叛乱，他向加斯科涅总管寻求军事援助。次年夏天，他遣私人扈从到阿让唐去，提醒司令官城堡已被英国人出卖并卖掉了，给了他一份背叛者名单，希望将他们逮捕。讨好阿朗松符合萨福克的利益，从布列塔尼手中夺走富热尔也符合阿朗松的利益。尽管没有确实证据证实他们合谋，但至少有一名阿朗松公爵的代理人在与苏里恩纳保持联系。[6]

或许是在试探，苏里恩纳表示要是不在诺曼底有个大本营，自己将无法执行计划。萨福克劝说法斯托夫勋爵放弃富热尔西北约 50 英里处的诺瓦罗畔孔代。作为额外诱饵，萨福克为苏里恩纳提供了国王手上最珍贵的礼物：邀请他成为嘉德勋章骑士，递补 1447 年 8 月去世的埃塞克特公爵兼亨廷顿伯爵约翰·霍兰德（John Holland）之席位。对一名追求功名的阿拉贡士兵来说，这是个无法拒绝的荣誉。他于 1447 年 12 月 8 日领受此衔，很好地掩饰了他是到英格兰去与萨福克和博福特商议富热尔计划的，后者即将正式被任命为总督。苏里恩纳再次获得他们二人的支持，于是回到诺曼底，在接下来的一年中派遣间谍到富热尔去探听守卫情况，以与塔伯特一起接受了博福特任务的名义访问下诺曼底地区守军，召集并检阅军队，为此次事件收集情报、博取支持。[7]

鉴于这些行动，芒德福德及其部队从曼恩到圣詹姆斯-德-博夫隆的调动背后另有深意。这座废弃要塞仅在富热尔西北 14 英里处。或许是由于查理七世多次抱怨圣詹姆斯-德-博夫隆和附近莫尔坦重建一事，博福特在最后关头吓坏了，1449 年 2 月 26 日派遣使者去见苏里恩纳，禁止他在亨利六世下令前发动攻击。他得知苏里恩纳计划推进得太快了，没法撤回。大约 600 人的军队已集结在诺瓦罗畔孔代；托马森·都·盖斯内已把破城所需的攀爬梯、长钳子和其他装备等带到富热尔城下，这些都是博福特私下让鲁昂城一位可疑工匠做的。

苏里恩纳放言要在 1449 年 3 月 23 日离开，先从阿弗朗士方向启程，以蒙蔽必然会监控那里的法国间谍，随后在夜色遮掩下转向真正的目的地。次日凌晨两点，部分属下越过了城墙，其余人则出其不意占领了城堡。这次行动至少在军事上是彻底的胜利。如释重负的博福特送去祝福，也奉上弓箭、火药和长管炮等补充城堡军备，并命令苏里恩纳让部队保持作战状态，等待塔伯特进一步指令。[8]

占领富热尔成为英法重燃战事的导火索。不过从事件本身而言，算不上重启敌意的充足理由，因为这是英格兰与布列塔尼之间的争端。但这起事件被查理七世利用了。正如他曾在割让曼恩时所做的，他代表布列塔尼公爵处理争议，将它变成一件关于国王个人荣誉的事。

当苏里恩纳被一位布列塔尼特使质疑时，他明确表示，自己并不是独立行事的。"我有权占领它，但无权交还，"他如实说道，随后将目光转向自己身上佩戴的显眼的嘉德骑士勋章，"别再问我了。难道你没有看清我是嘉德骑士吗？这对你来说应该够了吧！"[9]

起初对此事的处理和以往违反停战协定的行为没什么两样。布列塔尼公爵要求归还并修复富热尔，没能如愿，便求助查理七世，他非常热情地接受了这项任务。查理正式写信给博福特，要求他返还富热尔，但他也默许报复行动，他所选任的执行者是特立独行的埃夫勒长官罗伯特·德·弗洛克，此人在 4 月 21 日向 30 英里外的芒特城门发动武力恫吓，威胁要突袭占领它。当英方的协定守护者严词抗议后，查理国王的代表却轻巧地否认知晓此事，并说弗洛克的行为没有得到王室授意，不过是代表了大众对于英格兰占领富热尔的愤怒罢了。[10]

　　不过在 5 月初，眼见富热尔陷入死结毫无突破，弗洛克在卢维埃尔的布列塔尼司令官让·德·布雷泽（Jean de Brézé）的协助下，执行了声势更为浩大的政变。纪尧姆·霍埃尔（Guillaume Hoel）是一名商人，每日穿行在卢维埃尔和蓬德拉尔什之间的 7 英里道路上，告知他们后一座城守卫松散，提议想办法占领它。在约定好的日子，两位司令官调派了一队人马到郊外的酒馆内，首尾紧跟，避开侦查，霍埃尔将要在那里集结。那天夜里，弗洛克和布雷泽带领数百名士兵，埋伏在该城周围的丛林里。

　　就在破晓时分，众人俘虏了酒馆主，满载着葡萄酒，其中两人伪装成木匠陪同霍埃尔来到该城吊桥下。霍埃尔向门卫致敬，表示自己情况紧急，给他小费，希望放他入城。门卫放下了吊桥，但当他俯身捡起霍埃尔技巧性地投下的硬币时，这名商人用匕首将他刺死了。两名"木匠"早已在第二座桥上准备就绪，杀死前来帮助门卫的第二位英国人。

　　此时蓬德拉尔什城门洞开，无人守卫，弗洛克和布雷泽发动攻击，涌入城内。重要的是，他们没有使用惯用的法兰西作战口号"圣坦尼"，而是喊着"圣伊芙！布列塔尼"，显然是为富热尔被占而报仇的。这也是为了使法国避免破坏协定，因为并不是以法国名义作战的。由于多数居民还在熟睡，他们轻而易举拿下此城，俘获大约 100 到 120 名俘虏，包括不幸在那里过夜的法孔贝格勋爵。他不愿向低微的弓箭手投降，于是负伤严重，命悬一线，被送往卢维埃尔，在法国人手上做了三年阶下囚。几天后，弗洛克和布雷泽重演他们的成功，占领了附近的孔什要塞，那里的"城镇是靠奇袭和内应得手，城堡则是协议投降"；热伯鲁瓦是在当地司令官不在的情况下"于凌晨时分巧妙夺取的"，在当地发现的 30 名英国人都被处死了。[11]

蓬德拉尔什是座战略意义重大的城市，被视为下诺曼底地区的门户。该城失守，加上法孔贝格这样资深的司令官被俘，对诺曼底的英国当局来说是沉重打击。有目击者称，据说博福特听到消息时像被雷击中了一样。虽然他发誓要即刻收复蓬德拉尔什，但除了派遣塔伯特"带重兵"到西边 30 英里处的蓬塔梅尔去宣扬武力外，没有别的进展。即便是塔伯特也不敢贸然发生军事冲突，因为这会毁掉修复停战协议的最后一丝希望。[12]

在蓬德拉尔什陷落以前，塔伯特早已派遣国王的军事总管威廉·格洛斯特到英格兰去。博福特 2 月向议会请愿没有得到任何回应，格洛斯特奉命再次着重传达这一点，诺曼底急需金钱、士兵和军备。英格兰守军越来越蠢蠢欲动，因为工资还被拖欠着。阿弗朗士司令官让·兰佩（Jean Lampet）不得不采取极端手段：他和部下威胁若再不支付工资就离开，由于路途危险找不到去鲁昂的信使，他强行从征税官那里支取了 2 170 图尔里弗尔（126 583 英镑）——虽然这笔钱他确实给了欠条。卡昂邑长理查德·哈灵顿（Richard Harington）也用暴力威胁的手段从教士那里获得 600 图尔里弗尔（3.5 万英镑）借款，用来支付他带来守卫城市的援兵的费用。[13]

合乎编制的士兵竟然要用这种手段获得合法工资，说明了诺曼底财政的羸弱状况。博福特已召集三级会议于 5 月举行，确保守备军工资：原本计划在卡昂举行，搬至鲁昂是因为博福特在危机升级中不愿意离开鲁昂。蓬德拉尔什被占领的消息传来时，恰逢议会正在举行，促使尽快批准普遍征税，随后诺曼底国库长芒德福德于 6 月 2 日正式发布征税令。[14]

这一消息也促使萨福克同意为博福特和塔伯特调拨 100 名重装骑士和 1 200 名弓箭手：他们奉命在极短时间内于 6 月 11 日集结在朴次茅斯，萨福克向鲁昂议会透露他本人会陪同前往。不过没有经费，他实在难办。根据早先向议会呈交的评估，国王已经负债 37.2 万英镑（1.953 亿英镑），"那是一笔巨大而令人悲痛的数目"。由于亨利赏赐礼物和赏赐头衔一样慷慨，他 5 000 英镑（263 万英镑）的年收入远远不够花，单单是家庭支出，每年就要花费 2.4 万英镑（1 260 万英镑）。[15]这种情况下，毫不奇怪他没有结余给诺曼底，而且议会不愿再批准更多征税。直到 7 月 16 日，经过一番热议，下议院勉强把此前批准的半额补贴增加到十分之一和十五分之一的全额税。征税期将超过两年，但惊人的是，没有一分钱用于诺曼底防卫。[16]

整个五六月，停战协议保护人继续在富热尔问题上斡旋，会议规模由于各方大使的加入而扩充了，其中纪尧姆·库斯诺是个关键角色，他深度参与了曼恩投降。博福特坚决拒绝提供赔偿或补充，或许因为他决意执行原有计划，用富热尔交换布列塔尼的吉列。此事他差一点就成功了。亚瑟·德·里什蒙劝说查理七世，要是继续囚禁吉列，可能会引发布列塔尼的麻烦；如果将他释放，那么有利于换回富热尔。于是查理派普雷让·德·科埃蒂维再去见布列塔尼公爵，起初后者同意释放兄弟，但在最后一刻，即 1449 年 5 月 30 日，他突然撤销了命令。[17]

如此决定或许是受此前另一桩英国入侵事件的影响。一周前，德文郡候补骑士罗伯特·怀宁顿（Robert Wynnington）接受海上服役的合约，"为清除、控制当地的土匪和海盗，每日做力所能及的小事"。怀宁顿没有攻击那些数十年以来的痼疾——在海峡内洗劫英国商船的法兰西和布列塔尼海盗，而是于 4 月 23 日捕获整艘舰船——超过一百人——从布尔纳夫湾采集布列塔尼盐，带到怀特岛去。这项贸易价值非凡，欧洲大部分地区都要依靠它来保存肉类和鱼，船只在友好的汉萨同盟（Hanseatic League）、荷兰及弗兰芒旗帜下航行。[18]

这一行为明显是由于英格兰与诺曼底政府之间缺乏合作，加速了早已紧张而脆弱的局面。加之英国人不愿妥协归还富热尔，将布列塔尼公爵推向了查理七世一边：不到一个月的时间里，他们达成了攻守同盟，布列塔尼公爵开始作战准备。[19]

关于谈判最终破裂的记述，都来自法兰西一方，自然存在偏差。其中包括 1449 年 7 月编纂的记录，以佐证查理宣布停战协议不可修复的决定；一份 15 世纪 60 年代的书面文件，当时路易十一世（Louis XI）正想把布列塔尼归并到法兰西国家之内。[20]

根据上述文件以及法兰西编年史家们流传的记述，博福特反常而固执地拒绝一切归还富热尔的要求，将自己置于破坏停战的境地；他同样拒绝 7 月 4 日最后一次提出的方案，即如果 7 月 25 日之前归还富热尔及其附属设施或等价财物，那么查理会在 15 天内以同等条件归还蓬德拉尔什、孔什和热伯鲁瓦，并释放法孔贝格勋爵。这听上去非常像亨利五世 1415 年的宣传，当时他正试图为发动战争对抗"不讲理"且"顽固的"对手、巩固自己的"正当权利和遗产"而辩护。

1449 年的记录表明，博福特提出了相反方案，回到标准的拖延战术，向国王进一步请示。更重要的是，这说明他想把布列塔尼主权问题作为"开放性问题"，因此任何可能达成的协议都要搁置一旁。这是个敏感的选择，因为主权属于法兰西国王，而查理七世和亨利六世都在争夺这一头衔：自《特鲁瓦条约》以来，布列塔尼公爵一直向两位国王致敬，直到最近才于 1446 年 3 月 16 日转向查理七世。[21]

萨福克在 1444 年签署《图尔条约》时没能把布列塔尼纳入英方阵营，后来于 1448 年签署《拉瓦尔丹协定》时予以补充——尽管并不像 15 世纪 60 年代的荒唐记录所描述的那样，是因为英格兰狡诈地把签署流程安排在午夜，在勒芒壕沟底下，没有烛光照明，因此在黑暗中欺骗了法国使者。在 1449 年的谈判中，博福特明显想如此论证，布列塔尼属于亨利六世，因此占领富热尔是内部事件，不算破坏与法兰西的停战协议。查理愤怒地回应，坚称他始终毫无争议地享有布列塔尼主权，把它变成一个"悬而未决的问题"，是对他这一权利的质疑，"这是个至关重要的问题，比这片国土上任何事物都更触动国王的心"。在事件记录里，他声称这就是博福特根本不想真心实意推进协定的证据。这给了他借口，把一次破坏停战协定的行为转变为战争导火索。[22]

除了正在进行的折磨人的常规外交谈判，博福特似乎别无主意：毕竟，如果法国人抱怨占领富热尔是违反了停战协定，那么占领蓬德拉尔什、孔什和热伯鲁瓦也同样违背。他似乎还没意识到，尽管间谍体系过去运转顺利，但查理不过是用会议掩盖他在为入侵诺曼底做最后准备。如今几支大军已在诺曼底公国边境集结，即将发动三路并进的攻势：从布列塔尼到下诺曼底，由公爵及其叔叔亚瑟·德·里什蒙统领；中路由"奥尔良的私生子"统领，阿朗松公爵从安茹大本营前来协助；从皮卡迪进入下诺曼底，由厄城和圣保罗伯爵统领。

圣保罗伯爵路易曾在法兰西军队担任指挥角色，这点至关重要。卢森堡家族是贝德福德担任法兰西摄政最后岁月的支柱，在他死后，其家族成员拒绝武装对抗英国人。约翰·德·卢森堡于1441年1月逝世，从未宣誓遵守《阿拉斯条约》，同年9月，曾在蓬图瓦兹之围中效力于查理七世军队的约翰之侄、圣保罗伯爵路易获准提早回家，避免参与最后的进攻。[23]

同样值得注意的是，他这样做得到了他的封建领主勃艮第公爵腓力的认可。勃艮第公爵从1439年起就与英法双方保持和平，但1449年5月怀宁顿捕获海湾舰船的事件，让他和布列塔尼公爵都与英国人疏远了，因为荷兰和弗兰芒舰船被占领。作为回应，勃艮第逮捕了领土内的英国商人，没收其财物，派出四艘舰船在诺曼底和布列塔尼海岸线上巡逻。他拒绝卷入查理七世的入侵计划，但的确允许他在勃艮第境内招募志愿者。[24]

就在正式宣战前，又一座英格兰要塞在里应外合之下被攻陷了。一位来自韦尔讷伊的磨坊主，因为曾在夜间值守时睡着而遭鞭笞，赶路 24 英里到埃夫勒去为罗伯特·德·弗洛克和皮埃尔·德·布雷泽服役，以此复仇。7 月 20 日，他劝说值夜班的同伴早些离开，因为那天是周日，他们得去做弥撒。随后，他向等候的法国人指示他那毗邻城墙的磨坊的位置，帮他们放置了攀爬梯。他们神不知鬼不觉地进城了，突袭得手。有些守军逃到城堡内，但次日磨坊主又将壕沟里的水引入，帮助法国人攻下。

其余的英格兰人和大约 30 位市民，撤退到最后一座堡垒灰塔，这里防御坚固，四周壕沟环绕，但缺乏补给。同一天，刚被任命为国王的战争总督的"奥尔良的私生子"率领大军抵达韦尔讷伊，包围了灰塔。围困者已向塔伯特和芒德福德发出紧急求援，后者正带着解围纵队从鲁昂赶来，却在半路遇上刚占领韦尔讷伊的法军。因此当他们在阿库尔附近，看见"私生子"及其军队在面前拦截时，十分震惊。塔伯特迅速把他的马车拉成一个圈，把人员安置在这个临时防御工事里，拒绝卷入战争。当夜幕降临，他趁夜色撤回哈库尔城堡。寡不敌众，又缺乏装备，塔伯特别无选择，只好返回鲁昂，让灰塔的守卫者独自迎接命运。[25]

韦尔讷伊城和城堡已被占领，《图尔条约》却始终生效，这其中有史诗般的正义存在。该城的司令官除了还在富热尔的弗朗索瓦·德·苏里恩纳以外没有别人了，他的侄子让·德·苏里恩纳（Jean de Surienne）和副将托马森·德·盖斯内（Thomassin du Quesne）在守卫灰塔。

占领韦尔讷伊——"奥尔良的私生子"确实带兵进入了诺曼底

公国——更是破坏停战协议的行为，博福特可以从双方违反行为的长名单中引用到。不过，这几乎毫无意义。1449 年 7 月 31 日，他的使臣们被召唤到罗什特兰雄城堡面见查理七世，被迫听取自博福特以来诺曼底的英国当局犯下的一长串错误，随后被正式告知，查理发现自己"完全而光荣地被免除了"维护停战协定的义务。这就是宣战。[26]

入侵诺曼底如今以惊人的速度和效率开展了。厄城和圣保罗伯爵从东面进攻，渡过塞纳河到达蓬德拉尔什；8 月 8 日他们占领小城堡诺让-普雷，守军稍做抵抗就投降了。他们获准步行离开，不带走任何武器，城堡则付之一炬。8 月 12 日，他们与"奥尔良的私生子"、高库尔和赞特拉耶——他从埃夫勒带来两千人马——会师，包围了蓬塔梅尔，这是距鲁昂城西 32 英里的一座小而重要的中心城市，离翁弗勒和蓬勒维克不远。

选择这座城，明显是因为其位置关键，而且守卫薄弱，部分地方只有木栅栏。法国人没有停下来围城，而是直接发动进攻，向城内投入炮火，驱使战马渡过水位已到马鞍的护城河。他们迅速攻下城市，但随后遭遇始料未及的抵抗。他们有所不知，几天前福克·艾顿和奥斯本·芒德福德带领援兵来到了蓬塔梅尔。经过激烈的贴身肉搏巷战，英军最终寡不敌众，撤到城市尽头的一座石屋内。"奥尔良的私生子"随后对这最后的堡垒发动攻击，艾顿面对着被全歼的命运，终于正式投降了，在房屋台阶上把剑交给"奥尔良的私生子"。由于这次壮举，22 名勃艮第绅士受封为骑士。[27]

胜利大军转向西边，从蓬塔梅尔向利修进发，中途夺取了蓬勒维克，该城守军已逃散，因此大军一来就投降了。利修同样怯懦。
当地主教是编年史家托马斯·巴赞，有着动荡的童年，他父母当年
因亨利五世大军兵临城下而逃散了。他们于 1419 年回到了故乡科
德贝克，但 20 年后又被"可怕的暴君"福克·艾顿驱逐，这是一
个"令人发指的英国人，是邪恶的土匪"，他的部下在邪恶方面与
他不相上下，巴桑如是记述。当他父母定居鲁昂，巴桑本人直到
1441 年才回到诺曼底，中间这些年在巴黎、鲁汶和意大利等地担
任教会法律师。当意识到英格兰征服恐怕是长期的，他回来在卡昂
的新建大学任职，被升任为教区长，最终在 1447 年获得主教
席位。[28]

　　巴桑对战争没什么兴趣。当法兰西主人迫近时，他召开城市议
会，着手协商投降。他多年的法律训练显然有了用武之地，因为他
成功地获准让英格兰守军带上财物撤退，而他本人、大教堂全体教
士和居民能保留全部土地、财产和物品。他付出的代价是利修臣属
于查理七世，包括子爵领地首府奥贝克在内的附近七座附属城堡和
要塞一并投降。不费吹灰之力，"奥尔良的私生子"征服了整个地
区。这当然是干脆利落且高效的征服方式。[29]

　　巴桑的配合回报丰厚。利修投降后 12 天，他在韦尔讷伊向查
理七世致敬，被任命为大议会成员，每年津贴 1 000 图尔里弗尔。
查理对曾经反对过他的韦尔讷伊市民也同样慷慨。8 月 23 日，灰塔
投降。尽管没有塔伯特的补给，守卫还是设法坚持了 5 个星期，但
他们最终因食物短缺而投降，此时里面只有 30 人。其中大多数是
曾经支持英格兰政权的诺曼人，他们如今被冠上"法兰西叛徒"这

一羞辱性的名头。让·德·苏里恩纳展示了家族人脉——或许还运用了领主的技巧，趁看守不备逃脱了，大多数守城人也带着塔内有价值之物逃走了。尽管查理对事态发展感到恼怒，但他宽宏大量地赦免了所有避难于塔中的"叛徒"，用这一姿态讨好未来的属民。赦免书偶然提及三个人的名字，两位官员（韦尔讷伊的财务秘书和盐官）以及罗宾·德·瓦尔（Robin du Val），他们是"被捕的原因和方式"，说明相比不满的磨坊主，背叛的波及面更广。[30]

　　查理出现在韦尔讷伊绝非偶然。那是 1424 年贝德福德胜利之处，法兰西自阿金库尔战役以来的最大溃败发生于此，他选定作为法兰西国王凯旋的首个城市，诺曼底公国很快纳入其中。

第二十五章

再征服

再征服一旦开始，便似乎有了自己的节奏。8 月 26 日，"奥尔良的私生子"、厄城和圣保罗伯爵的联军出现在芒特城下。数百名居民聚集在市政厅，听市长向他们劝降，后者 1444 年就任时还拒绝宣誓效忠，理由是协定还在生效。他们达成共识，"要找到一种方式，让城市不必承受炮击或其他毁灭，获得最有利、最荣耀的妥协"[1]。

由于托马斯·胡的副官有抵抗迹象，有些市民就守住一座戒备森严的城门，坚持要打开城门，强迫他投降。根据投降条款，守备军和任何想要离开的人，不论国籍为何，都会被授予安全通行证并放行，可以带上财物，但不得携带武器或者盔甲。那些留下并宣誓效忠于查理的人，财产、地位、自由和权利都将被确认，"因为他们曾效力于令人尊敬的先王英格兰亨利五世"[2]。

利修和芒特的投降，为后续战役奠定了基调。大多数有城墙的城市，面对是接受慷慨条件投降并维持现状还是殊死一搏可能人财两空的选择时，都理智地选了前者。通常，如果守军坚持抵抗，市民们要么起义，逼迫他们投降，要么自己向攻城者示好，放他们入内。法兰西编年史家自然把这视为查理七世得到了群众的普遍支持：一群受压迫的被征服人民愉快地欢迎他们的解放者。其实，真相是他们更多出于个人利益而非爱国主义。

看看有多少长官用堡垒来换钱，或许就更加明显了。最引人注目的案例是 1449 年 8 月底投降的朗尼城。朗尼的长官是弗朗索瓦·德·苏里恩纳：他的妻子和家庭居住在城堡内，他把兵权交给自己的女婿理查·爱宝乐（Richard aux Épaules），他是最后一个诺曼古老贵族的成员。爱宝乐愤怒于英格兰当局在富热尔遗弃他岳父的行为，他后来对一位法国审查官说到，他曾劝说苏里恩纳不要接受这项任务，这会玷污他和他的家族。

事实上他接受了皮埃尔·德·布雷泽 1.2 万埃居（87.5 万英镑）的费用，让法军得以深入。他袖手旁观，法军击败抵抗，囚禁了城堡里的一些抵抗者——可能是西班牙人和其他外国雇佣兵，苏里恩纳经常雇佣这帮人。之后他的岳母"非常不快地"被通知带着财物离开。接着他代表查理七世接管了朗尼，宣誓效忠于新主人。他后来收到 450 图尔里弗尔（26 250 英镑），"要分给 12 名说法语的战友，当时他们与他同在一处……与他结盟，他们同样被裁撤了，归顺国王……并宣誓效忠"。

这并不是他深觉家族被英国人背叛、玷污而进行的原则性改忠，这些事实说明，一个人为谋求高位的一丝希望能自私到什么程度，他抛下了阿拉贡岳父的枷锁，只为自己敛财。当然令人拍手称快的是，他没有享受这些不义之财太久。1451年他开始针对城堡原始主人继承人的行动，寻求1万图尔里弗尔（583 333英镑）的修复费补偿，最后却由最高法院裁定，朗尼原本就是他们的，应当归还。[3]

理查·爱宝乐至少是诺曼人。另外两个"墙头草"可没这个借口，虽然他们改换阵营的理由都相同：他们迎娶了富裕的法国女人，保持忠诚将会损失更多。约翰·爱德华兹（John Edwards）是拉罗什居永的威尔士长官，被妻子和一笔4 500图尔里弗尔（262 500英镑）的贿赂说服，效忠于查理七世，并留任现职。1449年10月，理查德·莫博雷（Richard Merbury）紧随其后，他曾是贝德福德家族成员，至少从1425年起就是吉索尔长官。他妻子的父母作为中间人协调，作为献出吉索尔城和宣誓效忠的回报，可以免费释放他在蓬塔梅尔被囚禁的两个儿子约翰和哈蒙。莫博雷没有保住他的职位，它给了拉乌·德·高库尔，作为他终生奉献于法兰西王室的回报。莫博雷献出这个英格兰要塞的回报是，确认了他妻子领地的所有权，并成为圣日耳曼昂莱城长官。他的英格兰副将姓雷恩福克斯（Reynfoks，可能是1444年夏天陪同马修·高夫到阿尔萨斯去的瑞恩福斯）收到皮埃尔·德·布雷泽687图尔里弗尔（40 075英镑），作为将吉索尔交接给查理七世的报酬。[4]

到1449年9月初，维尔农、但古城堡和古尔奈也投降了。维尔农的英格兰守军坚持反抗，嘲笑前来要求交出城市钥匙的使者，把能找到的古旧钥匙都给他们了。法兰西弓箭手首战告捷，占领了江心岛上的炮兵阵地，通往大桥的道路也被占领，岛上的居民决定投降，"不管英国人愿不愿意"。守军在抗议之下接受了他们的决定，要求用密封信件证明他们没有同意或希望投降，而是被迫如此，同时获准推迟交接，寄希望于从鲁昂获得援兵。然而并没有等到，维尔农市镇和城堡一并投降了。[5]

有一丝真正抵抗的要塞是哈库尔，当地守军由理查德·弗罗根哈勒指挥，此人是反对割让曼恩的司令官之一。围城持续了 15 天，双方都伤亡惨重，"奥尔良的私生子"在城门展示了一幅弗罗根哈勒倒悬在他脚下的画。这是公开羞辱某人破坏骑士行为法则的标准方式。弗罗根哈勒的罪名是打破了自己不拿起武器对抗法国人的承诺。唐纳盖伊·杜·夏特尔也在 1438 年对萨福克、罗伯特·威洛比（Robert Willoughby）和托马斯·布朗特（Thomas Blount）施加类似报复，谴责他们作伪证，并在巴黎城门口挂了他们"非常不悦的画像"："每幅画上都有一位骑士，他是英格兰贵胄，脚吊在绞架上，靴刺向上，除了脑袋外全副武装，两边各有一个魔鬼用铁链将他捆住，画面底部有两只丑陋的乌鸦，像是在挖他的眼睛。"[6]

9 月，再征服步伐加快，布列塔尼公爵弗朗索瓦和亚瑟·德·里什蒙率领六千精兵从西面入侵下诺曼底地区。他们留下公爵的兄弟皮埃尔守卫布列塔尼边境地区，绕过英军前线堡垒，向科唐坦半岛进发，首先占领库唐塞，随后是圣洛，最后卡伦坦和瓦罗涅也纳入囊中。没有一座城做出抵抗，只有诺曼底最小的据点、卡伦坦城外的蓬杜瓦司令官迪肯·查特顿（Dickon Chatterton）拒绝投降，最后被攻占了。[7]

在诺曼底公国内的其他各处，迪埃普冒险出击，出其不意地占领了费康，又锦上添花地扣押了刚驶入港口的一艘船上的 97 名英国人——他们没料到此城已易主；图克、埃塞、埃克斯姆和阿朗松都不战而降；在阿让唐，市民们打出法兰西旗帜来指示法国人可从哪里进入，守军撤回到城堡，但大炮轰出了一个大洞，足以让马车穿过城墙，迫使守城者退回城堡主塔内，后来也在那里投降了。[8]

与此同时，尽管人们绝望地请求援助或救济，博福特和英国政府却稳坐鲁昂，按兵不动。就连以勇敢和精力充沛著称的塔伯特也受到出击失败的影响，但和法国人不同，他没有可调遣的集团军。处境艰难的守军中抽调不出任何士兵，而承诺于 1449 年 6 月从英格兰来的 1 300 名士兵还没有到：7 月 31 日，只有 55 名重装骑士和 408 名弓箭手在威廉·佩托爵士的率领下在温切尔西集结。[9]

没有人员和资金支持，塔伯特除了尽量确保鲁昂城不落入法军之手外什么也做不了，而查理七世两样都很充裕。不过像许多司令官和守军一样，他也即将面临无法阻止被占领的经历。10 月初，"奥尔良的私生子"、厄城和圣保罗伯爵、雷内·德·安茹和不知疲倦的 78 岁老将拉乌·德·高库尔在鲁昂会师，查理亲自旁观围城的进展。两次召唤该城投降的努力被守军挫败了，他们适时出击，阻挡信使接近市民。

鲁昂人对于 1418 年至 1419 年漫长而可怕的围城战还有苦涩记忆。他们预感到会发生什么，因为查理兵临城下的 6 个星期内，什么补给都运不进城。于是，一队人控制了两座塔楼间的城墙，向法国人发出信号表示愿意接纳他们进来。10 月 16 日，"私生子"率领一支攀登队到达城墙下，把梯子靠在墙上，封纪尧姆·库斯诺在内的十几个人为骑士后，鼓励他们翻越城墙。他们没料到塔伯特在最后关头赶来，亲自督导反击，包括不少鲁昂人在内的五六十名法国人丧生或被俘，他夺回这段城墙，将入侵者击退了。然而，次日市民们纷纷去找博福特，要求允许主教代表他们进行投降谈判，他勉强同意了。这是他计划行动的极限了，因为当博福特收到方案时，给出的回应很有敌意，让市民愤而起义，迫使他和其余英军退回鲁昂城堡的安全地带，自我封闭在内。于是鲁昂人打开城门，把钥匙递交给"私生子"，迫使守卫桥的守军投降。[10]

　　城市此刻在法国人手中，博福特、塔伯特和首席大臣托马斯·胡发现自己和大约 1 200 名士兵一起困在了城堡，许多人都是其他投降守军的俘虏。食物已出现短缺，也没有救援的迹象，他们别无选择，只好商议如何逃脱。查理似乎不喜欢博福特的为人以及他的立场，决心让他们付出最高代价。他用大批军队和火炮包围了城堡，好像在为围攻做准备，他要求博福特不仅交出鲁昂，还有科城地区英格兰人控制的全部要塞，即科德贝克、坦卡维尔、利勒博讷、阿弗勒尔、蒙蒂维尔和阿尔克。除此之外，他还要在 12 个月之内支付 5 万萨鲁特（401 万英镑）的赎金，并提供 8 名人质，包括他的姻亲塔伯特、继子托马斯·卢（Thomas Roos）以及理查德·弗罗根哈勒和瑟堡司令官托马斯·高尔之子理查德·高尔（Richard Gower），瑟堡是英格兰在科唐坦地区的最后一座要塞。

在此条件下，博福特和他的妻子儿女以及其他跟随者，可以带上安全通行证回到英格兰，随身可携带除武器、囚犯和票据之外的全部家当。[11]

1449 年 10 月 29 日，博福特盖下鲁昂投降的印章，用荣誉换取了他的性命。签订条约的消息传回英格兰，迎来的是一片震惊、愤怒和羞愧，尤其是当中涉及许多当时并未受到进攻的关键要塞。这次围城从头到尾不到三周，尽管城堡也被包围，但没有遭遇轰炸：博福特投降前毫无抵抗痕迹，应当视作叛国。消息可能在他离开法国前就传回故乡了，因为他在阿弗勒尔登船后，没有返回英格兰，而是转向卡昂。[12]

鲁昂投降一周之后，这段历史上风云涌动时期的另一标志性地点也被放弃了。11 月 5 日，弗朗索瓦·德·苏里恩纳把富热尔拱手让与布列塔尼公爵，声称自己在炮弹密布、士兵逃散的情况下已坚守了 5 个星期，他的人马都回去守卫自己的驻地，如今也面临威胁，被英格兰政府抛弃，承诺让罗伯特·德·维尔（Robert de Vere）带来的援兵始终没有到位。9 月时，的确有 400 人和维尔一起渡海到了法兰西，但他们到达卡昂后没有深入内地，当地邑长和居民请求他们留下保护自己的城市。苏里恩纳收到 1 万埃居来清空富热尔，但他丢失了韦尔讷伊、朗尼以及他在诺曼底和尼韦奈的全部领土。他对萨福克和博福特否定自己的行动心生怨恨，于是辞去嘉德骑士的殊荣，为勃艮第公爵服务，最后成为中立的法兰西属民。[13]

直到现在英格兰政府才着手援助诺曼底，可是太迟了。11 月

21 日和 22 日，有 1 000 支长弓、2 000 支箭、2 880 张弓弦、1 800
磅火药和大批其他武器运往卡昂和瑟堡，两名炮手和一名"狡黠"
（或者说熟练）的"军火木匠"随行。12 月 4 日，托马斯·凯瑞尔
爵士签署合约带领 425 名重装骑士和 2 080 名弓箭手到法兰西战场
去，但萨福克筹不出钱来付他们薪水和旅行花销。国库长只好典当
王冠上的珠宝来筹集远征军费，因为"我们供不出这么多钱"，国
王不得不恳请西部诸郡的主要领主们向下诺曼底地区提供海军援
助。即便在死后，红衣主教博福特仍然是国王的首席银行家：他的
遗嘱执行人贷款总额为 8 333 英镑 6 先令 8 便士（438 万英镑），萨
福克本人也借出了 2 773 英镑（146 万英镑）。[14]

　　当鲁昂陷落的消息传来，议会于 11 月 6 日匆忙召集。预见到
暴风雨就在眼前，被推举为下议院议长的阿金库尔战役及法兰西战
争老兵约翰·波帕姆（John Popham）爵士告老称病，拒绝就职。
该世纪最具政治色彩的议会现在要报复对这场灾难负责的人，即
《图尔条约》的推手们。奇切斯特主教亚当·莫雷恩被迫辞去枢密
院的职位。1450 年 1 月 9 日，当他试图把欠下的薪水还给正在朴次
茅斯等待开拔的暴动的凯瑞尔军队时，遭到袭击，被谴责为"出卖
诺曼底的叛徒"，被资深陆军上尉卡斯伯特·科维尔（Cuthbert
Colville）谋杀。[15]

　　"人人都在传言"，死到临头的莫雷恩已经指控萨福克犯下叛国
罪，迫使公爵在议会上做了一番感人的陈述。他动情地回顾家族多
年为国王的战争服役的岁月：他父亲在阿弗勒尔丧命，长兄死在阿
金库尔战场，两位兄弟死在雅尔古，还有一位兄弟在法兰西作为人

质等待支付他自己的赎金；他 34 年的军旅生涯当中有 17 年"没有回家，也没有看一眼故土"。他会"只为一个法国人的承诺"背叛这一切吗？

这原本是个反问句，但议会坚信他会如此。1 月 28 日，他被押送到伦敦塔，10 天之后正式被宣判为叛国者，多年来一直是查理七世的"追随者和煽动者"。释放"奥尔良的私生子"、割让曼恩、没能让布列塔尼成为英国盟友，以及亨利与被蔑称为"法兰西王后"的安茹的玛格丽特的婚事，都被视为其糟糕诡计、将两个王国出卖与法国人的证据。许多指控很荒唐，说明议会急于找个替罪羊，而非事情真正原委。萨福克抗议道，不该由他一人负责，"这么大的事不可能由他一人完成，除非其他人一同配合，和他一样暗中参与"。3 月 17 日，在一个贵族集会上，亨利"个人建议"免除萨福克的死罪，以腐败和挪用公款等较轻罪名，判处他五年流放，自 5 月 1 日开始。当他于 5 月 2 日乘船渡过英吉利海峡时，被一艘王室舰船拦截，送入监狱，经过船员的模拟审判，以"全体社会成员"的名义被斩首。[16]

与此同时，诺曼底形势日渐令人绝望。11 月 20 日，马修·高夫和他的副官、一位曾由弓箭手转为重装骑士的编年史家克里斯托弗·汉森（Christopher Hanson）苦等援兵无果，率领"孤岛"贝莱姆投降。即使是本应坚不可摧的加利亚城堡，曾坚守许多个月才因粮食不足而屈服，如今只围困了 5 周就于 11 月 23 日投降了，原因正是博福特抱怨过的诺曼守军缺乏装备和补给。12 月 8 日，"奥尔良的私生子"带领 6 000 名士兵、4 000 名法兰西弓箭手和 16 门大炮包围了阿弗勒尔。在众多要求和鲁昂一起投降的附带城市之中，阿弗勒尔是唯一坚决不降的。在英国政府的支持下，大麦、小麦和麦芽等物资不断送来，阿弗勒尔设法坚持到了圣诞节，但随后不得不同意于 1450 年 1 月 1 日投降。城内有太多英格兰人了，当中有 1 600 名驻军士兵，还有 400 名从其他投降要塞抽调来的士兵，于是又延期两天，让他们从海上撤退。[17]

　　"奥尔良的私生子"从阿弗勒尔径直来到翁弗勒，它位于塞纳河口的对岸，连续 4 周承受了密集炮火和地下挖掘的联合攻击，于是也答应，若是 2 月 18 日还等不到援军，就正式投降。法国人显然认为会有援兵最后一搏，因为他们预防性地加固了营地。但博福特还待在卡昂，凯瑞尔的军队仍然在英格兰等待启程，于是投降没有回旋余地了，溃败的守军也乘船回乡。[18]

　　凯瑞尔直到 3 月中旬，即他签署合约的三个多月后，才终于抵达法兰西。要是他在卡昂登陆，他本可以与博福特会师，将英格兰边界推进到卡昂和巴约以外。相反，他令人费解地在瑟堡登陆，这是英格兰手中唯一的港口、科唐坦地区北部边陲孤立的据点。他带了 2 500 名士兵和庞大的炮兵队，说明这不仅是一支集团军，而且是按照收复失守要塞而配备的。警惕的法兰西库唐塞政府紧急报信给布列塔尼公爵，海军上将、元帅和法兰西元帅恳请他们"用一切力量和努力"击退敌人。[19]

　　凯瑞尔的首要行动是围攻距离瑟堡 11 英里的瓦罗涅：它在三周之后投降了，那时罗伯特·德·维尔、马修·高夫和亨利·诺布里从卡昂带来的 1 800 人援军刚刚抵达。这是此次战役首次也是最后一次胜利。凯瑞尔此刻重新踏上了他返回鲁昂的 60 英里路，避开卡伦坦，取道圣克莱蒙浅滩直接穿过海湾，这条路只在退潮时可走。当他路过时，克莱蒙伯爵让·德·波旁（Jean de Bourbon）接到卡伦坦教堂塔楼值守人的提醒，调动兵力追上前去，同时向圣洛的亚瑟·德·里什蒙求助中途拦截他们。

1450 年 4 月 15 日，克莱蒙率领麾下三千人马，在福尔米尼附近追上英国人，这是巴约以西 10 英里处的一个小村庄。凯瑞尔得知他们逼近后，尚有时间选择防御阵形，背靠小河，深挖沟渠，种下木桩，以防前线受骑兵进攻。他凭借人数和地势优势，轻松地击退克莱蒙军队的侧翼进攻，他的弓箭手们甚至出击捕获了两门小型火炮。皮埃尔·德·布雷泽成功召集逃窜士兵，发动全面攻击，要不是亚瑟·德·里什蒙在这千钧一发之际带领两千人马赶来，这批兵力也被击退了。凯瑞尔被夹在两股力量形成的钳形攻势之中，试图调转左翼迎敌，但他的军队在混乱之中被冲散了，招架不住。高夫和维尔设法与左翼残余部队一起挤到河上的旧桥，逃到了巴约。凯瑞尔、诺布里和许多重装骑兵被俘，但英军中其余的人，那些无望支付赎金的普通士兵，被就地屠杀。3 744 名英国人埋葬在战场上 14 个墓坑里，法国人相比之下只损失了一小部分。这是法兰西对阿金库尔战役的复仇。[20]

福尔米尼之战熄灭了收复诺曼底的最后一丝希望。胜利的法国人横扫到维尔，部分原因是此城司令官亨利·诺布里现在是他们的阶下囚。维尔象征性地抵抗一下，就投降了，换来诺布里免费释放，并且当地守军可以带上随身财物自由前往卡昂。顺便提到，这次围城战的炮兵指挥官是威尔士人约翰·霍维尔（John Howell），他不在英格兰驻军之列，而是为里什蒙服役。[21]

克莱蒙和里什蒙现在分道扬镳了，前者加入"私生子"的队伍去围攻巴约，后者在阿弗朗士之围中辅佐自己的侄子。巴约的防御由马修·高夫负责，但即便是他也无法忍受博罗火炮的打击，它在16天之内就将城墙轰得粉碎。一天之内，试图闪电战般拿下巴约的两次非正式突袭均被击退，双方在枪林弹雨下伤亡惨重，但最后高夫在全面进攻开始前被迫投降了。英格兰人获准在5月16日动身前往瑟堡。受伤士兵允许再宽限一个月才离开，但其余人包括高夫在内必须步行出城，每人手上握着一根棍，表示已被解除武装，什么都没有带，这也普遍认为是有安全通行证保护的表现。[22]

疏散巴约的四天之前，阿弗朗士在持续三周的激烈抵抗后也投降了，据说当时是受到司令官约翰·兰佩（John Lampet）的妻子的激励。她披上男性衣服，走访家家户户，鼓励居民加入用弹石击退围城者的队伍，后来又换上女性装束，诱导布列塔尼的弗朗索瓦给予他们最好的投降条件。由于公爵不久之后就去世了，风传她要么下毒要么对他施了魔法，尽管她的魅力不过是确保英国人有空手撤离的自由。[23]

6月初，法军再次集结围攻卡昂。两万大军包围此地，博罗从当地抽调数百名矿工、劳工和木匠协助挖地道，地道可直通该城四周的壕沟，为此推倒了圣埃蒂安修道院附近的一座塔楼和一堵墙。在这一关头，双方都心知肚明，卡昂可能被攻占。1417年亨利五世席卷这座城市的样子还记忆犹新，双方都没有决心再经历一次。

1450 年 6 月 24 日，博福特签署了他 8 个月之内的第二份投降状。卡昂的 4 000 名英格兰人，包括博福特一家、邑长理查德·哈灵顿、罗伯特·德·维尔和福克·艾顿，再次获准带着手持武器在内的随身财物离开，但这次必须乘船到英格兰去，不可以到别处。投降价码也从 5 万萨鲁特（401 万英镑）上升到 30 万埃居（2 188 万英镑）。[24]

博福特非常清楚他所作所为的滔天恶果，这就是他为何要拼命挽回局面。他向查理七世的苏格兰护卫长罗伯特·卡宁汉（Robert Cunningham）的副将罗宾·坎贝尔（Robert Campbell）出价 4 000 埃居（291 667 英镑）加 50 英镑（26 250 英镑），想要绑架"奥尔良的私生子"或者三位指名的王室亲戚之一，并要从卡昂带走 1 500 名英格兰人。这些人中的三分之一将会全副武装，突然袭击查理七世的住所，"为了抓住他，将他带到瑟堡，让他溃逃"；其余人则打算点燃火药桶、在枪膛上钉钉子来摧毁法军的大炮。如果这计谋是真的，那么显然失败了。几年后发现，坎贝尔和另一名苏格兰守卫以叛徒的名义被砍头并肢解了，其长官被逐出宫廷。[25]

卡昂的投降意味着少数剩余英军的使命终结了。7 月 6 日，经过一番短暂挣扎，法莱斯向赞特拉耶和博罗投降，以换取司令官约翰·塔伯特的无条件的自由，他自鲁昂投降以来就成了阶下囚，因为其投降条件由于阿弗勒尔拒绝投降而被打破了。[26]法莱斯守军以一种傲慢而又孤苦无依的挑衅姿态，将投降日延期到 7 月 21 日，以期待有援军来解救。南部边境的最后一座要塞东富朗，于 8 月 2 日紧随其后。

此刻英格兰人手中只剩下瑟堡，这座要塞足以容纳 1 000 名守军，从 14 世纪中叶修建城墙以来从未失守。此城位于坚硬岩石的峭壁之上，有三层同心形防御工事，还有第四层——大海，每天两次涨潮时就会变成一座岛。要是哪座要塞有潜力成为英格兰的圣米迦勒山，那就是瑟堡。它以前甚至也作为孤岛存活了下来，1378年至 1394 年这 16 年间都在英格兰人手中。1418 年，格洛斯特花了5 个月时间才将它占领，还是在守军内应的协助下完成的。如今不过几周时间就被攻破了。

法兰西元帅亚瑟·德·里什蒙亲自指挥这次围攻，让·博罗再次部署了重型火炮，这武器在之前攻陷各个要塞时颇有成效。博罗研制的新技术让人对他又敬又怕，他还在沙地上架起三枚投弹枪和一门大炮，盖上打蜡羊皮，用石头绑住，防止被潮水冲开。以这种方法，他从四面八方不断轰炸，据说有十支枪在开火过程中爆掉了，这是中世纪武器的常见问题。最重大的伤亡是法兰西海军上将普雷让·德·科埃蒂维，他被守军炮石击中而亡。许多人死于疾病，细菌在围城战简陋的卫生条件下传播迅速。[27]

和其他许多要塞不同，瑟堡享有英吉利海峡的船运便利：1450年 6 月，有两名炮手前来支援，带来大量硝石、硫黄、弓、箭和弓弦以及小麦、麦芽与啤酒花，瑟堡随后陷入"巨大的危险"，因为当地"军事硬件和补给不够日常需要"。8 月 14 日，两名国王警卫官被派去西部和北部港口扣押船只，"将它们送往海上，解救我们的瑟堡城和城堡"。[28]

这实在是杯水车薪，也太迟了。瑟堡已于 1450 年 8 月 12 日投降。相比大多数要塞的溃败，它坚守了这么久，让守城司令官托马斯·高尔成为受人追捧的英雄。他被称赞为"明智而勇敢的"绅士，"大半生持续为国王和保存英法领土的战争服务"。不过，大多数人所不知的是，公开投降协议的前提通常是有了私下交易，说明高尔其实是被贿赂而投降的。他的儿子理查德曾和塔伯特一起被扣押为交接鲁昂的人质，将要被无条件释放；2 000 埃居（145 833 英镑）将要支付给守军；还要支付一些英格兰俘虏的赎金，包括赎回蓬杜瓦长官迪肯·查特顿的 2 000 埃居；遣返英格兰人及其财物的花销也要承担；最后也最令人诟病的是，英国人还把钱花在了"私下赠送给英国骑士和绅士的必要礼物上"。[29]

所以英格兰在法兰西的最后一个堡垒，不是在英勇而徒劳的抵抗下丧失了，而是卖给了法国人。"瑟堡离我们远去了，"詹姆斯·格雷沙姆（James Gresham）几天后写信给约翰·帕斯顿（John Paston），"现在我们在诺曼底没有一寸土地。"英格兰一片羞耻和愤怒，而法兰西却在欢呼庆祝。正如阿金库尔战役一周年时亨利五世在英格兰以大型弥撒庆祝，查理七世也把瑟堡陷落之日设为国家感恩节。对英属法兰西王国的再征服，至此完成。[30]

尾 声

　　1418 年卖给英格兰人的城堡，1450 年又卖回给法兰西人了，这真是奇妙的讽刺，因为瑟堡的陷落，没有什么是不可避免的。曾经发生过的，势必可能再次发生。毕竟，加莱还将留在英格兰人手中一个世纪。不同的是，加莱对英格兰经济至关重要，即便是鲁昂，也不能与加莱的金融地位相提并论。

　　法国人收复诺曼底只花了一年零六天的时间，"这是伟大的奇迹和伟大的神力，"法国编年史家写道，

　　　　很明显，我主上帝赐福于它：从未有如此伟大的国家在如此短暂的时段里被征服，也没有过人民和士兵损失如此少，乡

村的毁坏和损失如此少。这是属于国王、王子和其他贵族的荣
耀……也属于参与收复诺曼底的全部人员。[1]

再征服和最初的征服，手法一模一样。查理七世狡猾地采用了
他那伟大对手的方法：他的军队训练有素、纪律严明，他在新式火
器上投资巨大，他有深厚的钱袋资助战争，他亲临战场。和亨利五
世一样，他恩威并用，以确保各处城镇及堡垒的顺服，也用贿赂的
方式，换得又快又安宁的屈服。

他能在如此短的时间内实现这一切，也是由于英格兰行政管理
的分化：尽管有萨福克伯爵、贝德福德公爵和其他人的提醒，英格
兰和诺曼底都被条约营造的安全假象蒙蔽了。战争来临时，它们毫
无准备，如同一盘散沙，也没有抵抗的意志或方法。正如 1417 年
时的法国人那样，他们也没有一个意志坚定、富有人格魅力的领
袖。亨利六世是诸位国王中最没有战争精神的，在守卫诺曼底公国
这件事上，既没有欲望，也没有能力。没人学到贝德福德公爵的一
分才华或能力，因此无法集结两个民族联手对抗共同敌人。亨利五
世在征服之初，遭遇的抵抗更顽强，因为对手还寄希望于援兵；诺
曼城镇在英属法兰西王国末期，知道没人能营救他们。于是他们选
择自愿投降，免得被强攻下来。

亨利五世入侵法兰西时，是单边行动的独立权威，从法兰西内
战中攫取个人利益。他缔造的英属法兰西王国，最为致命的缺陷是
《特鲁瓦条约》，它让他卷入内战，成为勃艮第同党，用不可持续的
战争去征服法兰西其他地方。当勃艮第放弃同盟，英格兰人似乎无
计可施了。诺曼底还能在英格兰人手中待上 15 年，不过是由于法

国的失误，而非英格兰人的成功。要是查理七世听从了几位顾问的
建议，诺曼底公国或许在贞德胜利之初以及加冕仪式时就被收复
了：在 1436 年贝德福德去世，以及《阿拉斯条约》签订后，英国
人就大势已去。

要是亨利五世满足于只征服诺曼底，结局或许大为不同。他在
那里的土地，也许能让诺曼底公国有能力自我防御、自给自足，也
能为农业和贸易繁荣提供必要的安全保障。对法国人来说，一位英
格兰国王兼任诺曼底公爵，当然比他兼任法兰西国王更能接受：毕
竟加斯科涅就是如此，已经 300 年了，虽然加斯科涅属于英格兰是
由继承得来的，而非征服。诺曼底人和英格兰人之间的共同遗产是
在亨利五世时期开始构建的。

土地协定和永久守备军的建立，都有英国人的配额，这鼓励了
社会各阶层间通婚，在征服与被征服者之间建立了新的纽带。当最
后结局已定，面对是去是留的两难之选，踌躇不定的就算没有几千
人，也至少有数百人。许多人在法国有事业、有家庭，他们选择留
下，当中有贝德福德公爵的刺绣官托马斯·布莱登（Thomas Bri-
don），他女儿嫁给了法国人，孙子在鲁昂继承他的事业。法兰西元
帅里什蒙和诺曼底总管皮埃尔·德·布雷泽，很高兴能在军队中雇
佣训练有素的英格兰和威尔士士兵。早前英格兰人传统职业的一个
案例是，15 世纪 50 年代阿朗松公爵甚至有英格兰贴身男仆。[2]

另外，许多为英国人工作的法国人，自愿跟随雇主流浪：王室
秘书热瓦塞·勒·乌尔（Gervase le Vulre）离开法国 30 年后还在
为英国王室服务；有位不知姓名的手稿彩绘师，跟随法斯托夫从巴

黎到诺曼底再到英格兰，得以继续享受他的资助；约翰·德·拉伯雷（John de Labowley）和赫蒙（Hermon），根据 1454 年福克·艾顿的遗嘱，都被赠予 20 苏（525 英镑），"因为他们都跟随我离开了诺曼底"[3]。

尽管如此，仍然不断有大波英格兰难民涌入伦敦，他们"穿得太寒酸了，看着实在可怜"：当中不仅有失去领地的领主、被驱逐的士兵和回乡的英格兰人，也有带着法国妻子儿女、此前从未踏入英格兰的人。例如，托马斯·高尔带上了他那出生于阿朗松、1433 年已变成英格兰属民的妻子，以及他用瑟堡投降换回人身自由的儿子。富裕的逃难者把世俗财物悉数装车，但很多赤贫者只带了随身衣物，彻底失去了家园和营生。[4]

对他们以及很多英国人来说，个人代价是巨大的：每一个收获财富的康沃尔或法斯托夫背后，都有一个约翰·莫尔（John More），在被捕数次后成了乞丐；或者像约翰·凯利尔（John Kyriell）那样，诺曼底失陷 20 年后仍是法国阶下囚，因为他和兄弟都负担不起赎金。[5] 虽然很少有人要付出萨福克伯爵那么沉重的代价，他失去了父亲、四位兄弟，最终也丢掉了自己的性命，但数十年持续战火让双方无数父亲、兄弟和儿子，过早惨烈地丧命。

难民们奔赴的英格兰，和刚离开的法兰西如此相似，她不再是亨利五世治下的和平、繁荣、有序之邦了。杰克·凯德叛乱在 1450 年爆发，部分原因是对萨福克的愤怒，以及"法兰西领土丢失了……我们真正的爵爷、骑士和绅士，还有许多乡下人，失去了拥有的一切"。萨福克和莫雷恩被谋杀之后，他们最亲密的同僚也遭此厄运：

萨耶及塞勒领主、前任国库长，当街被暴民砍头；曾促成亨利六世与"法兰西母狼"结婚的索尔兹伯里主教威廉·阿斯考夫，在庆祝弥撒时被人从祭坛上拖下，投石而死；在法兰西躲过无数次叛乱的马修·高夫，试图从叛乱者手中夺回伦敦桥时被杀。[6]

可怕的讽刺是，首位也是最后一位英法双重王位的拥有者，没能继承他那英格兰父亲的才能，反而继承了他法兰西外祖父的疯癫。他无法阻止博福特和约克公爵之间由于诺曼底失陷而引发的争吵，最终导致分裂，局面失控。当"英格兰的阿喀琉斯"——66岁的塔伯特于1453年战死在卡斯蒂利亚、加斯科涅也回到查理七世手中时，这些消息让亨利大为震惊。生理上无助，精神上无法理解，他成为兰开斯特和约克家族争斗的傀儡，英格兰由此陷入内战。诺曼底的最后两位长官死于内斗，而非法国人之手。而亨利六世，最后的兰开斯特家族君主，1471年在伦敦塔中由继任者下令杀害，正如金雀花王朝最后的理查二世，1400年由亨利祖父下令暗杀一样。[7]对亨利六世来说，最大的悲剧是，他对法兰西和平的渴望，点燃了英格兰国内残酷的冲突和内战之火，最终导致他失掉了两边的王位。

注 释

第一部 建立王国

第一章 入 侵

1　*Foedera*，ix，436；*PR*，ix，196 – 7. 书中这种禁用的木种被错误地转写成 aspe，并译作 aspen（"白杨"）。

2　Ibid. ，182.

3　对阿金库尔战役的完整叙述，参见 Juliet Barker，*Agincourt：The King*，*the Campaign*，*the Battle*（Little，Brown，2005）。

4　Ibid. ，4，7 – 14.

5　W&W，ii，279；Bernard Guenée，*La Folie de Charles VI Roi Bien Aimé*（Paris，2004）.

6　Gérard Bacquet，*Azincourt*（Bellegarde，1977），103.

7　Anne Curry（ed.），*The Battle of Agincourt：Sources and Interpretations*（Woodbridge，2000），63. See also ibid.，74 - 5.

8　Barker，217；Anne Curry，'Harfleur et les Anglais，1415—1422' in Pierre Bouet and Véronique Gazeau（eds.），*La Normandie et l'Angleterre au Moyen Âge：Colloque de Cerisy-la-Salle*（Caen，2001），256 - 7.

9　Christopher Allmand，*Henry V*（New Haven and London，1997），102 - 3.

10　Anne Curry，'After Agincourt，What Next? Henry V and the Campaign of 1416' in Linda Clark（ed.），*Conflicts，Consequences and the Crown in the Late Middle Ages*（Woodbridge，2007），31 - 2；*Gesta Henrici Quinti* ed. and trans. Frank Taylor and John S. Roskell（Oxford，1975），134 - 49，144 n. 3.

11　W&W，18 - 19. 条约文本参见 PR，ix，182 - 8。

12　PR，ix，178.

13　Ibid.，ix，175；*Gesta Henrici Quinti*，176 - 84. See also W&W，41 - 8.

14　Ibid.，46，50 - 3；Curry，'After Agincourt'，41.

15　Newhall，54 - 5.

16　Curry，'Harfleur et les Anglais'，256.

17　Newhall，46.

18　Ibid.，58. 这显然是从阿金库尔战役中吸取的教训，当时军队花了三天时间才在圣阿德莱斯上岸（Barker，165）。

19　*Foedera*，ix，482.

20　*Brut*，383.

21　Walsingham，424；M.-L. Bellaguet（ed.），*Chronique du Religieux de St-Denys*（Paris，1844），vi，104.

22　Walsingham，424 - 5；*Brut*，383 - 4.

23　Deuteronomy，ch. 22，vv. 13 - 14. See Barker，181.

24　*Brut*，384；Newhall，60.

25　Monstrelet，iii，208ff；*Bourgeois*，104 - 7；Newhall，62 - 8.

第二章 征 服

1 R. A. Newhall，'Henry V's Policy of Conciliation in Normandy，1417—1422' in C. H. Taylor and J. L. La Monte（eds.），*Anniversary Essays in Medieval History by Students of Charles Homer Haskins*（Boston and New York，1929），207 - 8.

2 Ibid.，208.

3 Allmand，84；W&W，62 - 3；Anne Curry，'Isolated or Integrated? The English Soldier in Lancastrian Normandy' in S. Rees Jones，R. Marks and A. J. Minnis（eds.），*Courts and Regions in Medieval Europe*（Woodbridge，2000），191.

4 Anne Curry，'The Impact of War and Occupation on Urban Life in Normandy，1417—1450'，*French History*，vol. i，no. 2（Oct. 1987），165；Walsingham，426 - 7；W&W，64 - 5.

5 W&W，26 - 9，67 - 8.

6 Ibid.，65 - 6；Newhall，71 - 4.

7 W&W，66 - 7. 亨利四世第二任妻子琼，曾是布列塔尼公爵约翰五世的遗孀。她首次婚姻的子女有现任布列塔尼公爵约翰六世、次子亚瑟·德·里什蒙（阿金库尔战役中亨利的阶下囚）和阿朗松公爵约翰二世之母玛丽。

8 Ibid.，68 - 9. 安茹和曼恩，虽然与诺曼底公爵领地泾渭分明，但彼此相连。作为金雀花王朝的祖产，亨利五世也称之为他的"正当权利和遗产"。

9 Walsingham，427；Newhall，78 - 80；W&W，69 - 72.

10 See above，15；Newhall，'Henry V's Policy of Conciliation'，210 n. 27. 虽然他推断，其目标是法兰西重装骑士，而非诺曼难民。

11 J. A. C. Buchon（ed.），*Les Chroniques de Sire Jean Froissart*（Paris，1913），ii，41；Newhall，92 - 5.

12 André Plaisse and Sylvie Plaisse，*La Vie Municipale à Évreux Pendant la Guerre de Cent Ans*（Évreux，1978），115 - 16；Curry，'Impact of War'，160.

13　Robert Massey, 'Lancastrian Rouen: Military Service and Property Holding, 1419 - 49' in David Bates and Anne Curry (eds.), *England and Normandy in the Middle Ages* (London and Rio Grande, 1994), 270; W&W, 124.

14　Monstrelet, iii, 259 - 74; Bourgeois, 111 - 19. 让·德·图兰死于1417 年。

15　Newhall, 103.

16　Monstrelet, iii, 281 - 3; Newhall, 105; Le Cacheux, xiv - xvi.

17　Monstrelet, iii, 283 - 5; Brut, 387 - 9; W&W, 59 n. 1, 128 - 9. 这种桥已用于卡昂、卢维埃尔和蓬德拉尔什等地的包围战。

18　Walsingham, 432; Monstrelet, iii, 299; *Brut*, 390 - 1, 400 - 3, 410, 414; John Page, 'The Siege of Rouen' in J. Gairdner (ed.), *The Historical Collections of a Citizen of London in the Fifteenth Century*, Camden Society, New Series, xvii (1876), 18, 30.

19　Monstrelet, iii, 294 - 303, 305 - 10; Newhall, 115 - 22; *Brut*, 420 - 2.

20　W&W, 148 - 9: Monstrelet, iii, 284 - 5; W&W, 131 - 2.

21　*Brut*, 418; Le Cacheux, xix - xxiv. 这笔赎金从未付齐, 贝德福德11 年后为立即拿回现金, 把部分欠款一笔勾销了。

22　Monstrelet, iii, 308, 242 - 3; Keen, 46; Juliet Barker, 'The Foe Within: Treason in Lancastrian Normandy' in Peter Coss and Christopher Tyerman (eds.), *Soldiers, Nobles and Gentlemen* (Oxford, 2009), 306.

23　Monstrelet, iii, 308 - 9; W&W, 176 - 7; Newhall, 124 - 32.

24　Anne Curry, *The Hundred Years War* (Palgrave, 1993), 100; *POPC*, ii, 246; Henry Ellis (ed.), *Original Letters Illustrative of English History*, series ii (London, 1827), ii, 76 - 7.

25　Ibid. , 77.

26　Maurice Keen, 'Diplomacy' in G. L. Harriss (ed.), *Henry V: The Practice of Kingship* (Oxford, 1985), 189 - 92.

27   Monstrelet，iii，321 - 2.

28   Ibid.，322 - 34；Walsingham，432 - 3；*Bourgeois*，139 - 40.

29   Ibid.，139 - 41；Monstrelet，iii，338 - 45.

30   W&.W，187；Richard Vaughan，*John the Fearless*（Woodbridge，2002），274 - 86.

31   W&.W，187；Ramsay，i，276.

32   Keen，'Diplomacy'，192；Allmand，*Henry V*，137 - 41.

33   Monstrelet，iii，390 - 402；Walsingham，435 - 6；Keen，'Diplomacy'，193 - 6；Allmand，*Henry V*，136 - 46；Allmand，19 - 20.

34   Monstrelet，iii，388 - 90；W&.W，204；*PR*，ix，246 - 8.

35   *Bourgeois*，150；Allmand，*Henry V*，147.

36   Monstrelet，iii，400，393 - 4；W&.W，197.

37   *Bourgeois*，151.

第三章   法兰西继承人

1   W&.W，208；Monstrelet，iii，208.

2   Ibid.，409 - 11.

3   最好的地道战与反地道战案例发生在苏格兰的圣安德鲁斯城堡。这些地道是在陡峭岩石中挖出来的，因此保存完好，可以追溯到1546—1547年的围城时期。感谢我的儿子爱德华·巴克（Edward Barker），提醒我注意这一点。

4   Keen，48 - 50. 关于战友情谊，参见 Barker，160 - 1 and K. B. McFarlane，'A Business Partnership in War and Administration，1421—1445'，*English Historical Review*，78（1963），290 - 310。

5   Monstrelet，iii，412 - 13；Gerald Harriss，*Shaping the Nation：England 1360—1461*（Oxford，2005），328；Frederick Devon（ed.），*Issues of the Exchequer*（London，1837），363.

6   Alain Chartier，quoted in Michael Brown，'French Alliance or English Peace？ Scotland and the Last Phase of the Hundred Years War，1415—53' in

Clark（ed.），*Conflicts，Consequences and the Crown in the Late Middle Ages*，81.

7　Vale，73；Bernard Chevalier，'Les Écossais dans les Armées de Charles VII jusqu'à la Bataille de Verneuil'，in *Jeanne d'Arc*，87；Brown，'French Alliance or English Peace?'，85 – 8.

8　Walsingham，434 – 5；W&W，216.

9　Monstrelet，iv，12 – 13.

10　Monstrelet，iv，15 – 17；*Bourgeois*，153 – 4. The *Benedictus qui venit*（"赞颂那以主之名降临者"）特别恰当，承认亨利的神圣地位。

11　Monstrelet，iv，17 – 20，36 – 7；W&W，226 – 7，230 – 1，234.

12　Beaurepaire，10 – 14.

13　*PR*，ix，246 – 8. 1421 年 5 月召开的议会，商讨了上述事项，亨利五世本人列席会议，ibid.，262 – 4，278 – 9，305 – 6。

14　*Brut*，425 – 7；Walsingham，439；W&W，267 – 70.

15　Monstrelet，iv，25.

16　Harriss，103，204 – 5.

17　Chevalier，'Les Écossais dans les Armées de Charles VII'，88；Monstrelet，iv，37 – 9；Walsingham，441 – 2；W&W，312；Michael Stansfield，'John Holland，Duke of Exeter and Earl of Huntingdon（d. 1447）and the Costs of the Hundred Years War' in Michael Hicks（ed.），*Profit，Piety and the Professions in Later Medieval England*（Gloucester and Wolfeboro Falls，1990），102 – 18.

18　Vale，33；W&W，311，310 n. 11.

19　Bellaguet（ed.），*Chronique du Religieux de St-Denys*，vi，380.

20　*POPC*，ii，312 – 15.

21　*PR*，ix，262 – 3，312 – 13.

22　*Foedera*，x，131.

23　Thompson，90 – 1，93.

24　Chevalier，'Les Écossais dans les Armées de Charles VII'，88；Newhall，277，279，281 - 2.

25 Ibid.，282；W&W，326 - 30；Walsingham，442；*Bourgeois*，162；Léon Puiseux，*L'Émigration Normande et la Colonisation Anglaise en Normandie au XVe Siècle* (Caen and Paris，1866)，95.

26 Monstrelet，iv，70 - 1；W&W，337 - 41；*Bourgeois*，173 - 5.

27 Monstrelet，iv，81 - 3，91 - 6；*Bourgeois*，168 - 72；Louis Carolus-Barré，'Compiègne et la Guerre 1414—1430'，*FAMA*，385，390 - 1；Philippe Wolff，*Commerces et Marchands de Toulouse* (*vers 1350 - vers 1450*) (Paris，1954)，56.

28 W&W，348，339 n. 9；Barker，159.

29 Walsingham，444.

30 Henrietta Leyser，*Medieval Women：A Social History of Women in England 450 - 1500* (London，1995)，134 - 6；Nicholas Orme，*Medieval Children* (New Haven and London，2001)，113.

31 *Bourgeois*，176 - 7；Monstrelet，iv，98 - 100，107；W&W，414 - 15.

32 Patrick and Felicity Strong，'The Last Will and Codicils of Henry V'，*English Historical Review*，96 (1980)，97，99 - 100.

33 Walsingham，446 - 7；Griffiths，16 - 17.

34 Walsingham，445；*Bourgeois*，177；*Brut*，429 - 30.

35 Walsingham，447；*Brut*，430；Chastellain，i，334，quoted in W&W，424.

第四章 英属法兰西王国

1 *PR*，x，13；Ecclesiastes：ch. 10 v. 16，quoted，for instance，in Walsingham，446.

2 *PR*，x，6 - 9，26 - 7.

3 André Leguai，'La "France Bourguignonne" dans le Conflit Entre la "France Française" et la "France Anglaise" (1420—1435)'，*FAMA*，44 - 5，47；Vale，25 - 6.

4　Monstrelet, iv, 119 - 20; Leguai, 'La "France Bourguignonne"', 47.

5　Ibid. and C. A. J. Armstrong, 'La Double Monarchie et la Maison du Bourgogne (1420—1435): Le Déclin d'une Alliance', *Annales de Bourgogne*, 37 (1965), 81 - 3. 两人都认为贝德福德对勃艮第发动了有效政变，有学者驳斥了这一点，参见 Griffiths, 17 - 19。

6　*Bourgeois*, 183; Griffiths, 18; André Bossuat, 'Le Parlement de Paris Pendant l'Occupation Anglaise', *Revue Historique*, 229 (1963), 21 - 3.

7　Griffiths, 26 n. 27; Armstrong, 'La Double Monarchie', 83. 安妮有三个姐妹，婚约中提到，如果勃艮第死时没有子嗣，将由她继承阿尔托瓦。

8　B. J. H. Rowe, 'The *Grand Conseil* Under the Duke of Bedford, 1422 - 35', *Oxford Essays in Medieval History Presented to Herbert Edward Salter* (Oxford, 1934), 209; Guy Thompson, '"Monseigneur Saint Denis", his Abbey, and his Town, under the English Occupation, 1420 - 1436' in Christopher Allmand (ed.), *Power, Culture and Religion in France c. 1350 -c. 1550* (Woodbridge, 1989), 26; Thompson, 138 - 42; Le Cacheux, xcvi - xcvii; Reynolds, 'English Patrons and French Artists', 312.

9　Philippe Contamine, 'The Norman "Nation" and the French "Nation" in the Fourteenth and Fifteenth Centuries' in David Bates and Anne Curry (eds.), *England and Normandy in the Middle Ages* (London and Rio Grande, 1994), 215 - 34.

10　Newhall, 'Henry V's Policy of Conciliation in Normandy', 222 - 3.

11　Newhall, 154. The seven *bailliages* were the Cotentin, Caen, Alençon, Évreux, Rouen, Gisors and Caux.

12　Ibid.

13　Beaurepaire, 137 - 9; Anne Curry, 'L'Administration Financière de la Normandie Anglaise: Continuité ou Changement?', in Philippe Contamine and Olivier Mattéoni (eds.), *La France des Principautés: Les Chambres des Comptes aux XIVe et XVe Siècles* (Paris, 1996), 90 - 2. 1416 年 1 月设立于阿弗勒尔的财政部，与英格兰财政部一样，用英镑交易并用拉丁文记录，后

来并入卡昂审计法庭（ibid. , 93）。

14　See above，15. 法律文件称这一天为"国王降临诺曼底"或"图克之日"。

15　Newhall，'Henry V's Policy of Conciliation'，208－9；Puiseux，L' Émigration Normande，17－18，38－40.

16　Ibid. , 91－3. 编年史家珀西瓦·德·卡尼和布隆代尔（Percival de Cagny and Blondel）的家族也在英格兰入侵时逃离诺曼底（Puiseux，L'Émigration Normande，35）。

17　Newhall，'Henry V's Policy of Conciliation'，212－21.

18　Dupont，André，'Pour ou Contre le Roi d'Angleterre'，Bulletin de la Société des Antiquaires de Normandie，liv（1957－8），164－6；POPC，ii，351.

19　Allmand，Henry V，203 n. 61.

20　Robert Massey，'The Land Settlement in Lancastrian Normandy' in Tony Pollard（ed. ），Property and Politics：Essays in Later Medieval English History（Gloucester and New York，1984），81；Allmand，90－1.

21　Ibid. , 53，91.

22　Actes，i，89 n. 2；Allmand，Henry V，204.

23　Allmand，55 n. 14.

24　Newhall，162－5，165 n. 96.

25　Newhall，'Henry V's Policy of Conciliation'，207 n. 11.

26　为避免与法国东南部城市 Séez 混淆，这里我使用了现代拼法 Sées，但实际上，这个中世纪主教辖区当时也写作 Séez。

27　Actes，ii，5 n. 1；Newhall，163 n. 91；S. H. Cuttler，The Law of Treason and Treason Trials in Later Medieval France（Cambridge，1981），83.

28　C. T. Allmand，'The English and the Church in Lancastrian Normandy' in Bates and Curry（eds. ），England and Normandy in the Middle Ages，294；P. S. Lewis，Later Medieval France：The Polity（London，1968），170－2.

29　Allmand，'The English and the Church'，295.

30　W&W，101，263；Newhall，163 n. 91.

31　Newhall，'Henry V and the Policy of Conciliation'，220；Allmand，*Henry V*，196 - 7；Le Cacheux，cxv - cxvi，27 - 32.

32　Ibid. ，cxvii - cxviii.

33　*Actes*，ii，5 - 13，22 - 4.

34　Barker，211；Dupont，'Pour ou Contre le Roi d'Angleterre'，165.

35　*CMSM*，i，87 - 91，93 - 5.

36　Ibid. ，i，88 n. 1，96 - 7，96 n. 3，108 - 9，109 n. 1；Ellis（ed. ），*Original Letters*，72 - 3，错误地记录为 1419 年。

第五章　抵　抗

1　*CMSM*，i，118 n. 1；W&W，413；Newhall，290 - 1. 此次突袭中被俘的一名贝尔奈纺织工，因为付不起赎金，最后答应为法国人效力才被释放（*Actes*，i，31 - 2）。

2　Ramsay，i，328 n. 3，329，294 - 5.

3　*Bourgeois*，176，184；Monstrelet，iv，104 - 5，134；Newhall，296.

4　Ibid. ，291；*CMSM*，i，119 - 20；*Bourgeois*，185；Monstrelet，iv，137 - 42.

5　Beaurepaire，17；Newhall，293 - 5.

6　Newhall，294，296，297 - 9；Monstrelet，iv，154 - 6；Christopher Allmand，'L'Artillerie de l'Armée Anglaise et son Organisation à l'Époque de Jeanne d'Arc' in *Jeanne d'Arc*，78 n. 36；Monstrelet，iv，166 - 9. 决斗代替了通常的条款，即如果援军不在某一时限内到达，该城就要投降，也允许由其他人代表首长参战。

7　*CMSM*，i，24 - 5，116 - 17；*Actes*，ii，285 n. 1；Beaurepaire，25.

8　*CMSM*，i，126 - 7；Monstrelet，iv，157 - 62；Chartier，i，32；Brian G. H. Ditcham，' "Mutton Guzzlers and Wine Bags"：Foreign Soldiers and Native Reactions in Fifteenth-Century France' in Allmand（ed. ），*Power，Culture and Religion in France*，1；Vale，33.

9   Chartier, i, 33 – 8; Monstrelet, iv, 172.

10   Beaurepaire, 19 – 20.

11   See, for example, Jouet; G. Lefèvre-Pontalis, 'La Guerre de Parti-sans dans la Haute-Normandie (1424—1429)', *Bibliothèque de l'École des Chartes*, 54 (1893), 475 – 521; 55 (1894), 259 – 305; 56 (1895), 433 – 509; 57 (1896), 5 – 54; 97 (1936), 102 – 30; Édouard Perroy, *The Hundred Years War*, with an introduction to the English edition by David C. Douglas (London, 1951), 252. 现代法国历史学家持更为平衡的观点，例如，参见 Dominique Goulay, 'La Résistance à l'Occupant Anglais en Haute-Normandie (1435—1444)', *Annales de Normandie*, 36 (Mar. 1986), 37 – 55; Claude Gauvard, 'Résistants et Collaborateurs Pendant la Guerre de Cent Ans: Le Témoignage des Lettres de Rémission', *FAMA*, 123 – 38。

12   Beaurepaire, 21.

13   B. J. Rowe, 'John Duke of Bedford and the Norman "Brigands"', *English Historical Review*, 47 (1932), 591 – 2; Jouet, 23 – 7.

14   *CMSM*, i, 133; ii, 66 – 7, 67 n. 1; Jouet, 105, 114, 168, 172.

15   Jouet, 43 – 7, 176.

16   Rowe, 'John Duke of Bedford and the Norman "Brigands"', 584 – 6; *Actes*, i, 55 – 8.

17   *Actes*, i, 120 – 2; Rowe, 'John Duke of Bedford and the Norman "Brigands"', 595.

18   *Actes*, i, 302 – 6, 336 – 40; ii, 345. 凯努瓦为这伙人提供鞋子和粮食，但被赦免了。

19   Ibid. , i, 325 – 8.

20   Ibid. , i, 315 – 20, 342 – 4.

21   Ibid. , i, 336 – 7.

22   Ibid. , ii, 338.

23   Ibid. , i, 327; 318 – 19, 339, 344.

24   Ibid. , i, 337. See also i, 317.

25　Rowe,'John Duke of Bedford and the Norman "Brigands"',595.

26　*Actes*,i,49 - 52,168 - 71,250 - 9,262 - 4,379 - 81;ii,332,333. 土匪造成的谋杀记载如下：ibid.,i,133 - 6,195 - 6;ii,341. ibid.,i,21 - 2,这是很少见的案例,一位英国独自旅行者在投宿住处被村民无故杀害。

27　Ibid.,ii,341.

28　Ibid.,i,196 - 200,6 - 8,13 - 15,44 - 7.

29　See above,64 and below,183 - 4;Jouet,116.

30　*Bourgeois*,208.

31　Keen,137 - 8;Kenneth Fowler,'Truces' in Kenneth Fowler (ed.),*The Hundred Years War* (London,1971),204.

32　*Actes*,i,62 - 5.

33　Ibid.,i,82 - 7;*Bourgeois*,245. 有趣的是,洛特兰被处以绞刑,尽管他本该因为背弃领主而被砍头。诺让-勒罗特鲁的阿马尼亚克人也想要处死他,但被桑诺什长官劝阻了。

34　B. J. Rowe,'Discipline in the Norman Garrisons under Bedford,1422—1435',*English Historical Review*,46 (1931),202 - 6.

35　Newhall,307 - 8.

第六章　第二个阿金库尔

1　Newhall,311 - 12;Stevenson,ii,15 - 24;Le Cacheux,ci;Chevalier,'Les Écossais dans les Armées de Charles VII',88 - 9. "带斧子"的苏格兰人,指苏格兰高地人。

2　Newhall,314. See above,62 - 3.

3　B. J. H. Rowe,'A Contemporary Account of the Hundred Years' War from 1415 to 1429',*English Historical Review*,41 (1926),512;Carolus-Barré,'Compiègne et la Guerre 1414—1430',385 - 6;C. A. J. Armstrong,'Sir John Fastolf and the Law of Arms' in Allmand (ed.),*War*,*Literature and Politics in the Late Middle Ages*,47 - 9.

4　Carolus-Barré,'Compiègne et la Guerre 1414—1430',386;Newhall,

312 – 13；Monstrelet，iv，186.

　　5　*Bourgeois*，192，194；*Actes*，i，76 – 9.

　　6　Matthew Strickland and Robert Hardy，*The Great Warbow*（Stroud，2005），347；Newhall，317，319.

　　7　Griffiths，185；Stevenson，ii，24 – 8；*CMSM*，i，137 – 8.

　　8　*Bourgeois*，196 – 7.

　　9　英军弓箭手若每分钟不能射出 10 支箭，将被扣罚工资（Barker，87）。

　　10　*Bourgeois*，197 – 200；Monstrelet，iv，192 – 6；Chartier，41 – 3；Newhall，319 – 20.

　　11　Ramsay，i，344 – 5；Chevalier，'Les Écossais dans les Armées de Charles VII'，92. 1418 年以来，大约 1 600 名苏格兰人为王太子服役（ibid.，88）。

　　12　*Bourgeois*，200 – 1.

　　13　Newhall，320 – 1；Monstrelet，iv，199 – 206.

　　14　Ibid.，i，138 – 9，115 n. 1，149 – 50；ii，44 n. 1.

　　15　*CMSM*，i，26 – 7，146 – 9，160 – 1，163 – 5，170 – 1.

　　16　Ibid.，i，27 n. 3，199 – 200，201，204 – 5，259 – 60.

　　17　*Actes*，i，145 – 7.

　　18　Ibid.，74 – 6，397 – 9；ii，331，333，335，338，346.

　　19　Ibid.，i，103 – 4.

　　20　Ibid.，i，104 – 6，113 – 15，124 – 7.

　　21　Ibid.，ii，47 – 53；Le Cacheux，civ – cvii. See also*Actes*，ii，44 – 5，358.

　　22　Vaughan，31 – 8；Monstrelet，iv，206ff.

　　23　Vaughan，38 – 9. 关于战争审判，包括 1415 年亨利五世对王太子的挑战，参见 Barker，207 – 11。

　　24　Bossuat，52；Vaughan，20.

　　25　Ibid.，9；Armstrong，'La Double Monarchie'，84 – 5.

　　26　Barker，369 – 70；Beaurepaire，15.

27　Ramsay，i，354；Bossuat，52 - 3；Little，189.

28　Ramsay，i，364.

29　*PR*，x，205；Griffiths，73 - 7.

30　*CMSM*，i，225 - 8.

31　*Bourgeois*，221 - 2，226；*English Suits*，176 n. 24；Thompson，71，99，103.

32　Ramsay，i，365.

33　*PR*，x，276 - 8，280；Ramsay，ii，365 - 7. See Allmand，*Henry V*，260 - 1 and Harriss，94 ff，关于亨利否认他叔叔的红衣主教职权一事。

34　*PR*，x，319；*POPC*，iii，231，237.

35　*PR*，x，280；Griffiths，187；Ramsay，i，371 - 2；Pollard，12.

36　Little，187 - 8；*CMSM*，i，242 n. 3，262.

37　*Bourgeois*，216，219；Ramsay，i，374 - 5；Chartier，i，54 - 5；Bossuat，86 - 7.

38　Chartier，i，55 - 6；Rowe，'A Contemporary Account'，512.

39　*Actes*，ii，359；*English Suits*，220 - 30，其中拉菲尔特-贝纳的陷落日期，错误记述为 1427 年 2 月。法庭于 1434 年 2 月裁决支持斯塔福德。

40　*Bourgeois*，223 - 4；Pollard，13；Keen，33；*English Suits*，205 - 8.

41　*Actes*，ii，359，361；Pollard，13 - 14.

第二部　圣女贞德

第七章　纯洁少女

1　Vaughan，48 - 9.《代尔夫特条约》（Treaty of Delft）签于 1428 年 7 月 3 日。

2　*PR*，x，322 - 3，347 - 9.

3　Stevenson，i，403 - 21；Anne Curry，'English Armies in the Fifteenth Century' in Anne Curry and Michael Hughes（eds.），*Arms，Armies and For-*

tifications in the Hundred Years War (Woodbridge, 1994), 43.

4 *PR*, x, 322.

5 Stevenson, ii, 76 – 8; Beaurepaire, 30; *POPC*, iv, 223. 直到 1428 年 9 月 8 日，他仍然认为昂热是索尔兹伯里的主要目标，那天，在鲁昂举行的三级会议为收复昂热批准经费（Beaurepaire, 33 – 4）。

6 Keen, 160 – 1; Thomas Montagu, *ODNB*, 3.

7 Ramsay, i, 381 – 2.

8 Bernard Chevalier, *Les Bonnes Villes de France du XIVe au XVIe Siècle* (Paris, 1982), 50 – 1.

9 Barker, 178ff. , 370 – 2.

10 Jacques Debal, 'La Topographie de l'Enceinte d'Orléans au Temps de Jeanne d'Arc' in *Jeanne d'Arc*, 30 – 9; Kelly Devries, *Joan of Arc: A Military Leader* (Stroud, 2003), 55; Ramsay, i, 383 – 4.

11 Devries, *Joan of Arc*, 56 – 7; Monstrelet, iv, 299 – 300; *Brut*, 434 – 5; Chartier, i, 63 – 4.

12 Monstrelet, iv, 300.

13 Devries, *Joan of Arc*, 58; Debal, 'La Topographie de l'Enceinte d'Orléans', 26 – 7, 38; Monstrelet, iv, 298 – 301; Taylor, 278.

14 Debal, 'La Topographie de l'Enceinte d'Orléans', 30 – 9.

15 Monstrelet, iv, 301.

16 *Bourgeois*, 227 – 30; Monstrelet, iv, 310 – 14; Strickland and Hardy, *The Great Warbow*, 349 – 50, 其中错误地描述为 1428 年。

17 Chevalier, 'Les Écossais dans les Armées de Charles VII', 93 – 4; Brown, 'French Alliance or English Peace?', 91 – 3.

18 Taylor, 179 – 81.

19 Pernoud, 20 – 1.

20 Taylor, 142. 据她叔叔的说法，她首次拜访是在 1428 年 5 月，但他的描述常有矛盾之处，奥尔良之围直到 1428 年 10 月 12 日才开始。

21 Taylor, 271, 273, 275.

22　Ibid. , 303.

23　André Vauchez，'Jeanne d'Arc et le Prophétisme Féminin des XIVe et XVe Siècles'，in *Jeanne d'Arc*，159 - 64.

24　Ibid. , 162 - 3.

25　Taylor，142 - 3；Vale，49 - 50；Léo Germain，'Recherches sur les Actes de Robert de Baudricourt depuis 1432 jusqu'à 1454'，*Bulletin Mensuel de la Société d'Archéologie Lorraine et du Musée Historique Lorrain*，2（1902），221 - 30.

26　Taylor，272，276. 科莱·德·维恩后来因为向图尔传递奥尔良解围的消息，收到了信使报酬。Jan van Herwaarden，'The Appearance of Joan of Arc' in Jan van Herwaarden（ed. ），*Joan of Arc：Reality and Myth*（Hilversum，1994），38.

27　Taylor，271 - 2，274，275 - 6；Thomas Aquinas，*Summa Theologica*，quoted in Robert Wirth（ed. ），*Primary Sources and Context Concerning Joan of Arc's Male Clothing*（Historical Academy for Joan of Arc Studies，2006），11；Vaughan，39 - 40.

28　Taylor，142 - 3，277 - 8.

29　Ibid. , 144，317 - 18；Pierre Duparc（ed. ），*Procès en Nullité de la Condamnation de Jeanne d'Arc*（Paris，1977），i，326.

30　Vale，43，54；Herwaarden，'The Appearance of Joan of Arc'，41；Taylor，11 - 12.

31　Ibid , 46 - 9，311，340，347.

32　Ibid. , 157 n. 45；Vale，55. 马丁五世裁定，伴随十字架的祝祷是可以接受的。

33　Taylor，73 - 4；Little，99 - 105，108 - 12；Vale，55 - 6.

34　Chartier，i，65；Monstrelet，iv，317 - 19；Claude Desama，'Jeanne d'Arc et la diplomatie de Charles VII：L'Ambassade Française auprès de Philippe le Bon en 1429'，*Annales de Bourgogne*，40（1968），290 - 9；Little，93 - 4.

35　Ibid. , 106.

第八章　奥尔良之围

1　Taylor，312 – 13.

2　Jean-Pierre Reverseau，'L'Armement Défensif à l'Époque de Jeanne d'Arc. L'Armure de l'Héroçne' in *Jeanne d'Arc*，68；Pernoud，59；Taylor，157，312.

3　Taylor，144，155；Chartier，i，69 – 71. Ibid. , i，122 – 3，声称马特之剑具有神奇属性：一旦破损，就无法修复，贞德的军事胜利也将会终结。

4　Taylor，18 – 19，77 – 8，285；Déborah Fraiolo，'L'Image de Jeanne d'Arc：Que Doit-elle au Milieu Littéraire et Religieux de son Temps?' in *Jeanne d'Arc*，194。贞德在审判时，知道梅林神话，但并不相信（Taylor，151）。

5　See above，105.

6　Taylor，74 – 5. 当贞德被审判时，为她读信中某一段文字，她说本应是"向国王投降"，而不是向圣女贞德投降，否认"战争的指挥官"或者"身体对身体"等说法（ibid. , 143 – 4，160 – 1）。

7　Ibid. , 74，160 – 1.

8　Ibid. , 298，309，314，338.

9　www. jeannedarc. com. fr/centre/vignolles. html；J. -E. -J. Quicherat，*Procès de Condamnation et de Réhabilitation de Jeanne d'Arc dite la Pucelle*（Paris，1843），iii，32；Taylor，303.

10　Ibid. , 278 – 9；Devries，*Joan of* Arc，69 – 70.

11　Taylor，279 – 80；Chartier，i，69。布洛瓦是阿马尼亚克人手中最近的渡口。

12　Taylor，340，356 – 7.

13　Ibid. , 295；Quicherat，*Procès de Condamnation*，iv，154 – 5.

14　*POPC*，iii，322. 信件一定是在勃艮第撤回人马之前寄出的，很可能早于王太子批准贞德参与战事。

15　Beaurepaire，30 – 6；*CMSM*，i，264 – 70，272 – 83；Stevenson，ii，79 – 84，89 – 92. 教会为收复圣米迦勒山慷慨解囊，单独批复"什二税"。

16 Taylor，239 n. 22.

17 Ibid.，280，313，341.

18 Taylor，295 - 6，313 - 14，342 - 3；Quicherat，*Procès de Condam-nation*，iv，157.

19 Taylor，84，314. 在附言中，贞德要求归还信使，可交换她在圣卢的英国俘虏。

20 Ibid.，318 - 19，343 - 4. 高库尔在无罪审判作证时没有讲述这一故事，但另一位目击证人审计法庭主席，称高库尔曾告诉过他。

21 Taylor，158，280，296，315 - 16.

22 Ibid.，315 - 17；Matthew Strickland， 'Chivalry at Agincourt' in Anne Curry（ed.），*Agincourt 1415：Henry V，Sir Thomas Erpingham and the Triumph of the English Archers*（Stroud，2000），120，pl. 56；Eamon Duffy，*Marking the Hours：English People and their Prayers 1240—1570*（New Haven and London，2006），77.

23 Taylor，280 - 1，315 - 16. For Glasdale see *English Suits*，294 - 5；Newhall，*Muster and Review*，109.

24 Monstrelet，iv，321 - 2；Taylor，87.

25 Taylor，86，281；Devries，*Joan of Arc*，88.

26 Ibid.，96 - 101；Taylor，158，306 - 8；Stevenson，ii，95 - 100.

27 Chartier，i，82 - 3；*Third Report of the Royal Commission on His-torical Manuscripts*（London，1872），Appendix，279 - 80.

28 Devries，*Joan of Arc*，102 - 3；A. D. Carr， 'Welshmen and the Hundred Years War'，*The Welsh History Review*，4（1968 - 9），36，39；Rowe，'A Contemporary Account'，512.

29 Taylor，308；Chartier，i，83 - 4.

30 Monstrelet，iv，329 - 33；Chartier，i，85 - 7；Jehan de Waurin，*Anchiennes Cronicques d'Engleterre*，ed. Mlle Dupont（Paris，1858），i，293 - 5；Hugh Collins， 'Sir John Fastolf，John Lord Talbot and the Dispute over Patay：Ambition and Chivalry in the Fifteenth Century' in Diana Dunn（ed.），

War and Society in Medieval and Early Modern Britain (Liverpool, 2000), 114 – 40.

31   Ibid. , 124 – 5, 128 – 36; *English Suits*, 264.

32   *ODNB*, Thomas Scales, 1; ibid. , Thomas Rempston, 2; Collins, 'Sir John Fastolf, John Lord Talbot and the Dispute over Patay', 126 – 7; Michael K. Jones, 'Ransom Brokerage in the Fifteenth Century' in Philippe Contamine, Charles Giry-Deloison and Maurice Keen (eds.), *Guerre et Société en France, en Angleterre et en Bourgogne XIVe-XVe Siècle* (Villeneuve d'Ascq, 1991), 223 – 4; J. L. Bolton, 'How Sir Thomas Rempston Paid his Ransom: Or, the Mistakes of an Italian Bank' in Clark (ed.), *Conflicts, Consequences and the Crown in the Late Middle Ages*, 101 – 18.

33   *Actes*, ii, 150 n. 1; *English Suits*, 289; Little, 106 – 7, 174.

34   Collins, 'Sir John Fastolf, John Lord Talbot and the Dispute over Patay', 123. See below, 297.

35   Taylor, 45 – 6. 贞德传奇的形成，参见 Timothy Wilson-Smith, *Joan of Arc: Maid, Myth and History* (Stroud, 2006)。

第九章   法兰西新王

1   *POPC*, iii, 330 – 8.

2   Ibid. , 339; Harriss, 184 – 8; *PR*, x, 370; Ramsay, i, 401 – 2, 409.

3   Little, 114 – 15; Taylor, 94 – 5, 283.

4   Ibid. , 31 – 2, 169 – 70; *Bourgeois*, 230 – 3, 238 – 9; Monstrelet, iv, 335.

5   Taylor, 165 n. 56; Chartier, i, 97 – 8; Georges Peyronnet, 'Un Problème de Légitimité: Charles VII et le Toucher des Écrouelles', in *Jeanne d'Arc*, 197 – 8.

6   Chartier, i, 96 – 8; Taylor, 203; Pernoud, 124 – 6.

7   Taylor, 95.

8   *Bourgeois*, 237 – 8. 这次朗读被描述为一场盛会，其效果更引人注目，参见 Griffiths，220。

9　Stevenson，ii，101 - 11.

10　*CMSM*，i，283 - 4，288 n. 1；Beaurepaire，37 - 9；Richard A. Newhall，*Muster and Review*：*A Problem of English Military Administration*（Cambridge，Mass. ，1940），111 - 12.

11　*Bourgeois*，236；Thompson，91，108.

12　*POPC*，iii，322.

13　*PR*，x，369 - 70；Stevenson，ii，120 - 1.

14　Thompson，105；*Bourgeois*，238；Ramsay，i，401 - 4.

15　Taylor，119 - 22；Monstrelet，iv，340 - 4. 这位修士是理查，see above，126。

16　Chartier，i，103 - 5；Monstrelet，iv，344 - 7；Pernoud，132 - 3. 桑利斯于 8 月 22 日向阿马尼亚克人投降，*Bourgeois*，239；Thompson，106。

17　Monstrelet，iv，348 - 9；Pernoud，133，139；Ramsay，i，402 - 3；Vaughan，21 - 2.

18　Ramsay，i，404；Germain Lefèvre-Pontalis，'La Panique Anglaise en Mai 1429'，*Moyen Âge*（1891），9 - 11.

19　Jouet，95 - 6，100；*CMSM*，i，291.

20　Ibid. ，i，289.

21　Ibid. ，ii，22 - 4；*Actes*，ii，146 - 9.

22　Jouet，130；Siméon Luce，'Un Complot contre les Anglais à Cherbourg à l'Époque de Jeanne d'Arc'，*Mémoires de l'Académie de Caen*（1887 - 8），96 - 116；*Actes*，ii，176 - 8；Monstrelet，iv，350 - 1；Puiseux，*L'Émigration Normande*，55.

23　Le Cacheux，cvi - cviii；*Actes*，ii，368 - 9；Chartier，i，114 - 15；Newhall，*Muster and Review*，125，126 n. 282；Allmand，189；Monstrelet，iv，372.

24　*Bourgeois*，242；Thompson，' "Monseigneur Saint Denis"'，28 - 9；Pernoud，136 - 7.

25 Stevenson, ii, 118 – 19.

26 Pernoud, 134 – 8; *Bourgeois*, 240 – 2; Taylor, 124 – 5.

27 Pernoud, 141; Ramsay, i, 406.

28 Bossuat, esp. 24 – 5, 49 – 50, 66 – 7.

29 Ibid. , 112 – 23, 118, 212 – 13; Taylor, 130 – 1; Pernoud, 143 – 5.

30 Ibid. , 145 – 6; Taylor, 132 – 3.

第十章 抓 捕

1 Ramsay, i, 413 – 14; Griffiths, 189; Vaughan, 22; *Bourgeois*, 242 – 3.

2 Rowe, 'The*Grand Conseil*', 218; Stevenson, ii, 85 – 7; *CMSM*, i, 291; Le Cacheux, 162 – 3; Jouet, 86.

3 Anne Curry, 'The Nationality of Men-at-Arms Serving in English Armies in Normandy and the Pays de Conquête, 1415—1450: A Preliminary Study', *Reading Medieval Studies*, 18 (1992), 139 – 40.

4 Plaisse, *La Vie Municipale à Évreux*, 121; Newhall, *Muster and Review*, 88, 90.

5 Rowe, 'Discipline in the Norman Garrisons', 207 – 8; *Actes*, i, 294 – 6.

6 Ibid. , i, 295 n. 1; ii, 158, 206 – 8.

7 Ibid. , ii, 158.

8 Ibid. , ii, 157 – 60.

9 Keen, 167; Bossuat, 134 n. 3, 138.

10 Pollard, 17.

11 Griffiths, 37, 39.

12 *PR*, x, 368 – 9; Griffiths, 190.

13 *PR*, x, 437; Anne Curry, 'The "Coronation Expedition" and Henry VI's Court in France, 1430 to 1432' in Jenny Stratford (ed.), *The Lancastrian Court* (Donnington, 2003), 30 – 5; Dorothy Styles and C. T. Allmand, 'The Coronation of Henry VI', *History Today*, 32 (May 1982), 30.

14 *PR*, x, 437; Vaughan, 8, 54 – 7; Monstrelet, iv, 373 – 5.

15　*PR*，x，373；Vaughan，22 - 4.

16　Carolus-Barré，'Compiègne et la Guerre 1414—1430'，386；Devries，
Joan of Arc，164；Pernoud，147.

17　Taylor，175 - 6；Pernoud，149 - 53；Monstrelet，iv，388.

18　Pernoud，150 - 1；Devries，*Joan of Arc*，169 - 74.

19　Taylor，192 - 3，191 - 2，320，329；Pernoud，153 - 6.

20　Ibid.，157 - 8.

21　Bernard Guillemain，'Une Carrière：Pierre Cauchon' in*Jeanne d'Arc*，
217 - 25.

22　Pernoud，156 - 7，159，161.

23　Beaurepaire，39，40；Stevenson，ii，128 - 39.

24　Ibid.，140 - 1；Curry，'The "Coronation Expedition"'，36 - 8，40 - 1.

25　*PR*，x，436；Rowe，'The *Grand Conseil* under the Duke of Bedford，
1422 - 35'，224 - 5；Harriss，202.

26　Ramsay，i，419；Beaurepaire，40 - 1；*Bourgeois*，251.

27　Ibid.，248 - 52.

28　Vaughan，60 - 6；Monstrelet，iv，406 - 8；Chartier，i，131 - 2.

29　Monstrelet，iv，409 - 20.

30　Ibid.，421 - 5；Ramsay，i，420 n. 1；Vaughan，63.

31　Ibid.，24 - 5；Stevenson，ii，156 - 81.

32　Curry，'The "Coronation Expedition"'，32，42；*PR*，x，447.

33　Ibid.，437.

34　Harriss，103，187，204 - 5；*PR*，x，443；Griffiths，191. 埃德蒙德·
博福特与凯瑟琳年轻时的风流韵事，导致了埃德蒙德·都铎（Edmund Tudor）
的诞生，他便是亨利七世（Henry Ⅶ）之父（*ODNB*，Edmund Beaufort，1 - 2）。

第十一章　审判与行刑

1　*Bourgeois*，254 - 67；Stevenson，ii，424 - 6；Ramsay，i，431 n. 5.

2　*Bourgeois*，257 - 8；Curry，'The "Coronation Expedition"'，45.

3　Pernoud，160‐1；Beaurepaire，40. 很难将圣女贞德归类，这也反映在用模棱两可的词语形容她为"战争之徒"。

4　Taylor，31，132‐3 and see above，138‐9.

5　M. G. A. Vale，'Jeanne d'Arc et ses Adversaires：Jeanne，Victime d'Une Guerre Civile?' in *Jeanne d'Arc*，207‐9；Norman P. Tanner（ed. ），*Heresy Trials in the Diocese of Norwich*，*1428‐31*，Camden Fourth Series，20（1977），8. 曾执行这些审判的诺里奇主教威廉·阿尼克，是少数参加贞德审判的英国人之一。

6　Vale，'Jeanne d'Arc et ses Adversaires'，208‐9，quoting Matthew ch. 24 v. 24.

7　Taylor，136.

8　Vale，47‐8.

9　Taylor，xix，22‐3；Vale，48；Vale，'Jeanne d'Arc et ses Adversaires'，210‐14.

10　Ibid. ，23‐5，25 n. 79；Pernoud，206‐7.

11　Taylor，321‐31，esp. 322‐3，330‐1.

12　adorating，来自拉丁文，不是单纯地爱慕或崇拜，更近于祈祷。

13　Taylor，218.

14　Ibid. ，220‐2. 据说弃绝审判时（Pernoud，218‐20），贞德被迫或是被哄骗着穿了男性服装，以便使她被处决，但空白处备注得很清楚，这不是死罪，而且英国人让她重归异端也没什么好处（Vale，'Jeanne d'Arc et ses Adversaires'，214‐15）。

15　有人推断特拉奇是英国人（Pernoud，233），他其实是诺曼人，至少从 1421 年起就一直在处决叛徒（Le Cacheux，34‐5）。

16　Pernoud，229‐33；Taylor，228.

17　*Bourgeois*，260‐4；Pernoud，233‐4.

18　*Bourgeois*，337‐8；Vauchez，'Jeanne d'Arc et le Prophétisme Féminin'，166‐7；Pernoud，241‐9.

19　Taylor，225‐8；Pernoud，236‐7，239.

20　Taylor，227；*Bourgeois*，264 - 5。

21　Ibid.，230 - 3，234 - 5，238. See above，126。

22　Taylor，235 n. 17；*Bourgeois*，253 - 4。

23　Taylor，25 n. 77，35，172 - 3，177。

24　Vauchez，'Jeanne d'Arc et le Prophétisme Féminin'，165；Little，121 - 3。

25　Taylor，173；Pernoud，159。

26　Ibid.，237；Vale，58 - 9。

27　Quicherat，*Procès de Condamnation*，v，168；*Bourgeois*，266；Chartier，i，133. "圣愚"（holy fool）是中世纪时期非常流行的概念。

28　Monstrelet，iv，433 - 4；*Bourgeois*，266；Chartier，i，132 - 3。

29　*Bourgeois*，264；Chartier，i，133 - 4；Ramsay，i，433 - 4。

30　*Actes*，ii，154 - 7；Le Cacheux，210 - 11。

31　Beaurepaire，42 - 3；Newhall，*Muster and Review*，118。

32　Ibid.，142 - 3。

33　*Bourgeois*，265 - 6；Harriss，205. 一位来自埃夫勒守军的荷兰人于1433年4月4日被赦免，其罪名是围城后在卢维埃尔挟持两名教士和一名妇女，并偷盗他们的母鸡和鱼（*Actes*，ii，248 - 50）。

34　*Bourgeois*，268 - 9；Monstrelet，v，1 - 3。

35　九位知名人士包括：三位《旧约》中的英雄，约书亚、犹大·马加比和大卫；三位古典英雄，赫克托尔、尤利乌斯·恺撒和亚历山大；三位罗曼英雄，亚瑟、查理曼和布永的戈弗雷。

36　Ramsay，i，432 n. 4；*Bourgeois*，268 - 71；Monstrelet，v，1 - 4；Thompson，199 - 205。

37　*Bourgeois*，271。

第三部　消耗之战

第十二章　灾难的一年

1　Griffiths，192；Monstrelet，v，5；*Bourgeois*，271 - 3。

2　Ibid.，268.

3　Stevenson，ii，196 – 202；Griffiths，193.

4　Curry，'The "Coronation Expedition"'，50；Thompson，200.

5　Maurice Keen，*England in the Later Middle Ages*（London，2003），311.

6　Rowe，'The*Grand Conseil*'，225.

7　Ibid.，226 – 7；Harriss，208 – 9.

8　Ibid.，212 – 22；*PR*，xi，1 – 4.

9　Monstrelet，v，12 – 15；Le Cacheux，c，cxi – cxii，cxxvi，224 – 5，230 – 3，253 – 5；*Actes*，ii，186 n. 1；Stevenson，ii，202 – 4. 立卡维尔曾在1430 年至 1431 年间从博韦发动突袭（*Actes*，ii，171. See also below，313）。

10　Monstrelet，v，21 – 5；Chartier，i，141 – 3；*Bourgeois*，276 – 7.

11　*Actes*，ii，233 – 7.

12　Vale，122；Thompson，226 – 7；*Bourgeois*，281.

13　Ibid.，278；Jouet，186 – 7.

14　*Bourgeois*，274 – 81.

15　Beaurepaire，43；Stevenson，ii，208 – 9.

16　*Actes*，ii，234；Chartier，i，150 – 3，其中误把这次突袭记载为1432 年。

17　Cagny，185 – 7；Chartier，i，134 – 41，其中 Saint-Cénéry（圣塞内里）误写为 Saint-Célerin，Vivoin（维万）误写为 Vinaing，波蒙-勒-维孔是今天的萨特河畔波蒙。Monstrelet，v，100 – 2 误把此事记载为 1434 年。

18　*CMSM*，i，34 n. 2；ii，13 – 14；Monstrelet，v，31 – 5；Chartier，i，143 – 7；*Bourgeois*，278 – 81.

19　Ibid.，282；Harriss，*Shaping the Nation*，328 – 9.

20　Griffiths，192；Harriss，225 – 6；*Bourgeois*，282 – 3.

21　*CMSM*，i，289 – 90，293，314 – 16，esp. 315.

22　Ibid.，ii，14 – 15，30 – 2；*Actes*，ii，382，383.

23　*Bourgeois*，283.

24　Griffiths，193 – 4；Harris，221.

25　See above，49.

26　Monstrelet，v，56；*ODNB*，John，duke of Bedford，11；Vaughan，132－3，表明这个人物可能有所夸大，是假设“15 岁”。

27　Monstrelet，55－6；*ODNB*，John，duke of Bedford，9；Armstrong，'La Double Monarchie'，107－9.

28　Monstrelet，v，57－8；Harris，229；Vaughan，27.

第十三章　收　复

1　Harriss，227；Griffiths，195－6.

2　*PR*，xi，67；Harriss，227－8.

3　*PR*，xi，67.

4　Ibid. ，77－8.

5　Harriss，231；Griffiths，196.

6　Harriss，232－3；*PR*，xi，102. 我并不认同，克伦威尔在议会中陈述的每年赤字达 21 447 英镑或 22 000 英镑的计算，详情参见 Harriss，232 and *PR*，xi，70。

7　*PR*，xi，67；Stevenson，ii，250－6.

8　*Bourgeois*，285，289，328.

9　Little，195－6；Stevenson，ii，229；Vale，71；Chartier，i，170－2；Monstrelet，v，73－4.

10　Stevenson，ii，220，241，248.

11　Keen，'The End of the Hundred Years War'，308－9.

12　Ibid. ，221，239－40，231－8；*CMSM*，i，223 n.1；Harriss，183.

13　Stevenson，ii，250，257－8.

14　Ramsay，i，448 n.4；Stevenson，ii，540－6，551－2.

15　Bossuat，184，197－8，200；Stevenson，ii，427－9.

16　Vaughan，66－7；Pollard，18－19；Harriss，228 n.40；Monstrelet，v，62－70.

17　*Actes*，ii，383；Chartier，i，160，164－5；Beaurepaire，44－5，48，

45 n. 93。阿伦德尔的战役，Chartier 误记为 1432 年，Ramsay 误记为 1434 年
（Ramsay，i，462 - 3）。

18   Chartier，i，165 - 8.

19   Monstrelet，v，79 - 81.

20   *Bourgeois*，286 - 8.

21   *CMSM*，ii，27.

22   Le Cacheux，270 - 3.

23   *CMSM*，ii，34.

24   *Bourgeois*，288 - 9.

25   *PR*，xi，83 - 4.

26   Ibid. ，84 - 8.

27   See above，28.

28   *PR*，xi，71 - 2.

29   Beaurepaire，44 - 5，48.

30   Pollard，19；*CPR* 1429 - 36，353；Monstrelet，v，91.

31   Ibid. ，91；*Bourgeois*，290.

32   Harriss，236 - 7；*POPC*，iv，410 - 16.

33   Harriss，222 - 6.

第十四章　失序与溃败

1   Monstrelet，v，91 - 2；Pollard，19 - 20.

2   Monstrelet，v，93 - 4；*CMSM*，ii，64；Beaurepaire，47.

3   *CMSM*，ii，28 - 9. Curry，'The Nationality of Men-at-Arms'，156，
暗示普乐荣是英法联姻的产物，这不太可能，这样他还不满 16 岁。

4   *CMSM*，ii，39 - 40，43.

5   Rowe，'Discipline in the Norman Garrisons'，195 n. 3；*CMSM*，i，144 -
6；Lefèvre-Pontalis， 'La Panique Anglaise en Mai 1429'，9，12，20；*CCR*
1429 - 35，47 - 8；Stevenson，ii，147.

6   Rowe， 'Discipline in the Norman Garrisons'，196；Jouet，35；*CMSM*，

ii，17.

7　Ramsay，i，460 n. 2；Chartier，i，175 - 7.

8　*CMSM*，ii，41，42；Rowe，'John Duke of Bedford and the Norman "Brigands"'，598 - 9；Chartier，i，177.

9　Monstrelet，v，104 - 5；*Bourgeois*，290，292. Jouet，35，那些跟随者错误地将维纳布勒事件和沃特豪斯事件合并为一次意外，暗示这是一场针对农民的屠杀。蒙斯特雷误将迪沃河畔圣皮埃尔描述为上诺曼底坦卡维尔附近。

10　*CMSM*，ii，48 - 9，47.

11　Ibid.，49，67 - 8.

12　Curry，'Isolated or Integrated?'，201；Newhall，*Muster and Review*，118.

13　Curry，'L'Effet de la Libération de la Ville d'Orléans'，104 - 5；Newhall，*Muster and Review*，119 - 20；*CMSM*，ii，46.

14　Monstrelet，v，183；Beaurepaire，46 - 8.

15　*Bourgeois*，292 - 3；Vaughan，67.

16　Beaurepaire，133；*CMSM*，ii，19. See above，187 - 8.

17　Jouet，62；*CMSM*，ii，50 - 1，53 - 4；Monstrelet，v，113.

18　Chartier，i，172 - 3；Cagny，188 - 92；Monstrelet，v，113 - 14；*CMSM*，ii，51 - 2，54 - 66.

19　Monstrelet，v，118 - 23.

20　Very Rev. Canon Tierney，'Discovery of the Remains of John，7th Earl of Arundel，(*obit.* 1435)'，*Sussex Archaeological Collections*，12 (1860)，236.

21　*CPR 1429—1436*，491；*CCR 1435—1441*，138 - 9；*ODNB*，John Fitzalan，seventh earl of Arundel，3；Tierney，'Discovery of the Remains'，237 - 9.

22　Chartier，i，179 - 80；Monstrelet，v，125.

23　*Bourgeois*，295.

24　Bossuat，214；Vaughan，63，67.

25　Monstrelet，v，106 - 10；Ramsay，i，464 - 5；Harriss，241 - 2.

26　Ibid.，108.

27　*Bourgeois*，294 - 5.

第十五章 《阿拉斯条约》

1 Griffiths，207 - 8.

2 Beaurepaire，48；Harriss，246；Pollard，20.

3 *PR*，xi，158；Ramsay，i，467 n. 4.

4 Harriss，247；Griffiths，199；Ramsay，i，467 - 9；Monstrelet，v，132；*PR*，xi，115。全部代表名单请见 Chartier，i，185 - 92.

5 放弃《特鲁瓦条约》不会影响加莱和加斯科涅，两地分别从征服及继承权出发，仍属于英国人。

6 Stevenson，i，51 - 64.

7 Harriss，250 - 1. See above，221.

8 Harriss，250；Ramsay，i，473；Joycelyne Gledhill Dickinson，*The Congress of Arras 1435* (Oxford，1955)，174 - 6.

9 Monstrelet，v，151 - 82；Chartier，i，194 - 204；Cagny，195 - 209.

10 Vaughan，99 - 101.

11 *Bourgeois*，297；*ODNB*，John，duke of Bedford，11. 理查一世的心脏葬在鲁昂，身体葬在丰特弗罗。

12 Catherine Reynolds，' "Les Angloys，de leur droicte nature，veullent touzjours guerrer"。有关在巴黎和诺曼底的绘画证据见 Evidence for Painting in Paris and Normandy，c. 1420—1450 ' in Allmand (ed.)，*Power，Culture and Religion in France c. 1350 - c. 1550*，51 - 5；Jean-Philippe Genet，'L'Influence Française sur la Littérature Politique Anglaise au Temps de la France Anglaise' in *FAMA*，87 - 9；Thompson，' "Monseigneur Saint Denis"'，26；Thompson，139 - 42；Le Cacheux，lvi，xcvi - xcvii。

13 *Actes*，ii，127 - 9；*Bourgeois*，307；Le Cacheux，lvi；*ODNB*，John，duke of Bedford，12.

14 *Bourgeois*，296 - 9；Monstrelet，v，184 - 7；Chartier，i，181；Thompson，' "Monseigneur Saint Denis"'，31 - 3.

15 Chartier，ii，181 - 2；Cagny，212；Monstrelet，v，199 - 201.

16　Chartier，i，215 - 16；Monstrelet，v，201；Keen，191；Cagny，212 - 13.

17　Monstrelet，v，201 - 2；Cagny，213；Curry，'Impact of War'，158 - 9，163；Pollard，21 - 2.

18　Newhall，*Muster and Review*，131 - 2.

19　*CMSM*，ii，69 - 70.

20　Beaurepaire，50 - 2.

21　Harriss，256 - 9；*PR*，xi，163.

22　Beaurepaire，55 - 7；Stevenson，i，508 - 9，其中委任时间错误地记载为 1450 年。

23　Beaurepaire，57；Griffiths，201；Harriss，251，258 n.16，诺布里的离开时间，错误地记为 1435 年 12 月。

24　Pollard，22 - 3.

25　Monstrelet，v，204 - 5，281 - 2，297 - 8；Pollard，23.

26　*CMSM*，ii，72 - 7，94 - 5；Jouet，131 - 41；Allmand，41.

第十六章　巴黎的陷落

1　Thompson，231. 女修道院院长成了叛徒，1432 年 9 月，因牵涉一起类似的失败的密谋，她和同一修道院的修女们被逮捕（ibid.，226，227 - 8）。

2　Le Cacheux，308；Chartier，i，217 - 18.

3　Thompson，234. See above，135 - 6.

4　Thompson，229，232.

5　*Bourgeois*，299 - 301；Thompson，231.

6　*Bourgeois*，300 - 1；Barker，249.

7　*Bourgeois*，301 - 2；Chartier，i，221 - 2，226 - 7；Monstrelet，v，217 - 18；Thompson，' "Monseigneur Saint-Denis"'，33.

8　*Bourgeois*，303 - 5；Monstrelet，v，218 - 20；Chartier，i，223 - 6；Cagny，215 - 17.

9　*Bourgeois*，305 - 6.

10　Thompson，237；*Bourgeois*，306 - 8；Monstrelet，v，221；Chartier，i，226.

11 *Bourgeois*，309 - 12.

12 Little，190 - 1；Thompson，238.

13 André Bossuat，'L'Idée de Nation et la Jurisprudence du Parlementde Paris au XVe Siècle'，*Revue Historique*，204（1950），54 - 7，两派最终的命运，我们不得而知。

14 Ibid.，57 - 9.

15 Monstrelet，v，231；Curry，'Isolated or Integrated?'，110；Pollard，37 - 8.

16 *CMSM*，ii，78 - 9，82 - 3，87 - 92.

17 *PR*，xi，162；Harriss，262；Griffiths，455；*ODNB*，Richard of York，3，此书将约克公爵的一年军事合约与他被任命为总司令一事区分开，后者没有任期限制，其实，正如约克后来遭遇的困难所示，这两者显然是同时兼任的。

18 Harriss，261；Stevenson，ii，lxxii - lxxiii；Griffiths，208.

19 *ODNB*，Richard Neville，2. See above，235，239.

20 Monstrelet，v，271 - 2；Cagny，276 - 7.

21 Beaurepaire，69；Barker，'The Foe Within'，312 - 13.

22 Ramsay，i，476；Vaughan，75 - 6.

23 Harriss，258，260 - 1；Vaughan，76.

24 Monique Sommé，'L'Armée Bourguignonne au Siège de Calais de 1436' in Contamine，Giry Deloison and Keen（eds.），*Guerre et Société en France，en Angleterre et en Bourgogne XIVe-XVe Siècle*，202 - 6.

25 Vaughan，79；Sommé，'L'Armée Bourguignonne au Siège de Calais de 1436'，207 - 9.

26 Monstrelet，v，238 - 60；Vaughan，79 - 82；Keen，120 n. 4.

27 Monstrelet，v，263 - 4；Vaughan，82 - 3；*PR*，xi，194；Griffiths，204 - 5.

第四部　寻求和平

第十七章　守卫诺曼底

1　*Bourgeois*，313 - 14；Pollard，44 - 5；Beaurepaire，60.

2　*Bourgeois*，313 - 14；Chartier，i，233 - 5；Cagny，229 - 30；Pollard，48.

3　*Bourgeois*，316 - 17.

4　Andrew Baume，'Les Opérations Militaires Anglaises pour Expulser les Compagnies Françaises du Pays de Caux et du Vexin Normand 1436—1437'，*FAMA*，398.

5　*PR*，xi，237；*CMSM*，ii，93 - 4；Beaurepaire，60；Griffiths，455；Newhall，*Muster and Review*，137 - 42.

6　Ibid. ，143 - 6，146 n. 326.

7　Baume，'Les Opérations Militaires Anglaises'，398；Newhall，*Muster and Review*，143；Pollard，49，72 - 3；Allmand，'L'Artillerie de l'Armée Anglaise'，78.

8　Harriss，278 - 9；*PR*，xi，237 - 8；Griffiths，455 - 6；Stevenson，lxvi - lxxi.

9　Vaughan，84；Pollard，49；Monstrelet，v，308 - 16.

10　Bossuat，264 - 6，231 - 3，258；Cagny，237 - 43；Newhall，*Muster and Review*，147.

11　Cagny，230 - 3；*Bourgeois*，315 - 16，地牢（oubliette）是一种没有窗户、没有门的牢房，只能通过天花板上的活板门进入。

12　Bossuat，262 - 4，267 - 9；Cagny，247 - 8；Beaurepaire，66.

13　Pollard，49 - 50.

14　*Bourgeois*，322，326 - 7；Monstrelet，v，338 - 40；Cagny，245 - 8.

15　Christopher Allmand，'The War and the Non-Combatant' in Fowler (ed.)，*The Hundred Years War*，172；Christopher Allmand，*The Hundred*

Years War: England and France at War c.1300 – c.1450 （Cambridge，1988）；Puiseux，*L'Émigration Normande*，85.

16   Vale，74；Cagny，233 - 4，237.

17   Monstrelet，v，355 - 6；*CMSM*，ii，108 - 10，112；Harriss，281.

18   Monstrelet，v，346 - 7；Griffiths，456.

19   Harriss，281 - 3；Stevenson，ii，449 - 50.

20   Harriss，282.

21   此事及后续进展，参见 Griffiths，248 - 51。

22   Newhall，*Muster and Review*，150 n.234；Stevenson，ii，443；Griffiths，446 - 7.

23   Monstrelet，v，352 - 3；Harriss，296；Griffiths，446 - 7.

24   Allmand，*The Hundred Years War*，35；Harriss，296 - 304；Griffiths，447 - 50；C. T. Allmand（ed.），'Documents Relating to the Anglo-French Negotiations of 1439'，*Camden Miscellany*，vol. xxiv，Fourth Series，9（Royal Historical Society，1972），79 - 149.

25   Ibid.，135 - 46；Stevenson，ii，446.

26   *PR*，xi，238；Harriss，304 - 5；Griffiths，450，472.

第十八章   得与失

1   Cagny，254 - 5；*Bourgeois*，327 - 8；Bossuat，270 - 1. 塔伯特获得 1 462 图尔里弗尔 10 苏（85 313 英镑）的补偿，用于支付占领圣日耳曼的花销（Beaurepaire，91）。

2   Cagny，254 - 5；Monstrelet，v，387 - 90；Chartier，i，249 - 50；Pollard，52；Keen，125；Collins，'Sir John Fastolf, John Lord Talbot and the Dispute over Patay'，127 - 8.

3   *Bourgeois*，332 - 3.

4   Ibid.，329；Chartier，i，250 - 1；*CMSM*，ii，121 - 2，125 - 6.

5   Chartier，i，252 - 3.

6   C. T. Allmand，'Changing Views of the Soldier in Late Medieval France' in

Contamine, Giry-Deloison and Keen (eds.), *Guerre et Société en France, en Angleterre et en Bourgogne XIVe-XVe Siècle*, 179 - 80; Chartier, ii, 12 - 13; Lewis, *Later Medieval France*, 102.

7 Vale, 75 - 82; Chartier, i, 253 - 9; Monstrelet, v, 410 - 17, 458.

8 *PR*, xi, 245 - 6; Harriss, 308 - 11; Stevenson, ii, 440 - 51.

9 Griffiths, 452; Stevenson, ii, 451 - 60.

10 *PR*, xi, 246; Griffiths, 452 - 3; Monstrelet. v, 433 - 44, 452 - 4.

11 Harriss, 279 - 80; Michael Jones, 'John Beaufort, duke of Somerset, and the French expedition of 1443' in Ralph A. Griffiths, *Patronage, the Crown and the Provinces in Later Medieval England* (Gloucester, 1981), 80 - 1.

12 Griffiths, 457 - 8; *ODNB*, John Beaufort, 1; *PR*, xi, 238; Jones, 'John Beaufort', 83.

13 Ibid., 84 - 5; Harriss, 312 - 13.

14 Ibid., 312 - 13; Griffiths, 459; Stevenson, ii, 585 - 91. See also above, 248, 282.

15 Jones, 'John Beaufort', 83; Pollard, 51; Stevenson, ii, 317 - 19.

16 Monstrelet, v, 405 - 9; Michael K. Jones, 'Ransom Brokerage in the Fifteenth Century' in Contamine, Giry-Deloison and Keen (eds.), *Guerre et Société en France, en Angleterre et en Bourgogne XIVe-XVe Siècle*, 222.

17 Beaurepaire, 68, 72 - 3; Stevenson, ii, 308 - 16; i, 442; Bossuat, 272.

18 Monstrelet, v, 419 - 20; A. D. Carr, 'Welshmen and the Hundred Years War', 37. See Barker, 178ff. 这是高库尔在 1440 年第二次被俘了，他此前在布拉格里起义中被叛乱分子俘虏（Vale, 80）。

19 Monstrelet, v, 418 - 24.

20 Jones, 'John Beaufort, 85; Beaurepaire, 73 - 4; Curry, 'The Impact of War', 160 - 1; Chartier, ii, 7 - 8.

21 Pollard, 54.

22 Chartier, ii, 15 - 17.

23 Ibid. , 20 - 2；Stevenson，ii，463 - 4；Monstrelet，vi，10；*Bourgeois*，341.

第十九章　错失良机

1 Stevenson，ii，603 - 7.

2 Griffiths，459 - 60；Jones，'John Beaufort'，100 n. 57；*PR*，xi，199.

3 Griffiths，459 - 61.

4 Monstrelet，vi，12 - 21；Chartier，ii，22 - 5.

5 Ibid. , 25 - 7；Monstrelet，vi，21 - 4；Ditcham，' "Mutton Guzzlers and Wine Bags"'，4.

6 Allmand，'L'Artillerie de l'Armée Anglaise'，81.

7 Chartier，ii，17 - 18，32；Plaisse，*La Vie Municipale à Évreux*，130 - 1，135，141，144.

8 Griffiths，470.

9 Bossuat，276 - 7；Chartier，ii，33 - 4.

10 Bossuat，277，278 n. 1.

11 Griffiths，461；Harriss，318.

12 *PR*，xi，316.

13 Lewis，*Later Medieval France*，24 - 6.

14 Hilary Carey，*Courting Disaster：Astrology at the English Court and University in the Later Middle Ages*（London，1992），50，121；Allmand，*Henry V*，397 n. 52.

15 Monstrelet，v，425 - 6；Lewis，*Later Medieval France*，17 - 18. See above，124.

16 *ODNB*，Eleanor Cobham，1 - 3；Harriss，321 - 3.

17 *PR*，xi，316；Barker，115 - 16.

18 Pollard，59；Ramsay，ii，42；Barker，87 - 90；Stevenson，i，431 - 2.

19 Vale，85 - 6；Perroy，*The Hundred Years War*，310；Ramsay，ii，46 - 7.

20　Jones，'Ransom Brokerage'，223 - 4，233 n. 4；J. L. Bolton，'How Sir Thomas Rempston Paid his Ransom'，101 - 18；Williams，*Renewal and Reformation*，169. 关于兰普斯顿此前被俘，也可参见 above，123。非常感谢埃尔基盖姆利斯的杰克·索普（Jack Thorpe）先生提供"拉伊尔"扑克牌的信息。

21　Bossuat，278 - 80；Pollard，59；Stevenson，ii，331 - 3，360 - 1.

22　Chartier，ii，36 - 7；Stevenson，i，483 - 4；ii，463 - 4；Pollard，59 - 60；Allmand，'L'Artillerie de l'Armée Anglaise'，77.

23　*CMSM*，i，43；ii，142，145 - 7，155 - 6，164 - 5，192 - 5，148 - 9；Stevenson，ii，335 - 40.

24　*CMSM*，ii，200 - 1.

25　Ibid. ，192 - 5.

第二十章　最后的军事努力

1　Harriss，325 - 6.

2　Ibid. ，333 - 4；Griffiths，465，479 n. 141.

3　Harriss，334 - 5；Ramsay，ii，50 - 1；Jones，'John Beaufort'，86 - 9.

4　*ODNB*，John Fastolf，1 - 3；Stevenson，ii，575 - 85，esp. 580.

5　Jones，'John Beaufort'，87 - 91；Harriss，334 - 6.

6　Harriss，329，338，340.

7　Michael K. Jones，'L'Imposition Illégale de Taxes en "Normandie Anglaise"：une Enquête Gouvernementale en 1446'，*FAMA*，462；Griffiths，467 - 8；*POPC*，v，258 - 63；Pollard，60.

8　Jones，'John Beaufort'，87 - 9，92；Griffiths，468 - 9.

9　Jones，'John Beaufort'，88，93；Jones，'L'Imposition Illégale de Taxes'，462 - 4，466；Harriss，341；*CMSM*，ii，157 - 60.

10　Jones，'L'Imposition Illégale de Taxes'，464；*CMSM*，ii，159 - 60.

11　Jones，'John Beaufort'，95.

12　Ibid. ；Ramsay，ii，7，26，55.

13   Harriss，343；Jones，'John Beaufort'，95 - 6；Stevenson，i，439 - 41.

14   Harriss，342；Jones，   'John Beaufort'，96；Stevenson，ii，347；Jones，'L'Imposition Illégale de Taxes'，465 n. 12.

15   Ibid. ，465 - 8；*CMSM*，ii，172 - 3.

16   Chartier，ii，37 - 40；Monstrelet，vi，77 - 8. For Ricarville's coup see above，180.

17   Chartier，ii，40 - 2；Monstrelet，vi，78 - 80；Cuttler，*The Law of Treason*，35.

18   Jones，'L'Imposition Illégale de Taxes'，464 - 5.

19   *CMSM*，ii，160 - 5；Harriss，341.

20   *POPC*，vi，32；Griffiths，483 - 4；Harriss，343 - 4；Ramsay，ii，58 - 9；*ODNB*，William de la Pole，8.

21   Griffiths，484；*ODNB*，Adam Moleyns，1 - 4.

22   Griffiths，485；Ramsay，ii，59 - 60.

23   Vale，91；*ODNB*，Margaret of Anjou，1 - 2.

24   Vale，73，84；Barker，14.

25   Monstrelet，vi，96 - 107；Griffiths，485 - 6.

26   Ibid. ，485 - 6；*Bourgeois*，352 - 3.

27   Barker，374.

第五部　《图尔条约》

第二十一章　条约与婚事

1   *Bourgeois*，353 - 4；Ramsay，ii，60 - 1；*ODNB*，William de la Pole，7.

2   Harriss，*Shaping the Nation*，576.

3   *PR*，xii，95 - 6，98.

4   Harriss，345 - 7.

5   Griffiths，486；Stevenson，ii，356 - 60；Ramsay，ii，61.

6　Ibid. , i, 450; Griffiths, 535 n. 28.

7　Ibid. , 486 - 7; Chartier, ii, 43 - 7; *CMSM*, ii, 176 - 8.

8　*ODNB*, Richard of York, 5; Stevenson, ii, 79 - 86, 160 - 3, 168 - 70, esp. 85 - 6.

9　Ramsay, ii, 63 - 4; Griffiths, 487 - 8; Stevenson, ii, 452.

10　Griffiths, 487 - 8; *ODNB*, Margaret of Anjou, 5.

11　Griffiths, 488 - 9; Ramsay, ii, 64.

12　*PR*, xi, 412.

13　Ibid. , 410 - 12.

14　Fowler, 'Truces', 207 - 8; Keen, 82.

15　Fowler, 'Truces', 208 - 9; Beaurepaire, 85 - 6.

16　*Bourgeois*, 354 - 5.

17　Vale, 95 - 6; Beaurepaire, 87; Carr, 'Welshmen and the Hundred Years War', 40.

18　*CMSM*, ii, 178 - 80; Curry, 'The Impact of War', 170.

19　*CMSM*, ii, 182 - 8; Carr, 'Welshmen and the Hundred Years War', 40.

20　*CMSM*, ii, 182 - 4.

21　Beaurepaire, 86 - 8, 189 - 92; *ODNB*, Richard of York, 4; *PR*, xi, 391; Stevenson, i, 160 - 3.

22　Barker, 123 - 7, 373; Griffiths, 490.

23　Stevenson, i, 115 - 16, 123.

24　Ibid. , 110 - 11.

25　Ibid. , 129 - 30, 144, 147, 149 - 52; Griffiths, 493.

26　Ibid. , 492 - 3.

27　Vale, 97.

28　Stevenson, i, 164 - 7; Griffiths, 495.

29　Stevenson, ii, 638 - 42.

第二十二章　为和平让步

1　*PR*, xi, 395, 471 - 2.

2   Ibid. , 471.

3   Ibid. , 471 - 2.

4   Beaurepaire, 89 - 91; *PR*, xi, 392.

5   *CMSM*, ii, 196 - 7.

6   Keen, 207, 214 - 15; Pollard, 61; Bossuat, 281 n. 1; Beaurepaire, 92 - 3.

7   *ODNB*, John Talbot, 1, 4.

8   Harriss, 357; Ramsay, ii, 72 n. 3.

9   Griffiths, 391, 493.

10   Harriss, 357.

11   Michael K. Jones, 'Somerset, York and the Wars of the Roses', *English Historical Review*, 411 (1989), 292; *ODNB*, Adam Moleyns, 3; ibid. , Richard of York, 6; Harriss, 357 - 8.

12   *ODNB*, Thomas Kyriell, 1; Griffiths, 506 - 7.

13   *PR*, xii, 2; Griffiths, 507; Harriss, 358.

14   Griffiths, 496 - 7; *PR*, xii, 2 - 3, 32.

15   Ibid. , 5, 8.

16   Ibid. , 5 - 6; Griffiths, 496 - 7; *ODNB*, Humphrey, duke of Gloucester, 8 - 9; Ramsay, ii, 75; *PR*, xii, 32.

17   Ibid. ; Griffiths, 498.

18   *PR*, xii, 6 - 7; Griffiths, 356; Ramsay, ii, 77.

19   *ODNB*, Henry Beaufort, 12; Harriss, 411.

20   Ramsay, ii, 79.

21   Ibid. , ii, 72; *Foedera*, xi, 152; Allmand, 280.

22   *PR*, xii, 34, 7; Ramsay, ii, 80 - 1; Stevenson, ii, 696 - 702, 655.

23   *PR*, xii, 34; Ramsay, ii, 80 - 1; Stevenson, ii, 665.

24   Ibid. , 704 - 10.

25   Ibid. , 708 - 10; *Actes*, ii, 269 - 71.

26   Stevenson, ii, 692 - 6; Jones, 'Somerset, York and the Wars of the

Roses', 293.

27　Ibid.；Stevenson, ii, 685；Allmand, 281 n. 28；*ODNB*, Edmund Beaufort, 3.

28　关于此事以及会议的后续记录，参见 Stevenson, ii, 634 - 92。

29　*English Suits*, 120 n. 18；McFarlane, 'A Business-Partnership in War and Administration', 309 - 10；Massey, 'The Land Settlement in Lancastrian Normandy', 275.

30　Dickinson, *The Congress of Arras*, 116 - 17. 关于这方面的两个例子，参见 Barker, 64。

31　Stevenson, ii, 676 - 7, 682 - 90.

第二十三章　曼恩投降

1　Stevenson, ii, 702 - 3.

2　Ibid., 710 - 18.

3　Ramsay, ii, 83；Stevenson, i, 198 - 201.

4　Ibid., ii, 361 - 8, wrongly dated to 1445；i, 202 - 6.

5　Stevenson, ii, 717 - 18；Griffiths, 503, 541 n. 120；Jones, 'Somerset, York and the Wars of the Roses', 298.

6　MS E30/508, National Archives；*Foedera*, v, i, 189；Griffiths, 503.

7　Ibid., i, 207 - 8.

8　Auguste Vallet de Viriville, *Histoire de Charles VII, Roi de France, et de Son Époque* (Paris, 1865), iii, 144.

9　Vale, 104；Lewis, *Later Medieval France*, 102；Chevalier, *Les Bonnes Villes de France*, 119. See also above, 278.

10　Claude Gauvard, Alain de Libera and Michel Zink (eds.), *Dictionnaire du Moyen Âge* (Paris, 2002), 560；Allmand, *The Hundred Years War*, 148.

11　Beaurepaire, 93 - 5；see also above, 329.

12　Stevenson, ii, 479 - 83；Ramsay, ii, 85；Pollard, 63.

13 Curry, 'English Armies in the Fifteenth Century', 51; Harriss, *Shaping the Nation*, 581.

14 *CMSM*, ii, 214 - 15.

15 Ibid. , 215 n. 1.

16 Jones, 'Ransom Brokerage', 226; Bossuat, 320 n. 2; Jouet, 152 - 4; *CMSM*, ii, 209; Stevenson, ii, 480 n. 1; Beaurepaire, 95; Margaret Wade Labarge, *Gascony: England's First Colony 1204—1453* (London, 1980), 224, 227 - 8. See above, 210 - 12, 216 - 17.

17 Jones, 'Somerset, York and the Wars of the Roses', 299.

18 Stevenson, i, 209 - 20, esp. 211.

19 Ibid. , 209 - 20, 245 - 6, 83 - 6.

20 Ibid. , 218 - 20.

21 *CMSM*, ii, 206, 208 - 10, 212 - 13.

22 Ibid. , 212 - 13, 219 - 20.

23 *POPC*, vi, 64; Ramsay, ii, 86.

24 *PR*, xii, 54 - 5.

25 *ODNB*, John Fastolf, 1 - 3.

第二十四章　停战协议崩溃

1 Stevenson, i, 223 - 8.

2 Ibid. , 228 - 32.

3 Ibid. , 233 - 8.

4 Chartier, ii, 60 - 1; Bossuat, 323 - 4.

5 Stevenson, i, 280 - 2; Bossuat, 309 - 12; C. D. Taylor, 'Brittany and the French Crown: the Legacy of the English Attack on Fougères (1449)' in J. R. Maddicott and D. M. Palliser (eds.), *The Medieval State: Essays Presented to James Campbell* (London and Rio Grande, 2000), 245 n. 5, 252 - 3.

6 Vale, 79, 156 - 7; Stevenson, ii, 189 - 94, 嘉德信件中错误地记为 1447 年。

7　Bossuat，313 – 19；Stevenson，i，283 – 5.

8　Bossuat，320 – 3；Stevenson，i，287 – 9；Pollard，64.

9　Bossuat，326.

10　Anne Curry，'Towns at War：Relations between the Towns of Normandy and their English Rulers 1417—1450' in John A. F. Thomson（ed.），*Towns and Townspeople in the Fifteenth Century*（Gloucester and Wolfboro，1988），151.

11　Blondel，23 – 6；Berry，245 – 50；Chartier，ii，69 – 71，74，是马车夫而不是商人，成了主人公。Stevenson，ii，619；Jean Glénisson and Victor Deodato da Silva，'La Pratique et le Rituel de la Reddition aux XIVe et XVe Siècles'，in *Jeanne d'Arc*，114。

12　Thomas Bassin，*Histoire des Régnes de Charles VII and Louis XI*（Paris，1855），i，204.

13　Bossuat，334.

14　Beaurepaire，100 – 2；Bossuat，334.

15　Stevenson，ii，496 – 9；Bossuat，333；*PR*，xii，107.

16　Ibid.，36 – 7.

17　Taylor，'Brittany and the French Crown'，254 – 5.

18　Stevenson，i，489；Ramsay，ii，102.

19　Bossuat，332，339；Ramsay，ii，94 n. 4，95；Taylor，'Brittany and the French Crown'，255.

20　*Escouchy*，iii，145 – 251；Stevenson，ii，243 – 64，误记为1449年4月；Taylor，'Brittany and the French Crown'，243 – 5，256 – 7。

21　Stevenson，i，263；Taylor，'Brittany and the French Crown'，250 – 1.

22　Ibid.，249；Stevenson，i，263. See above，324.

23　Monstrelet，v，454；Chartier，ii，27.

24　Vaughan，110；Stevenson，i，264 – 73.

25　Bossuat，339 – 41；Plaisse，*La Vie Municipale à Évreux*，142；Chartier，ii，80 – 3；Blondel，50 – 63；Berry，257 – 61.

26 Stevenson，i，243 - 64；Bossuat，332；Blondel，37 - 45.

27 Chartier，ii，84 - 7；*Escouchy*，ii，191 - 2；Blondel，65 - 70；Berry，262 - 4.

28 Stevenson，ii，620；Puiseux，*L'Émigration Normande*，91 - 5，esp. 94；Mark Spencer，*Thomas Basin：The History of Charles VII and Louis XI*（Nieuwkoop，1997），13 - 21.

29 Stevenson，ii，620；Chartier，ii，93 - 4；Blondel，70 - 3.

30 Spencer，*Thomas Basin*，25；Bossuat，340 - 1；Plaisse，*La Vie Municipale à Évreux*，142；Chartier，ii，92 - 3；Blondel，77；Berry，265.

第二十五章　再征服

1 Stevenson，i，223 - 8.

2 Chartier，ii，94 - 101；Blondel，78 - 81；Curry，'Towns at War'，149 - 53，esp. 150.

3 Chartier，ii，102 - 3；*Escouchy*，iii，374；Bossuat，286 - 7，320，342，346 - 7，372 - 3；Vale，123.

4 Chartier，ii，116 - 19，159；Blondel，88 - 9；Berry，277；Vale，123 - 4；Stevenson，ii，621. See above，332.

5 Chartier，ii，103 - 14；Blondel，83 - 4；Berry，269 - 71.

6 Chartier，ii，115 - 16；Berry，273 - 5；*Bourgeois*，323 - 4.

7 Chartier，ii，121 - 2，126 - 7，130 - 2.

8 Ibid. ，ii，122 - 6；Blondel，89 - 96；Stevenson，ii，625 - 6.

9 Pollard，65；*PR*，xii，38.

10 Chartier，ii，137 - 52.

11 Stevenson，ii，609 - 17；Chartier，ii，152 - 4；Jones，'Somerset，York and the Wars of the Roses'，302. 在某些投降条款表述中，阿弗勒尔（Harfleur）有时被误写作翁弗勒（Honfleur），但翁弗勒在卡尔瓦多，而阿弗勒尔才是想要表述的地方。

12 Ramsay，ii，100. See above，90，275.

13 Stevenson, i, 291 – 5; Chartier, ii, 172 – 4; Bossuat, 344 – 5, 348 – 53, 371.

14 Stevenson, i, 501 – 8, 510 – 12; Griffiths, 519; Harriss, 382; *ODNB*, William de la Pole, 10.

15 *PR*, xii, 71, 73 – 5; *ODNB*, Adam Moleyns, 3.

16 *PR*, xii, 92 – 106; *ODNB*, William de la Pole, 13.

17 Rowe, 'A Contemporary Account', 504, 507 – 8; Blondel, 119 – 20; Berry, 288, 322; Chartier, ii, 174 – 80; Jones, 'Somerset, York and the Wars of the Roses', 304.

18 Chartier, ii, 188 – 9.

19 *CMSM*, ii, 225 – 7.

20 Chartier, ii, 192 – 9; Blondel, 170 – 6; Berry, 330 – 7; Strickland and Hardy, *The Great Warbow*, 358 – 60.

21 Chartier, ii, 201 – 2; Berry, 336; *CMSM*, ii, 229.

22 Chartier, ii, 204 – 11; Berry, 340 – 3; Keen, 110 n. 2.

23 Blondel, 206 – 8; Chartier, ii, 202 – 3.

24 Griffiths, 521; *CMSM*, ii, 236; Chartier, ii, 214 – 21.

25 Vale, 138; Cuttler, *The Law of Treason*, 30.

26 Chartier, ii, 223 – 8; Blondel, 227 – 30.

27 Chartier, ii, 231 – 2.

28 Stevenson, ii, 634; i, 502, 517 – 18, 520 – 1.

29 *CMSM*, ii, 237 – 9; André Plaisse, *La Délivrance de Cherbourg et du Clos du Cotentin à la Fin de la Guerre de Cent Ans* (Cherbourg, 1989), 180 – 5; Barker, 'The Foe Within', 305 – 8.

30 Ibid. , 305; Griffiths, 522.

尾 声

1 Chartier, ii, 234.

2 Reynolds, 'English Patrons and French Artists', 309; Curry, 'The

Nationality of Men-at-Arms', 157; Vale, 157 n. 6.

    3   Thompson, 237; Reynolds, 'English Patrons and French Artists', 307; Tierney, 'Discovery of the Remains', 236.

    4   Harriss, Shaping the Nation, 584; PR, xi, 117.

    5   Jones, 'Ransom Brokerage', 222, 228.

    6   Keen, England in the Later Middle Ages, 407; Ramsay, ii, 129 – 30.

    7   埃德蒙德·博福特 1455 年在圣阿尔班被杀；约克公爵理查 1460 年死于威克菲尔德。

大事年表

1417 年

8 月 1 日　亨利五世在图克登陆，开始征服诺曼底

9 月 9 日至 20 日　卡昂围城，正式投降

1418 年

5 月 29 日　勃艮第派政变，控制巴黎

7 月 29 日　亨利五世围攻鲁昂

1419 年

1 月 19 日　鲁昂投降，亨利五世正式入城

6 月 11 日　《普伊条约》："无畏的约翰"、勃艮第公爵及王太子

达成和解，合作对抗英国人

9 月 10 日　勃艮第公爵与王太子在约纳河畔蒙特洛的桥上会面；勃艮第公爵被王太子派人暗杀

1420 年

5 月 21 日　《特鲁瓦条约》：亨利五世被查理六世及勃艮第派承认为法兰西的继承人及摄政

6 月 2 日　亨利五世在特鲁瓦迎娶法兰西的凯瑟琳

1421 年

2 月　亨利五世和凯瑟琳启程前往英格兰；凯瑟琳在威斯敏斯特教堂加冕

3 月 22 日　博热战役：英军被法兰西和苏格兰联军击败；克拉伦斯公爵战死；亨廷顿伯爵约翰及萨默斯特伯爵约翰·博福特被俘

6 月　亨利五世回到法兰西

1422 年

8 月 31 日　亨利五世在文森森林逝世；亨利六世继位为英格兰国王；贝德福德公爵成为法兰西摄政，格洛斯特公爵为英格兰保护人

10 月 21 日　查理六世逝世，亨利六世成为法兰西国王

1423 年

4 月 17 日　《亚眠条约》：英格兰、勃艮第及布列塔尼三方联

盟；贝德福德公爵和亚瑟·德·里什蒙计划迎娶勃艮第公爵的姐妹

6 月 14 日　贝德福德在特鲁瓦迎娶勃艮第的安妮

7 月 31 日　克拉旺战役：英格兰-勃艮第联军击败苏格兰-阿马尼亚克联军

9 月 26 日　萨福克伯爵在拉伯西涅被击溃；兄弟威廉和约翰被俘

1424 年

8 月 17 日　韦尔讷伊战役：贝德福德公爵率领英军重创苏格兰-阿马尼亚克联军，欧玛勒伯爵和布尚伯爵丧命，阿朗松公爵被俘

10 月 16 日　格洛斯特公爵以妻子埃诺的杰奎琳的名义，向埃诺发动战争宣示主权；1425 年 4 月休战，退回英格兰

1425 年

3 月 8 日　亚瑟·德·里什蒙不再与英格兰结盟；成为王太子阵营的法兰西元帅

10 月 7 日　《索米尔条约》：布列塔尼与王太子结盟

12 月　贝德福德公爵前往英格兰，撮合格洛斯特公爵与红衣主教博福特和解

1426 年

1 月 15 日　英格兰对布列塔尼宣战

1427 年

3 月 19 日　贝德福德公爵带领援兵回到法兰西

9 月 5 日　法斯托夫勋爵军队在昂布里埃被突袭击溃

9 月 8 日　布列塔尼公爵与英格兰重新结为盟友，承认《特鲁瓦条约》

1428 年

10 月 12 日　索尔兹伯里伯爵包围奥尔良

11 月 3 日　索尔兹伯里在奥尔良围城战中伤重而亡

1429 年

约 2 月 28 日　圣女贞德到达希农面见王太子

4 月 29 日　贞德带领援兵进入奥尔良

5 月 8 日　英军撤围

6 月 12 日　贞德攻占雅尔古；萨福克伯爵被俘

6 月 18 日　帕泰村战役：阿马尼亚克军队击溃塔伯特和法斯托夫；塔伯特、斯卡乐和兰普斯顿被俘

7 月 17 日　法国王太子在兰斯加冕为查理七世

8 月 26 日　贞德和阿朗松公爵占领圣坦尼

9 月 8 日　贞德和阿朗松公爵进攻巴黎失败；贞德受伤

11 月 6 日　亨利六世在威斯敏斯特教堂加冕为英格兰国王

约 11 月 24 日　贞德包围卢瓦尔河畔拉沙里泰，但一个月后被迫撤退

12 月 8 日　拉伊尔为查理七世占领卢维埃尔

1430 年

1 月 7 日　勃艮第公爵迎娶葡萄牙的伊莎贝拉——亨利六世的半表亲

4 月 23 日　亨利六世和"加冕远征军"在加莱登陆

5 月 23 日　勃艮第人从贡比涅出击，俘获圣女贞德

1431 年

1 月 9 日　圣女贞德的审判在鲁昂开始

5 月 30 日　贞德被判处死刑，烧死于鲁昂的火刑柱

10 月 25 日　英国人经过 5 个月围城战，收复卢维埃尔

12 月 2 日　亨利六世正式进入巴黎城

12 月 13 日　《里尔条约》（Treaty of Lille）：勃艮第与查理七世达成六年停战期

12 月 16 日　亨利六世在巴黎圣母院加冕为法兰西国王

1432 年

1 月 29 日　亨利六世从加莱起航；他再未回到法兰西

11 月 13 日　贝德福德公爵夫人勃艮第的安妮逝世

11 月 27 日　英格兰、勃艮第和法兰西三方使者在欧塞尔举行和平谈判，红衣主教阿伯盖蒂主持

1433 年

2 月　加莱守军兵变

4 月 20 日　贝德福德公爵与卢森堡的杰奎塔成婚

6 月 24 日　贝德福德与杰奎塔前往英格兰

1434 年

7 月　贝德福德率领 1 400 人军队回到法兰西

1435 年

1 月　下诺曼底地区民众起义；叛军包围卡昂，但随后被击退

2 月 6 日　勃艮第公爵和波旁公爵签署和平预案，同意在阿拉斯再次会面

5 月 7 日　阿伦德尔伯爵身受致命重伤，在热伯鲁瓦被拉伊尔俘获

6 月 12 日　阿伦德尔伯爵逝世

8 月 12 日　英格兰、勃艮第与法兰西使臣在阿拉斯参与和平会议

9 月 6 日　英格兰使臣中止谈判，离开阿拉斯

9 月 14 日　贝德福德公爵在鲁昂逝世

9 月 21 日　《阿拉斯条约》：勃艮第公爵与查理七世和解

10 月 28 日　法军占领迪埃普；上诺曼底地区民众起义

11 月 25 日　法军占领阿弗勒尔及其周边

1436 年

1 月到 3 月　下诺曼底民众起义（博实埃叛乱）

4 月 13 日　法军占领巴黎

5 月　约克公爵理查被任命为诺曼底总督，统领远征军；随后战役由塔伯特指挥，保卫了鲁昂，并收复科城地区

7 月 9 日至 28 日　勃艮第人包围加莱失败

8 月　格洛斯特公爵解救加莱的远征军，调头洗劫了弗兰德斯

1437 年

2 月 12 日到 13 日　塔伯特奇袭收复蓬图瓦兹，耗时一年收复诺曼底大半地区——阿弗勒尔和迪埃普除外——重新打通诺曼底-巴黎走廊

7 月 16 日　沃里克伯爵理查被任命为诺曼底总督，但因海上风暴阻拦，11 月才到任

12 月 6 日　亨利六世 16 周岁生日，代理政府使命终结，他开始亲政

1438 年

3 月　亨利六世遣使与法兰西议和

5 月　萨默斯特伯爵约翰·博福特释放，用以交换厄城伯爵

5 月到 6 月　瓦讷和平会议，布列塔尼公爵主持

1439 年

1 月 14 日　塔伯特收复圣日耳曼昂莱

4 月 30 日　沃里克伯爵在鲁昂逝世

7 月至 9 月　加莱和平谈判，除了英格兰-勃艮第之间的商业协

定，其他没有达成一致

　　8 月 12 日　英军在巴黎以东最后一座要塞——莫城，落入法军之手

1440 年

　　2 月　萨默斯特伯爵约翰·博福特代理总督，率领远征军到法兰西

　　4 月至 9 月　反抗查理七世的布拉格里起义

　　7 月 2 日　约克公爵被任命为诺曼底总督

　　10 月　英军在围攻三周后，收复阿弗勒尔

　　11 月　阿金库尔战俘奥尔良公爵查理被释放，意在调解英法和平

1441 年

　　6 月　约克公爵率领一支远征军到达鲁昂；蓬图瓦兹解围

　　9 月 19 日　蓬图瓦兹被攻占，再也没回到英国人手中

　　11 月 6 日　格洛斯特公爵与埃莉诺·科巴姆离婚，后者被判有行巫术罪

1442 年

　　6 月　塔伯特带领从英格兰招募的远征军，意欲收复埃夫勒、孔什、卢维埃尔和迪埃普，因为重装骑兵数量不够，只成功收复孔什（9 月）

　　11 月 1 日　塔伯特修建工事，围攻迪埃普

1443 年

7 月　萨默斯特伯爵率领远征军，对卢瓦尔河对岸的法军发起"殊死战争"；他具有独立授权，不与诺曼底政府联系

8 月 14 日　法军攻占英军在迪埃普的工事；萨默斯特随后占领了布列塔尼城镇拉盖什

12 月　萨默斯特远征停止，再也没有渡过卢瓦尔河

1444 年

2 月 11 日　萨福克伯爵授权与查理七世缔结和平，带领使团到图尔去

5 月 24 日　亨利六世与安茹的玛格丽特正式在图尔订婚

6 月 1 日　《图尔条约》：英法之间为期两年的停战期开始，随其他让步而延长

1445 年

4 月 22 日　亨利六世与安茹的玛格丽特在蒂奇菲尔德修道院成婚

7 月　法国大使到达伦敦，商议最终和平方案

12 月 22 日　亨利六世私下保证，"代表查理七世"将曼恩移交给雷内·德·安茹和查理·德·安茹

1446 年

6 月 26 日　布列塔尼的吉列被兄长布列塔尼公爵逮捕，罪名是与英国人合谋

12 月 24 日　埃德蒙德·博福特被任命为诺曼底总督，协助移交曼恩事宜

1447 年

2 月 23 日　格洛斯特公爵逝世，5 天之前因叛国罪下狱

4 月 11 日　红衣主教博福特逝世

7 月 27 日　亨利六世正式公开授权移交曼恩

10 月 31 日　勒芒会议：英国长官和居民拒绝在无赔偿金的条件下，将曼恩移交给法国特派专员

1448 年

3 月 15 日　查理七世包围勒芒，英国长官在抗议声中移交勒芒

5 月　埃德蒙德·博福特以总督身份到达鲁昂

1449 年

3 月 24 日　弗朗索瓦·德·苏里恩纳代表英格兰，占领了布列塔尼边境的富热尔

5 月 13 日　蓬德拉尔什被法军占领

5 月 23 日　高挂友好旗帜的布列塔尼运盐船被英国私掠船截获

7 月 20 日　韦尔讷伊倒向法兰西

7 月 31 日　查理七世正式对英宣战，发动征服诺曼底的战役

10 月 29 日　埃德蒙德·博福特在短暂围城后献出鲁昂，到卡昂避难；诺曼底多数领地落入法国人手中

1450 年

1 月 1 日　英军献出阿弗勒尔

2 月　萨福克伯爵被判处叛国罪，以及 5 年流放，始于 5 月 1 日

3 月　托马斯·凯瑞尔率领远征军收复诺曼底；在瑟堡登陆，占领瓦罗涅

4 月 15 日　福尔米尼之战：法军重创英军

5 月 2 日　萨福克在流放途中被暗杀

6 月至 7 月　杰克·凯德在英格兰叛乱

7 月 1 日　埃德蒙德·博福特将卡昂交接给法国人

8 月 12 日　英军在诺曼底的最后一座要塞瑟堡交接给法国人

1451 年

4 月　法军入侵英格兰领地加斯科涅

6 月 24 日　波尔多投降

8 月 20 日　巴约讷投降

1452 年

10 月 17 日　塔伯特发动收复加斯科涅战役，收复波尔多

1453 年

7 月 17 日　卡斯蒂利亚之战：法军大败英格兰，塔伯特战死。英格兰在法领土只剩加莱。

世 系 表

表 1：爱德华三世以来英格兰王室世系

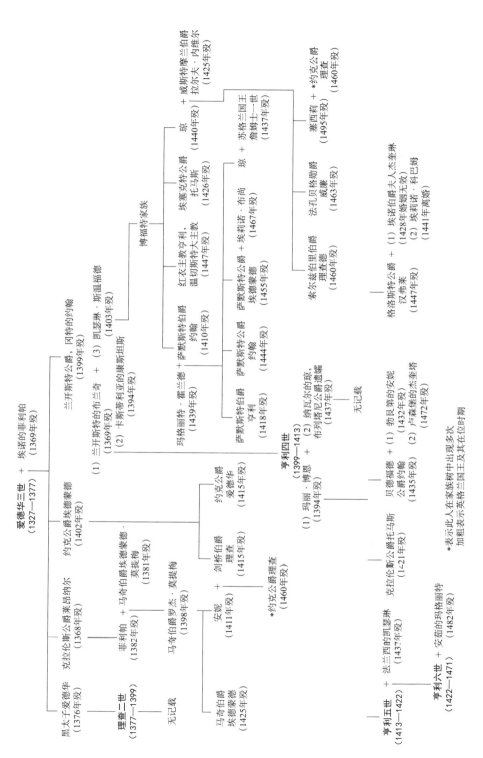

表 2：法兰西王室世系——瓦卢瓦家族

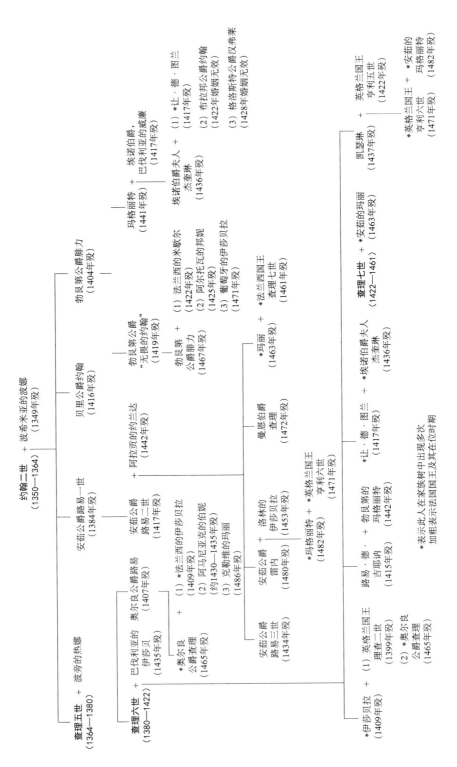

致　谢

　　我自始至终要感谢利兹大学和牛津大学为我开放图书馆资源，感谢经纪人安德鲁·洛尼（Andrew Lownie）的支持和才干。我也要感谢利特尔 & 布朗出版社的理查德·比斯维克（Richard Beswick）和斯蒂芬·吉斯（Stephen Guise），他们启发了本书的最初构想。本书写于我个人极为艰难的时期，我特别要感谢我的编辑们，蒂姆·威汀（Tim Whiting）和薇芙·瑞德曼（Viv Redman），他们总是和蔼、宽容又鼓舞人心。最后，我要向家人致谢。我的父亲理查德·贝特森（Richard Bateson）在本书写作过程中，热切地想要阅读下一章节，令我充满动力。我神圣的丈夫詹姆斯（James）以及我的孩子爱德华（Edward）和索菲（Sophie），总是为我的艺术受苦：很简单，没有他们，不会有本书；没有他们，我也没有生活。

图书在版编目（CIP）数据

百年战争：被英格兰夺走的法兰西王冠／（英）朱丽叶·巴克（Juliet Barker）著；关蕊译. －－北京：中国人民大学出版社，2023.5

ISBN 978-7-300-31226-2

Ⅰ.①百… Ⅱ.①朱… ②关… Ⅲ.①百年战争（1337-1453）－研究 Ⅳ.①K565.3

中国版本图书馆 CIP 数据核字（2022）第 213948 号

审图号　GS（2022）5097 号

百年战争

被英格兰夺走的法兰西王冠

〔英〕朱丽叶·巴克（Juliet Barker）　著

关蕊　译

Bainian Zhanzheng

出版发行	中国人民大学出版社	
社　　址	北京中关村大街 31 号	**邮政编码**　100080
电　　话	010－62511242（总编室）	010－62511770（质管部）
	010－82501766（邮购部）	010－62514148（门市部）
	010－62515195（发行公司）	010－62515275（盗版举报）
网　　址	http://www.crup.com.cn	
经　　销	新华书店	
印　　刷	北京联兴盛业印刷股份有限公司	
规　　格	148 mm×210 mm　32 开本	**版　次**　2023 年 5 月第 1 版
印　　张	15 插页 14	**印　次**　2023 年 5 月第 1 次印刷
字　　数	310 000	**定　价**　118.00 元